普通高等学校知识产权专业规划教材

总主编　吴汉东

技术转移法

马忠法　著

中国人民大学出版社
·北京·

作者简介

马忠法，法学博士，复旦大学法学院教授，博士生导师。美国哥伦比亚大学法学院、德国马克斯-普朗克创新、竞争法与税法研究所及韩国高丽大学法学院访问学者。复旦大学管理学院、经济学院特邀教授；同济大学法学院外聘教授。中国法学会国际法学会理事，中国法学会科技法学会常务理事，中国法学会知识产权研究会理事，美国国际法学会会员；兼职律师，上海海华永泰律师事务所律师专家顾问。长期从事国际技术转让法、国际贸易中的知识产权法、国际公法等方面的研究。2005 年以来，先后发表学术论文 120 余篇；出版专著 11 部，其中编著 1 部，主编、副主编各两部，译著 4 部（其中 3 部合译）。先后主持国家哲学社会科学重大项目、重点项目、一般项目和重大项目子课题各 1 项，教育部等省部级以上项目 7 项。

总 序

当前，我国正在深入推进知识产权强国建设，知识产权人才作为建设知识产权强国最基本、最核心、最关键的要素日益受到高度重视。近年来，我国相继发布了《深入实施国家知识产权战略行动计划（2014—2020年）》《关于新形势下加快知识产权强国建设的若干意见》《国家创新驱动发展战略纲要》《“十三五”国家知识产权保护和运用规划》《知识产权人才“十三五”规划》等重要政策文件，对我国知识产权人才培养提出了新的要求。

知识产权作为一门独立的学科，有自己独特的研究对象，有自己特有的基本范畴、理念、原理、命题等所构成的知识体系；知识产权作为一种特定的专业，有自己特殊的人才培养目标，也有自己特定的人才培养规格。结合知识产权的学科特点，知识产权人才培养应当符合以下三个基本定位。

首先，知识产权人才应当是复合型人才。知识产权归属于法学，但与管理学、经济学、技术科学等有着交叉和融合，因此知识产权人才应当具备多学科的知识背景。他们除了掌握法学的基础知识外，还应当能够理解文、理、工、医、管等学科的基本原理和前沿动态，成为懂法律、懂科技、懂经济、懂管理的复合型人才。

其次，知识产权人才应当以应用型人才为主。知识产权是一门实践性极强的学科，无论是知识产权的确权与保护，还是知识产权的管理与运营，都是实践性工作。立法、司法机关、行政管理部门、公司企业、中介服务机构等实务部门对知识产权人才有着广泛的需求。

最后，知识产权人才应当是高端型人才。知识产权跨学科的特点，意味着单一的本科学历根本无法实现知识产权专业的目标要求，要使知识产权人才有较高的起点、较广博的知识，双学士、硕士、博士、博士后等高学历人才应当成为今后知识产权人才培养的主流。

知识产权人才培养是我国高校中最年轻、最有生命力的事业。但从总体上看，当前高校知识产权人才培养在复合型师资、培养方案、课程设置、实验条件等方面存在的诸多困难与问题，导致我国知识产权人才数量和能力素质与上述目标定位还存在一定差距，特别是高层次和实务型知识产权人才严重缺乏。因此，要以知识产权人才培养定位为目标，提升知识产权人才培养的软硬件条件，实现知识产权人才培养工作的科学化、体系化和制度化，为知识产权强国建设提供坚实的智力支撑。

本套系列教材正是基于上述背景由序者约请知识产权领域有专长、有影响的一批学者撰写的。该系列教材共9本，分别为《知识产权总论》《著作权法》《专利法》《商标法》《反不正当竞争法》《知识产权管理》《知识产权文献检索与应用》《知识产权的国际保护》《技术转移法》。

从学科背景上看，该系列教材涵盖了法学、管理学、情报学、技术科学等不同学科知识，符合“知识产权人才应当是复合型人才”的要求；从课程设置上看，该系列教材注重知识产权诉讼、专利文书撰写、专利检索分析等知识产权实务技能的培养，符合“知识产权人才应当以应用型人才为主”的要求；从适用对象上看，该系列教材既可作为高校知识产权专业本科生和研究生的课程教学教材，也可作为企事业单位知识产权高级法务人员和管理人员的参考教材，符合“知识产权人才应当是高端型人才”的要求。我们希望通过该套教材的出版发行，总结出我国复合型、应用型、高端型知识产权人才培养的先进经验，以期为加快知识产权强国建设贡献力量。

是为序。

中南财经政法大学文澜资深教授、博士生导师　吴汉东

2020年3月

前　言

1999年7月，从复旦大学法律系（2000年11月后组建为法学院）国际经济法专业硕士（导师为董世忠教授）毕业之后，我到了上海贝尔电话设备制造有限公司（即后来的上海贝尔阿尔卡特股份有限公司、今天的上海诺基亚贝尔股份有限公司）——当时的一家在信息技术（IT）行业中处于领先地位的中外合资经营企业——从事法务工作。工作的内容之一是：对公司与高校和科研院所进行合作（把高校、科研院所的研究成果在我们公司进行产业化）的合同予以审查，同时也参与重要的合同谈判。然而，令人遗憾的是，尽管公司当时很有诚意并不惜重金与一些高校合作，也签署了不少科技成果转化或技术转移合同，但多是无功而返：合作成功的技术成果转化案例几乎没有；印象最深的是承担军队（用户）网络建设的一单合同，公司前后投入某高校的合作项目资金高达4 000多万元，最终因为从其获得的成果无法运用到用户所需设备中，以解除与用户所签合同并承担违约责任而告终。该项合作的前后历程，我十分清楚，也从中看到了高校科技成果难以转化为现实生产力的症结所在。

2002年9月，蒙公司宽容，我在职攻读复旦大学国际法学博士学位（导师为张乃根教授），结合当时参与与诸多全球性跨国公司谈判过程中的感悟，决定将全球化下国际技术转让法律协调制度作为自己的博士论文选题。此后，我在技术转移法律制度领域研习和践行了近二十年；特别是在研究技术转移国际法律制度和美国国内的技术转移转化制度后，深刻认识到创新的本质实际上就是将科技成果（核心成分是专利和专有技术）转化为现实的生产力，而这种转化能否实现，很大程度上取决于科技成果本身的质量。习近平主席在十八届五中全会第二次全体会议上指出："创新发展注重的是解决发展动力问题。我国创新能力不强，科技发展水平总体不高，科技对经济社会发展的支撑能力不足，科技对经济增长的贡献率远低于发达国家水平，这是我国这个经济大个头的'阿喀琉斯之踵'。新一轮科技革命带来的是更加激烈的科技竞争，如果科技创新搞不上去，发展动力就不可能实现转换，我们在全球经济竞争中就会处于下风。"① 这一判断切中中国创新方面的要害，同时也为我们指明了在创新领域努力的方向。他还强调："促进科技和经济结合是改革创新的着力点，也是我们与发达国家差距较大的地方。要围绕产业链部署创新链，聚集产业发展需求，集成各类创新资源，着力突破共性

① 习近平. 在党的十八届五中全会第二次全体会议上的讲话（2015年10月29日）. 求是，2016（1）.

关键技术，加快科技成果转化和产业化，培育产学研结合、上中下游衔接、大中小企业协同的良好创新格局。”[①] 这一论断给中国在创新过程中的弊端开出了治愈良方，即加快科技成果转化和产业化，形成产学研相结合的良好格局；而促使这一良方发挥功效的有力保障就是技术转移法律制度。

在过去的十多年里，我先后有《国际技术转让法律制度理论与实务研究》等6部与技术转移法律制度有关的专著出版，并与团队于2019年8月完成商务部委托的《国际技术贸易指南》一书。但出一部技术转移法律制度方面的教材一直是我长期以来的梦想。感谢华东政法大学王迁教授的推荐，感谢中国人民大学出版社及郭虹社长的信任和提供的机会，让我得以实现这个梦想。感谢我的博士生彭亚媛女士（现为江苏大学法学院讲师）对本书第八章所作出的贡献，她的加入使本书在结构上更为完整。感谢本书的编辑们的辛勤付出，从他们身上我学到了敬业和奉献精神。

希望本书能够让读者在技术转移法律制度方面有所收获并带去一些有益的思考；但因本人有限的水平、精力等使本书存在的不足，也请读者批评指正并海涵，我将不胜感激。

马忠法

2020年12月10日

---

① 习近平. 在参加全国政协十二届一次会议科协、科技界委员联组讨论时的讲话. 2013-03-04.

目　录

绪　论

一、本书写作的缘由

（一）技术创新的本质及知识产权法律制度的直接目的

习近平主席在党的十九大报告中指出："创新是引领发展的第一动力，是建设现代化经济体系的战略支撑。"[①] 这一科学论断表明技术创新已经成为一个国家、企业甚至个人是否具有竞争力的最为关键的要素，而其本质就是将科技成果转化为现实的生产力，其中技术无疑是科技成果的核心成分，技术转移当仁不让是科技成果转化中最重要的内容。人类的文明发展史本质上就是一部科技发展史，也就是一部创新发展史。不同时代生产力发展水平的高低主要体现在生产工具的发展水平上，而生产工具发展的标志主要是技术的复杂程度及其带来的生产效率和能力。人类经历了旧石器时代、新石器时代、青铜器时代、铁器时代、蒸汽机时代、电气时代，正在经历着网络时代，即将迎来人工智能时代，这些时代均以不同阶段的生产工具为标志；而不同时期的生产工具均体现或沉淀着一定的科学知识、技能和技术，越往近代及以后，科技的含量就越高：早期科技与工具、生产产品及设备等融为一体，而到了特定阶段之后，某些纯粹的智力成果本身就是商品或生产工具。马克思说科技是生产力（的一部分），而 20 世纪 80 年代，邓小平在考察资本主义国家二战之后的快速发展之后，更进一步提出"科技是第一生产力"的论断，这是他对马克思关于科技对生产力发展所起积极作用的论述在人类进入更新时代后作出的与时俱进的高度概括。[②]

科技对人类社会发展所起到的积极作用离不开相应的法律制度，1474 年出现的威尼斯专利法规范开启了通过法律制度来促进社会发展的先河。尽管它存在一些缺点，如只针对与城市建设有关的机械类技术提供专利保护，但其划时代的影响不容否定。此后人类在知识产权法律制度建设方面不断发展，先在较为发达的资本主义国家国内日渐建立和完善，如英国 1623 年的《关于垄断、刑法上的处置及其罚没的法案》[③]（后文简称《垄断法

---

① 习近平. 决胜全面建成小康社会 夺取新时代中国特色社会主义伟大胜利. 人民日报，2017 - 10 - 28：001.

② 马忠法. 邓小平"科学技术是第一生产力"思想的实现途径及时代价值. 邓小平研究，2020（5）：1 - 12.

③ 英文全称是 An Act concerning Monopolies and Dispensations with Penal Laws, and the Forfeitures there of 1623，由著名法学家 W. Noy，Edward Coke 及 S. Crewe 起草，在英国颁行。该法条文遵循规则与例外、好的垄断与差的垄断的标准，设有序言和 14 条。序言规定法案的立法背景与宗旨，而正文第 1 条规定了"一切垄断都为非法"这一反垄断的基本原则，但是也有诸多例外情形，其第 6 条规定的"前述的任何宣示不应扩大及于今后对任何新产品的第一个发明人授予在本国独占实施或者制造该产品的专利证书和特权，为期 14 年或以下，在授予专利证书和特权时其他人不得使用。授予此证书不得违反法律，也不得抬高物价以损害国家、破坏贸易或者造成一般的不方便。上述 14 年自今后授予第一个专利证书或者特权之日起计算，该证书或者特权具有本法制定以前所应有的效力"基本上具备了当今专利法的所有关键要素。

案》）、1710年的《安娜女王法令》[①]（或1710年版权法）；美国1787年的《美利坚合众国宪法》第1条第8款规定“为促进科学和实用技艺的进步，对作家和发明家的著作和发明，在一定期限内给予专利权的保障”，且在1790年通过了历史上第一个以《专利法》命名的专门法律等。到了19世纪后期，形成了保护知识产权的国际公约，它们包括1883年通过的《保护工业产权的巴黎公约》[②]（后文简称《巴黎公约》）、1886年通过的《保护文学和艺术作品的伯尔尼公约》[③]（后文简称《伯尔尼公约》）及1891年通过的《商标国际注册马德里协定》。[④] 这些国内国际法律的出台，对促进科技创新和发展无疑起到了积极作用。然而，早期这些法律或条约的立法价值取向都主要是以保护知识产权权利人为宗旨和目标的，就如同大陆法系等资本主义国家在自由资本主义时期的财产法制定重在保护权利人静态的所有权等一样，即以确权和保护为核心和目标，这个阶段以《法国民法典》为代表。

然而，当我们了解和掌握了知识产权的性质（私人权利）及其本质特征（无形及有待实现的财产）后会发现：知识产权的运用及其在现实中产生具体的经济收益及变成生产要素等可能更为重要。因此，在20世纪70、80年代后，发达国家的国内知识产权法多开始倾向于促进技术或其他知识产权的运用、流转及与产业相结合，特别是美国1980年通过的拜杜法案是一个标志性的事件；但是，由于担心自己的知识产权在国外遭到侵权和损害，因而在国际层面特别强调保护，以致在本来与知识产权没有直接关系的关税与贸易总协定第八轮乌拉圭回合谈判期间，在美国12家跨国公司等利益集团的推动下，将与贸易有关的知识产权问题纳入谈判当中，并最终形成《与贸易有关的知识产权协议》（后文简称“TRIPs协议”），提高了知识产权在全球范围内的保护水平。尽管如此，TRIPs协议在“目标”和“原则”中突出了其制定的直接目标在于促进技术转让和扩散，让更多的人能够分享到技术进步带来的益处[⑤]，而知识产权制度设立的原则之一是不能对国际技术转让构成障碍。[⑥] 其实这种全球层面的保护，也是在为它们的知识产权在全球运用创造一些条件：由于知识产权地域性的特征，保护必将是知识产权转让、许可等运用的前提条件。所以，在这一阶段，主要国家的知识产权立法取向是从过去静态的“确权、保护”开始慢慢转向“运用、转让和许可”，以获得其经济价值，尽管发达国家在国际层面强调保护。这似乎与资本主义发展后期在民事立法中将“债权”（因合同、财产流转等产生的权利义务等是债权的重要内容）置于首位有异曲同工之妙。

---

① 英文全称是An Act for the Encouragement of Learning, by Vesting the Copies of Printed Books in the Authors or Purchasers of Copies, during the Times therein Mentioned，译成中文为“为鼓励知识创作而授予作者及购买者就其已印刷成册的图书在一定时期内之权利的法”。Patterson, L. Ray; Joyce, Craig (2003). “Copyright in 1791: An Essay Concerning the Founders' View of Copyright Power Granted to Congress in Article 1. Section 8, Clause 8 of the U.S. Constitution”. *Emory Law Journal*. Emory University School of Law. 52 (1): 917.

② 至2021年4月15日，该协定共有177个缔约方。Paris Convention for the Protection of Industrial Property, https://www.wipo.int/export/sites/www/treaties/en/documents/pdf/paris.pdf.

③ 至2021年4月15日，该协定共有179个缔约方。Berne Convention for the Protection of Literary and Artistic Works, https://www.wipo.int/export/sites/www/treaties/en/documents/pdf/berne.pdf.

④ 至2021年4月15日，该协定共有55个缔约方。Madrid Agreement Concerning the International Registration of Marks, https://www.wipo.int/export/sites/www/treaties/en/documents/pdf/madrid_marks.pdf.

⑤ Article 7 of TRIPs Agreement.

⑥ Article 8 of TRIPs Agreement.

经济全球化下，各国及各企业成为全球产业链分工中的特定环节，资本、技术、人员、商品等生产要素在全球自由流动，而其中的技术与人员至关重要，它们直接决定了在该产业链分工中一国或一个企业是处于产业链的高端还是低端。就国家而言，发展中国家和最不发达国家需要通过技术引进来提高创新能力，而发达国家间由于任何一国都不能开发本国所需的一切技术，它们之间及其与那些拥有特定领域技术优势的发展中国家之间的技术转移不可避免。就单个企业而言，不同国家企业间及国内企业间的技术转移已经成为企业生存、发展和运营中不可缺少的环节。国家间的技术转移往往多体现于各种条约（双边与多边）中，但最终落实主要还是通过各国企业在遵循国内法的情形下（各国通过采纳、转化等方式将国际条约的相关规定变成国内法）来完成。就企业间的技术转移而言，主要通过技术转移合同来完成。

因此，研究知识产权运用的法律制度是当下多数国家十分重要的议题，而作为知识产权运用的主要路径，技术转移无疑是重中之重。

（二）技术转移法律制度对中国的意义

目前，转型时期的中国正处于工业化、城市化加速进程中，对技术及其运营的需求不断增加；同时在经济发展中也面临着应对气候变化、环境问题[①]等严峻形势和国际国内的多重压力，因而不可避免地要依赖于大量的先进技术来缓解。技术的获取无非有两条路径：自我开发和引进。在技术日益复杂和分工精细化的时代，任何一个国家、一个企业都不可能获取某一领域所有的技术，更不用说所有领域的所有技术了。此外，随着技术研发人员和机构作为一支独立的研发力量日渐壮大，其研究成果往往需要企业或其他机构的应用方能显示或发挥出其商业和社会价值；即便对那些可以自己使用清洁能源技术的权利所有人，也可以通过商业条件下的分享或转让扩大技术使用的范围。可以说，技术转让和分享是我们解决人民日益增长的美好生活需求和发展之间的矛盾绕不过的话题。

改革开放40多年来，我们在经济发展方面取得了巨大成就，从当初经济规模相对弱小的状况发展为世界上第二大经济体，这一巨变举世瞩目。[②] 然而，在快速发展的过程中，我们也付出了十分高昂的代价，传统粗加工的经营方式，对“发展压倒一切”的片面、机械的理解，各层次相关人员或主体唯国内生产总值（GDP）为导向及对环境保护在一定程

① 2014年5月21日环境保护部公布的《2013中国环境状况公报》描述了中国部分城市的污染情况及有关部门作出的努力，但是该报告没有涉及中国广袤的农村，特别是农民大量使用农药、化肥及对废弃物和垃圾的不正当处理，已经将农村的污染推到一个十分严峻的程度。该报告披露的2013年城市污染数据如下：（1）废水中主要污染物有，化学需氧量排放总量为2 352.7万吨，比上年下降2.9%；氨氮排放总量为245.7万吨，比上年下降3.1%。（2）废气中主要污染物有，二氧化硫排放总量为2 043.9万吨，比上年下降3.5%；氮氧化物排放总量为2 227.3万吨，比上年下降4.7%。（3）全国工业固体废物产生量为327 701.9万吨，综合利用量（含利用往年贮存量）为205 916.3万吨，综合利用率为62.3%。（4）全国城市生活垃圾清运量为1.73亿吨，无害化处理能力为49.3万吨/日，无害化处理量为1.54亿吨，无害化处理率为89.0%。由于二氧化碳在中国不被视为污染物，公报中的废气污染显然没有包括该部分。

② 自2010年起，中国大陆的GDP开始超过日本（当年中国大陆GDP为59 847.067 67亿美元，日本为54 588.7亿美元），此后每年均超过日本；2017年中国大陆GDP为131 735.85亿美元，日本为43 421.6亿美元，差距进一步拉大。2018年中国大陆的GDP是134 073.98亿美元，约为同期美国经济总量的66.4%，为全球GDP总量的15.86%；日本的GDP约为49 719.29亿美元，全球占比5.79%。2019年中国大陆、日本和美国的GDP分别为143 635.77亿美元、50 827.82亿美元和214 315.52亿美元，前两者分别约为美国的67.02%和23.46%。2020年中国大陆、日本和美国的GDP分别为155 518.9亿美元、53 797.7亿美元和218 463.3亿美元，前两者分别为美国的71.19%和24.17%。

度上没有给予应有的高度关注等，使过去的发展给我们带来了诸多负面影响。这些现象所造成的资源短缺与日渐枯竭（人均占有量日趋减少）、浪费严重和环境污染与生态状况严重恶化等，成为制约我国经济快速、可持续、健康发展的突出问题。尽管近十年来，我们作出了很多努力，在生态文明建设方面成效显著，全面节约资源有效推进，能源、资源消耗强度大幅下降，但正如十九大报告所指出的，生态环境保护仍任重道远。① 为此，十九大报告提出，我国已经进入中国特色社会主义新时代，其经济、文化、社会等发展必须坚持人与自然和谐共生，必须坚持节约资源和保护环境的基本国策，像对待生命一样对待生态环境，实行最严格的生态环境保护制度，形成绿色发展方式和生活方式，坚定走生产发展、生活富裕、生态良好的文明发展道路，建设美丽中国，为人民创造良好生产生活环境，为全球生态安全作出贡献。② 2018 年的宪法修正案也明确规定要“推动物质文明、政治文明、精神文明、社会文明、生态文明协调发展，把我国建设成为富强民主文明和谐美丽的社会主义现代化强国，实现中华民族伟大复兴”③，将“生态文明”和美丽中国写入宪法。实际上，我国的政策在这方面一直是一脉相承的，自 20 世纪 90 年代起，可持续发展的政策制定及其后的有关发展规划均将环境保护作为主要内容，如 2010 年制定的“十二五”规划，“节约能源资源，加快建设资源节约型、环境友好型社会”被我国政府确定为国民经济与社会发展中长期规划的战略任务④等。2020 年 11 月通过的《中共中央关于制定国民经济和社会发展第十四个五年规划和二〇三五年远景目标的建议》在谈到我国发展环境面临深刻复杂变化时指出，生态环保任重道远；在论及 2035 年基本实现社会主义现代化远景目标时，指出要广泛形成绿色生产生活方式，碳排放达峰后稳中有降，生态环境根本好转，美丽中国建设目标基本实现。同时，它还规定“十四五”时期经济社会发展主要目标之一是生态文明建设实现新进步：生产生活方式绿色转型成效显著，能源资源配置更加合理、利用效率大幅提高，主要污染物排放总量持续减少，生态环境持续改善，生态安全屏障更加牢固，城乡人居环境明显改善；“十四五”时期的重要任务之一是推动绿色发展，促进人与自然和谐共生。⑤ 它们的目的是加快转变我国经济增长方式，提高资源利用效率，缓解资源约束和环境压力，保护环境，实现节约、清洁、安全和可持续发展，而这些目标的实现离不开先进技术（特别是环境友好技术）及其转移以及相关的法律制度。

正确处理经济建设、人口增长、资源利用、环境保护之间的关系，实现全面建设小康社会的目标，需要清洁能源技术；而清洁能源技术转移的目的恰在于提升国家创新能力，拥有更多的核心清洁能源技术并促使该类技术的充分运用和价值的最大发挥。从 2011 年起，我国虽是世界上最大的清洁能源产值国⑥，并且根据世界自然基金会（WFF）2013 年的年度报告，中国可再生能源已经占新建供电容量的一半以上⑦，但这多建立在引进国外

---

① 习近平. 决胜全面建成小康社会 夺取新时代中国特色社会主义伟大胜利. 北京：人民出版社，2017：6.
② 同①50－52.
③ 《宪法修正案》（2018 年）第 32 条。
④ 具体内容参见《中共中央关于制定国民经济和社会发展第十二个五年规划的建议》第七部分。
⑤ 参见本书编写组. 党的十九届五中全会《建议》学习辅导百问. 北京：党建读物出版社/学习出版社，2020：12－48.
⑥ 中国清洁能源技术产值位居世界第一. 中国煤炭，2011（6）；中国清洁能源技术产值第一. 新京报，2011－05－09.
⑦ WFF. Annual Review，2013：14.

设备或技术的基础上，在整个价值链中，处于清洁能源产业低端的产品多在中国生产，而技术含量高的高端产品则在发达国家生产。如就太阳能而言，重污染、高能源耗费的太阳能电池在中国制造，而有关太阳能设备的其他高技术含量的产品则不在中国制造；风能最核心的是电机，其制造技术不在中国。交通运输目前是中国废气排放量增长最快也是污染最严重的领域①，而其中汽车制造技术非常关键，但在中外合资的汽车制造公司中，多数核心技术仍在美欧日等企业手中；中国制造、使用的汽车相对于合作外方本国的汽车而言，不仅销售价格昂贵，而且技术相对落后，燃油量和汽车尾气排放量均高于它们本国生产的类似汽车。清洁能源领域“外国技术，中国市场或制造”这一现状将阻碍中国清洁能源的健康发展；而规则、技术、金融交易都控制在别人手上又无疑约束了我们。② 这句话是有人多年前总结的，但依然适用于今天。过去我们引进了别人的信息技术、汽车制造技术等，但至今很难说拥有这些领域的核心技术。在清洁能源技术引进方面，需引以为戒，不能在若干年后，该领域的核心技术仍受制于人。因此，在中国成为世界第二大经济体背景下，结合“一带一路”倡议，面对应对气候变化、环境保护难题和建设美丽中国等难题，探讨如何通过完善合理的清洁能源技术转移法律制度，促进引进消化吸收再创新活动，获得自主知识产权核心技术，同时将其与我们拥有的在优势领域开发出原创性的技术，通过合理的转移机制尽快转化为现实生产力，十分重要。

当下，我们的知识产权法律制度在保护方面取得了举世瞩目的成就，但在知识产权的运用方面，我们似乎刚刚起步。尽管高校、科研院所科技成果转化这一问题在 20 世纪 90 年代就已经引起关注，但我国科技成果转化率不高，特别是专利技术转化率不高，一直是我国知识产权领域挥之不去的痛处。这种现象固然与专利质量不高等有直接关系，但也与我们相应的法律制度构建的理念、立法价值取向等有很大关系，如长期以来将知识产权制度的目标误读为“保护、确权”而非“转让、运用”等。所幸 2008 年《国家知识产权战略纲要》将知识产权制度的核心内容凝练成“创造、运用、保护、管理”四个词，可谓抓住了关键，且将“运用”置于“保护”之前，凸显出知识产权在转化为现实生产力中意义重大。此后，我们的立法等在促进知识产权运用等方面有了很大的改变。知识产权运用法律制度在我国的日渐构建和完善必将对我国经济的升级及创新能力的提升起到巨大的推动作用。可以说，我们已经跨越了知识产权立法在保护方面应予以足够重视的阶段，步入突出强调运用阶段，并力争使有关符合知识产权运用，特别是技术转移规律的法律内容在现实中得到有效的遵守。2015 年 12 月 18 日，国务院印发《关于新形势下加快知识产权强国建设的若干意见》，要求有效促进知识产权创造运用，实行更加严格的知识产权保护，优化知识产权公共服务，促进新技术、新产业、新业态蓬勃发展。③ 2019 年 4 月，国家知识产权局提出年底要制定《2035 知识产权强国战略纲要》，为未来 15 年的创新制定出更为宏

---

① 2015 年与 2011 年各相关数据的比较，可以验证这一点。根据国际能源署有关二氧化碳排放报告的数据，二氧化碳中国总排放量和电力行业、制造业、交通运输业等主要三个领域排放量的增幅大体分别如下：13.7%和 10.4%、11.3%、34.2%；交通运输业二氧化碳排放量几乎是其他三个产业的 2.5 到 3 倍。CO2 Emissions from Fuel Combustion 2013 and CO2 Emissions from Fuel Combustion 2017，http://www.iea.org/publications/freepublications/publication/CO2EmissionsfromFuelCombustionHighlights2013.pdf；http://www.iea.org/publications/freepublications/publication/CO2EmissionsfromFuelCombustionHighlights2017.pdf.

② 徐建凤. 中国清洁能源致命缺失：技术成本遭遇瓶颈. 英才，2010-09-06.

③ 国务院关于新形势下加快知识产权强国建设的若干意见（国发〔2015〕71 号）。

伟的规划，其中技术转移和转化是十分关键的内容。

自2017年年初特朗普就任美国总统之后，他所挑起的中美贸易摩擦以中国知识产权保护不力和强制转让技术等为由，意在阻止市场经济条件下中美之间的技术转移，遏制中国高新技术产业的发展。历史表明，美国早期的工业化和相关产业的发展，大量借鉴或模仿了英国、法国等老牌资本主义国家的技术，而能够传播到美国去的技术无疑是通过各种路径转移过去的。但发展起来的美国，为了长久把控自身的霸主地位及竞争优势，担心中国等发展起来的高新技术产业可能威胁到其竞争优势与霸权，通过人为的制度障碍阻止技术转移，这是违背历史发展规律的，也是对中国等发展中国家的历史不公。中国作为一个负责任的发展中大国，提出“一带一路”倡议和构建人类命运共同体等理念，彰显出其在分享和转移技术方面的大国胸怀，我们通过公平合理的市场行为甚至援助等方式，让环境友好技术或其他先进技术为广大的发展中国家和最不发达国家充分利用，对解决人类面对的公共问题等起到了巨大的推动作用。这种背景下，就技术转移法律制度进行系统梳理，必将为我国企业通过公平合理的合同或其他法律形式把技术引进来、走出去提供重要保障和前提。

基于上述原因，本书将对技术转移法律制度进行较为系统的分析和论述，为读者提供有价值的参考与借鉴。

二、技术转移法律制度研究现状

近年来国内专门研究技术转移[①]法律制度的专著并不多见，但学术论文日渐增多。从国内目前涵盖技术转移法律制度方面的专著看，多是从国际层面研究技术转移，专门研究国内技术转移法律制度的不多。从国家图书馆网址搜集到的自1980年以来的近50本有关技术转让的专著来看，除三本（欧阳光等，2007；黄武双，2016；袁嘉，2017）论述国内技术转移或相关议题（包括不同国家或地区与中国的比较研究）外[②]，其他（如周子亚，1987；郑成思，1987；郭寿康，1989；车丕照等，1999；庾国庆，2000；安丽，2003；张丽娜，2009；徐红菊，2012；蔡声霞，2013；李虹，2016；魏兴民，2017）均为国际层面的技术转移论述，且多限于国际技术转让的一般法律原理、技术转移合同法、管制法和限制性条款等方面的论述，鲜有专门针对清洁能源技术转让的论述。[③] 至于以“技术转移法

① “技术转移”一词来自英文的“technology transfer”，也有学者将其翻译为“技术转让”；本书将技术转让方面的论著包含在其中。“科技成果转化”与技术转移相关，但又有所不同；对于“科技成果转化法律制度”，本书涉及时，单独列出。根据笔者在国家图书馆网站搜集的信息看，至2019年5月，涉及“科技成果转化”的论著52本，但其中专门论及法律的，不到5本，包括笔者合著的一本。

② 欧阳光，禹芳，等．技术转让法律实务．北京：法律出版社，2007；黄武双．美国技术创新与技术转让激励政策解读．北京：法律出版社，2016；袁嘉．技术转让协议的反垄断规制．北京：中国政法大学出版社，2017.

③ 周子亚．国际与技术转让．上海：上海翻译出版公司，1987；郑成思．国际技术转让法通论．北京：中国展望出版社（该书结合专利法及商业秘密法或技术秘密法知识，系统地研究了国际技术转让各方面的法律问题，内容涉及国际技术转让的概念、国际技术转让法的渊源、国际技术转让采用的各种形式、我国技术进出口的有关法律、西欧经济共同体的有关法律、美国的有关法律、日本的有关法律、几个东欧国家的有关法律、发展中国家的有关法律、有关的国际公约与国际惯例等）；郭寿康．国际技术转让．北京：法律出版社，1989；江前良．国际技术转让法律与实务．北京：法律出版社，1995；车丕照，等．国际技术转让法．长春：吉林大学出版社，1999；庾国庆．国际技术转让法律与实务．北京：人民法院出版社，2000；史学瀛．国际技术转让法新论．天津：天津人民出版社，2000；安丽．国际技术转让法．北京：中国法制出版社，2003；张丽娜．国际技术转让法律问题研究．北京：华文出版社，2009；徐红菊．国际技术转让法学．北京：知识产权出版社，2012；蔡声霞．国际技术转移与发展中国家的技术能力建设．北京：经济科学出版社，2013；李虹．国际技术转移与中国技术引进．北京：对外经济贸易大学出版社，2016；魏兴民．TRIPs约束下知识产权保护与跨国技术转移问题研究：以中国为例．北京：经济科学出版社，2017.

律”为题或以技术转移法律问题为论述重点的专著，凤毛麟角；即使有些书名含有“技术转移法律”等关键词的，也是论文集形式。截止到2019年5月，笔者搜集到82本关于技术转移的专著，多是从管理学、经济学的角度进行分析论证，也有一部分专著从跨学科的角度涉及技术转移的法律问题，如李志军等著的《技术转移与知识产权保护》（2013），埃弗雷特编的《技术转移与知识产权问题》（2014）①，卡恩主编的《技术转移改变世界：知识产权的许可与商业化》（2014）②，郜志雄著的《专利技术转移机制》（2016）③，李虹著的《国际技术转移与中国技术引进》（2016）④ 及唐素琴著的《美国技术转移立法的考察和启示》（2018）。⑤ 至2017年年底，集中论述与应对气候变化技术转移相关的专著是蒋佳妮女士的《论气候有益技术转让法律协调制度之构建》⑥ 及袁振华的《气候变化条约下的技术国际转让法》。此外，史学瀛（2000）认为由于缺乏监督机制，发达国家的技术转让义务只能是一种软性条款，故应建立国际技术转让监督机制⑦；徐祥民等（2008）在可持续发展、共同但有区别责任等原则中讨论技术转让。⑧ 上述情况说明技术转让法律制度的专著或系统专门论述的成果不多见。

论文方面，专门讨论技术转移法律制度的数量在不断增加。专门讨论清洁能源技术转移法律问题的论文主要有张乃根（2011）、秦天宝等（2011）和郑照宁等（2003）三篇。前者认为我国应依国际惯例和国情，区分专利侵权与合理利用，保障专利技术转让后续研发；适当强制许可使用涉及重大公共利益的清洁能源技术专利；大力推进CDM项目，促进发达国家转让清洁能源技术。⑨ 中者认为环境技术转让的法律障碍是多层次的，涉及主体是多元的，克服的方法也应多层次、多元化。⑩ 后者认为应利用CDM促进技术转让，并加强引进技术的消化和推广工作，以促进我国自主能源技术的创新和发展。⑪ 除此之外，一般的技术转移研究中以技术转移中的限制性条款和技术转化方面存在不足与完善的论述为最多。前者重在指出限制性条款对技术受方的不公平及其法律根源（黄丹，2010）⑫ 和认定方法（李彦，2009）⑬；后者重在指出技术转让和转化对经济发展的促进作用以及目前技术流转中存在的问题和相应对策（宋耘等，2007）。⑭

其他方面，不同的学者从不同的角度提出了与技术转移法相关的一些观点。任虎（2010）认为，发达国家与发展中国家在可持续发展理念的指导下，应进行能源技术转让方面的合作。⑮

① 埃弗雷特，编. 技术转移与知识产权问题. 北京：知识产权出版社，2014.
② 卡恩，主编. 技术转移改变世界：知识产权的许可与商业化. 北京：经济科学出版社，2014.
③ 郜志雄. 专利技术转移机制. 北京：中国时代经济出版社，2016.
④ 李虹. 国际技术转移与中国技术引进. 北京：对外经济贸易大学出版社，2016.
⑤ 唐素琴. 美国技术转移立法的考察和启示. 北京：知识产权出版社，2018.
⑥ 蒋佳妮. 论气候有益技术转让法律协调制度之构建. 北京：法律出版社，2016.
⑦ 史学瀛. 国际技术转让法新论. 天津：天津人民出版社，2000.
⑧ 徐祥民，等. 国际环境法基本原则研究. 北京：中国环境科学出版社，2008.
⑨ 张乃根. 论后《京都议定书》时期的清洁能源技术转让. 复旦学报（社会科学版），2011（1）.
⑩ 秦天宝，周琛. 国际环境技术转让的法律障碍及其克服. 江西社会科学，2011（2）.
⑪ 郑照宁，潘韬，刘德顺. 用清洁发展机制促进先进能源技术转让. 节能与环保，2003（6）.
⑫ 黄丹. 论国际技术转让中限制性商业行为的法律根源. 中国经贸导刊，2010（35）.
⑬ 李彦. 论国际技术转让许可协议中限制性商业行为的认定方法. 政府法制. 2009（22）.
⑭ 宋耘，曾进泽. 技术体制对企业自主创新程度影响的实证研究. 学术研究，2007（6）.
⑮ 任虎. 能源促进可持续发展与国际技术转让. 探索与争鸣，2010（12）

宋东林等（2011）提出高校技术转移法律制度构建的设想等。[①] 李树（1999）建议我国应尽快制定统一的《技术转移法》。[②] 周冯琦（2009）认为清洁能源技术转移的决定因素有能力建设、政策环境、法律制度等。[③] 李威（2011）认为应在国际层面设立技术开发和转让专门机构。[④] 姜姝（2012）认为，要推动中美能源新技术合作议题取得进展，核心是要建立技术开发与转让的相关机制。如果博弈双方无法自动实现最优结果，就需要考虑引入国际制度等外部因素，实现一种“制度式均衡”。中美应考虑和签署关于清洁能源合作的正式条约，就中国对美开放市场、美国对华技术转让、中美合作研发新技术以及分歧处理措施等内容作出明确规定，这有利于稳定两国对彼此的预期和判断，从而实现合作的最优结果。[⑤] 杜金兰（2013）分析了开放创新清洁技术转移的模式和局限性，提出构建我国清洁技术专利池等设想，并主张对清洁技术可以采用强制许可等措施。[⑥] 2011 年德班会议之后《联合国气候变化框架公约》（简称《框架公约》）体系下开始运行的技术机制，在促进清洁能源技术转移方面日益发挥重要作用，为此，曹炜（2016）认为，为让其充分发挥作用，需要解决承诺、资金和监督等问题，即需要推动发达缔约方作出有效承诺，加强技术机制与资金机制及报告与审评机制的连接；我国需要充分利用和参与技术机制，推动建立更加高效和公平的国际技术合作框架。[⑦] 肖意成（2014）认为，协调好 TRIPs 协议中的强制许可制度之适用是解决目前困境的一剂良方。[⑧] 汪圣钧（2014）认为，美国凭借其占有的大量无害环境技术，逐渐主导了技术开发与转让谈判，极力确立私营部门在无害环境技术转让中的主体地位，并将技术转让方式从“补偿性质的公共技术转让”转变为“政府引导下的私营部门以营利为目的的技术投资合作”；并通过分析美国正在实施的能源效率中心计划和技术合作协议示范项目（TCAPP），认为美国运用结构性权力限制了发展中国家的选择余地。[⑨] 韦经建等（2016）认为，目前我国在利用《京都议定书》引入的 CDM 项目时，总体上存在项目模式单一、技术转移科技含量较低等问题，加之项目制度本身存在的缺陷，以及国内法律法规未能给予有效的指导和规定等诸多问题，未能使 CDM 项目充分发挥可持续性的作用；建议我国加强相关法律法规的环境建设，主要体现为对整体项目结构进行指引、建立技术审查标准、完善相关国内法配套建设等。[⑩]

在国外，研究一般技术转让的著作不少。总体上说，对于技术转移而言，西方学者多认为技术转移属于商事活动，是国际贸易的特殊形式，国家不应干涉，它们只需遵循知识产权法、合同法、贸易法等规则[⑪]；而发展中国家学者认为，由于发达国家企业与发展中

① 宋东林，付丙海. 高校专利技术转化的法律制度建设研究. 科技进步与对策，2011（12）.

② 李树. 世纪之交的中国技术转移与经济法律保障. 北方论丛，1999（2）.

③ 周冯琦. 应对气候变化的技术转让机制研究. 社会科学，2009（6）.

④ 李威. 气候友好型技术转让国际法的冲突与协调. 南通大学学报（社会科学版），2011（5）.

⑤ 姜姝. 美国对华转让清洁能源技术利好双方. 中国经济导报，2012-11-03.

⑥ 杜金兰. 促进清洁技术转移的专利法政策研究. 武汉：华中科技大学硕士学位论文，2013.

⑦ 曹炜. 论 UNFCCC 框架下的技术机制：历史沿革、现状和发展方向. 中国政法大学学报，2016（2）.

⑧ 肖意成. 气候变化技术国际转让法律机制研究. 湘潭：湘潭大学硕士学位论文，2014.

⑨ 汪圣钧. 美国的结构性权力研究——以全球气候治理中的无害环境技术转让为例. 天津：天津师范大学硕士学位论文，2014.

⑩ 韦经建，李若曦. 促进我国 CDM 项目发展的法律路径. 兰州学刊，2016（3）.

⑪ Keith E. Maskus, Jerome H. Reichman. *The Globalization of Private Knowledge Goods and the Privatization of Global Public Goods*. Cambridge，2005.

国家企业在技术、经济实力等上有巨大差距，加上长期以来形成的不利于后者发展的国际贸易规则和秩序，后者应当在上述法律之外通过特别的法律制度对技术转移给予一定的引导、鼓励和干预。[①] 但与国内不同的是，近年来，国外研究清洁能源技术转移法律制度方面的学术论文较多。其中，较为明显的特征是，国外学者注重知识产权制度与清洁能源技术转移关系的研究。如巴顿（Barton，2007）认为许可和参与研发是清洁能源技术转移的主要模式；知识产权制度为多数具有商业价值的技术之运用和开发提供了规制框架，知识产权制度和更为具体的世界贸易组织（WTO）框架下的《与贸易有关的知识产权协议》（TRIPs 协议）在无害环境技术的获得与分享方面没有像健康或营养领域的技术获得与扩散那样提供特殊待遇（措施）或灵活性。而且，获取信息、谈判和得到受知识产权保护技术的高交易成本与界定什么样的内容受到保护及什么内容不受保护的不清晰限制了特定领域的技术扩散和转移；这些限制增加了与信息不对称相关的市场失灵的可能性/潜在性。通过对清洁能源具体领域（太阳光伏、生物能和风能）技术特点的分析，他认为它们不同于药品技术，相互之间具有一定的可替代性和竞争性，而且同一技术领域的不同企业和不同技术领域的企业之间相互竞争，由此易使最终技术消费者分享到技术带来的利益，故知识产权制度对清洁能源技术转移构成的障碍没有药品领域大。[②] 巴顿还针对不同领域的清洁能源技术与知识产权制度的关系展开深入细致的研究。他认为，不同领域的清洁能源技术，知识产权制度的影响有很大的不同；但总体上在三个领域的技术，通常被授予专利的是具体的改进或特征。在光伏领域，发展中国家面对的是有很多进入者的较为宽松的“供不应求”的境况，发展中国家能够进入该产业，如印度的 Tata-BP Solar 和中国的 Suntech 等公司。对于生物能技术，知识产权看来并不阻止发展中国家获得现有技术，巴西、马来西亚和南非很多国际生物能技术的发展证明了这一点；将来第二代生物能技术中的方法、酶或分解木质素的微生物可能被授予专利。当下，最大障碍与贸易壁垒和扭曲相关。风能行业是三个行业中最为集中的代表：对能够从无须巨额成本的全球市场获取设备建设风电场的发展中国家而言，该产业具有足够的竞争性；对它们的挑战是进入全球风力电机市场。现有产业领导者因担心分享前沿技术制造出新的竞争者而在技术转移方面显得强硬和犹豫；尽管有这些障碍，中国与印度在过去 10 年中还是成功建设了重要的风电场。[③] 巴顿的这些研究对于技术转移与相关知识产权制度的探讨，意义十分重大。

国际贸易和可持续发展中心（ICTSD）（2008）认为，知识产权制度对技术转移而言既是潜在的动力又是潜在的障碍，但它在技术转移方面的具体作用尚不清楚，也没有一个全面权威的研究来探讨知识产权在不同领域的技术转移的影响，只是有一种呼声表明知识产权可能起到副作用；然而，发展中国家可以利用 TRIPs 协议的弹性条款来促进技术转移。[④] 该建议颇为现实，但真正有能力运用相关弹性条款来实现知识产权制度并促进技术

---

① Surendra J. Patel, Pedro Roffe, Abdulqawi Yusuf (ed.). *International Technology Transfer*, Kluwer Law International, 2001.

② Barton, John H. Intellectual Property and Access to Clean Energy Technologies in Developing Countries, *ICTSD Programme on Trade and Environment*, Issue Paper No. 2, December 2007.

③ Ibid.

④ ICTSD Climate Change, Technology Transfer and Intellectual Property Rights, 2008, http://www.iisd.org/pdf/2008/cph_trade_climate_tech_transfer_ipr.pdf.

转移的发展中国家为数不多，因为对于专利技术之外的专有技术的转让等，单纯的知识产权制度无法让技术转让的目的得以实现。①

Cannady（2009）认为发展中国家获取技术的传统方法（强制许可、专利联盟、专利数据库和结构性自愿许可）不是解决问题的根本方法，根源在于它们是基于技术供方和受方之间的恩赐关系而建立的；帮助发展中国家获得先进技术应采取“双叉战略”：一叉是气候变化技术创新战略，即发展中国家应在大学、科研机构里规定气候变化技术研究指标，资助研究者，并引导他们参与全球气候变化技术市场；另一叉是互利技术转移合同，包括一般的技术许可和开发合作协议。② 这一观点将技术转移的宏观和微观两个层面的内容均考虑进去了，然而，对于“后一叉”，要通过平等主体间的合同来让发展中国家实现技术转移的目标，难度很大。③

《哥本哈根经济学》（2009）指出，发达国家与发展中国家的专利保护水平在日渐缩小，但发展中国家相互之间的差距却在加大。因此，专利权不可能成为阻碍先进技术转移的障碍，因为专利技术在广大的发展中国家根本没有注册（1998—2008年间，少数国家专利申请量占99.4%）。知识产权自身没有构成发达国家向发展中国家转让先进技术（尤其是无害环境技术）的障碍；当地缺乏相应的技术知识、吸收能力和许多其他非技术因素如缺乏适当的市场规模、购买力和获取创新产品资金来源不足等阻碍了发展中国家获得清洁能源技术。④ 这一研究道出了发展中国家在技术转移中的关键问题，因为技术转移是双向的，如果技术受方没有相应的技术能力和基础，成功的技术转移目标是难以实现的。

学者认为，对于强制许可这一特殊的技术转移方式，有些领域并不适用。如艾伯特（2009）认为强制许可不适用于清洁能源技术，理由是药品行业依赖于强专利保护而清洁能源技术则较少依赖；此外，在环境领域，知识产权给发展中国家带来的危险远小于公共健康领域。发展中国家仅靠“公平”这一诉求要求发达国家让步是不够的，后者私人部门掌握了大量的清洁能源技术，而其政府不可能“命令”它们转让技术；它们应聚焦于为本国企业和发达国家企业构建互利性的合资经济安排框架，以激励创新和促进具体的技术转移。⑤ 持有相似观点的还有Consilvio（2011），他认为强制许可制度在清洁能源技术领域不可行，因为它们的技术可能由多项专利和商业秘密组成，光强制许可一项或某项专利技术，不足以获知光伏电子技术的全部信息内容；并且，发展中国家缺乏充分的技术基础，国内工业基础与研发基础欠发达，获取原材料的途径不够，这些限制因素的效果超过了知识产权制度的制约。他认为专利联盟制度或许可行，因为专利联盟可以以合理低廉的价格分享清洁技术专利的机制，减少发展中国家获取清洁能源技术时阻碍商业化的不明因素的风险。⑥ 这些观

① 相关分析可以参见马忠法. 技术标准与技术许可之关系探究. 电子知识产权，2007（10）.

② Cannady, Cynthia. Access to Climate Change Technology by Developing Countries: A Practical Strategy, ICTSD's Programme on IPRs and Sustainable Development, *Issue Paper* No. 25, 2009, ICTSD, Geneva, Switzerland.

③ 马忠法. 国际技术转让法律制度理论与实务研究. 北京：法律出版社，2007：152-153.

④ Copenhagen Economics and The IPR Company. Are IPR a Barrier to the Transfer of Climate Change Technology?, 19 JANUARY, 2009. WWW.COPENHAGENECONOMICS.COM.

⑤ Abbott, Frederick M.. Innovation and Technology Transfer to Address Climate Change: Lessons from the Global Debate on Intellectual Property and Public Health, ICTSD, *Issue Paper* No. 24, 2009.

⑥ Mark Consilvio. The Role of patents in the International Framework of Clean Technology Transfer: A Discussion of Barriers and Solutions, 3 *Intell. Prop. Brief* 7, 16 (2011).

点，有一定的价值，但对于“专利联盟可以以合理低廉的价格分享清洁技术专利”，我们认为值得商榷。

其他方面，柯福德等（2005）认为特定产业（金属加工业）先进技术（特别是清洁技术）转移的成功因素有：较为完善的法律制度、顺畅的沟通、培训、清洁技术评估和补贴等，其中政府在形成技术能力方面起到了巨大作用，而良好的法律制度促使该领域技术达到国际水平。① 西尔斯（2008）主张通过清洁发展机制来分析技术转移。② 道尼（2012）认为建设东道国与外国合资合作型的清洁能源企业是技术转移的良好途径。③ 霍尔等（2009）主张绿色技术转移的康庄大道就是私有企业之间的联合项目。④ 芝克里克（2009）认为发展中国家要采取清洁技术转移审批强制批准制度，建立透明清晰的CDM规制框架，改良知识产权的保护，减少金融和限制竞争的壁垒，允许外国公司在国家领土内扩张业务。⑤ 南达等（2009）等主张全球技术获取基金是传播无害环境技术前途最光明的方式。尽管发达国家政府不能控制由私人企业所有的专利技术，但是政府可以向私人企业支付补偿金，在获取私人企业技术后，向发展中国家转移。可是仅仅让技术能被获取还远远不够，技术的价格会超出许多发展中国家的承受能力，因此还要向这些国家提供慷慨的金融援助。⑥ 这些观点对无害环境技术转移都颇有价值，值得参考和借鉴。

上述研究或采取跨经济学、法学、管理学等学科的方式进行，揭示无害环境技术转移的复杂性和跨学科性，为相关法律制度的完善提供了一定的理论基础和法律原则，或集中于技术转移具体制度及其运作，具有一定的现实性，都颇有价值。但它们对技术转让的根本法律障碍的分析需要深入，提出的一些对策虽具合理性，但在法律制度完善方面需要加强，而且针对中国国内的无害环境技术转移法律制度研究较少。实际上，在先进（特别是无害环境技术）技术转移方面，在国际层面，发展中国家的要求较为强烈，它们要求发达国家履行有关条约义务，而发达国家避重就轻，不置可否。在国内，各国关心自己先进技术（特别是无害环境技术）的创新、获取及其在国内的转让和应用，并都试图完善相应的法律制度。然而，不论国际国内，公共部门与私人部门之间的合作并促进私人部门的积极参与，是解决问题的关键。2009 年的哥本哈根协定、2010 年坎昆会议的决定等已经说明了这一点。比较有意思的是，在 20 世纪 70 年代及 80 年代初，国外因当时正在起草谈判《联合国国际技术转让行动守则》（草案），研究技术转移的论文非常多；而近来涉及无害

---

① Koefoed, Michael, Chris Buckley. Clean technology transfer: a case study from the South African metal finishing industry, 2000 - 2005. *Journal of Cleaner Production*, 2008 (16): 78 - S84.

② Seres, Stephen. Analysis of Technology Transferin CDM Projects, 2008. http://cdm.unfccc.int/Reference/Repo rts/TTreport/TTrep08.pdf.

③ Kiel Downey. Intellectual Property Rights and Renewable Energy Technology Transfer in China, 9 *S.C.J. Int'l L. & Bus.* 89, 130 (2012).

④ Bronwyn H. Hall, Christian Helmers. The Role of Patent Protection in (Clean/Green) Technology Transfer, 26 *Santa Clara Computer & High Tech. L. J.* 487, 532 (2009).

⑤ Mei Gechlik. Making Transfer of Clean Technology Work: Lessons of the Clean Development Mechanism, 11 *San Diego Int'l L. J.* 227, 286 (2009).

⑥ Nitya Nanda & Nidhi Srivastava. Clean Technology Transfer And Intellectual Property Rights, 9 *Sustainable Dev. L. & Pol'y* 42, 69 (2009).

环境技术转移的国外研究多集中于2007年至2011年这一时间段，此后研究该问题的论文没有该阶段多，可能与哥本哈根会议及2012年后《京都议定书》部分义务终止（特别是关于排放方面的约定）等有一定的关系。

上述研究虽然为无害环境技术转移提供了很好的参考和未来研究的基础，但是在日益严峻的全球环境问题背景下，在国际层面如何使已有的有关国际环境条约中无害环境技术转移规定在各国得到实施，以及国内层面如何完善无害环境技术转移法律制度来应对环境、气候变化及公共健康等方面仍留下了很多未决问题，如“无害环境技术转移与一般的技术转移有何区别或特殊性”“加强知识产权保护可否促使国外私人主体愿意转让技术”“如何通过制度设计激励掌握技术的私人部门转让技术”等议题。此外，现有研究特别是专著或教材，较少对现有的国际、国内技术转移法律制度进行归纳与分析，对于技术转移的方式、技术转移协议及其类别、技术转移协议的关键条款及相应的谈判以及技术转移争议解决等进行系统分析和探讨，本书限于篇幅，将对这些偏重于实证的部分进行简要介绍和论述。

三、本书的框架和主要内容

本书除绪论外，分八章。技术转移法概述主要论及技术、技术转移及技术转移法等相关概念的含义、特征及技术转移与知识产权法和竞争法的关系等理论问题，为技术转移法的其他章节讨论奠定基础。技术转移的国际法规范主要分析和讨论现有国际法框架下的技术转移规范，其中的多数条款已经在我国的国内法中有所体现。中国技术转移法律制度主要分析我国的技术转让法律制度的重要内容。技术转移方式主要讨论实务中的技术转移。技术转移协议及关键条款是本书的核心，主要论述技术转移协议的主要类型及以技术许可协议为典型代表的重要条款与注意事项。技术转移协议谈判主要分析和讨论技术转移谈判的准备、注意事项等。最后一章集中讨论技术转移协议争端解决的内容。

【思考题】

1. 为什么要学习和研究技术转移法？

2. 你如何理解技术转移和创新之间的关系？

3. 2017年夏天美国挑起的中美贸易摩擦中，美国指责中国在过去改革开放的过程中存在着强制外国投资者转让技术的现象，你是如何认识的？

【经典参考文献】

1. 郭寿康. 国际技术转让. 北京：法律出版社，1989

2. 郑成思. 郑成思知识产权文集·专利和技术转让卷. 北京：知识产权出版社，2017

3. 卡恩，主编. 技术转移改变世界：知识产权的许可与商业化. 北京：经济科学出版社，2014

4. 本书编写组. 党的十九届五中全会《建议》学习辅导百问. 北京：党建读物出版社/学习出版社，2020

第一章　技术转移法概述

【导言】

技术转移法的基本理论是本书后文讨论技术转移法各主题的基础和指南。它在分析技术的内涵、可转移技术范围及特性等基础上，给出了技术转移的定义、本质、特征、路径及技术转移和技术创新的关系。基于上面的分析，本章探讨了与技术转移最为密切的两个法律领域，即技术转移与知识产权法和技术转移与竞争法之间的关系：知识产权法是技术转移的前提和基础性制度保障，该领域存在着技术转移的全球性与地域性、发展中国家与发达国家、技术转让与可持续发展、权利保护与技术转移、技术权利和技术限制及技术转移与技术标准等六对关系；而竞争法为技术转移营造公平的竞争环境、创造积极条件。接下来，本章重点分析了技术转移法的定义、基本原则、法律渊源等；其基本原则有合法保护与合理使用原则、利益平衡原则、合作原则、效率原则、非歧视原则及公平原则等，其法律渊源主要有立法机关制定的法律，如专利法、《民法典》合同编、促进科技成果转化法、外商投资法等，最高人民法院的司法解释如2004年的《最高人民法院关于审理技术合同纠纷案件适用法律若干问题的解释》(2020年修正)等，国务院制定的行政法规如专利法实施细则、2016年的实施《中华人民共和国促进科技成果转化法》若干规定、2018年的《知识产权对外转让有关工作办法（试行)》等，国务院各部委制定的部门规章，地方各级人民代表大会制定的地方性法规和地方政府制定的地方性规章，以及中国加入的相关国际条约中涉及的技术转移规定等。

技术转移法的基本理论问题主要包括以下内容：技术的内涵，可转移技术范围及特性，技术转移的定义、本质、特征、路径及技术转移和技术创新的关系（至于技术转移理论[1]限于篇幅，本章不论及)，技术转移与知识产权法等的关系，技术转移法的定义、基本原则（如合法保护与合理使用原则、利益平衡原则、合作原则、效率原则、非歧视原则及公平原则等）以及法律渊源（法律法规、部门规章、最高人民法院

[1] 技术转移理论含传统理论（如技术差距论、技术选择周期论、技术转移选择论、雁行形态发展论、技术转移内部化论、需求资源关系论、中间技术论、外贸自乘效益论）及新近理论如私法行为公法化理论与可持续发展理论等。具体分析参见马忠法，等．清洁能源技术转移法律制度研究．北京：法律出版社，2018：63-86.

的司法解释及中国批准或加入的条约）等。以下各节将对这些内容进行分析。

第一节 技术转移的定义、本质、特征及其与创新的关系

一、技术的内涵及其特性

准确把握技术的含义及其特征，对我们了解和进行技术转移至关重要。技术含义会告知我们被转移的“技术”到底是哪些，而技术特性会让我们将技术转移这种交易与一般的有形商品的贸易区别开来，以真正实现技术转移的目的。

（一）技术的内涵

1. 一般情形下的技术定义

技术（technology）一词源于古希腊，由古希腊文 Techne（工艺、技能）与 Logos（系统的论述、学问）演化而成；多指个人的制作技艺，由经验积累而成，且不系统也不易推广，因而古希腊哲学家亚里士多德将技术定义为“制作的智慧”①。

进入工业革命后，法国哲学家狄德罗对技术的定义为：“技术是为某一目的的共同协作组成的各种工具和规则体系。”② 这一定义将技术的目的性（为某一目的）和技术的表现形式（一为“工具”，一为“规则”）综合在一起，一直到现在依然被认为是对技术一词最为确切、权威的一种解释。德国技术哲学家卡普认为，从简单工具到复杂机器，人类所发明的一切技术活动手段都是人体器官向外界投影而形成的结果，因此，技术包含两层含义：人的生产活动方式本身与代替人类活动的装置。③ 德国另一位学者经济学家贝克曼则将技术定义为：指导物质生产过程的科学或工艺知识，这种知识清楚地解释了全部操作及其原因和结果。④ 英国学者诺里斯和维西提出关于技术的五种含义，即技术包括所有工业革新过程中的科学和工程活动；技术是工程的同义语；技术是技巧的集合；技术是工业技术的科学；技术是能生产一定实际产品的投入要素的各种不同组合。⑤

现在的各种研究机构和组织也从不同的角度对“技术”给出了不同的定义。美国国家科学基金会（NSF）在 1983 年的技术创新文集评论中引用斯科恩（Schon）的定义，认为技术是“一种工具或物质设备，人们借助于它们扩展自己的能力”。世界知识产权组织（WIPO）从技术所包含的内容或内涵角度给出的技术的定义是：“技术指制造一种产品或提供一项服务的系统知识。这种知识可能是一项产品或工艺的发明、一种外型设计、一种实用新型、一种动植物新品种，也可能是一种设计、布局、维修和管理的专门技能。”⑥ 联合国工业发展组织（UNIDO）则认为：“技术是制造一种或多种产品以及以此为目的而建立的一

---

① 亚里士多德. 尼各马科伦理学. 苗力田，译. 北京：中国社会科学出版社，1999：126.

② 狄德罗. 丹尼·狄德罗的《百科全书》. 梁从诫，译. 沈阳：辽宁人民出版社，1992：311.

③④ 黄顺基，等. 科学技术哲学引论——科技革命时代的自然辩证法. 北京：中国人民大学出版社，1991：255.

⑤ 国务院经济技术社会发展研究中心. 中国经济的发展与模型. 北京：中国财政经济出版社，1990：89.

⑥ WIPO，Exchange Value：Negotiating Technology Licensing Agreements——A Training Manual，WIPO Publication No. 906E，2010：17-18.

个企业、工厂时需要的知识、经验和技能的总和。”[①] 在1996年的《联合国技术转让谈判手册》中，技术被视为“用来生产、利用产品和服务以满足人类物质和生活舒适之需求的知识、技能、经验和组织的系统”[②]。但大家较为公认的可能还是《发展中国家许可证贸易指南》中的定义，即技术是制造产品、实施工艺流程或提供服务的系统性的知识。[③] 这一观点在1985年的《联合国国际技术转让行动守则》（草案）中也得到了体现，即技术是某一产品生产制造、某一流程应用或提供某一服务的系统知识。[④]

在相关法律规范中对技术做出明确界定的代表性法规是美国的《出口管制条例》，它将技术定义为：一个项目的开发、生产、使用、操作、安装、维护、修理、大修或翻新（或商业管制清单中控制“技术”的出口管制分类ECCNS所规定的其他术语）所必需的信息。[⑤] 我国《技术进出口管理条例》（2019年修订）对技术进出口进行了界定，但没有对技术做出界定，只是规定“技术进出口行为包括专利权转让、专利申请权转让、专利实施许可、技术秘密转让、技术服务和其他方式的技术转移”[⑥]；也就是说，其涉及的技术主要是专利技术或正在被申请专利的技术、技术秘密和技术服务中的技术等，但对到底何为“技术”还是没有明确。

因此，从上述诸多不同角度的定义中，可以看到，人们看问题的角度不同，对技术的定义也必然不同。但仔细分析上述定义，可以发现其本质是一种系统的知识和技能，是根据自然科学原理和生产经验而形成的一种工艺操作方法和技能，包括相应的生产工具、设备和管理办法，是科学性的或组织化的知识在实际经济、技术活动中的系统应用；它们有共同的部分，即技术是实用的系统知识，是科学知识的实际应用，因此，我们可以简洁地将技术的实质定义为“实际应用的系统的科学（包括自然科学、社会科学及二者的结合）知识”，至于其概念的外延可以随着时代的不断发展而不断地更新和变化，但这种嬗变并不影响其内涵实质的稳定。[⑦]

2. 本书讨论的技术范围

根据定义，我们可以得出技术概念具有两大特征，即“实用性”和“系统的科学知识性”。由此，很容易看出专利（包括实用新型和外观设计）和专有技术应是技术转让的当然内容。至于商标，它具有实用性，许多场合下是技术的外在标记或象征，集中反映技术权利人获取的市场认可程度和社会声誉；虽然它与技术不可分离，但由于本身不具备“系统的科学知识性”这一特征，因此，我们认为它不应当被涵盖在技术的范畴中。关于版权

---

① 中美技术创新论坛会议纪要，2002-03.

② UNIDO. *United Nations Manual on Technology Transfer Negotiation* (Vienna：UNIDO，1996). Cat. No. UNIDO-ID/SER. 018 UNIDO-95. 2.

③ 余劲松，等主编. 国际经济法. 北京：北京大学出版社，2000：118；郑成思. 国际技术转让法通论. 北京：中国展望出版社，1987：7.

④ Clause1. 2 Draft International Code of Conduct on the Transfer of Technology，1985 Version.

⑤ Part 772-Definitions of Terms of Export Administration Regulation (2018). https://www.bis.doc.gov/index.php/regulations/export-administration-regulations-ear. 与先前规定的“开发、生产、使用某一产品所必需的特定的知识”已有很大不同。

⑥ 《技术进出口管理条例》（2019年修订）第2条第1款。

⑦ 马忠法. 国际技术转让法律制度理论与实务研究. 北京：法律出版社，2007：243.

（计算机软件、拓扑图、集成电路布图，涉及产品、服务、制造和其他的说明，以技术资料形式存在的“作品”等除外），我们认为虽然它具备了“知识性”特征，但在工业实用性方面欠缺许多，不应纳入技术转让的范畴。严格说来，版权保护的对象——文学、艺术和科学作品与技术是并列的，在转化为社会价值和法律保护方面，它们与技术之间的区别非常明显，它们通过另外一些渠道和法律制度来实现价值和保障权益，其转让不可与技术转让同日而语。《联合国国际技术转让行动守则》（草案）规定，本守则草案中的技术转让是指某一产品生产制造、某一流程应用或提供某一服务的系统知识的转让，仅涉及纯物品买卖或租赁的交易不在技术转让的范围之内。① 从这一定义可以看出，技术转让偏重于知识的工业实用性，故纯理念、表达形式的“知识产权”等不在本书讨论的技术转让之列。

至于计算机软件、拓扑图、集成电路布图，涉及产品、服务、制造和其他的说明，以技术资料形式存在的“作品”等含有较多技术因素的高科技产品应当在技术转让的范畴之中。

此外，由社会科学及自然科学和社会科学在实践中的应用而产生的系统知识和技艺，如经营技术、管理技术、决策技术和立法技术等，由于具备了上述两个特征，故它们也应在技术转让之列。

所以，国际技术转让的标的范围应是专利技术、专有技术，计算机软件、拓扑图、集成电路布图，涉及产品、服务、制造和其他技术形式存在的说明，以技术资料形式存在的诸多“作品”等“硬技术”，以及以经营技术、管理技术、决策技术和立法技术等为内容的“软技术”。

本书讨论的技术转让标的主要限于专利技术、专有技术、计算机软件及集成电路布图设计；就尚待研究开发的技术成果或者不涉及专利、专利申请或者技术秘密的知识、技术、经验和信息所订立的合同不属可转让之列的②，本书不予讨论。对于由超过时效的专利技术和公开的专有技术组成的普通技术（不受知识产权法保护也不属于专有技术范畴的技术），它们虽可以自由传播，但又必须由一定的专业人士才可利用，故也存在转让的可能。不过，这种技术的转让不在本书讨论之列。

实际上，本章的上述划分方法与国际知识产权保护协会（AIPPI）划定的知识产权范围中的“创造性成果”有相似之处。AIPPI 将知识产权作如下分类：创造性成果权，包括发明专利权、集成电路权、植物新品种权、技术秘密权、工业品外观设计权、著作权（版权）和软件权；标记权（工业品式样的权利），包括商标（商标、服务商标）权、商号和标记（厂商名称）权和其他标记性权利。③ 本章讨论的是创造性成果权中不包含著作权（计算机软件除外）的其他所有权利，至于标记权，因缺乏“系统知识”之特征，不予讨论。这样的限定与我国司法实践中所界定的技术成果即“利用科学技术知识、信息和经验作出的涉及产品、工艺、材料及其改进等的技术方案，包括专利、专利申请、技术秘密、计算机软件、集成电路布图设计、植物新品种等”④ 也基本保持了一致。

---

① Clause1. 2 Draft International Code of Conduct on the Transfer of Technology，1985 Version.

② 《最高人民法院关于审理技术合同纠纷案件适用法律若干问题的解释》第 22 条。

③ 根据 AIPPI 1992 年在东京会议上的划分范围划定及《建立世界知识产权组织公约》第 2 条定义（8）规定。

④ 《最高人民法院关于审理技术合同纠纷案件适用法律若干问题的解释》第 1 条。

除了上述宏观论述外，有关技术在具体转让合同中的规定，一般采用如下做法：首先在定义条款中对将进行转让的具体技术予以概括定义，至于其具体内容如技术产品的名称、系列型号、规格及达到的性能和技术指标等的详细明确之说明，一般为一个相对独立的文件，列于合同附件中。上述规定应对技术质量、性能、数量等指标提出可量化的参数，如完整性、先进性程度、匹配性等。前者指涉及技术的参数的量的多少及彼此间相关程度、互为补充和递进的情况等；中者指技术在国际、国内处于的水平和位置；而后者指是否满足受方要求或适应受方技术发展水平等。[①] 一般而言，技术的具体内容、参数或指标列出后，技术的先进性程度、匹配性等便一目了然。所以，该附件本身的重点内容应该是对技术本身的描述。

此外，技术转让多以交付技术资料的方式进行。技术资料一般是产品设计、加工技术、开发技术、工程设计技术和市场销售技术的主要载体；为此，在合同中，对技术资料也要进行界定。"技术资料"要明确相关技术的广度、深度和表现形式。广度（即范围）指反映转让的技术所涉及的资料覆盖面。技术类型不同，其范围就会不同。如涉及产品制造的，需有产品设计图纸、产品加工图、加工工艺，制造设备的技术规格、维护手册，厂房设计的条件、空气流通、湿度即品质的要求等，此外还需有有关环境保护的标准，生产用的原材料的技术规格、消耗量，设备的加工图纸、化学材料配方等。深度指转让技术所处的阶段，即其设计思路、运用原理和方法及可能的发展趋势等。其表现形式主要包括介质形式如纸张、磁带、磁盘、胶卷或其他形式，描述语言、采用的度量衡单位及交付的份数等。[②] 但是，随着技术的发展及环保节俭的需要，互联网语境下，用电子介质方式来交付技术内容的形式越来越多。在这种情况下，还强调这些技术资料以特定有形的介质交付，可能过于机械。交付的关键在于获得技术内容，以何种方式或何种介质交付似乎不再重要。当然，以任何纸质或其他有形的可感知形式交付，在将来发生纠纷时，举证方面可能更为便利，因而这些方式也不要轻易否定。

当然，一般技术转让均涉及技术培训、指导和技术服务，为此，有关培训、指导和服务涉及的材料也要详细列于移交的材料中。

在美国，类比于知识产权的形象权（公开权，主要是公众人物或名人）、专有技术之外的商业秘密、信息和数据、多媒体产品等也可以转让。[③] 但基于以下三个原因，本书不将它们列入讨论的范围：（1）它们当中的技术含量等不是很丰富；（2）因为合同标的不是技术，它们可以通过独特的合同方式来完成，其中涉及的合同条款本质上不同于技术转让合同；（3）我国目前以这些内容为标的的实务尚未形成一定规模。对于大学、科研院所等产生的知识产权主要是专利或其他科技成果等，它们可以分散在专利、专有技术、计算机软件著作权等相关章节中，本书也不分门别类地予以讨论。

（二）技术的特性

技术作为人们制造某种产品、应用某种工艺或提供某项服务的系统知识，有诸多的内

---

①② 白映福，黄瑞．国际技术转让法．武汉：武汉大学出版社，1995：74，74-75.

③ Robert W. Gomulkiewicz, etc. *Licensing Intellectual Property: Law and Application*. Wolters Kluwer, 2008: 137-142, 373-383, 415-421.

在特性。格兰特等人认为，技术知识具有“可转移性、可累积性和可专用性”三大特定。[①] Hdelund认为，技术知识具有“内隐”和“外显”双重特性。[②] 而逖斯则认为技术知识具有“不确定性、路径依赖性、累积性、不可逆转性、相互关联性、内隐性、公共性”等七种特性。[③] 还有人认为，当代多数技术的特性主要体现在以下几方面：(1) 科学性与可实施性。技术是人类根据科学的原理而发明创造或总结出来的，可以实施、能够产生经济效益的知识。[④] (2) 复杂性、相互关联性与内隐性。当代多数技术常由一系列相关的基础概念构成，而这些相关的基础概念又由许多独立的或非独立的亚概念构成[⑤]；相互关联性是指任何一项技术多在不同程度上同其他支持性或关联性技术形成某种联系；内隐性是指一项技术内容往往不易用文字描述出来。(3) 可传授和可转移性。技术是知识，人们通过教与学来掌握技术，可以通过适当的方式使技术在不同的主体之间进行转移，从而使技术得以在更大的范围内推广应用。(4) 可累积性。技术知识可以积累，可以融入新的知识，从而为在现有技术基础上吸收提供可能。(5) 技术生产的周期性。技术具有类似于生物体从出生、成长、成熟、衰退至消亡的生命特征现象。(6) 价值的不确定性。技术的价值只能以其在使用领域中所产生的经济效益等指标来加以度量和确定。由于技术在使用领域中到底能够创造出多大的经济效益在不同地点、场合和使用不同的计量方法会有很大的不同，因此，技术的价值是不确定的。[⑥]

我们基于商品经济条件下技术作为一种商品的现象及其可交易的情形，将技术的特征归纳为以下四点。[⑦]

(1) 作为商品的技术，其价值和使用价值与一般商品不同。按照一般商品的社会必要劳动时间来计算技术价值量，十分困难，因为技术具有单一性、个性化特征，其个别价值就是社会价值[⑧]；作为发明创造的产物，其数量不是规模化的，只具有单一性，因而具有较强的垄断性和排他性。此外，技术价值具有潜在性即其价值在于其实施后经济效益的实现，如果不能实现，则其价值往往就无以体现。同时，它与研究开发成本间并不必然呈正相关关系。至于其使用价值，就更显特殊，它在使用中会随着使用范围的扩大和频率的增多而增值，在使用中得以发展和完善，乃至创造出更新内容、更好形式的技术，而不会像其他商品那样存在使用中磨损耗费直至彻底丧失其价值。

(2) 技术具有无形性和存在的依赖性。技术本身是一种构思或解决问题的方案，并无形状；但当它作为商品进入流通领域时，必须能依赖于一定的有形体让人们感知，如技术

---

① Almedia, P. Song, J. Grant. “Are Firms Superior to Alliances and Markets? An Empirical Test of Cross-Order Knowledge Building”. *Organization Science*, 2002 (13): 147 - 161.

② Hdelund G. “A Model of Knowledge Management and the N. Form”. *Strategic Management Journal*, 1996 (12): 109 - 122.

③ Teece. “Time-Cost Tradeoffs-Elasticity Estimates and Determinants for International Technology Transfer Projects”, *Management Science*, 1997, 23 (8): 830 - 837.

④ 人类社会早期的技术主要是人们在社会实践中根据生产的实践经验而形成的，但西方进入文艺复兴时期之后，根据科学原理产生的技术日新月异。可以说工业革命时期以来经济的快速增长和发展，主要是由革命性技术所引起的。

⑤ 陈艳. 复杂性与复杂技术. 科技情报开发与经济杂志，2006 (3).

⑥ 张晓凌，周淑景，刘宏珍，朱舜南，侯方达. 技术转移联盟导论. 北京：知识产权出版社，2009：4.

⑦ 马忠法. 国际技术转让法律制度理论与实务研究. 北京：法律出版社，2007：70 - 72.

⑧ 李少卿主编. 国际技术转让. 广州：暨南大学出版社，1993：3.

文件、图纸、配方、资料、以磁盘或磁带形式存在的计算机软件、样品、成套设备、动植物品种、微生物菌种乃至技术专家和技术人员口头传授的经验或示范表演的技能等。由于技术无形，又借助廉价的载体可以不经再生产过程就可无限复制、传播[①]，在转让使用权的情况下，技术所有人可以在拥有所有权的前提下，无数次向不同的对象转让其使用权，即同一主体可以多次重复销售；而且，技术不会因重复使用而出现过度使用的情况，这不同于有形财产，故其客观上创造的社会价值绝对量可随重复的次数而增加。当然，由于技术无形，它会导致信息不对称性被滥用，受方在获取技术时，难以知晓哪些技术信息应该获取或已经获取，而供方在确定价格时，又常常将技术价格建立在已披露技术信息和未披露信息的基础上[②]，带来不公平结果。

(3) 专利类技术还有覆盖性和连续性特征，前者指某一技术可能有许多人在开发研究，但最终如果有一人申请专利，其他人的发明过程可能就得终止，其投入也就可能化为乌有；而后者是指技术一旦扩散开去，人们在现有技术的基础上可以开发出更新的技术，加快原有技术的成熟和衰退。这两方面矛盾而又统一：一方面，为节省人类资源，避免重复研究和开发是必要的，而专利制度可以有效阻止技术的重复研发，鼓励技术转让，加快技术转移和扩散；另一方面，技术的扩散，受让者在现有技术开发的基础上的进一步研究和开发会对原有技术构成威胁，这又往往使技术供方不会轻易转让技术，如果转让，则会对技术价格给予高度关注。

(4) 技术具有不可再售性。一般商品的生产者是为了销售而生产，而且买方购买商品除自己使用外还可以转售盈利；但技术商品则不同，技术开发通常多是为自己生产和使用而进行的，它不以出售和转让为主要目标；技术受方一般拥有同类技术，然后才可能买入较为先进的技术[③]，但技术受方（多数场合为技术被许可方）未经供方（多数场合为技术被许可方）同意不能转让或再出售给其他任何人。

技术的上述特征，使得成功的技术转移在二战以来的现实中较为少见。因为技术转移容易为技术供方培养竞争对手来分割其市场，或让技术权利人可能丧失竞争优势。也正因为如此，研究其法律制度的构建和完善，对于解决人类当下面对的公共问题意义十分重大。

二、技术转移的概念、特点与重要途径

（一）技术转移的概念

技术转移这个词最早于 20 世纪 40 年代用于美国将政府支持的研究成果转移到军事、航空和原子能领域，支持这些领域的发展。[④] 后来发生技术转移的领域越来越多，技术转移所涵盖的内容也越来越广。全球范围内讨论的技术转移与 1964 年设立的联合国贸易发展会议（贸发会）有着密切联系。[⑤] 对发展中国家进行技术转移和扩散是贸发会过去数十年研究和分析工作不可分割的组成部分，成员方将技术问题作为其重要使命之一，并将其指定为贸发会就贸易和发展待遇问题讨论的主要议题之一（其他还有资金、投资和可持续发

① 李少卿主编. 国际技术转让. 广州：暨南大学出版社，1993：3.

② WIPO. *Licensing Guidefor Developing Countries*. WIPO Publication，No. 62，1977：20.

③ 尹尊声. 国际技术转让价格. 上海：上海人民出版社，1993：22-24.

④ 蔡声霞. 国际技术转移与发展中国家的技术能力建设. 北京：经济科学出版社，2013：24.

⑤ 郭燕青. 对技术转移的基本理论分析. 大连大学学报，2003 (3).

展等）；但是真正对技术从国际层面开始认真关注是在 1968 年（之前均认为是国内法的问题），原因至少有以下三个因素：认识到技术和技术诀窍是提高生产力、促进出口增长和获得发展的关键前提条件；发展中国家意识到发达国家与发展中国家日益扩大的技术鸿沟对贸易和发展带来的影响及它们对追赶发达国家的预期；关注从发达国家获得先进技术所付出的过高成本和难度。① 虽然较早出现的英文"技术转移"（Technology Transfer②）一词的国际文件是 1964 年第一届联合国贸易发展会议的一份支援发展中国家的报告，它指出"发展中国家的自立发展，无疑要依赖来自发达国家的知识和技术转移，但机械式的技术转移的做法是不可取的"③，在这份报告中，技术转移是作为解决南北问题的一个重要战略被提出来的，并将国家间的技术输入与输出统称为技术转移；但有效推进国际技术转移的谈判却是在 60 年代末 70 年代初，1970 年贸发会决定设立政府间技术转让小组，组织成员就技术转让问题进行谈判，后在 1974 年，该小组改为技术转让委员会，最终推动了《联合国国际技术转让行动守则》（草案）的谈判。④此后，"技术转移"一词所涵盖的内容逐渐扩大到研发机构之间的技术项目转移，研发机构与企业和企业与企业之间的技术转让，以及不同经济、技术行为主体间的技术许可等各个方面，并且从早期的无意识行为、后进国家的政府行为、发达国家为打破南北僵局的策略工具等内涵逐步发展成为世界范围内不同行业、企业、研发机构和政府等都高度关注并积极参与的一种战略行动。

关于技术转移的确切概念，一般认为是由美国学者布鲁克斯（H. Blucurs）最先加以界定的。按照他的观点，"所谓技术转移，就是科学和技术通过人类活动被传播的过程；由一些人或机构所开发的系统、合理的知识，通过人们的活动被另外一些人或机构应用于处理事物的方式过程"⑤。这一定义不带有任何明确的商业成分。在布鲁克斯之后的学者，由于观察问题的角度和强调的侧重点不同，给出的定义也有所不同。归纳起来，大致有以下几种观点⑥：（1）知识扩散说。认为技术转移就是基于某种技术类型、代表某种技术水平的一个知识群的扩散过程。⑦ 这种观点是目前在国际上较为普遍的一种看法。（2）知识诀窍转移、分配说。认为技术转移就是知识的转移和再分配。如日本的小林达就认为："从广义上说，技术转移是技术知识的再分配。"⑧（3）技术知识应用说。将技术转移视为技术在社会范围的广泛应用。如弗兰克·普雷斯就认为："技术转移就是研究成果的社会化，包括其在国内和向国外推广。"（4）地域、领域转移说。认为技术转移是技术在地域上和技术所属领域的转移。如美国赞凯就认为："当某一领域中产生的或使用的科学技术信息在一个不同的领域中被重新改进或被应用时，这一过程就叫技术转移。"而经济合作与发展组织给出的定义也属于此类，认为技术转移就是指一国作出的发明（包括新产品和新技术）转移到另一国家的过程。（5）环节转移说。认为技术转移是技术信息经过一些阶

①④ Beyond Conventional Wisdom in Development Policy: An Intellectual History of UNCTAD 1964 - 2004, UNCTAD/EDM/2004/4, pp. 82, 83.

② 早期国内多数学者将其译成"技术转让"，我们认为在法学领域，"技术转移"与"技术转让"本质是一致的。

③ 林耕. 实施技术转移战略，促进国家技术创新. 科技成果纵横，2006 (1).

⑤ 贺艳，许云. 国内外技术转移问题研究新进展. 中共中央党校学报，2014 (6).

⑥ 张晓凌，周淑景，刘宏珍，朱舜南，侯方达. 技术转移联盟导论. 北京：知识产权出版社，2009：9 - 10.

⑦⑧ 王新新. 我国技术转移的发展趋势及相关对策. 科技管理研究，2008 (12).

段、一系列环节的顺序发展过程。如中国的林慧岳认为，技术转移是技术和知识及其载体在技术活动中发明、创新和扩散三个环节之间的定向流动。(6) 不同主体合作说。认为技术转移就是技术要素在不同主体之间的流动过程，其特征，一是存在不同的主体，二是存在主体间的合作。(7) 技术商品流通说。认为技术转移就是技术成果作为一种商品在不同所有者之间的流通过程。(8) 消化吸收说。认为技术转移不仅是指技术知识以及随同技术一起转移的机器设备的移动，而且还是技术在新的环境中被获得、吸收和掌握三个方面的有机统一的完整过程。如 S. 洛杉布尔姆就认为，技术转移是指"技术在与其起源完全不同的路径、环境中被获得、开发和利用的技术变动过程"。

尽管技术转移的定义可以从不同的角度和侧重点加以界定和描述，但就其一般意义而言，是指为着一定的经济目的而发生的关于技术及其知识的信息流动过程，也就是某种技术及其知识从技术输出方向技术接收方的流动过程。这种流动源自技术转移双方的技术输出及技术吸收的意愿，同时受制于转移双方的技术输出能力和技术吸收能力，是技术输出方和接收方相互作用和对接的一个过程，直到技术接收方完全掌握该技术为止。在此过程中，技术转移双方所在地区的相关政策、法律法规和政府的服务水平与能力等，对技术转移起着促进或阻碍的作用。

这一流动过程既可以发生在科技与生产部门之间，也可以发生在不同的生产部门之间；可以在国际，也可以在国内；可以通过市场途径，也可以通过非市场途径；可以表现为纯知识的形态，也可以是某种实物体；可以是一种有组织、有计划的过程，也可以是自发的过程。但这些行为或过程不论其形式如何，基本上含有以下要素：(1) 它们是一个过程或行为，往往需要很长时间；(2) 有技术的供给方和需求方；(3) 双方需要充分的交流和合作，才能实现预期的目的。故有人将其定义为技术供需双方通过相互作用而实现预期目标的一个过程。[①] 但本书讨论的技术转移限定在有一定商业目的的活动内，因此，本书中的技术转移行为通常是：有供需双方、有一定的商业目的并通过特定法律形式来实现预期目标的技术转移行为。

理解技术转移应该将其与相关概念加以区分。前文在分析技术转移的概念时，提到"知识扩散说"，而另一个概念是"技术扩散"(technology diffusion)，技术转移与技术扩散还是存在很多不同点。技术扩散这一概念，按照美国经济学家斯通曼 (P. Stonman) 的解释，是"一项新技术的广泛应用和推广"[②]。由于技术扩散是技术创新扩散 (technological innovation diffusion) 的同义词，因此，技术创新理论的奠基人熊彼特 (J. A. Schumpeter) 将技术扩散定义为技术创新的大面积或大规模的"模仿"[③]。而在舒尔茨 (L. Scholtz) 看来，所谓技术扩散"是指创新通过市场或非市场的渠道的传播"[④]。

从技术转移和技术扩散的概念定义中，可以清楚地看到，二者都是指技术通过一定的渠道发生不同领域或地域之间的移动。二者的区别主要表现在[⑤]：(1) 技术转移主要是指

---

① 范保群，等. 国内外技术转移研究的现状与前瞻. 科学管理研究，1996 (1).
② 埃弗雷特·M. 罗杰斯. 创新的扩散. 辛欣，译. 北京：中央编译出版社，2002.
③ J. A. Schumpeter. 经济发展理论. 北京：商务印书馆，1991.
④ 胡保民. 技术创新扩散理论与系统演化模型. 北京：科学出版社，2002.
⑤ 张晓凌，周淑景，刘宏珍，朱舜南，侯方达. 技术转移联盟导论. 北京：知识产权出版社，2009：11－12.

一种有目的的经济行为，参与技术转移的双方都有明确的诉求，尽管诉求有所不同。而技术扩散则既包括有意识的技术转移，又包括无意识的技术传播，但更强调后者；技术扩散范围更为宽泛。[①]（2）技术转移的受方一般来说是明确的，不论是技术所有权的转让还是技术使用权的许可，也不论对象是一个还是数个，受方明确是基本特征。但技术扩散的对象通常是不确定的，且多数场合下，只要对技术感兴趣或认为技术有所用的人，均可以成为技术受方。（3）前文已述，技术转移往往带有商业活动的性质，而技术扩散通常是无商业目的的；而且，在技术成为商品之前，用技术扩散或技术传播远比用技术转移要科学合理。今天，技术扩散通常用于对那些进入公有领域的技术的推广和传播场合。

至于技术转移或扩散是国内还是国际活动，我们认为在今天语境下已经没有区别：它们都可以在国际国内进行，尽管早期技术转移是因为南北关系、南北发展而提出的，但国内研究技术转移（特别是从高校、科研院所向产业界转移）也越来越多；而技术扩散随着外商直接投资行为在全球进行，技术随着投资而出现日渐频繁的外溢现象，技术扩散也基本上成为全球化的一种现象，而非仅仅限于国内。如日本经济学家斋藤优的"通常所说的技术扩散（diffusion）往往指国内传播的情况，在国际则是更多使用转移（transfer）一词"[②]，这种观点已经与现实不太相符了。

对于技术转移和技术转让、技术贸易等概念之间的关系，这里有必要将技术转让与技术贸易和技术转移区别开来。技术贸易指有关技术的交易，即以技术成果和技术服务为对象的交易或贸易活动[③]，技术成果通常包括在新产品、新工艺、新材料、新设备等的研发成果基础上所获取的专利、专有技术等，而技术服务为技术持有方利用自己的技术特长为他人提供技术咨询、指导或其他服务等。故技术贸易应包括以技术成果为交易对象的技术转让和以技术服务为交易的技术服务贸易，二者不能混同。关于技术转移，有人认为它是指科学通过人类的活动被传播的过程[④]，有人认为广义上是指技术的传播和交流[⑤]，或为出于在最终产品上应用之目的而将技术转移看作从空间上将技术转移到某一产品上。[⑥] 但我们认为，将其主要理解为"技术从技术供方向技术受方流动的动态过程"应更准确，它不以空间位置的移动为标志，而以人（主体）为载体，空间变化只是人的需要变化的外在形式之一，这一点对后文理解"实质上的跨越国境"十分重要。这种技术转移包括技术的无偿转移或援助和有偿转移，后者就是我们常说的法律上的技术转让（本书在没有特别说明的情况下，"技术转移"即指这种"技术转让"，原因是无偿的技术转移在法律上讨论意义不大），因为转让作为法律概念一般均要有相应的对价。故转移和转让二者间也是属种关系。2002 年 1 月 1 日起实施的《中华人民共和国技术进出口管理条例》规定，"本条例所称技术进出口，是指从中华人民共和国境内，或者从中华人民共和国境内向中华人民共

---

① 马忠法. 国际技术转让法律制度理论与实务研究. 北京：法律出版社，2007：3 注释 1.

② 斋藤优. 技术转移理论与方法. 丁明序，谢文正，译. 北京：中国发明创造基金会，中国预测研究会，1985.

③ 范力. 中国技术贸易指南. 北京：中国经济出版社，2001：49.

④ 李志军. 当代国际技术转移与对策. 北京：中国财政经济出版社，1997：12.

⑤ Howard V. Perlmutter，TagiSagafi-Nejad. "International Technology Transfer". *nueva york*，*pergamon policy studies*，1981：9.

⑥ 同④13.

和国境外，通过贸易、投资或者经济技术合作的方式转移技术的行为"[①]，此处用的是"转移"而非"转让"，足见我国立法将"转移"和"转让"做了明确的区分。补充一点的是，为何法律上的技术转让是有偿的，就是因为真正的技术转让应当能够在受让方及其所在国的发展进程中起到积极作用，否则，实现不了该目的，体现不了对价，就不是技术转让，而为"技术旅行"(technology travel)[②]，即技术纯粹地从空间到空间的位置变动和转移。

（二）技术转移的特点

技术不同于一般的物品。技术是人们制造某种物品、应用某种工艺或提供某项服务的一种系统知识。因此，技术转移也与一般的物权转移相区别，有其独特的个性和特点。这种个性和特点突出地表现在技术转移所体现的内容及过程等方面。[③]

1. 技术转移所体现的本质特征是知识或技术的移动

不论形式或载体如何，技术转移的实质就是特定知识的移动，而且所移动的知识，乃是基于某种技术类型、代表某种技术水平的一个知识群或知识系统（技术方案）。这一知识群或知识系统的移动，包括以下四个方面：(1) 无形知识体系的移动，即不以物化形式而是以认识、经验等形式而存在的纯知识的移动，如专有技术、专利技术等从一方转移给另一方或多方的活动。它们的移动，可通过特定载体如纸质的技术文件或说明书、光盘、磁盘或其他电子形式载体等进行交付；通常这些载体本身价值不大或几乎没有什么价值，只是一些特定的媒介而已。通过这种方式转移的技术，往往都是高质量的智力成果。(2) 借助特定有较高价值的外在财产或设备来转移技术，即技术等知识物化在产品、设备、零部件等商品或设备中；它们的价值可以在上述物品中直接体现，或通过特定的技术的运用，帮助它们实现价值或创造出更多的价值。(3) 技术转移通常都会涉及在知识产权保护范围之外的公有领域的知识或技术，而且公有领域的知识对技术转移所起到的作用往往易被忽略。(4) 在知识、技术流动中，需注意"显性知识"(explicit knowledge) 与"隐性知识"(tacit knowledge) 关系的处理，对于可以通过书面材料、文字等形式进行并加以实现内容的知识流动容易实现，但对于通过操作、实践、展示等才能加以了解和掌握的知识，转移最为困难。然而，如果没有隐性知识，则技术转移可能难以成功。

2. 技术转移的商事性特征

技术转移从本质上说是私人间的交易行为，其商事性特征十分明显。我们也能注意到多数技术是由私人公司持有的，作出这些技术可以为他人所用的决定将组成公司整体运营战略的一部分，因此也包括了公司对技术让他人可得时对与之相关的长期利益和可得利润的考虑[④]；自20世纪80年代以来，在全球，各国政策普遍介入了技术领域，但重点放在吸引直接投资与技术集中规范审批程序和较少的技术转让及其他运营要求规定上；技术转让被认为是通过商务基础上的市场而完成的公司与公司间的交易。[⑤]

技术转移这种私人间交易的性质近来虽受到公法一定的影响，如在国内国家激励政策

---

① 《技术进出口管理条例》第2条。

② Howard V. Perlmutter, TagiSagafi-Nejad. International Technology Transfer, 1981: 9.

③ 张晓凌，周淑景，刘宏珍，朱舜南，侯方达. 技术转移联盟导论. 北京：知识产权出版社，2009：14-15.

④ *Communication from European Communities*, 10 June, 2002, Working Group on Trade of Technology, WT/WGTTT/1 (02-3210).

⑤ Annex 1 of WT/WGTTT/1 (02-3210).

的指引、技术出口国家相关方面的管制等，但其私法性特征没有变化。具体说来，其私法性体现在以下三方面。

其一，双方当事人的法律地位在法理上是平等的，它们的活动多是基于自愿原则而发生的，意思自治在这个领域还是一个重要原则。但实际上由于技术客体的特殊性，一方处于强大的优势地位，而另一方则十分弱势，不论是对技术的了解程度、谈判的经验，还是技术实力、技术人员及环境等，均会使他们在谈判中居于不利地位。在这个基础上的所谓"意思自治"可想而知，更何况我们还没有考虑政府对自己企业某些核心技术的"关心"会使技术转让大打折扣。

其二，等价有偿性。它指交易的双方在交易活动中应当按照价值规律即在对等价格的基础上进行有偿交易，这是按照商品是"天然的平等派"规律而要求的。交换的基础就是凝聚在商品中的平均社会必要劳动时间（凝聚在商品中的无差别的人类劳动），但是由于技术的价值的单向性，受让者根本无法确认技术的价值，也举不出反证说明技术出让方的价格不合理性，所以往往是很难断定自己支付的价格到底如何，等价有偿性在这种场合下失去了意义。

其三，形式的民事行为特征性。无论是传统上的技术转让形式还是今天变化了的形式，均脱离不了形式的民事性。过去，转让的主要方式为许可协议、交钥匙工程、技术合作、技术咨询和服务、补偿贸易等，今天更多的是通过并购、直接投资、服务贸易、货物贸易、政府采购、发展合作以及多边环境保护协议等多种形式①，它们都具有明显的民事行为特征。

3. 技术转移形式的多样性和复杂性

根据技术转让权能的多少，技术转让分为所有权转让、使用权转让②、技术咨询和技术服务等。按技术转让是否单独转让，分为纯技术转让、与设备买卖同时进行的转让、与投资捆绑在一起的转让、BOT项目中的转让、OEM协议中的转让、特许经营中的转让和合作生产、补偿贸易中的转让等。按技术转让的客体来分，有专利技术的转让、专有技术的转让、计算机软件技术的转让及集成电路设计的转让、公有技术的转让等。按技术转让的范围来分，有独占许可、排他许可、普通许可、分许可（再许可）及交叉许可等。按技术的功能分，有生产技术、产品技术和管理技术的转让。按技术的表现形式分，有技术硬件（如设备、仪器等）、技术软件（如计算机程序、设计工艺、图纸、操作流程和维护程序等）、技术专家（不存在于书面材料或设备、产品中，只存在于大脑中）和技术经验等的转让，通常后两者的价格难以确定。按技术是否公开，分为公有技术与私有技术的转让等。按不同开发阶段的技术转让，又分为开发（试制阶段，往往是高精尖技术）、成长、成熟和衰老等各阶段的技术转让，由于所处的阶段不同，价格也会有很大的不同。

国际技术转让较为复杂，会涉及技术评审、评估、转让方式、法律、贸易、合作期

---

① *Communication from European Communities*，10 June，2002，Working Group on Trade of Technology，WT/WGTTT/1（02－3210）。

② 有人认为商业性技术转让就是国际技术贸易，意指国家、企业或个体间按一般商业条件转让技术使用权的一种贸易行为（李少卿主编. 国际技术转让. 广州：暨南大学出版社，1993：6）。这种解释不够全面，尽管技术使用权转让在实务中占绝对多数，但并不是唯一现象，在有些条件下技术所有权也是转让的对象，此其一；其二，技术服务或咨询，并不完全等同于技术使用权的转让，尤其是在技术服务情况下，技术服务提供者往往只解决需方的技术难题，而未必会转让技术使用权。

限、技术本身风险、政治经济风险和政府干预等多方面问题。

因此，一项国际技术转让会受各种因素的制约，在谈判交易过程中投入的人力、物力、财力和时间等也会较多，交易费用占总成本的比例不容忽视，它们对价格的影响不可低估。

技术的使用价值的特征还在于具有多重性：用于经济，可以发展本国的生产力，提高本国竞争力和人民生活水平；用于政治，可以作为政治外交的筹码，提高本国的政治地位；用于军事，可以加强本国的军事力量，提高威慑力。而且这几重性间可相互转换。使用价值作用发挥的大小取决于技术自身的难度与受方技术吸收能力的大小。此外，由于技术的进步速度加快，使技术的寿命缩短，特定技术的使用价值也因此会逐渐减小。

技术成果还可以进行多次交易，可重复使用，而不会因过度使用给权利人带来损害，这不同于有形财产；故其创造的价值可随重复的次数而增加。

资源的有限性和短缺，是人类恐慌的根源；技术的上述特征应当唤起人类在技术方面的合作，创造或节省更多资源，更有效地使用资源。人类局部的自私则加剧人类的恐慌心理，带来了人与人之间的激烈竞争，谁都清楚：在今天的世界中，面对竞争向前冲击胜出的唯一出路就是在技术的新天地里取得先机。[①]

以上特征使技术转让不像货物贸易、服务贸易那样容易在国际层面达成一致意见。

4. 技术转移的国家干预性

该特征体现了技术转让与国家政策和公共利益等的结合，典型的就是国家对国内相关技术转移或转化的激励政策及对核心技术进出口的管理和管制。

随着技术发展复杂性的日益增加及某些技术市场潜力的有限性等，技术越来越多地由政府投资，通过多种渠道分散到企业、学校和各种科研机构中，这种状况下的技术成果在多数国家由法律规定其属于研发单位。由于权利人特别是高校、科研院所等获得的技术与企业投入巨大成本研发技术需要回报不同，他们将技术进行产业化或转移的动力不足。因此，不少国家就技术转移等多会出台相关鼓励或激励政策，以使相关成果在本国国内尽快产业化，以推动国家经济的发展。

另外，对于关键技术的出口，因为单个企业在市场经济范围内是自己最佳利益的判断者，可能缺少整体的国家利益意识，将最核心的技术欲通过市场规则进行转移。而政府会基于特定目的，对企业进行必要的监管或控制。为此，政府的控制和干预日渐突出。1998年美国兰德关键技术研究院对政府投资项目的技术转让进行了专门研究，并炮制出《监控和管制国际技术转让》报告，指出政府支持项目潜在的经济价值，利于美国的企业和个人，但若将研究成果转让到国外，则预期利益就会丧失[②]，因此政府应当谨慎对可能在不知不觉中销蚀国内宝贵利益的技术转让方式进行控制。基于限制国际技术转让的风险及监控此类技术的艰难，政府对技术转让严格控制的政策不要有太大的变化。[③]

---

① *Annex* 1 *of Note on the Meeting of* 11*June*, 2002, Working Group on Trade of Technology 2nd Session, WT/WGTTT/M/2 (02－4503).

② 这一点与《联合国国际技术转让行动守则》（草案）要求的"使发展中国家自由充分地获得不由私人决定的技术"背道而驰。*Draft International Code of Conduct on the Transfer of Technology* 1985 Version.

③ James Bonomo, etc. *Monitoring and Controlling the International Transfer of Technology*. New York RAND: 1998: Preface.

技术已成为国家综合国力的表现，具体落实点是单个企业构成的整体，对那些关系到国家安全和重大利益的技术，各国均会通过出口管制或管理等加以控制，以维护自身利益，这里就体现出技术转让的国家公法性。

5. 技术转移途径的多重性

技术转移可以通过多种渠道或方式进行。根据贸发会的一个报告，其与商业渠道相关的路径主要有如下四种：与物品或设备联系的贸易、许可、外商直接投资和人员流动。[①]实际上，广泛意义上的技术转移途径有多种，如：(1) 商业目的下的技术转让（含狭义上的转让与许可）等。这种方式是通过技术市场使技术（所有权或使用权）从权利人手中转移给技术受方。这一过程中，技术供方提供技术而技术受方接受技术。在涉及跨国行为时，后者又被称为技术引进方。技术转让的具体方式多种多样，但以许可方式居多，其他方式包括技术咨询和服务、合作生产、招标和承包、交钥匙工程等。通过这种方式实现技术转移的优点是：按市场规律及原则办事，易为技术转移双方所接受，在合理公平的合同条件下，容易调动各方的积极性，加强相互之间的合作，有利于技术转移的顺利进行，提升技术受方的技术水平。缺点是：技术供方如果滥用优势地位，会对技术受方带来不利影响。(2) 技术推广和技术援助。这种方式往往是没有对价的，带有公益的性质。技术推广是指通过示范性活动使目标技术传播出去得到广泛应用的过程；而技术援助则是指技术权利人通过派员、解决技术问题等途径对生产企业提供技术帮助，从而达到技术转移的目的，可以作为技术推广的一种手段。(3) 技术信息交流。以媒体、会议、现场展示等方式促使技术信息的扩散、传播，加强相关方的技术信息交流，以使需要技术的当事人能够获得相关信息。(4) 人员流动。这是技术转移中常被人们忽视的方面；实际上，最为彻底的技术转移方式就是获得拥有该技术的人；人才流动是最为重要的技术转移方式，只不过我们没有将其作为技术转移合同研究的对象而已。各国各地区人才引进是典型的技术转移。(5) 合作研究与开发。产、学、研结合，研发单位与企业之间和企业与企业、研发单位与研发单位之间合作研究和合作开发，在这个过程中的技术分享本身就是一个转移的过程，只不过它不体现为单位与单位之间，而是个体与个体之间。(6) 设备、服务等交易中的技术转移。这是传统的技术转移的主要方式，特别是在研发人员还没有作为独立的力量及知识产权还没有成为独立的商品之情形下，通过设备、服务等促进技术转移是常态，在设备等中就蕴含了技术的成分。(7) 企业并购。通过企业并购实现技术的有效转移，从而使买方获取其所需要的技术；这是现代化企业生产过程中，企业提升自己技术能力一个十分有效的方式，微软等跨国公司就是通过不断的并购，将本来属于他人的技术并到本公司范围内，在本公司进行分享，提升竞争力，进而实现技术转移的目的。[②]

上述诸多方式中，带有商业目的的技术转移方式是本书研究的重点，至于那些虽带有技术转移的内容但主体上不以技术转移为内容且无商业目的的，不在我们讨论的范围之内。实际上技术转移还有其他方式，如通过外商直接投资（FDI）、建造—运营—转移（BOT）、原

---

① Transfer of technology and knowledge sharing for development science, technology and innovation issues for developing countries, UNCTAD/DTL/STICT/2013/8, 2014.

② 张晓凌，周淑景，刘宏珍，朱舜南，侯方达．技术转移联盟导论．北京：知识产权出版社，2009：15-17.

设备制造商（OEM）、清洁发展机制（CDM）等方式转让技术，也应该是我们讨论的内容，后文相关章节将会有所涉及。

6. 技术交易价格的不确定性

技术转让价格理论上受技术转让特征即作为客体的技术的特殊性、涉及法律的复杂性和交易形式的多样性等影响；现实中，它受转让技术的内在性质、转让的性质、技术供方特征、政治经济法律环境、行业标准和谈判等方面的影响。

技术作为商品，既要符合商品的一般要求，又要有自己的特殊性。我们在分析技术价值时，无疑也要以劳动创造价值为基础，要考虑到它的有用性；分析价格时，离不开价值，也离不开市场需求供应与价格的关系。技术价格，可以被认为是供受双方签订的技术转让合同所规定的技术受方向技术供方所支付的全部费用，即受方为取得技术的特定权利所愿支付的、供方可以接受的技术价值的货币表现。对供方而言，它是一项特定的技术售价或技术投入的回报；对受方而言，它是引进一项技术所付出的代价或成本。但是，技术的个性化特征不可能让它像一般商品那样进行规模化、流水线生产。技术的无形性、信息性、易复制性等特点，决定了技术价值与技术价格不能根据一般商品的价值与价格原理来推断。而技术交易的多样性、技术供方利用优势地位对技术价格造成的影响等，决定了技术交易价格的不确定性。

总而言之，技术作为商品不能像也没有必要像普通商品一样批量生产。同一技术所采用的研制手段和研究条件不同，开发成本也不同。此外，智力投入和研制条件常常难以量化，因而技术价格形成的规律比较特殊。技术商品由于投入大量复杂的智力劳动，在研究中的花费与技术交易的费用高，表现出其价值高于一般商品数倍。与所生产的产品相比，技术的价格就非常之高。例如，一部手机的价格为数千元人民币，而生产这种手机的成套技术及生产线，可能价值数百万美元。

（三）技术转移的本质及效应

从“技术转移”的定义及其特征可以看出，法律上的技术转移应该是一种交易行为，是一种存在交换的商业行为，即供方以提供技术为主要义务，而受方以支付相应的对价（如支付许可费等）为主要义务的活动。这种行为多以合同的方式来完成。因此，技术转移是一种私法行为，由有关平等主体当事人遵循平等自愿等原则进行。然而，在国际层面，由于技术转移的供需双方的地位往往不对等，为了确保相对公平合理，政府（特别是受方所在国的政府）进行必要的干预是不可避免的。20 世纪 70 年代至 90 年代，诸多发展中国家在对外贸易或涉外投资的法律制度中，通常会有相关的政府干预的规定即是明证。

技术转移会带来诸多的效应，我们可以将其分为产业效应、技术效应和贸易效应等，其中技术效应或技术能力是我们所希望看到的最积极的内容。产业效应是指用知识和技术密集型产业替代劳动和资本密集型产业；技术效应是指发展中国家（或技术后进国）技术的提升和跨越某些阶段的技术能力的形成；而贸易效应是指扩大贸易规模，以致技术本身也成为交易的对象，即纯粹的技术交易。

三、技术转移与创新的关系

技术转移是技术创新的核心环节。技术创新是整个技术进步的一个中心环节，也是技术进步促进经济增长和社会经济发展的根本机制，它是一个包括技术发明、技术开发和技术扩散的技术进步的过程，是技术转移的基本前提和主要源泉。技术创新和技术转移并行发展相互促进，技术创新作为技术转移的源泉，从技术转移的内容到转移的节奏推动着技术转移的进程，而技术转移作为技术创新的传动机制，不仅为技术创新提供了技术资源上的保证，而且通过技术转移的桥梁、纽带作用使技术创新充满活力。[①]

(一) 技术创新理论及其发展

技术创新理论的首要问题是其含义。最早提出技术创新概念，并将其用于经济分析的是美籍奥地利经济学家熊彼特（J. A. Schumpeter)。1911 年，熊彼特在其具有深远影响的经济学著作《经济发展理论》中，从论证技术变革对经济非均衡增长的影响出发，提出了创新概念。该书在 1934 年译成英文时使用了 innovation 一词。1928 年，熊彼特在其首篇英文版文章《资本主义的非稳定性》中，从论证技术变革对社会发展非稳定性影响出发，首先论证了创新是一个过程。1939 年，熊彼特在其另一本著名经济学著作《商业周期》中，全面系统地提出了技术创新理论。[②] 经过几十年的发展，几代学人为技术创新研究积累了丰硕的理论成果。按照人们对创新规律性认识的程度，我们把技术创新研究大致分为以下几个发展阶段。

1. 创新效应及创新内容阶段（20 世纪 50—60 年代前期）

20 世纪 50 年代，由于新技术革命对经济发展推动作用的显现，创新研究得到了迅速复兴。一批经济学家和管理学家从各自不同的角度，开始了对技术创新问题的重新探索。一部分经济学家采用当时盛行的新古典经济学理论框架，对技术创新的效应进行研究。他们根据新古典经济学的均衡理论，把技术创新作为一项活动或一个整体，看作是经济系统之外的一个外生变量，重点研究技术创新对经济增长的作用和影响。另外一些学者，则对技术创新本身予以关注，试图说明创新本身到底是什么。美国当代著名管理大师德鲁克提出，创新包括技术创新和社会创新。在德鲁克看来，所谓技术创新是指为某种自然物找到新的应用，并赋予新的经济价值；所谓社会创新是指在经济与社会中创造一种新的管理机制、管理方式或管理手段，从而在资源配置中取得很大的经济与社会价值。[③]

这一期研究的主要特点是：一方面，一部分学者把技术创新作为一个整体变量，看成一个“黑箱”，只注重“黑箱”对经济与管理的影响，而没有对“黑箱”的构成及内部机理进行研究；另一方面，一部分学者试图探究“黑箱”本身是什么，力图从外部对“黑箱”予以描述、从内部揭示其构成。因而，这一时期的研究并没有形成统一的理论体系，研究内容比较庞杂、分散。

2. 创新过程机理揭示阶段（20 世纪 60 年代中后期—80 年代初）

在 20 世纪 50—60 年代前期研究的基础上，自 60 年代中后期开始，技术创新研究进入持续兴旺阶段。在这一时期，人们先是把创新视为技术推动下的纵向发展过程。按照简单的线性模式，从基础科学知识到应用产业技术，再到产业技术，通过生产活动形成可销售的新产品，最后进入市场、在市场中得以实现，形成第一代创新模型。理论上对创新的

---

① 谢富纪，董正英. 技术转移与技术交易. 北京：清华大学出版社，2006：19.

② 傅家骥. 技术创新经济学. 北京：清华大学出版社，1998：27-41.

③ 张玉臣. 技术转移机理研究. 北京：中国经济出版社，2009：38-48.

认识，自然影响人们的创新实践。

这一研究阶段的特点主要有：一是技术创新研究的对象开始细化和分解，人们从不同侧面、不同层次对技术创新过程进行了较为全面的探讨。二是技术创新研究开始从管理科学和经济学中分化出来，初步形成了相对独立的理论体系。三是技术创新的研究方法日益多样化，许多经济与管理学方法被引入到技术创新研究中。

3. 创新综合研究阶段（20 世纪 80 年代中前期）

上述各阶段的技术创新研究虽然取得了丰硕的成果，但也存在一些局限。一是研究仍然比较分散，重复性研究很多，许多具体问题没有得到充分深入研究便被搁置一旁。二是研究的重点不突出，一般组织意义上的创新研究比较多。三是对技术创新过程的研究不系统，前重后轻，创新采用环节研究较多，创新实现研究较少。

这一研究阶段的特点主要有：一是基于技术创新过程的非完全市场状况，把技术创新放在一个更为广泛的背景下研究，力图通过制度的作用使技术创新在更好的环境下展开；二是强调创新不同及其影响要素之间的互相依存与互动；三是注重创新过程中不同主体之间的相互学习，以及系统之外的学习。

（二）技术转移与技术创新

1. 技术转移是技术创新的重要内容

技术创新是技术发明的首次商业化应用，技术创新本身就包含了技术转移与转化。技术创新的成功依赖于技术转移和成果转化，技术转移又加速技术创新，二者密不可分，相互依存。[①] 新技术的迅速发展使技术创新的复杂性大大增加，产品的技术突破和创新需要不同学科、不同方向的技术集成，仅靠一个企业之力已很难完成；全球竞争的加剧和技术的变化，迫使企业的技术创新从内部的纵向集成转向横向集成，一方面企业要不断加大自身的核心技术研发力度；另一方面要加强对外部资源的利用，通过技术转移维持核心技术的竞争优势。尤其是对于大量的中小企业来说，由于技术资源不足，技术创新的主要途径是技术转移和成果转化。

2. 技术转移是自主创新的必由之路

自主创新是以内生力量为主导的，将知识转化为新产品、新工艺、新服务，并使之产业化、市场化的过程。其本质仍然在于知识的创造、流动、更新和转化。所谓自主，一方面是指自主的主体以民族企业或民族资本为主导；另一方面是指创新目标的自主设定、创新过程的自主控制、创新成果的自主拥有。自主创新不排除充分利用外部的知识、技术和人才，作为自主创新过程的重要环节，知识流动和技术转移在自主创新战略中具有十分重要的地位和作用。

第二节　技术转移与知识产权法、竞争法及进出口管理管制法

技术转移的基本含义及其相关理论对其法律规范也提出了相应的要求。技术转移会涉

---

① 张玉臣. 技术转移机理研究. 北京：中国经济出版社，2009：228.

及多个法律，其中与其最为密切的是知识产权法、竞争法和对外贸易法（核心是技术进出口管理管制法）。本节对此进行简要分析。

一、技术转移和知识产权法

技术转移和知识产权法在当代经济语境下须臾不可分离。通常而言，知识产权的确权、保护是技术转移的前提和基础：没有保护、确权，可能就没有大范围的技术转移。技术转让的基础性法律规范是指有关专利、专有技术、版权、商标等知识产权的确权、保护和转让等方面的一般规定以及民法、投资法和合同法等的相关规定；它们要么以确权、保护为重点，要么以交易的基本内容为重点，规定的内容为技术转让的前提或重要组成部分。技术转让从法律关系的本质方面来看是私人间的交易行为，但它又不同于一般的交易，因交易的对象——技术——与一般财物不同，需要经过特定程序的法律认可或授予，因此其确权成为十分重要的一环，它是国际上进行大规模技术转让活动的主要前提。一方面，通过授予智力成果创造者以特定的垄断权来保障他们的正当权益；另一方面，将发明创造的内容向社会公开，为技术转让提供了丰富的源泉。[①] 因此，先有法律规定明确保护的对象，然后发明人申请专利，技术得以公开，潜在的受方通过公开的技术获得相应的信息，寻找自己需要的技术，这样就为技术转让创造了沟通、交流的条件，并通过一定的形式来完成。技术转移与知识产权法律制度主要涉及如下外部和内部两方面诸多关系。

(一) 外部关系

当发明从一人（含自然人、法人等）向另一人或一国向另一国传播时，技术转让就开始了，因此，技术转让本质上就是技术的社会化过程。为此，尽管技术转让协调可自成一个系统，但其他的社会因素不容忽视；故其系统外各种因素构成了其外部环境，协调制度与这些因素间的联系形成了外部关系，其中最为重要的是下述三对关系。

1. 全球性与地域性的关系

如今全球化使知识的核心载体——技术——这一无形财产处于至关重要的位置，其相关法律制度构成了现代财产制度的半壁江山。技术的本质是无国界的，它应与有形财产一样在确权、保护和转让方面不受地域的限制，即具备全球性特征，可在全球自由流动。但由于技术的特质——无形、易复制等——使技术权利制度从一开始就具备了地域性特征，成为受地域限制的财产权。全球性与地域性的冲突导致19世纪末有关知识产权的合作与协调活动的出现，时至今日的国际社会各种知识产权保护的活动及相关国际条约都是技术权利保护制度全球性与地域性协调的重要表现，而且随着时间的推移，全球性的内容在逐渐增加并具体化：由最初的原则规定到现在的通过最低具体标准来协调各国或地区不同的知识产权制度。

全球性与地域性既有冲突，又密不可分：全球性的内容来自或参照了国内地域性的规定，不可能脱离后者而规定框架。全球性的最终落实取决于各国国内法，一国在制定自己的知识产权制度时，除遵循最低标准外，要考虑自己的经济需要、技术生产研究能力及制度和预算控制，以便消化、吸收、使用技术和开发出新技术，也要考虑该制度对其国际交

① 郭寿康，主编. 国际技术转让. 北京：法律出版社，1989：49.

易的影响。在南北矛盾背景下，虽然发展中国家参照发达国家经验制定专利法，但不可能照搬发达国家的立法、执行制度和惯例。此外，国际条约规定的内容之实现依赖各国是否加入及加入后履行程度等。总之，全球性保护规定的是最低标准，因加入国或地区执行程度不同，地域性也会千差万别，仍会给技术转让和相关国际贸易带来诸多不便。

2. 发展中国家与发达国家的关系（南北关系）

国际技术转让中的南北关系指在技术转让过程中，作为技术供方的发达国家与技术受方的发展中国家间由于基础、地位、经验等不同而形成的特定关系——处于优势地位的前者与处于劣势地位的后者之间产生的不公平关系及前者对后者的一定程度的倾斜关系等。不公平关系如南方国家难以得到核心技术、技术供方滥用独占权或优势地位强加限制性条款于技术受方、技术供方要价过高等；倾斜关系如实践中并不太多的援助、优惠条款等。

东西方政治对峙消除后，南北关系即如何在合作基础上发展、消除贫穷、维护人类共同利益，已日益成为当今世界最重要的问题，其核心是如何合理分配、有效利用世界的各种资源，其中发展中国家能否得到适合自己发展所需并能充分有效利用的技术至为关键。发达国家依赖技术获取了这个世界上过多的资源，并不加珍惜，挥霍浪费，为了保持自己的竞争优势，技术也成为浪费的对象；发展中国家却缺少技术，无法取得发展所需的资源和合理运用其资源的“点金术”。国际技术转让现有协调制度的主要受益者是工业化国家。

发展中国家在国际技术转让方面一直坚持“公平互惠原则”，而发达国家坚持所谓“平等互利”“意思自治”原则。由于经济基础、发展起点、技术和人文素质等的差异，经济全球化下的平等竞争掩盖了技术水平差异带来的实质不平等，给后进国家带来了经济主权和安全的威胁，在激烈竞争中，技术差异使“马太效应”更见明显，即强者越强，弱者越弱。为此双方在技术转让方面的矛盾早在20世纪60年代就构成了南北关系的特征之一，成为全球长期性危机的根源之一。发达国家对南方国家获取技术设置种种障碍和限制，并对相关技术转让制定出诸多僵硬和不利于后者的条件，它们将这种“传统”延续至今，并变本加厉地应用。所不同的是，早期试图解决该问题的场所为联合国贸发会，而现在为WTO；原因是数量多、实力弱的发展中国家在联合国组织中占优势，而数量少、实力强的发达国家在联合国不能实现经济战略意图。故发达国家利用其在国际经济贸易领域里的强大力量、影响和一直占据的主导地位，将技术转让问题逐步转到GATT或WTO论坛上；现在，美国等又逐渐开始转向其在谈判中占据主导地位的双边或区域性自由贸易或投资协定中。

可见，南北关系构成了国际技术转让协调制度的大背景，其中发达国家处于主动地位，应肩负更多的义务；南北关系的核心是在公平合理基础上促进技术向发展中国家转让，并使发展中国家在技术基础上获得可持续发展。这是符合人类共同利益的。

3. 技术转让和可持续发展的关系

可持续发展是“不断提高人群生活质量和环境承载能力的，满足当代人需求又不损害子孙后代满足其需求能力的，满足一个地区或一个国家需求又不损害别的地区或国家人群满足其需求能力的发展”，是当代人类共同追寻的发展方式，它以不破坏环境和不浪费资源为条件而获得经济上的进步，一改传统的环境与发展的对立状态，强调发展必须确保人类的持续存在和发展。要实现可持续发展，技术特别是无害环境技术成为其根本所在。故为充分发挥技术在可持续发展中的作用，技术流动和转让不可避免，尤其是对正在进行工业化的国家而言，它们最需要技术，“技术转让和发展中国家的技术能力打造问题对于发展中国家获得竞争力和实现可持续发展已变得十分关键”。一定程度上说，技术转让是全球可持续发展不可缺少的前提，而可持续发展的顺利进行又能助推技术的进一步发展和流动。

21 世纪既是不同于工业文明的生态文明时代，又是不同于物质经济形态的知识经济时代，这种形态的经济完全以信息和高新技术为主要支撑。可持续发展已成为所有环境保护国际条约的基本目标，现在也是 WTO 的宗旨之一。它要求我们既不能把后代的资源和环境在今天消耗殆尽或留下后遗症，也不能对同时代其他国家的资源和环境造成损害，经济一体化已使以邻为壑的政策极度危险。发达国家应当着眼于人类的共同利益，通过公平合理、双赢的方式转让技术，并在力所能及的范围内转让切合发展中国家需要或能帮助它们形成技术能力的技术，使后者发展经济有一个较高的起点，促进各门类高新技术的开发和全球性运用，促进全球性可持续发展，避免重蹈其工业化进程中破坏环境、浪费资源之覆辙。

总之，技术转让和可持续发展的关系密切，它是研究国际技术转让法律协调制度的动机之一，它们的良性互动也是该制度所要追求的目标之一。

（二）内部关系

1. 技术权利保护与技术转让的关系

激励与竞争一直是知识产权政策之争的焦点，前者意在保护权利人利益，后者重在增加社会福利，有益于消费者。政策选择的不同，立法的倾向就会不同：重鼓励则注重确权、保护，重福利则会注重技术的转让与扩散。不同国家的立法者在不同阶段均会考虑两者在有关法律中的不同关系，而国际条约也无可避免地会体现两个政策的精神。2003 年 11 月，WIPO 和 WTO 联合召开了全球范围内的知识产权和技术转让研讨会，就两者关系进行了专门探讨，多数学者认为两者并行不悖，技术保护的本身就含有鼓励转让、许可之当然内容。

知识产权（技术权利是其核心之一）是一个不同寻常的商品，其生产者在一个不受管制的市场中回收其成本是困难的，故其确权和保护是必要的。在个人本位时代，它被认为是人的天赋权利，是人的私有财产，故保护是第一要义。但在进入 20 世纪以后，随着社会本位的形成，保护知识产权的首要目标应是发展及传播技术和知识，其次才是保护创作者的利益。TRIPs 协议在规定“知识产权是私权”时明确将技术转让或扩散作为重要的内容写入其序言、目标和原则中，而且还在具体条文或相关文件中加以规定，如第 40 条规定的“协议许可中反竞争惯例之控制”，第 66.2 款中关于发达国家采取激励措施鼓励本国企业向最不发达国家转让技术的规定，2003 年 2 月 TRIPs 协议理事会作出的《关于 TRIPs 协议第 66.2 款的执行决定》及 WTO 总理事会于 2003 年 8 月 30 日作出的决定等。2005 年 12 月又通过了 TRIPs 协议修正案，专门就强制许可进行了补充和完善，该修正案于 2017 年 1 月开始生效。在这些内容中，专利领域里强制许可协议的达成可能是其最为重要的成就。

在技术权利保护和转让关系方面，1992 年“地球峰会”通过的《21 世纪议程》也做了可贵探索。为了在两者间寻求平衡点，它指出：“必须审议保护专利权和知识产权的作用，同时必须审查其对获得和转让无害环境技术的影响，特别是对发展中国家的影响，并且必须进一步有效探索确保发展中国家取得无害环境技术与专利权之间关系的设想，以期制订对发展中国家在这方面的需要作出有效回应的方法。专利技术可通过商业渠道取得，国际商业是技术转让的一个重要手段。应当设法利用这一知识库，并将其与地方的创新相结合，以创造其他技术。继续探讨关于特别是发展中国家确实取得无害环境技术，包括最先进技术的概念和方式，应酌情推广、协助和资助进一步取得无害环境技术，同时对促进无害环境技术的研究和发展者给予公平的奖励”。这一论述指出了在保护和转让间人类应当能找到恰当的点：既保护权利人的利益，又让技术充分发挥其潜在价值而不让受方承受过重的负担。

总之，技术保护和技术转让之间不是只有对立而无统一的，在现有的经济状况下，保护是转让的前提，而转让是保护的体现和其目的实现的基本途径之一，关键是转让能否在合理公平的基础上完成。现今各国专利制度和国际技术保护制度大大推动了国际技术转让实践的发展。故有关国际技术转让协调的重点之一就是如何在协调好保护与转让的规定的基础上，使技术转让在公平、合理、合法的条件下完成，平衡技术供方和受方的权利义务，让受方更易在不承受过多负担的情况下得到技术。

2. 技术权利与权利限制的关系

权利不得滥用是行使任何私权时应当遵循的一项基本原则，它是平等、自愿、公平、等价有偿和诚实信用等诸原则的综合体现，因为滥用带来的结果肯定是对前述诸原则的破坏，所以各国宪法或基本法律如民法等对权利限制都有所规定。以技术为核心的知识产权的行使同样要受该原则的限制，知识产权富有活力而又长期的利益会与其他公共政策目标相冲突，因此对知识产权的期限和范围有所限制是合理的，对这种保护作出具体例外的规定是为了确保权利人与使用者之间的利益平衡。故可将技术权利的滥用归纳为：权利人在行使自己的权利时，故意超越法律所授予的技术权利范围或适当界限而导致对该权利的不当利用，损害了他人利益和社会公共利益或秩序等。尽管在有些国家，为了推动技术转让，对许多技术转让合同中的某些滥用知识产权的限制竞争行为多规定了例外和豁免制度，但实际上它们也是有限制的豁免，即最终还是受到限制，如德国规定豁免须以“取得人或被许可人或其他企业的经济行动自由未受到不公平限制”，并以市场上的竞争未因此受到实质性损害为限。这里需要注意的是：滥用并不等于达到了违反了反垄断法的程度，因为滥用权利人是试图非法扩大其权利的现实可行之范围，其前提是权利人拥有合法之权利，而违反反垄断法之行为是指在合法权利的范围之外从事的一定行为，即违法者根本没有合法权利之基础。所以，违反反垄断法的技术转让行为肯定构成了滥用，但权利人滥用技术权利未必构成反垄断法之行为。

在许多国际场合，人们关注的一个主要话题就是技术供方国在技术受方国可能出现的知识产权滥用或不正当使用；为此，受方国相关法律如何限制此类行为便成为相关国际、国内立法关注的重点。

虽然人们习惯于将目光更多地集中于权利保护上，但现今的各主要国际组织管理的条约无不在保护权利时又体现出对权利的限制，如联合国宪章、WTO 协议、《巴黎公约》和 TRIPs 协议等。在诸多的知识产权保护的条约中，限制权利方面的最新发展是强制许可方面的变化。《巴黎公约》规定为防止由于行使专利所赋予的排他权而可能产生的滥用，如不实施，各缔约方有权采取立法措施规定授予强制许可，而且在强制许可授予不足以防止权利滥用时，成员方还可以规定专利权的丧失，当然强制许可要受时间的限制；根据TRIPs协议第2条规定，《巴黎公约》1967年文本的第1～12条和第19条成员方应当遵守，强制许可制度自然适用。多哈会议及其后的有关文件或条约对强制许可又做了进一步的明确，2003年8月30日WTO总理事会通过的《执行多哈宣言关于TRIPs协议与公共健康第六段决定》，使非自愿的技术转让——强制许可——方面取得了实质性突破。同年9月，坎昆会议无果而终，作为该会议前后仅存的硕果更显出该决定的历史意义：不仅如时任WTO总干事的素帕猜指出的那样，它是“一项历史性协议，它将使贫穷国家在世贸知识产权规则范围内，充分发挥弹性，处理肆虐本国的重大流行性疾病”，而且更在技术转让方面有着不同寻常的意义。该规定将大大降低相关专利药品的市场价格，也将有利于更迅速和有效地控制、缓解公共健康危机，确保生命健康基本权利得到尊重和保护；从法律制度层面看，它在知识产权私权限制方面有着重大意义：通过决议的形式具体落实到公共健康领域来肯定知识产权私权性质的同时，给它套上“受限制”的一环，避免权利的绝对化和滥用，为在涉及人类其他共同利益领域提供了一个良好的开端。

3. 技术转移与技术标准的关系

标准则是对重复事务和概念所作的统一规定，是一个用以衡量产品或事物是否达到一定的质量水平或一般要求的尺度，它被公众所普遍接受，具有强制性或指导性功能。从哲学上讲，标准是指明或规范客观事物具有何种意义的一种参照物。技术意义上的标准就是一种以文件形式发布的统一协定，为确保材料、产品、过程和服务能够符合需要的目的，标准需包含可以用来为某一范围内的活动及其结果所制定的规定、导则或特性定义的技术规范或准则。① 技术标准是指重复性的技术事项在一定范围内的统一规定，它主要是针对标准化领域中需要协商统一的技术事项所制定的标准，以用来保证产品或服务的互换性、兼容性和通用性，一般包括基础标准、产品标准、方法标准，安全、卫生及环保标准等。它是标准体系中最为基础的部分，其他标准均因其而产生和形成或为其服务。其中技术是某一产品生产制造、某一流程应用或提供某一服务的系统知识。②

技术标准在适用上，具有公开性和普遍性两个基本特性。在行业标准领域，为了鼓励经营者或者制造商在更大的范围内使用具有共通性规格的标准技术，有些行业标准甚至会以专利免费许可的方式来推广。③ 技术转移与技术标准关系密切，不论技术标准是否含有专利技术方案，都潜伏着技术转移④；技术转移是技术标准赖以存在和发展的前提，而技术标准又为技术许可创造了巨大的空间。21世纪以来，屡屡发生标准必要专利案件（典型的民事案件有2014年至2015年“华为公司与IDC公司滥用市场支配地位纠纷案及标准必要专利使用费纠纷案”，行政案件有2015年国家发改委对高通公司滥用市场支配地位，实施排除、限制竞争的垄断行为，依法作出60.88亿元的罚款决定⑤）。最高人民法院在

---

① 顾金焰. 专利标准化的法律规制. 北京：知识产权出版社，2014：10.

② *Clause* 1. 2 *of Draft International Code of Conduct on the Transfer of Technology*，1985 Version.

③ 方立维. 专利标准下专利联盟及其专利授权许可的政策. 北京：知识产权出版社，2015：58.

④ 具体分析参见马忠法. 技术标准与技术许可之关系研究. 电子知识产权，2007（10）.

⑤ 高通公司滥用市场支配地位主要表现在收取不公平的高价专利许可费、搭售非无线标准必要专利许可、在基带芯片销售中附加不合理条件三个方面。

《关于审理侵犯专利权纠纷案件应用法律若干问题的解释（二）》中规定：推荐性国家、行业或者地方标准明示所涉必要专利的信息，被诉侵权人以实施该标准无需专利权人许可为由抗辩不侵犯该专利权的，人民法院一般不予支持。推荐性国家、行业或者地方标准明示所涉必要专利的信息，专利权人、被诉侵权人协商该专利的实施许可条件时，专利权人故意违反其在标准制定中承诺的公平、合理、无歧视的许可义务，导致无法达成专利实施许可合同，且被诉侵权人在协商中无明显过错的，对于权利人请求停止标准实施行为的主张，人民法院一般不予支持。[①] 广东省高院在2018年发布了《关于审理标准必要专利纠纷案件的工作指引（试行）》[②]，第四次修改的《专利法（草案）》在讨论中，标准必要专利曾经是其增加的重要部分。这些都说明了技术转移与技术标准的密切关系。

二、技术转移与竞争法的关系

（一）技术转移与反垄断法的关系

技术转移实质上就是技术交易，而市场交易需要遵循公平竞争原则；但竞争规律带来的结果就是优胜劣汰，导致垄断的出现，最终损害竞争原则，使市场失灵。所以各国需要“有形之手”干预市场经济，其中本质为矫正偏向、促进市场公平竞争的反垄断是其主要手段。那么，何为垄断？是否所有的垄断都要被禁止？如否，何种垄断应受到限制？如受到知识产权法保护而免于竞争的创新是通过合法手段获得的垄断，是否也要遵守反垄断法？因此我们可在一个更小的范围内讨论保护与垄断的关系。

对上述问题，目前国际上并无统一的标准，连美国《谢尔曼法》也没有规定何为垄断，只是规定“以托拉斯形式或其他形式的联合、共谋的任何契约用来限制洲际或国际的贸易或商业是非法的”；日本的反垄断法虽然规定“‘私人垄断’为事业人无论是单独地还是采取与他人相结合或合谋等方式，排除或者支配其他事业人的事业活动，从而违反公共利益，实质性地限制一定交易领域内竞争的行为”，也仅表示日本的一家之言。一般认为，垄断意指自由商业活动权的滥用，即一个或以上的人获取的独有地销售某种特定商品的优势以致对公众带来损害的行为，或者是商人间联合起来抬高某种商品的价格对公众造成损害等行为。从该定义中可以看出，垄断须具备两个基本条件：在市场份额上占有绝对优势及对公众带来损害（主要体现是限制了公平竞争）。

但现实中并非所有的垄断都会带来不公平的竞争，如某一厂家技术的独一无二性和不可替代性，显然会使其在市场上处于垄断地位，但只要其没给交易方施加不公平交易条款，也未妨碍行业类似技术的研发，其在正当合法范围内行使自己的权利，则属于善意垄断或合法垄断。当然，由于知识产权的特性，它需通过一定的法律程序获取由国家授予的、对其技术在特定时期的排他使用权，即对一定市场在一段时期内的垄断权。既然专利等知识产权作为私人权利，本质上是市场经济中合法的、有期限的垄断权，是一种经过政府许可的排除他人就该技术与之竞争的独特权利，故可被称为合法垄断权，其界限是依法律规定的程序取得或使用。所以多数国家反垄断法都有“不追究基于专利法、商标法、外

---

① 《最高人民法院关于审理侵犯专利权纠纷案件应用法律若干问题的解释（二）》（法释〔2016〕1号）。

② 广东省高级人民法院关于审理标准必要专利纠纷案件的工作指引（试行），竞争政策研究，2018（3）.

观设计法、著作权法所获得的排他性权利”类似规定，有时称之为“反垄断豁免”。

因此，有学者认为垄断也指由主权国家通过委任、专利或其他形式授与任何个人或公司进行买卖、制造、操作或使用某件物品排他权的制度或允诺，即国家法律明确允许的垄断；如上述以技术为核心的知识产权保护制度建立的市场排他权就是一例。因此，垄断应是一个中性词，并非所有的垄断行为都应遭到否定。

知识产权等同于市场力量，是一种合法垄断权，但这也会产生一个悖论：没有合法的垄断就不会有足够的信息产生，但有了合法的垄断又不会有信息的充分使用；当技术权利人超越法律授予的权限范围使用技术，进而对公平竞争造成严重损害时，非法行为——权利人滥用知识产权从事违反反垄断法禁止的行为——就发生了；国家也需要禁止这种行为。即知识产权也会导致妨碍公平竞争、为反垄断法所禁止的现象，而且由于技术等的独特性和专业性，它常通过合法形式来完成妨碍公平竞争行为，并带来公害，且有很强的隐蔽性和破坏力，不易为人们所掌握和控制，因此它更应成为反垄断法注重的目标。本书把上述现象称为知识产权的非法垄断，即它是以技术为核心的知识产权权利人凭借其国家授予的排他的优势地位，损害其交易对象和社会的正当权益及社会经济秩序的行为，它作为反垄断法的重要组成部分，主要体现在技术转让过程中。

前文已述，限制权利滥用主要通过民商法手段来补救相对人的损害，它不能很好地实现社会正义的要求，所以各国更多是通过反垄断法来体现各国的基本公共政策之一——竞争政策，而知识产权的非法垄断行为往往会对竞争政策带来更为隐蔽、更为严重的破坏，尤其是在知识经济社会中，所以解决知识产权非法垄断问题无疑应成为各国反垄断法的主要任务之一。在其种种非法行为中，最为集中的内容就是技术转让过程中带来的不利影响，因其他违法现象都与技术转让密切相关，有的甚至只有在技术转让过程中才能实现，因此解决技术转让中的非法垄断问题也就解决了公平竞争政策的基本问题。现在 WTO 框架下正在讨论的公平竞争政策无疑对技术转让会起到十分重要的作用，因此，国际技术转让协调在这个领域里也会大有作为。

（二）技术转移与限制性惯例

英国的垄断法案产生了专利法，1890 年美国的《谢尔曼法》意图限制专利法，认为它是一种垄断的方式。知识产权是一种经过权威机构授权并认可的合法垄断，但“度”在哪里？这是知识产权法产生以来一直未变的话题，也是平衡理论成为知识产权法律制度最为重要的理论的原因之一。

反垄断法之外，反不公平竞争法在技术转让方面的规定是各国禁止的、由技术供方施加并造成不合理结果的限制性条款。在国际技术转让实践中，南北双方限制性条款的分歧，直接导致 1980 年联大通过了协调双方观点的《关于控制限制性商业惯例的多边协议的公平规则》（以下简称《限制性公平原则》），规定“凡是通过滥用或谋取滥用市场力量的支配地位，限制市场准入或以其他方式不正当地限制竞争，对国际贸易，特别是发展中国家的国际贸易及其经济发展造成或可能造成不利影响的，或是企业间的正式或非正式、书面或非书面的协议或安排造成同样影响的一切企业的行动或行为”①；但其具体表现形式

① TD/RBP/CONF/10/Rev. 2，*The United Nations Set of Principles and Rules on Competition*. United Nations Geneva，2000.

和法律效力由各相关国家国内法或国际条约界定。后来1985年《联合国国际技术转让行动守则》(草案)(以下简称《守则草案》)列举出的14种表现形式也可供各国或国际组织参考。下文简要分析一些国家的规定。

印度无专门的技术转让法[①]，其限制性惯例主要体现在专利法中。它禁止供方限制受方从除供方或其指定的供应商以外的其他渠道引进技术或购买其所需的产品和设备或专利方法，或限制受方购买或租用专利产品，或从供方获取生产或使用专利产品的许可。[②] 政府还规定，提成费应以净销售价格计算，最高不超过5%，合同中不得规定最低提成费；供方不得限制受方再转让，供方在合同期的改进应与受方分享，供方不得限制受方产品出口的地区；技术转让合同须受印度法律的管辖。[③] 2002年印度修改专利法时，增加了排他性回授、阻止质疑专利有效性和强迫性一揽子许可等内容[④]，使专利法中的限制性条款更趋完整。此外，其《垄断及限制性贸易惯例法》第33节规定了必须禁止的条款，如限制或妨碍技术受方买卖自由，要求受方购买其他产品作为转让的先决条件，或受方只能按供方指定价格销售合同产品等。[⑤]

印度对禁止技术转让中限制性条款原则的坚持在南方国家是有代表性的，不仅如此，其保护民族工业的决心在专利领域也有目共睹。[⑥] 尽管为此在1996年7月遭到美国向WTO争端解决机构的申诉，并被要求至迟于1999年修改国内法[⑦]，但它为维护自身利益，充分利用规则和时机，为某些产业如药品、信息技术等行业的技术能力的形成、发展所采取的策略对技术落后国家提供了有益借鉴。

墨西哥1972年颁布《技术转让法》，1974年制定其《实施细则》，1982年和1990年又做了修改，目的在于排除对墨西哥技术转让不利的障碍，以通过各种技术合同促进本国技术基础的建立。《实施细则》第7条列举了14项限制性惯例，要求企业在引进技术时不予接受。其中绝对禁止接受的有6项：限制合同产品产量或受方销售或出口价格等；对受方的技术研究或改进规定限制性条件；受方须长期雇用供方提名的技术人员；受方只能把合同产品卖给供方，或须同供方签订独家销售代理协议；限制受方只能从供方获得技术，并按供方指定的来源购买所需物品等；限制受方出口合同产品或输出与合同技术有关的劳务活动。其他8项是一般性禁止规定。[⑧] 此外，墨西哥通过《技术转让登记法》对有限制

---

① Binay Kumar Pattnaik (ed.). *Technology Transfer and In-House R&D in Indian Industry (in the later 1990s), Volume I*. Allied Publishers Limited, 1999: 37.

② Section 140 of *The Patents Act*, 1970, ACT NO. 39. of 1970 (19th September, 1970).

③ 同①38-39.

④ *The Patents (Amendment) Act*, 2002, ACT NO. 38 of 2002 (25th June, 2002).

⑤ *The Monopolies and Restrictive Trade, Practices Act*, 1969, ACT NO. 54 of 1969 (27th December, 1969). http://indiacode.nic.in/fullact1.asp? tfnm=196954.

⑥ *Transfer of Technology for Successful Integration into the Global Economy*, UNCTAD/ITE/IPC/2003/6, United Nations, New York and Geneva, 2003.

⑦ *India—Patent Protection for Pharmaceutical and Agricultural Chemical Products*, WT/DS50/AB/R. http://www.wto.org/english/tratop_e/dispu_e/dispu_status_e.htm. 实际上印度在2002年修改的专利法才对药品给予法律上的保护(1999年已采取行政措施)。

⑧ 如要求受方必须向供方提供改进技术的，对受方科研活动规定限制性条件的，发生诉讼时规定须提交外国法院审理或判决的，允许供方直接或间接控制或干涉受方经营管理的等。

性条款的合同拒绝登记等作了规定，保证了其有关法规执行效力。[①]

墨西哥在1988年才开始对外开放[②]，在1984年版权法和1993年工业产权法颁布之前，有关知识产权和外商投资法律对技术进口限制很严，其强制许可规定阻止了技术进口，但希望成为北美自由贸易区（NAFTA）一员，使立法者重新考虑限制进口政策并分别在1991年和1993年修改版权法和工业产权法。[③] 根据NAFTA协议，它不应阻止成员方在其国内法中规定在特定案例中可能构成知识产权滥用而对相关市场竞争带来不利影响的许可惯例或条件；成员方可以采用或维持适当措施禁止或控制类似惯例或条件。[④] 因此，墨西哥加入NAFTA，其限制性条款规定并不违反协议。2018年通过的《美墨加协议》规定，各方需要采取适当措施，防止权利持有人滥用知识产权，或采取不合理地限制贸易或对国际技术转让产生不利影响的做法。[⑤] 各国制定与本国制度相关的基本公共政策目标时须认识到有必要：(a) 促进创新和创造力，(b) 促进信息、知识、技术、文化和艺术的传播，及 (c) 促进竞争和开放高效的市场；通过各自的知识产权制度，同时尊重透明度和正当程序的原则，并考虑到相关利益相关者的利益，包括权利持有人、服务提供商、用户和公众。[⑥] 这些规定变相地限制权利人不能滥用自己的权利，以影响公平竞争。

限制性商业惯例管制方面，资本主义国家中具有较大影响的是美国反托拉斯法[⑦]，它是国会指定的用于保护竞争的法律；此外，美国法院在长期的审判实践中确定了“合理原则”和“本身违法原则”两项重要原则。适用于技术转让方面的禁止性条款内容主要是通过法院判例对法律的解释和应用而逐步产生的。其具体表现形式如下：不许就一项发明申请多项专利；不许供方为受方确定产品价格；不许订立搭卖条款；不许订立限制出口条款；禁止回授条款；禁止“不得对技术有效性提出质疑或控告条款”等。《知识产权许可反托拉斯指南》[⑧] 在适用一般原则[⑨]时列举了7种限制性情况，大部分内容与《实施细则》列举的6项绝对禁止接受的情形相似：一是横向限制，即横向竞争者关系因限制遭受扭曲，如固定价格、划分市场或客户、协议减少产量及联合抵制等；二是维持转售价格，如商品投入贸易渠道并被经销商拥有，则维持转售价格为非法；三与前述第3项相似；四是排他交易，即有阻止被许可人再许可、出售、分销或使用竞争技术内容的许可；五是负面影响公平竞争的交叉许可和联营安排，它们与第1条相关；六与前述第5项同；七是知识

---

① *Negotiation on International Code of Conduct*//Power and Ideas：North-south Politics of Intellectual Property and Antitrust. Susan K. Sell：State University of New York Press，1998：85－86.

② Lic. Luis Rubio Barnetche and Gerald W. Alston，Esq. International Business Activities in Mexico. http://www.natlaw.com/pubs/spmxip4.htm.

③ Christina Moeckel Intellectual Property Protection and Enforcement in Mexico. http://www.natlaw.com/pubs/moeckel.htm.

④ Article 1704 of NAFTA.

⑤ Article 20. A. 3 of United States-Mexico-Canada Agreement（USMCA）(2018).

⑥ Article 20. A. 4 of United States-Mexico-Canada Agreement（USMCA）(2018).

⑦ 它主要由以下几个法案组成，即1890年的《谢尔曼法》（Sherman Act），1914年的《克莱顿法案》（Clayton Act）、《联邦贸易委员会法案》（Federal Commission Act）及《罗宾逊-派特曼法》（Robinson-Patman Act）等。

⑧ 由美国司法部与国际贸易委员会1995年联合颁布。尚明，主编. 主要国家（地区）反垄断法律汇编. 北京：法律出版社，2004：250－280.

⑨ 即鼓励竞争、不对竞争产生负面影响。

产权购买。上述禁止限制性条款的核心在于技术转让不能影响正当、公平竞争。

日本规定限制性条款的法律主要有《禁止私人垄断法》、《反垄断法适用于许可证协议的施行准则》及《反垄断法下专利、专有技术许可协议指南》（以下简称《指南》）①，而《外汇管理法》《外国投资法》等有些补充规定。它们规定如下限制性惯例：除特定情况②外，限制受方专利产品或实用新型产品的出口地区；限制出口价格或数量，或指定受方出口产品人为供方或其指定的人；限制生产、使用或销售竞争产品或采用竞争技术；限制受方从供方或其指定人处购买原料、零件等；要求受方承担通过供方或其指定的人销售专利产品等的义务；限制专利产品的国内再销售价格；对不使用合同技术的产品也收取使用费；限制原料、零件等的质量和专利产品等的质量及合同期满后的限制、广告费的义务支付及一般搭配销售等。其《不公正交易法》对搭售、附排他条件或限制条件交易、优势地位滥用等也作出了相关规定。③《指南》第四部分对限制性内容进行了详细规定，如对范围、期限、产品制造和销售义务、价格等均规定限制性条款的禁止，方法是个案分析，其标准是产生阻碍公平竞争之效果。④

欧盟竞争法目前有两套，一是欧盟各成员国间适用的竞争法⑤，二是各成员国自行制定的反不公平竞争法。前者主要内容是：凡可能影响成员国间贸易，并以阻碍、限制或扭曲共同市场内的竞争为目的或有此效果的企业间协议、企业联合组织的决定或一致行动，均被视为与共同市场不相容而被禁止；它列举了五种情况，其中有限制或控制生产、销售、技术进步和投资及歧视同等交易的其他贸易伙伴使其处于不利竞争地位等；但如果上述行为利于改善产品的生产或销售，或利于促进技术和经济进步，同时使消费者能公平分享由此产生的利益，且不对企业施加不必要的限制，不致使某些重要部分竞争的消除，则前述规定不予适用。⑥ 该内容既从正面禁止限制技术进步或其他不公平竞争行为，又从垄断豁免角度允许利于促进技术和经济进步的垄断行为。这两方面貌似矛盾，实则目标一致，都是便利市场的竞争行为并最终利于消费者。

针对豁免条款，欧盟出台了技术转让方面的法规，即 2004 年《对技术转让协议适用 81.3 款之条例》（即《欧盟技术转让条例》）⑦；它规定：根据 81.3 款和本条例规定，81.1 款不应当适用于双方企业签订的允许合同产品生产的技术转让协议；含有 81.1 款范围内限制竞争内容的技术转让协议同样适用豁免，但许可技术的知识产权或专有技术应当是有效的。⑧ 但以下限制公平竞争的，应不适用豁免。⑨

——彼此为竞争性企业的，转让协议中含有限制一方出售产品价格的；或无条件限制产量或划分市场或用户的；或限制受方开发技术能力或限制任何一方进行研发的，除非后

---

① 三者分别于 1947 年、1968 年和 1999 年颁布。

② 如供方在受方出口目标地区取得专利权或经常进行专利产品的销售活动或许可第三方进行独家销售等。

③ 由美国司法部与国际贸易委员会 1995 年联合颁布。尚明，主编. 主要国家（地区）反垄断法律汇编. 北京：法律出版社，2004：490－492.

④ *Guidelines for Patent and Know-how Licensing Agreements under the Monopoly Act*，1999（日本）.

⑤ 即新欧盟条约第 81、82 条及其执行的相关法令。

⑥ Article 81 of Consolidated Version of the Treaty on European Union（97/C 340/02）.

⑦ 1996 年 4 月 1 日生效的 240/96 号条例被 2004 年 5 月 1 日 772/2004 号条例（有效期至 2014 年 4 月 30 日）所取代。*Official Journal of the European Union*，April 27th，2004：11－17.

⑧ Article 2 of Commission Regulation 772/2004.

⑨ Article 4 of Commission Regulation 772/2004.

一限制是阻止向第三方披露许可专有技术不可或缺的。具备上述任一条件或诸条件综合的，不论直接或间接，效果均一样。

——彼此不为竞争性企业的，如由于另一方压力或诱导导致没有达到固定或最低价格，而不论强加的最高或推荐销售价格，限制一方销售产品时定价的；或无条件限制受方被动销售合同产品区域的；或限制受方最终用户的。具备上述任一条件或诸条件综合的，不论直接或间接，效果均一样。

条例还规定排他的限制性条款，即豁免不适用于含有以下内容的技术转让协议：直接或间接要求受方向供方或其指定方授予或全部或部分转让受方独立改进或在许可技术基础上的新应用的排他性许可；直接或间接要求受方不对供方在共同市场上拥有的知识产权的有效性提出质疑，在受方提出质疑情况下不影响合同约定的技术转让协议的终止[①]等。

上述规定显然在于平衡供受双方权利义务，比 1996 年的条例简化了许多。2014 年欧盟委员会对《欧盟技术转让条例》等进行了修订，采用更加严格的规则审查知识产权转让、许可和实施对竞争的影响。对限制性条款也采用了更加严格的标准审查，其主要变化如下：(1) 非竞争关系的当事人之间，所有限制被许可人被动销售的条款都不能适用安全港原则；(2) 不论回授的改进技术是可分割的还是不可分割的，安全港原则都不适用于豁免所有类型独占性回授许可；(3) 在被许可人质疑知识产权有效性情况下终止协议的条款将不会自动豁免；(4) 安全港原则将扩大到对搭售非许可零部件技术许可协议的适用范围，只要搭售的产品与被许可的技术直接相关，即使签订许可协议的主要目的是销售捆绑的产品，也会被安全港豁免；(5)《欧盟技术转让条例》将不再对研发等特殊领域许可协议适用。这些修订反映了欧盟委员会对技术许可协议的严格规制趋势，一些条款不再自动适用安全港原则，而是要经过个案评价。[②] 该修订至 2026 年 4 月 30 日失效。

欧盟各国竞争法尽管称谓不同[③]，但目的均在于既促进技术转让，又禁止滥用知识产权妨碍或限制市场竞争[④]，保护贸易自由。它们的共同点是属于强制性法律，交易各方必须遵守，双方当事人在合同中不得排除其适用，也不能以协议排除法律对案件的管辖权。

三、技术转移与进出口管制管理法

(一) 技术转移与进出口管制管理法概述

由于技术转移不仅仅涉及经济利益、提升对手竞争能力，甚至培养竞争对手，还与国家安全等密切相关，特别是在二战结束后，带有强力意识形态色彩的冷战开始后，对先进技术及与其相关的产品等进行出口管制成为技术大国关注的焦点。自 20 世纪 50 年代以来，多数国家为执行其公共政策和维护其公共利益、秩序和安全，对技术转让的管理和管制进行了立法。发达国家立法的主要立足点如下：提高技术转让中本方当事人——特别是作为技术供方时——的谈判地位；注重引进技术的质量和先进性、互补性及对技术的吸收、消化能力；保护本国技术发明；限制对外国一方当事人工业产权的滥用；控制进出口

---

① Article 5 of Commission Regulation 772/2004.

② 单晓光. 论强制技术转让. 东方法学，2020 (5).

③ 如英国有限制性商业惯例的法律，德国称作卡特尔法，法国及欧盟的其他国家通称其为竞争法。

④ 单晓光，刘晓海. 德国《反对限制竞争法》对知识产权许可合同的调控//唐广良，主编. 知识产权研究：第 15 卷. 北京：中国方正出版社，2004：170 - 185.

技术的种类；防止一揽子许可贸易及保护本国就业[①]等。这些规定在技术转让合同中具有强制执行力，但有严格的地域性，对外一般不产生域外效力；一般情况下双方可以选择适用的法律，但需与公共政策联系起来。

与发达国家不同，发展中国家主要关心的是：是否可以获得先进技术以及在获得技术的合同或协议中是否受到不公待遇，故它们重在管理。通过颁布相关法律直接规定技术转让的强制性内容：通过制定投资、专门技术转让和工业产权保护等法律法规，或通过涉外合同法界定相关的管理内容。一般强调在本国发生的技术转让必须适用本国法律，不得违反本国的公共政策和公共利益；此外，在特定场合下，涉及特定部门或特定产业的技术转让，由于特殊性，对法律适用也要作出特别规定。

技术转让的管制一般包括进口和出口管理两方面内容。

一般说来，国家对技术进口管理方式主要有两种：一是制定专门的有关技术进口或进出口法律法规，如韩国、墨西哥及我国等。二是综合体现在相关的进出口管理或外贸管理的法规中，或通过国家授权有关政府部门对技术进口合同进行行政审查，前者如日本[②]，后者如印度。[③] 尽管形式有别，但管理实质未变。

管理法规常规定进口管理部门和内容。为有效管理技术进口活动，多数国家设有专门的管理部门或授权一定的机构负责该项工作。如日本，大藏省和通产省及日本银行就是技术进口的专门审批或受托管理部门；印度财政部下设的外国投资部门是负责审批技术进口合同的专门机构；墨西哥的经济部[④]、阿根廷工业发展部下的国家许可合同和技术转让注册局等都是专门管理机构，负责制定技术转让的法规、政策，审批各类技术转让合同，监督和管理技术合同的执行情况[⑤]等。

管理内容大体上有分类、立项审批、税收、外汇、合同和统计信息等的管理。分类管理决定技术进口的方向，国家根据其发展需要，将可能进口的技术分为禁止、限制和自由进口等三类，由特定政府部门定期制定、调整并公布禁止或者限制进口的技术目录；其重点是对实行许可证制度的限制类技术进口进行管理。立项审批管理的目的是使企业的技术引进符合本国生产需要和国家整体、长远利益，并避免带来环境污染、能源耗费、重复引进等情况。

税收管理的目的在于让技术贸易当事人依法缴税，防止供方转嫁税收负担或偷漏税，并避免重复纳税，保护它们进行贸易的积极性。各国或地区为鼓励先进及其所需的技术进口，多制定优惠政策。[⑥] 技术进口的用汇比货物方面复杂，各国多通过专门机构如国家银

---

① 陈忠培，等编著. 国际技术贸易实务教程. 北京：中国海关出版社，2003：47.

② 它于战后1949年和1950年分别制定《外汇及外汇管理法》和《外国投资法》，对流入的外国技术加以管理，对外汇数额较大的引进合同，包括续订和补充条款，原则上要通过政府批准。

③ 它主要通过政府的内部标准对技术引进合同进行监督和审查。

④ 一种专利或商标的持有者可以授予他人以使用许可证。但是，许可证必须到经济部进行登记注册。http://mx.mofcom.gov.cn/aarticle/ddfg/qita/200303/20030300078414.html.

⑤ 饶友玲，编著. 国际技术贸易. 2版. 天津：南开大学出版社，2003：322.

⑥ 如中国台湾地区，税收减免是其常用的工具，技术供方在台就下列情况获得的技术使用费依规定可免缴所得税：因经政府特批引进新生产技术或新产品，提高产品质量或降低生产成本等的专利支付而获得的许可费和经政府同意的及由为建立工厂之目的的“重要制造商”支付的许可费等。Christopher Heath & Kung-Chung Liu (ed.). *Legal Rules of Technology Transfer in Asia*. Kluwer Law International，2002：78－79。墨西哥根据技术含量不同而规定不同税率，如专利许可使用费税率为15%，而商标使用费税率则为35%。Lic. Luis Rubio Barnetche and Gerald W. Alston, Esq. International Business Activities in Mexico. http://www.natlaw.com/pubs/.

行、中央银行或外汇管理局等来管理用汇，以保证国家外汇的平衡和技术进口项目在经济上的可行。

（二）发达国家的出口管制法①

技术出口方面，从国际技术市场来看，发达国家是主要的技术供方和输出国，20 世纪 90 年代美、英等七国技术出口占世界总额的 90%。② 这些国家对技术输出都实施不同程度的管制。管制的动机是国家安全③、利益和外交政策，核心是控制敏感或高尖精技术及与它们相关的产品出口，对它们的出口管制几乎构成了出口管制法的基本内容；管制目的在于限制或控制先进技术尤其是有重大经济或军事价值技术的外流，避免培植潜在的竞争对手，进而使自己失去技术的垄断地位和经济军事上的优势，以保证本国的政治、经济、军事和文化利益不因技术出口而受到损害。

如美国宣称尖端技术领域的优势是其国家利益和安全不可缺少的因素，对可能威胁到其利益的国家推行强硬的技术交易单边主义政策，运用国家出口管理法和安全机密法，限制技术出口；9·11 事件后其首个《国家安全战略》20 次提到“技术”对国家安全的重要性④；它以恐怖主义利用现代技术对其造成威胁为借口，加强对技术转让的管制，因为今天它“受到军舰和军队的威胁远小于掌握灾难性技术的极小部分心怀仇恨的人的威胁”⑤，其“敌人已公开宣称在寻求大规模杀伤武器”，为此美国“将与其他国家合作来拒绝、控制和减少我们敌人为获得危险技术而作出的努力”⑥。2017 年 1 月特朗普执政以来，加大了对技术转移的限制，特别是借助于出口管制及商业秘密方面的法律法规来加强对高新技术转移的控制；美国商务部 2017 年、2018 年对中兴通讯的制裁及限制美国的公司向华为提供芯片等元器件就是典型的例子。欧盟、日本控制技术出口虽不像美国那样直截了当，但态度与美国是一致的。例如，2020 年 12 月底中国与欧盟签署的《中欧全面投资协定》中的有关强制技术转让规定的核心内容与《中美经济贸易协定》中的规定的内容几乎一致。

发达国家多通过对外贸易管制法来控制技术出口。如日本经过战后 30 多年的发展，到 1981 年它已与西方其他国家并驾齐驱，于是出台《关于修改外汇管制与外贸管制的法律》，规定企业向外国转让专利或专有技术，特别是具有重要战略意义的尖端技术时，必

---

① 第二次世界大战后，西方发达工业国家就意图对发展中国家（特别是社会主义国家）在国际贸易领域中就战略物资和高技术等出口进行管制，为此，它们酝酿成立了一个非官方的国际机构。1949 年 11 月，在美国的提议下，由主要西方国家在巴黎秘密成立了“输出管制统筹委员会”（Coordinating Committee for Multilateral Export Controls，又称“巴黎统筹委员会”，简称“巴统”，或 COCOM），其成员后来达到 17 个。在成立之后的四十多年时间里，巴统对向主要社会主义国家（特别是中国）等出口的高新技术及与高新技术相关物资等进行了严格的管控。1994 年 4 月 1 日，巴统正式宣告解散，但其高技术及相关物资等管制的大部分职能由 1996 年 7 月在美国的操纵下以西方国家为主的 33 个国家（包括巴统的 17 个成员）在奥地利维也纳签署的《瓦森纳协定》所承继；该协定今天已有四十多个成员，它们继续对向其他国家在常规武器和双用途物品出口及相关技术转让等方面进行监督和控制。

② 陈忠培，齐景升，王翰铭，编著. 国际技术贸易实务教程. 北京：中国海关出版社，2003：47.

③ 美国产业和安全署署长 Kenneth I. Juster 认为产业和安全署首要的任务就是维护国家安全，包括政治安全、经济安全、网络安全和本土安全。

④ *The National Security Strategy of the United States of America*, Sep., 2002. http://www.whitehouse.gov/nsc/nssintro.html.

⑤ 同④1.

⑥ 同④Preface.

须经大藏省或通产省批准。美国主要有《1979 年出口管理法》[①] 和《出口管理条例》；除了根据专门法律由政府其他部门管制的特别项目外，其余一切商品和技术数据出口都属于这两个法规的管制范围。《1978 年核不扩散法案》授权总统可以维护国家经济利益、安全和推动国家对外政策为由，对商品和技术出口享有很大的管制权力[②]；此外，《武器出口管理法》、《原子能法》及与技术转让有关的反托拉斯法、商务部出台的其他法规和其他限制具体出口项目的法律如 1973 年危害物种法等都是涉及具体领域的法规。

技术出口管制在特定时期成为发达国家处理国际关系的一种政治武器，如 1949 年它们为控制向敌对国家出口军事、战略物资及转让重大军事技术而成立的巴黎统筹委员会，就是政治产物；它协调各国在管制措施、范围和程序等方面的行为，以达到封锁技术之目的。冷战后因各国扩大出口及改善国际收支之需求，它在 1994 年 3 月被宣布解散，但其影响依然存在，目前美日欧对华军售控制就是例子。

技术出口管制的主要特点有：管制客体主要是尖端技术，与战略物资、稀缺资源和军用物资相关的技术及政府公共财政投资，能快速提高国际竞争力的技术[③]；限制出口对象主要是社会主义国家及认为政治上与它们为敌或所谓无赖或涉嫌恐怖主义的国家或地区；管制出于政治、国家安全和外交等原因；管制的方式有单边管制或多边管制并存。尽管在商品出口管制上有放松趋势，但技术方面仍然较为严格。下文简要介绍美国出口管制的内容，其对技术出口管制最严、制度最为齐全、最具代表性。

美国管制按对象分为两类：出口商品和技术的管制与出口国别的管制；此外还设立不同层次出口管理机构及制定相应的出口计划审批程序。管制手段主要是实行出口许可证制度，根据管制法后所附的“控制目录表”，包括国别归类和出口管制商品列单，对列入控制目录商品的有关技术资料出口实行管制，而其对技术资料的定义十分宽泛。[④] 管理机构主要是商务部产业和安全署（BIS，原出口管理署），其他机构如国务院、国防部等也对有些技术出口进行管理。

出口许可证制度是其管制的最主要措施。依照美国法律，除向加拿大输出的多数商品和技术、数据外，向其他国家或地区出口均需由 BIS 签发许可证。许可证一般有普通和特种[⑤]两种。前者主要适用于可公开获得的技术及向“自由世界国家”出口的某些非公开技术，其取得无须提交书面申请或经商务部逐件核准，只要符合法律规定，就可出口。后者由 BIS 逐项审查出口商申报的项目后签发。[⑥] 冷战后，它依据其安全、军控、人权和反恐等政策将出口国分为高、低风险国家和一般国家等，高风险国家又分为十分敏感国家[⑦] 和

---

① 分别于 1981 年、1985 年、1988 年及 2000 年进行了修订，最近根据实际发展情况，又再次提出修改方案。http://w3.access.gpo.gov/bis/fedreg/ear_fedreg.html.

② 其管制的范围包括除了某些应由政府其他部门依据专门法律行使管制权的特别例外项目之外的一切美国商品和技术数据的出口。

③ Integrating Intellectual Property Rightsand Development Policy, *Report of the Commission on Intellectual Property Rights*, London, September 2002: 25. http://www.iprcommission.org/graphic/documents/final_report.htm.

④ http://w3.access.gpo.gov/bis/ear/ear_data.html.

⑤ 包括综合许可证、项目许可证、服务供应许可证、经销许可证等。

⑥ 具体分组参见：余先予，编著. 国际经济法. 南京：南京大学出版社，1993：411－412.

⑦ very sensitive countries，它们是阿富汗（塔利班）、古巴、伊朗、朝鲜、叙利亚、伊拉克、利比亚、苏丹；又被称为“无赖”国家（rogue countries）。

敏感国家[①]；低风险国家和地区共有36个。[②] 特别许可证主要适用于对高风险国家和地区的大部分技术出口及低风险国家或地区的关键技术出口。取得特别许可证还需在申请中说明项目名称、最终用户和使用目的等，以便于其要求进口国不得将未经其有关政府部门许可的技术资料等再出口到他国，防止技术流入受控国家。[③]

此外，特殊技术的出口需专门机构来管理[④]；有些部门采取的限制外国人参与合作项目或受训人员流动等方式，作为减少技术间接、非正式转让的办法，以达到控制技术转让之目的[⑤]；政府投资的研发限于仅投资给本国人，还限于研发成果仅让本国人受益，严禁转让给外国人。[⑥]

(三) 发展中国家的技术进口管理法

合同管理是技术进口管理的基本内容。通过合同管理的规定，既可提高受方谈判地位，为其创造回旋余地，又可减少或避免合同中限制性条款。根据管理活动介入的时间，管理可分为事先申请和事后备案两类。前者指在合同正式签订或生效前，当事人将合同提交主管当局审查批准[⑦]，以其批准为合同生效的前提，它包括批准签约制度和批准生效制度。[⑧] 后者指合同签订或生效后，当事人将合同情况向有关部门登记备案。[⑨] 合同管理常和统计和信息管理相关联，通过系统的统计管理，使一国可以把握技术进口的整体状况，便于国家宏观政策的适时调整和更为有效的管理。

第三节 技术转移法的定义、基本原则及其法律渊源

一、技术转移法的定义

技术转移法是指调整因技术转移而产生的一定社会关系，促进技术利用和经济发展的

---

① sensitive countries，它们是安哥拉、塞拉利昂、卢旺达、利比里亚、索马里、扎伊尔等。

② 它们是阿富汗、亚美尼亚、阿尔巴尼亚、阿塞拜疆、保加利亚、巴林、缅甸、白俄罗斯、柬埔寨、埃及、格鲁吉亚、爱沙尼亚、以色列、印度、约旦、老挝、哈萨克斯坦、拉脱维亚、黎巴嫩、摩尔达维亚、立陶宛、蒙古、巴基斯坦、阿曼、卡塔尔、罗马尼亚、俄罗斯、沙特阿拉伯、塔吉克斯坦、土库曼斯坦、乌克兰、阿联酋、乌兹别克斯坦、越南、也门及中国台湾地区。

③ 任荣明，主编. 国际贸易法实务. 上海：上海远东出版社，1995：237.

④ 如高新技术出口中，若出口项目的商品或技术关系到国家安全，则国防部长可以其出口会增强进口国的军事潜力或对美国家安全构成威胁为由，直接向总统提出建议。参见注③44. 军火及其相关的技术出口由国务院军火管理局管理，军火技术则由国防部及其他部门逐项审查。张寿彭，编. 国际贸易法律. 兰州：兰州大学出版社，1998：402.

⑤ James Bonomo，etc. *Monitoring and Controlling the International Transfer of Technology*. RAND New York，1998：3，44-47，69.

⑥ *Integrating Intellectual Property Rights and Development Policy*. *Report of the Commission on Intellectual Property Rights*，London，September 2002：25.

⑦ 政府审查批准的主要内容有：合同期限、技术本身的先进程度、是否在专利保护期内以及限制性条款等。实际上这些内容更多的还是依赖于相关当事人的约定及国内当事人的谈判水平，政府的审查充其量只是起到补充、纠正的作用。

⑧ 如菲律宾、泰国、马来西亚和1968年前的日本实行的都是批准生效制度。

⑨ 有些国家将备案作为生效的条件，而有些国家只是出于统计或跟踪执行情况之目的而登记；有些国家介于两者之间，备案不作为生效条件，但主管部门如发现问题，有权处理。

法律规范的总和，目的是保证技术转移的顺利进行。技术转移法有狭义与广义之分。狭义的技术转移法指立法机关制定并颁布的《技术转移法》（目前我国尚未制定这样一部法律）。广义的技术转移法是指包括狭义的技术转移法在内的对技术转移所涉及的各主要环节作出相应规定的法律规范。这些法律规定应在狭义技术转移法《技术转移法》中予以明确，在此基础之上以单行经济法规的方式加以细化使之更具有可操作性。这些有关技术转移的单行经济法规涉及技术消化和吸收、技术创新、国内扩散、实现创利创汇等环节，至少应由技术转移管理法、技术转移可行性研究报告鉴定法、技术转移准备金法、技术转移项目验收法、技术输出法、技术转移奖惩法等构成。①

国内有识之士早就指出，中国发展外向型经济必须以技术转移的良性循环为可靠后盾。技术转移的良性循环系指以国际市场为导向通过较为成功的技术转移而不断地提升本国商品经济及外向型经济水准促进国民经济外向化的过程。技术转移的良性循环以技术转移为轴心技术转移是国与国之间所发生的技术交易、交换或流动其既包括技术输入亦包括技术输出。技术转移的良性循环要求通过技术输入获取国外的先进技术经过对输入的国外先进技术的消化和吸收、创新、国内扩散实现创利、技术输出和创汇。技术的良性循环离不开技术转移法作为法律保障。

二、技术转移法的基本原则

技术转移法的基本原则是贯穿于整个技术转移过程，对技术转移协调制度及其执行起到统率作用的最一般的价值判断的根本准则或规则，以确保技术转移的顺利进行。

技术转移法的基本原则如下。

1. 合法保护与合理使用原则

该原则为技术转移法的首要原则和基础。合法保护是指由国家或国际社会通过一定的法律程序和特定的方式给予技术权利人在一定时间内的排他性权利，在此期间，不经权利人许可，任何他人不得将技术用于商业目的或法律允许之外的行为，否则将被追究法律责任；合理使用是指权利人在转让中出于发挥出技术应有的经济价值和社会价值，在规范的范围内充分、有效、公平地使用自己的权利。合法保护是合理使用的前提，而合理转移是技术转移得以顺利进行且发挥积极作用的保证。

在国际技术贸易中，技术是一项重要且特殊的商品，国家的工业战略应创造促进技术商品进口的环境，而这主要依靠对工业产权的保护。② 良好的保护对国际技术的引进和输出都具有重要的意义，它为促进国际技术交流顺利发展提供前提条件。技术权利滥用妨碍公平竞争的有序进行，不利于技术传播，各国法律与国际协议③均有相关规定，但需区分权利和权利人，因权利自身不具有滥用性，“我们可能发现知识产权的滥用者，但其权利

① 李树．中国发展外向型经济的保障技术转移法——谈对技术转移予以规范的经济法律制度．北方论丛，1999（6）：38－41.

② 王石，刘娟．谈国际技术转让中的知识产权保护．科学管理，2004（3）.

③ Clause 2 of Article 8（Principles）of TRIPs and Article 5，Section A of Paris Convention（1967），etc.

既不是市场力量的证据也不是滥用的证据”①，问题的关键是滥用者本人。故技术权利的授予、保护与限制滥用是技术权利既矛盾又统一的两面。

2. 利益平衡原则

该原则从技术价值正义方面谈制度的完善，即该制度需以协调和平衡个人利益与社会利益、国家利益与全人类利益为目标。从根本上说，不是从发展中国家或发达国家各自利益的角度，而是从人类共同利益的角度来完善之。

知识产权是私权，是人权的组成部分。但私权并非“神圣不可侵犯”，它应在与公共利益和人类安全相平衡的范围内使用；与公共利益发生冲突时，要让位于后者，这是人类群体生存和发展的需要。个人人权应服从于人类的集体人权；短期看，它维护了本国权利人的人权，但长远地看它也在牺牲本国的生存权和发展权。这涉及正义问题。②

国家利益和人类利益主要体现在各国的公共政策上。TRIPs 中将其作为原则之一加以明确，即在保证措施与协议规定一致的前提下，“成员方可以在其国内法律法规的制定或修改中采取必要的措施保护公共健康和营养，并促进对其社会经济与技术发展至关重要领域中的公共利益”③。这表明 TRIPs 协议已经注意到私权与公共利益的平衡，允许成员方依实际情况，制定出保护公共利益的法律；问题在于人们在谈论知识产权时，往往只注重私权保护，各成员方和国际条约中的立法惯性又加深了人们对“私权保护”的过度重视，而将与“私权”并重的“公共利益”及公私利益平衡放到一边。从根本上说，私人利益的最终实现和维护，依赖于人类社会的生存和良性发展，长远地看，公共利益比私人利益更为根本。

3. 合作原则

该原则从解决人类面临的共性问题的视野谈制度的建立和完善。合作指为达到一定目标而采取的联合行动，国际合作指各国通过约定的谈判场所来共同寻找走出困境的行为方式，或在政策和行动上的相互调适行为。④ 20 世纪 80 年代至今，和平与发展一直是人类的主题，随着全球化的日渐深入，“合作”已经成为人类行动的大趋势，今天显得更为迫切。国家或地区不合作，难以发展。合作是和平与发展的基础，所以在当今国际舞台上，它已成为各国外交活动的主流。合作形式多种多样，集中全人类智慧成果的技术合作更应是诸多合作的先声，其核心内容一般是技术转让。

追求国家利益与全球合作并不矛盾，合作最终也是为了自己的利益，问题在于长期利益与短期利益的认识及它们之间产生矛盾冲突时的解决办法和路径选择十分关键。在平衡所有权人和公众利益的公共福利体制下，其范围必须由政府界定，就如同政府给予人们土地所有权时决定其所有权限一样⑤，技术权利也不例外。这就为技术转移方面的国际合作

---

① Frederick M. Abbott. The WTO TRIPs Agreement and Global Economic Development//Jane Kelsey (ed.). *International Economic Regulation*. Dartmouth Publishing Company Ashgate Publishing Ltd., 2002: 317.

② 马忠法. 国际技术转让法律制度理论与实务研究. 北京：法律出版社，2007：162.

③ Clause 1 of Article 8 (Principles) of TRIPs.

④ 苏长河. 全球公共问题与国际合作. 上海：上海人民出版社，2000：60.

⑤ Frederick M. Abbott. The WTO Agreement and Global Economic Development//Jane Kelsey (ed.). *International Economica Regulation*. Dartmouth Publishing Company Ashgate Publishing Ltd., 2002: 305-306.

提供了政府前提。

4. 效率原则

该原则从经济价值方面谈技术的充分开发。效率是指充分利用技术使用价值的特殊性，发挥出其潜在的效能以创造单位技术最大的经济价值，以不浪费技术为底线；其体现就是保护环境，节约资源，使经济走可持续发展之路。该原则与合作原则密切相关。

随着人类整体技术开发能力的增强，技术周期在缩短，为减少人类技术资源的浪费或重复开发，必须充分利用人类已开发的技术，因此在制定国际技术转移法时，效率原则需优先考虑。技术效能未充分发挥，会给人们的日常生活带来诸多消极影响，如环境和健康问题，尤其是涉及衣食住行等方面。[①] 发达国家技术的合理转移，特别是造福于人类公益事业、利于人类生活的民用技术，可提高技术的使用效率，发挥出其潜在的价值，有利于受方国人民的生存健康；但私人对绝对利益的追求阻止了它们的转让。这是更为严重的资源浪费，其带来的后果难以预料：局部灾难可慢慢地演化为整个人类的灾难——臭氧层的洞穿、厄尔尼诺的肆虐、飓风和台风的猖狂、水灾旱灾之后带来的疾病瘟疫给人类的教训太深刻了。[②] 发展中国家的能源耗费和环境的破坏与自身有关，但与发达国家技术转让方面的苛刻也不无关系。在人类高新科技飞入太空探索宇宙秘密、技术快速发展和技术寿命缩短的今天，人类没有理由浪费技术资源，破坏生态平衡和环境。人类应充分利用其技术来提高效率，特别是对那些过了特定的时期或离开具体环境就发挥不了作用的技术。

5. 非歧视原则

该原则是从技术转移活动主体的角度来要求制度的，即不论政治制度、经济发展水平如何，技术转移的标准应当一致。在国际技术转移活动中，不论公法上的国家间还是私人的企业间都应当遵循这一原则。前者的体现就是国民待遇和最惠国待遇原则，而后者的体现则是合同的当事人间地位平等及应遵循的诚实信用原则，被技术供方奉为圭臬的“意思自治”原则应该是在前两个原则基础上的应用。

国民待遇和最惠国待遇原则是WTO的基石，适用于一切贸易；该原则也是TRIPs的基础。服务贸易以最惠国待遇为一般原则，国民待遇为例外，因此最惠国待遇对技术转移而言应起到更大的作用；虽然各国均有权采用一切适当手段，促进和管制技术转移，但原则不能违背。主权平等、政治独立、相互获益、交易条件公平合理、技术供方在受方所在国经营时尊重东道国的主权和法律等是不歧视原则在技术转移领域的反映。现实中，违背该原则的行为很多，如美国的出口技术政策和法规中的“国别控制”就违背了最惠国待遇原则。

目前知识产权制度重在保护的实践，源于发达国家对利润的追求过于偏执，在该思想指导下的国际技术转移割裂了人类历史发展的继承性。发达国家常因发展中国家的行为不合其认定的标准或要求便拿起制裁武器，置发展中国家于不平等地位，这是对国际关系的伤害。发展中国家技术过于落后的原因之一是它们没能分享到人类技术带来的进步和利

① 有关数据参见中国室内装饰协会环境检测中心的统计数字，见：室内污染贴身杀手. 新民晚报，2004-08-04。

② 2002年1月至2004年8月发生的几起灾难，详见李新. 飓风查理横扫佛州. 新闻晨报，2004-08-15。

益，这又与技术供方违反普遍平等原则有关：发达国家政府有意控制技术向发展中国家转移，或其掌握技术的跨国公司对技术不合理的要价使发展中国家承担不起。因此，发达国家如果有长远的战略眼光，就应当通过政治协商、和平谈判、提供实质性的援助等方式帮助发展中国家解决问题，其中技术应是关注的核心内容，发达国家可不给予无私的技术援助，但必须在合理、公平的基础上转让有益于发展中国家经济建设的技术。这一切需要国家政府层面彼此平等的协商。

6. 公平原则

该原则主要从技术落后的国家特别是最不发达国家技术发展角度谈制度，即对于最不发达国家的特别优惠待遇。若只强调“平等”，不论从起点、经验、技术能力等角度看，后进国家无法与发达国家相提并论，形式的平等会掩盖实质上的不平等。此外，人类共同面临的问题及相互依存度的提高，在一些领域“公平”价值优先于“平等”价值。该原则贯穿于整个 WTO 体系下的诸多协议，它们均有对最不发达或发展中成员方的优惠待遇之规定，体现了在 WTO 谈判过程中南北双方的共识和妥协，但原则性的较多。

现在各国经济都在试图走可持续发展或循环经济发展之路①，它们依赖于技术，而技术获得的渠道是研发或引进，后进国家在现阶段只有引进。如果发达国家在转移技术过程中，采用不对称、不公平的贸易措施，加大发展中国家的技术费用负担，只会使发展中国家的技术能力永远无法形成。

《多哈宣言》重申特殊差别待遇在 WTO 协议中的地位，而且也注意到成员方提交的《特殊差别待遇框架协议》，部长们同意从强化执行并使它们更为精确、有效和具有可操作性的角度来审视所有特殊差别待遇规定，并将在与执行有关问题的决议中设定特殊差别待遇授予工作项目来处理②，足见国际社会对该原则的重视。我们已经进入了以信息化为主流的 21 世纪，人类技术以前所未有的速度在发展并取得相当成就，但技术带来的成果却让少数人独享，让他们依赖高新科技过着奢侈的生活，而落后国家仍有人重复着几十世纪前祖先留下的刀耕火种的劳作方式，文明似乎与他们无缘。他们应当享受技术文明给人类带来的福音，提高生产率及生活质量；否则，他们不仅没有分享到技术进步的益处，却在分担着工业文明带来的污染、气候变化等导致的灾难，这对他们不公平。

日月悠悠，物换星移，在无限无极的时间和空间中，只有共享人类的技术成果，地球才会更加灿烂，富有人性的光辉。人类总是不甘于停留在造化的现实中，总是希冀从现实中创造出更加美好的未来。落后国家的人民也一样，只不过他们暂且无力在资源、人力和技术等方面实现这些，发达国家应当在自己过着富裕生活及憧憬着美好未来时，通过合理机制，让穷困国家早日发展起来，让它们的人民享受到人类文明及高新技术所带来的阳光雨露。技术转移法的目的之一是在维护技术权利正当权益的同时，推动更多的技术合理地

---

① 循环经济意指模仿自然界生物循环，动植物从生到死整个过程完成后，其身上所有的资源和营养可以被自然界循环重复使用，即肌体腐化后变成有机物或无机物，被生物圈中其他生命所吸收和使用，没有造成任何浪费。在人类社会中，我们对任何一件物品（开发—加工生产—使用—报废）在使用完变成废物后也可以参照自然界的现象将废物回收，加工后再使用，变废为宝。有人估计，如果人类社会使用后的废物都按循环经济模式加以利用的话，人类目前 90%的污染问题可以解决。

② Para. 44 of Doha Ministerial Declaration，WT/MIN（01）/DEC/1.

向发展中国家转移，以促进人类的共同发展。

三、技术转移的法律渊源

技术转移的法律渊源是指调整技术转移的那些来源不同（制定法与非制定法、立法机关或行政机关制定或最高司法机关的解释等）、因而具有法的不同效力意义和作用的法的外在表现形式。中国当下的法律体系将技术转移的法律渊源分为立法机关制定的法律、最高行政机关国务院制定的行政法规、国务院各部委制定的部门规章、各地方的权力机关及地方政府制定的地方性法规和规章、最高人民法院的司法解释以及中国加入或批准的涉及技术转移的国际条约等。限于篇幅，本章只就法律、行政法规、重要的部门规章的形式或名称及司法解释作简要分析介绍。

（一）技术转移的法律

1. 合同方面的法律

这方面最主要的法律是1999年制定的《合同法》，它是调整技术转移最重要的法律。该法就技术转移的形式、订立、成立、生效及内容等作出了根本性规定，其第18章“技术合同”（共43条）规定了技术合同的一般内容、技术开发合同、技术转让合同、技术服务合同以及技术咨询合同中当事人之间的权利义务的分配等。上述四类合同均会涉及技术转移，当然最为集中的是“技术转让”，其意指“技术转让合同包括专利权转让、专利申请权转让、技术秘密转让、专利实施许可合同。技术转让合同应当采用书面形式”[①]。随着2020年5月28日《民法典》的通过并于2021年1月1日生效，《民法典》合同编的内容将取代1999年的《合同法》，《民法典》合同编第20章共45条规定将产生法律约束力，调整有关当事人之间的行为。具体内容详见本书第三章。

2. 《专利法》

《专利法》（1984年制定，经过1992年、2000年、2008年及2020年四次修正）是专利技术转移的基础性的前提规范，没有确权、保护就无专利技术转移。它是一部相对静态的法律。专利的本质是一种垄断权，即国家给予权利人一定的垄断期以换取该项技术信息的公开，促进技术的扩散与转移；从某种意义上说，是国家和发明人或专利权人之间形成的一个契约：国家承诺给予权利人特定时间的合法垄断权，但作为交换，权利人需要公开自己的技术方案，同时在保护期满后，技术就进入公有领域，任何人可以无偿使用。有关专利法关于技术转移的规定详见本书第三章。

3. 《促进科技成果转化法》

《中华人民共和国促进科技成果转化法》是一部相对动态的法律，是为了促进科技成果转化为现实生产力，规范科技成果转化活动，加速科学技术进步，推动经济建设和社会发展。在技术权益方面，《促进科技成果转化法》（1996年颁布，2015年修正）在尊重合同自由的基础上，对于合同未明确事由进行了补充。（1）在所有权方面，若双方未做约定，合作转化中无发明创造的，科技成果仍然归于完成单位；若有发明创造，则双方共有，双方都有实施新产生科技成果的权利，转让需经双方同意。（2）在对于成果做出重大

---

① 《合同法》第342条。

贡献的人员的奖励方面，有约定从约定，无约定按照下列原则进行：转让许可的奖励不低于净收入的50%，作价入股不低于50%；合作实施的，投产每年不低于营业利润的5%。而国家设立的研究开发机构与高等院校与科技人员根据《关于促进科技成果转化的若干规定》《关于加快发展技术市场的意见》《技术合同认定登记管理办法》等落实。

4.《中小企业促进法》

《中小企业促进法》对科技成果流转也有明确规定，如它规定“政府有关部门应当在规划、用地、财政等方面提供政策支持，推进建立各类技术服务机构，建立生产力促进中心和科技企业孵化基地，为中小企业提供技术信息、技术咨询和技术转让服务，为中小企业产品研制、技术开发提供服务，促进科技成果转化，实现企业技术、产品升级”及“国家鼓励中小企业与研究机构、大专院校开展技术合作、开发与交流，促进科技成果产业化，积极发展科技型中小企业”等。

5. 竞争及国家安全方面的法律

竞争方面的法律主要有《反不正当竞争法》和《反垄断法》。《反不正当竞争法》(1993年制定，2017年修改）的主要目的在于促进社会主义市场经济健康发展，鼓励和保护公平竞争，制止不正当竞争行为，保护经营者和消费者的合法权益。对于清洁能源技术转移来说，《反不正当竞争法》规范了商业秘密保护及对商业贿赂和虚假宣传进行严厉处罚等内容。《反垄断法》自2008年8月1日起施行，该法第55条明确“滥用知识产权，排除、限制竞争的行为”将受到规制。

技术转让涉及国家安全方面的法律除了下文讨论的《外商投资法》外，还有《中华人民共和国国家安全法》(2015年），该法是对于投资、生产以及技术转移是否危害国家安全进行审查的法律。它规定：国家加强自主创新能力建设，加快发展自主可控的战略高新技术和重要领域核心关键技术，加强知识产权的运用、保护和科技保密能力建设，保障重大技术和工程的安全。国家建设网络与信息安全保障体系，提升网络与信息安全保护能力，加强网络和信息技术的创新研究和开发应用，实现网络和信息核心技术、关键基础设施和重要领域信息系统及数据的安全可控。这些规定中的“应用”包括技术的转让、许可等。在核安全方面，规定国家坚持和平利用核能和核技术，加强国际合作，防止核扩散，完善防扩散机制，加强对核设施、核材料、核活动和核废料处置的安全管理、监管和保护；该规定的核心是防止核技术及与核技术相关的材料等转移与扩散等。国家建立国家安全审查和监管的制度和机制，对影响或者可能影响国家安全的外商投资、特定物项和关键技术、网络信息技术产品和服务、涉及国家安全事项的建设项目，以及其他重大事项和活动，进行国家安全审查，有效预防和化解国家安全风险。

6. 外商投资法

在改革开放之后，我国1979年制定的《中外合资经营企业法》、1986年制定的《外资企业法》、1988年制定的《中外合作经营企业法》及1994年制定的《台湾同胞投资保护法》(以上四部法律均于2016年修正）等外商投资方面的法律规范对技术转让有所规定[①]，

---

① 前三者合称“三资企业法”，其有关技术转让规定的具体分析参见马忠法. 国际技术转让合同实务研究. 北京：法律出版社，2016：71－72；《台湾同胞投资保护法》没有专门的技术转让规定。

它们对促进我国技术发展起到了积极作用，但 2020 年 1 月 1 日《外商投资法》正式生效之后，其相关规定将日渐失效，取而代之的是《外商投资法》的相关规范。《外商投资法》涉及技术转让规定的内容主要是：国家保护外国投资者和外商投资企业的知识产权，保护知识产权权利人和相关权利人的合法权益；对知识产权侵权行为，严格依法追究法律责任。国家鼓励在外商投资过程中基于自愿原则和商业规则开展技术合作。技术合作的条件由投资各方遵循公平原则平等协商确定。行政机关及其工作人员不得利用行政手段强制转让技术。① 这一规定明确了行政机关及其工作人员对外国投资者进行强制许可的禁止，为自愿进行技术转让创造了积极条件，即“保护外国投资者和外商投资企业的知识产权，保护知识产权权利人和相关权利人的合法权益”以及对侵权者的严惩等。

7. 其他法律

税收方面的法律法规对技术转让的规定主要体现在《企业所得税法》（2007 年通过）和《环境保护税法》中。2007 年颁布的我国企业所得税法对科技成果流转方面的税收优惠给予了特别规定。它规定，企业符合条件的技术转让所得，可以免征、减征企业所得税。《对外贸易法》（1995 年制定，2016 年修订）对于技术进出口以及技术相关的知识产权保护进行了规定。

上述法律，从积极意义上来说，有助于培育技术友好的环境，尊重技术，技术教育优秀，技术信息和交流便利且信息交易成本低廉，鼓励创新，更加鼓励技术流转；从被动意义上而言，有助于保护技术权利不受侵犯，维护市场秩序，避免不正当竞争。

（二）行政法规和部门规章

除了上述法律之外，国务院制定的诸多行政法规对促进技术转移更是起到了具体实施的作用。其中较为重要的有：《集成电路布图设计权保护条例》（2001 年）、《技术进出口管理条例》（2002 年）、《专利法实施细则》（2010 年）、《知识产权海关保护条例》（2010 年）、《计算机软件保护条例》（2013 年修改）、《植物新品种保护条例》（2014 年修订）、《实施〈中华人民共和国促进科技成果转化法〉若干规定》（2016 年）、《知识产权对外转让有关工作办法（试行）》（2018 年）等。

国务院各部委制定的部门规章有《技术进出口合同登记管理办法》（2009 年）、《禁止进口限制进口技术管理办法》（2009 年）及《禁止出口限制出口技术管理办法》（2009 年）、《专利代理师资格考试办法》（国家市场监督管理总局令第 7 号，2019 年）、《专利代理管理办法》（国家市场监督管理总局令第 6 号，2019 年）、《专利实施许可合同备案办法》（2011 年）等。全国各省、自治区、直辖市等也分别制定了本地区的行政法规和部门规章等②，限于篇幅，本章不予赘述。

（三）司法解释

技术转移方面的司法解释主要有：（1）《最高人民法院关于审理技术合同纠纷案件适用法律若干问题的解释》，其第 22～29 条（共 8 条）分别对技术转让的含义、专利许可方

① 《外商投资法》第 22 条。

② 如上海市就先后制定多部地方性法规和规章。具体可以参见马忠法. 科技成果流转法律制度与上海创新型城市建设之研究. 北京：知识产权出版社，2012：72-73.

式、技术秘密许可事宜及保密义务等作出了较为明确的规定。（2）2007年通过的《最高人民法院关于审理不正当竞争民事案件应用法律若干问题的解释》，其第15条对于侵犯商业秘密行为的诉讼作出了规定：商业秘密独占使用许可合同的被许可人提起诉讼的，人民法院应当依法受理；排他使用许可合同的被许可人和权利人共同提起诉讼，或者在权利人不起诉的情况下，自行提起诉讼，人民法院应当依法受理；普通使用许可合同的被许可人和权利人共同提起诉讼，或者经权利人书面授权，单独提起诉讼的，人民法院应当依法受理。

【思考题】

1. 谈谈你所理解的技术及技术转移的含义。
2. 试述知识产权确权保护制度与技术转移的关系。
3. 试述技术转移与知识产权法或竞争法的关系。
4. 简述技术转移法律制度的体系。
5. 案例：

2013年10月28日，广东省高级人民法院对华为诉美国无线厂商美国交互数字公司（IDC公司）垄断一案作出终审判决，判定美国IDC公司构成垄断，赔偿华为公司两千万元。IDC旗下有交互数字通信有限公司、交互数字技术公司、交互数字专利控股公司和IPR许可公司等子公司，互为关联。该公司参与了全球各类无线通信国际标准制定，拥有一系列无线通信基本技术相关的专利。华为公司于2011年12月6日向深圳市中级人民法院提起对于IDC公司的反垄断诉讼。华为起诉称，IDC公司利用参与各类国际标准制定，将其专利纳入其中，形成标准必要专利，并占据市场支配地位。华为公司请求法院判令其停止垄断行为，并索赔人民币2 000万元。深圳市中院的一审判决判定IDC公司因实施了垄断行为，赔偿华为公司损失人民币2 000万元，但法院同时驳回了华为公司在法庭上提出IDC公司对必要专利一揽子许可构成捆绑搭售行为的诉求。

问题：有人认为，技术转移合同本身就是一个商事行为，双方协商形成一致意见即可，政府是不应该干预的；此观点显然是不全面的，请结合本案分析原因。你认为政府应当对技术转移行为在哪些方面进行适当干预？

【经典参考文献】

1. 吴汉东，主编. 知识产权法. 4版. 北京：北京大学出版社，2014
2. 马忠法. 国际技术转让法律制度理论与实务研究. 北京：法律出版社，2007
3. 拉希德·卡恩. 技术转移改变世界——知识产权的许可与商业化. 李跃然，张立，译. 北京：经济科学出版社，2012

第二章　技术转移的国际法规范

【导言】

20世纪70年代以来技术催生的经济全球化将市场经济体制推向世界，其内生的动力结合技术发展的威力最终瓦解了两极世界，发达国家与发展中国家之间的技术和经济发展水平差距在不断增加，而后进国家技术的获取与可持续发展又是其核心所在。技术贸易制度的影响如何促进后者的发展，既是后者自身也是相关政府间国际组织关心的主要议题。现有相关技术转让的国际法文件，由世界知识产权组织（WIPO）、联合国其他机构和世界贸易组织（WTO）管辖下的相关法律文件等三大体系构成。它们涉及国际技术转让法律协调的规定一脉相承，前者为技术转让的基础性文件，其确权和保护制度为技术转让的前提；中者为国际技术转让在特定领域的体现，《联合国国际技术转让行动守则》(草案)和《联合国跨国公司行动守则》(草案)试图在实体法上对技术转让构筑统一协调条约，虽因分歧而受挫，但今天已多体现于相关的国际环境条约之中，如《联合国气候变化框架公约》《关于汞污染的水俣公约》《巴黎协议》等；后者与前述文件内容有着相当继承、发展关系。四十多年来有关技术转让的协调活动可分为三轮：首轮自70年代初至80年代中期，以发展中国家的形胜实败而告终；次轮自1986年《关税与贸易总协定》乌拉圭回合谈判起至1994年谈判结束，以发达国家取得阶段性实质胜利而落幕；末轮于WTO运转后至今，标志性发展于多哈会议，其相关文件不同程度反映发展中国家利益。现有制度的弊端是：发达国家意志起主导作用，忽略发展中国家利益和要求；无国际统一技术转让条约，强国国内法调整特征明显；重保护，轻转让；严重扭曲技术转让路径；实体制度欠缺，强制许可制度形同虚设；现有规定不具可执行性等。它们使发展中国家的发展陷入困境，限制了发展中国家的经济发展模仿战略的选择。为此，国际技术转让法律协调制度必须找到自己的历史出路，它应遵循合法保护与合理使用、利益平衡、合作、效率和非歧视与公平等基本原则。它分两个层面：一是国内层面，各国完善自己的法律规定以履行国际条约中的承诺。二是国际层面，各国参与国际活动及国际社会的共同努力。它有两条路径：(1) 通过多边谈判完善现有的技术转让制度，增加相关内容，协调各相关国际条约中的有关规定，增强其可执行性；(2) 形成一个WTO框架下统一的多边条约。前一条现实易行；后一条较为理想，既可将其与投资、其他贸易、知识产权保护和竞争政策等联系起来，又可利用 WTO 框架下的争端解决机制。

第一节 技术转移国际法规范概述

在国际社会，关于技术转移的国际法规范，主要体现在国际条约和有关环境保护的宣言、决议、议程等国际法文件中；这些国际法文件经有关国家或地区批准或接受，或被国内的相关立法所接受后，对它们产生相应的法律约束力。这些文件主要包括世界知识产权组织[①]管辖下的知识产权领域的国际条约，如分别于 1883 年和 1886 年通过、经过多次修改的《巴黎公约》与《伯尔尼公约》，联合国体系下于 1982 年通过的《海洋法公约》、1989 年通过的《保护臭氧层维也纳公约》、1992 年通过的《联合国气候变化框架公约》和 2015 年通过的《巴黎协议》等，以及世界贸易组织[②]下的《与贸易有关的知识产权协议》(TRIPs 协议)。目前形成的以《斯德哥尔摩宣言》、《里约热内卢宣言》、《21 世纪议程》及《2030 年发展议程》等国际"软法"部分的文件对技术转移的规定更为丰富。上述条约等国际法文件中关于技术转移的规定，构成了较为丰富的国际技术转移规范之内容。

一、国际条约方面的规定

根据制定的国际组织的不同，我们可以将这类国际条约分为一般多边条约和专门条约；根据内容的不同，可以将其分为技术转移的基础性条约和一般条约。本书将两种方法结合起来，但主要按照国际组织形成的条约来划分，将条约分为以下三类。

(一) 世界知识产权组织管辖下的国际条约

技术转移与知识产权保护密切相关，技术的确权和保护是其转移的前提和基础，特别是在全球范围内，相关知识产权制度的建立为技术转移创造了条件。技术交易的对象绝大多数属于知识产权法律保护的范围，通常情况下技术交易合同必须符合知识产权法律对相关技术保护所应遵循的原则。

该方面的条约主要包括世界知识产权组织体制下的知识产权协调制度，尤其以专利协调制度为核心，含《巴黎公约》、《专利合作条约》(PCT)、《专利法条约》(PLT) 等，此外《伯尔尼公约》等也有部分内容涉及技术转让。这一部分的规定，主要涉及技术在知识产权确权和保护方面的内容。[③]

(二) 联合国体系下形成的技术转移的国际条约

联合国体系下涉及技术转让的文件主要通过有关环境保护的国际条约及 20 世纪 60 年

---

① 至 2021 年 4 月 15 日，其有成员 193 个. https://www.wipo.int/treaties/en/ShowResults.jsp? lang=en&treaty_id=1.

② 至 2021 年 4 月 15 日，其有成员 164 个. https://www.wto.org/english/thewto_e/whatis_e/tif_e/org6_e.htm.

③ 各相关国际条约规定的内容参见马忠法. 国际技术转让法律制度理论与实务研究. 北京：法律出版社，2007：97-103.

代成立的联合国贸易发展会议（“贸发会”）和其他机构组织推进的有关国际技术转让行动守则和跨国公司行动守则等谈判所形成的草案性文件，尽管它们没有最终成为国际条约，但在之后的国际条约或协议形成的过程中及各国立法中均产生了积极影响，不同程度地被吸纳。联合国体系的国际条约主要涉及环境保护、气候变化等方面，如前文提到的《海洋法公约》、《保护臭氧层维也纳公约》、《联合国气候变化框架公约》、《巴黎协议》以及《国际植物新品种保护公约》、《生物多样性公约》等。

（三）世界贸易组织框架下有关技术转移的规定

WTO建立的规则体系是经济全球化下的必然产物，它是现今国际经济、贸易发展的基础性法律文件。知识产权、公平竞争政策进入这个体系后，技术转让成为其必不可少的内容，但这方面的规定分散于各条约或协议中，其中以TRIPs协议和TRIMs协议为代表。

1.《与贸易有关的知识产权协议》（TRIPs协议）及其修正案关于技术转移的规定

TRIPs协议通过第2条、第9条将《巴黎公约》和《伯尔尼公约》的实体约定纳入自己的体系中，它们涉及的技术转让规定不再重复。TRIPs协议技术转让的核心内容集中于序言以及第7、8、31、40、66.2和67条等条款。TRIPs协议将知识产权保护推向了一个较高的水平，序言中点明各国认识到为使最不发达国家能够形成合理可行的技术基础，它们在法律法规的国内执行中有最大灵活性的特殊需要。TRIPs协议修正案专门针对涉及公共健康等的“强制许可”作出了进一步细化和补充。

2.《与贸易有关的投资措施协议》（TRIMs协议）

TRIMs协议是乌拉圭回合谈判中新增加的议题。其内容不多，从某种意义上说，它完全是发达国家跨国公司需求在国际条约中的反映，利于在外国投资的跨国公司。该协议共有9个条款和1个附件，其核心和关键内容是第2条“国民待遇和数量限制”之规定及其附件，其他条款要么是程序性的规定，要么是非实质性的内容，如过渡期、贸易投资委员会等。最为核心的条款本质是取消跨国公司在东道国投资的本地成分，即不要求跨国公司就生产制造某些设备时，将部分关键的、技术含量高的元器件放到东道国生产。如此可以让跨国公司能够有最好理由保证核心技术不转移，更不会发生所谓外溢现象。

至于WTO框架下的其他协定，如《实施动植物卫生检疫措施协议》（SPS协议）、《贸易技术壁垒协议》（TBT协议）、《服务贸易总协定》（GATS）及《补贴与反补贴协议》（SCM协议）等中均有关于技术转让和技术援助的内容，可参见前述马忠法所著的两部专著。①

二、条约之外的国际文件关于技术转移的规定

这一部分的文件主要体现在联合国体系下的“软法”部分，核心体现为涉及环境保护、可持续发展等领域的会议决议、宣言、议程等，如1972年《联合国人类环境会议的宣言》（《斯德哥尔摩宣言》）、1992年的《里约热内卢环境与发展宣言》（《里约宣言》）和《21世纪议程》、2002年的《约翰内斯堡宣言》和《可持续发展世界首脑会议执行计划》以及2000年9月联合国首脑会议上通过的由189个国家签署的《联合国千年宣言》、2015

① 马忠法. 国际技术转让法律制度理论与实务研究. 北京：法律出版社，2007：119-121；马忠法. 应对气候变化的国际技术转让法律制度研究. 北京：法律出版社，2014：155-157.

年《2030年可持续发展议程》等。此外，20世纪70年代至80年代建立国家经济新秩序的趋势，使制定《联合国国际技术转让行动守则》（草案）等国际立法活动一度十分活跃，但随着20世纪80年代初美国等发达国家不断强调知识产权保护和相应制度完善的诉求不断提升，并将这种诉求变成现实，技术转让的国际立法活动遭受挫折，日渐被忽视。而今，从国际技术转让的立法活动来看，经过40多年的努力，目前国际社会在应对国际环境、气候变化领域甚至在整个国际贸易制度框架下都尚未形成统一的技术转让条约，有关技术转让的诸多规定零星地分散于众多的国际环境保护条约及世界贸易组织框架下的部分协议中。其中，有四次重要的国际会议（1972年斯德哥尔摩环境会议、1992年里约热内卢环境峰会、2002年约翰内斯堡会议及2012年里约热内卢20＋会议）对国际环境保护法律制度的形成与发展起到了积极的推动作用，我们可以将其看作环境保护国际运动中的四个里程碑。这些会议形成的有关法律文件中规定的技术转让内容颇为丰富，也远比相关条约更具体详细，只是它们的法律效力有待于进一步提升。

第二节　技术转移国际法规范体系

一、与国际技术转让有关的国际条约

从国际技术转让与知识产权的关系看，国际层面已形成了包括WIPO系列和WTO体制下的知识产权协调制度，尤其以专利协调制度，包括《巴黎公约》、专利合作条约（PCT）、专利法条约（PLT）和TRIPs协议等为代表。现在WIPO还在试图制定有关技术实体专利法条约。目前技术转让的主要协调机构是WTO和WIPO。两者关系紧密，经常进行交流与合作；但由于WIPO并无准司法的解决争端的机构，而WTO除了将WIPO的主要条约内容纳入TRIPs协议中，更主要的是它提供了有效的争端解决机制，且发挥的作用更大。

根据贸发会2001年收集的有关国际技术转让文件集，我们可以发现属于多边条约或协定或议定书的文件共有28件，其中涉及环境和环境保护的占二分之一以上；属于多边文件（如联合国大会决议、有关宣言等）的有12件，如果把2003年8月30日通过的宣言和多哈宣言算进去，则在16件以上；区域性的条约或文件约有23件；区域与区域间的协议（如欧盟与南方共同市场、非洲加勒比海和太平洋国家集团与欧盟等签订的合作框架或协议）3个；双边条约10个。所有这些加在一起约80个，但它们的法律约束力不同。此外，《联合国国际技术转让行动守则》（草案）与《联合国跨国公司行动守则》（草案），虽未成为正式条约，但对国际技术转让实践起到一定的积极作用，有些内容还被后来的条约或协议吸纳；另外，非政府间组织制定的《国际投资太平洋洋底宪章》（太平洋洋底经济理事会）与《工会要求合法控制多国公司宪章》等对技术转让也有所规定，它们对技术转让也有一定的影响。①

---

① UNCTAD/ITE/Misc. 5 Compendium of International Arrangements on Transfer of Technology: Selected Instruments-Relevant provisions in selected international arrangementspertainingto transfer of technology, Overview P5 United Nations 2001.

在这些条约或文件中，最重要的是《巴黎公约》、TRIPs 协议及 WTO 的其他协议如服务贸易总协定、与贸易有关的投资措施协议等，它们均具有较强的可执行力。下文将分三个角度来阐述当今国际技术转让制度。

（一）世界知识产权组织管辖下的有关技术转让条约或条约草案

1.《保护工业产权的巴黎公约》[①]

《巴黎公约》至 2021 年 4 月 15 日共有成员 177 个[②]，其斯德哥尔摩文本（1967 年）是目前技术转让方面最重要的基础性公约之一，共 30 条，其中第 1～12 条是实质性条款。[③]从这些条款中可以看出，公约未能完全统一各成员国保护工业产权的法律规则，只是制定了一些保护工业产权的基本原则，为成员国国民在成员国间申请工业产权保护提供了便利。对于国际技术转让来说，集中涉及技术转让的条款主要有国民待遇[④]、优先权、专利独立[⑤]、强制许可和利用进口国的专利方法制造产品的进口[⑥]及不正当竞争等，体现了专利保护的原则，同时也是技术转让的基础。

国民待遇要求在保护工业产权方面，任何缔约国国民在该条约的所有其他国家内应享有各该国法律现在或今后可能授予本国国民的各种利益；一切国家都不应损害本公约特别规定的权利。因此，在遵守对国民规定的条件和手续前提下，他们应和国民享有同样的保护，其权利受到侵犯后可采取同样的法律救济手段。对于本国国民，不得规定在其要求保护的国家须有住所或营业所为享有工业产权之条件。对于缔约国以外的各国国民，若在本联盟一个国家的领土内有住所或有真实和有效的工商业营业所的，应享有与本联盟国家国民同样的待遇。从这可以看出，条约对国民采取了扩大范围的态度，客观上利于技术在更广范围内的专利取得；而且成员方为了更多更好地吸引外国先进技术，给所有外国人以国民待遇，哪怕是敌对国家的公民或企业，如美国和苏联就是这样做的。优先权[⑦]的规定，主要是为了鼓励在申请专利之前技术所有人对外进行交流，也是为技术转让或扩散作铺垫。

独立性原则规定在不同国家就同一发明取得的专利是相互独立的，即一成员国国民向缔约各国申请的专利，与在其他国家（包括非成员国）就同一发明所取得的专利是相互独立的，而且应从不受限制的意义来理解，特别是指在优先权期间内申请的各项专利，就其无效和丧失权利的理由以及其正常的期间，是相互独立的。各国都只保护根据本国专利法所批准授予专利权的发明创造，没有保护外国批准的专利的义务，这一规定对技术转让意义深远。故在向外国出口专利技术之前，技术供方必须在目标国申请专利并得到批准后才

---

① 关于专利协调，国内学者曾将其分为三类：实质保护条约如巴黎公约，程序便利条约如 PCT、PLT、微生物保存布达佩斯条约等，国际分类法条约等（汤宗舜. 专利法教程. 3 版，2003）。本书只介绍最为重要的、对技术转移而言具有普遍意义的公约、条约及在起草的实体法条约。

② Paris Convention for the Protection of Industrial Property. https://www. wipo. int/export/sites/www/treaties/en/documents/pdf/paris. pdf.

③ 其他部分内容如下：第 13～17 条是行政条款，第 18～30 条是有关加入、批准、退出及接纳新会员条款。

④ 第 2、3 条，分别为“本联盟各国国民的国民待遇”与“某类人与本联盟国家的国民同样待遇”。

⑤ 第 4 条之二。

⑥ 第 5 条和第 5 条之四。

⑦ 专利和实用新型为 12 个月，外观设计和商标为 6 个月，期间应自第一次申请的申请日开始；申请日不应计入期间之内。

能得到该国的法律保护，否则就有被侵权却得不到合法保护的危险。

强制许可①规定各国都有权采取立法措施规定授予强制许可，以防止有人滥用专利所赋予的专有权，例如：不实施。但是除非强制许可的授予不足以防止权利滥用，不应规定取消专利，且自授予第一个强制许可之日起2年内，不得提起取消或撤销专利的诉讼。公约对强制许可的授予有严格规定，即自提出专利申请之日起4年内，或自授予专利之日起3年内，以期长者为准，不得以不实施或不充分实施为由申请强制许可。如果专利权人的不作为有正当理由，应拒绝强制许可；这种强制许可，是非独占性的且不得转让，除非与利用该许可的企业部分或商誉一起转让。这足以表明公约对权利人的保护倾向是十分明显的。在现代科技发展日新月异的情形下，在公约规定的三四年时间里，技术往往已经升级换代了；所以，在过去的时间里，发展中国家要求修改公约中提到的有些苛刻的强制许可条件。但不管如何，毕竟在这么重要的一个国际条约中写下了转让的一个具体内容，为TRIPs协议和2003年因有关公共健康使用专利强制许可打下了基础。

在不正当竞争方面，它规定各成员国有义务保证给予成员国国民反不正当竞争的有效保护，并定义“凡在工商事务中违反诚实惯例的竞争行为构成不正当竞争的行为”，特别是下列各项应予以禁止：具有采用任何手段对竞争者企业、商品或工商活动产生混淆性质的一切行为；在经营活动中，有损害竞争者企业、商品或工商活动的信誉的虚伪说法及在经营活动中使用易于使公众对商品的性质、制造方法、特点、用途或数量产生误解的表示或说法。从该条列举的三项内容来看，公约还是以保护权利人利益为中心的，以鼓励或促使技术权利人申请专利。但从定义看，我们还应当看到另外一层含义，即技术权利持有人违反诚实惯例，如滥用自己的权利、非法垄断自己的技术或利用技术优势向交易人漫天要价或提出不公平条款等也应为不正当竞争行为，应当受到禁止。

长期以来，人们对知识产权是建立在激励还是竞争政策基础上一直争论不休②，而巴黎公约将两者有机结合起来。但总体上看，它以激励创新、保护发明人权利为主，以鼓励竞争和维护消费者权益为辅。这种做法对后来的知识产权公约起到了极强的示范作用。

2.《专利合作条约》（PCT）与《专利法条约》（PLT）

PCT是与巴黎公约相配套的一个程序性条约，由WIPO国际局管理。③ 其前言部分明确指出其“有志于对科学和技术的进步作出贡献，有志于改善对发明的法律保护使之完备，有志于为要求在几个国家取得保护的发明，简化取得保护的手续并使之更加经济，有志于便利并加速公众获得有关所发明的资料中的技术情报，有志于通过采取旨在提高发展中国家为保护发明而建立的国家和地区法律制度的效率的措施，来促进和加速这些国家的经济发展。其办法是，对适合它们特殊需要的技术资料提供方便易查的线索，以及为汲取数量日益膨胀的现代技术提供便利条件”，这些表明该条约的宗旨就是为专利申请人在他国申请专利提供快捷、经济、方便渠道，利于专利申请和公开，客观上有助于技术在不同国家的专利获取，进而为技术转让开辟道路；该目的的实现有赖于各国之间的合作、

① 有关专利的规定准用于实用新型。

② 美国加州大学，斯坦福大学法学院. 国际知识产权法律制度. 北京：中国广播电视大学出版社，1998：4-5.

③ PCT分别于1979年、1984年和2001年进行了三次修正，至2021年4月15日有成员153个。https://www.wipo.int/export/sites/www/treaties/en/documents/pdf/pct.pdf.

协调。

PCT 自 1970 年 6 月在华盛顿通过并经多次修改，现行有效的是 1998 年修改、2000 年 1 月 1 日起施行的版本。但很快新一轮的修改于 2000 年 10 月又开始了。修改是为了应对各国家专利局以及国际检索和审查机构所面临的挑战，如日益增加的工作量、重复劳动，以及专利申请人面临的问题，如专利的申请和处理的费用。反复修改且容易达成一致意见，说明发达国家与发展中国家在程序方面易达成共识，因它不涉及实体利益。

PCT 主要内容如下：(1) 申请人如果想在若干成员国申请专利，只需要向受理局（一般是本国专利局）提交一份专利申请，指定所要申请的国家即可，无须向各国逐一提交申请。(2) 申请人可以根据 PCT 国际检索和初步审查单位提供的检索报告和初步审查报告，在国际申请的优先权日起 20 个月或 30 个月内，最后决定是否进入国内审批程序，从而可以节省大量精力和费用。(3) 国际申请进入各国的国内阶段时，各国专利局已收到国际检索报告，有的还有国际初步审查报告，这就大大减少了各国专利局进行检索和审查的工作量，从而可以提高工作效率，避免重复劳动。

2000 年 5 月 11 日至 6 月 2 日，包括我国在内的 130 多个国家、4 个政府间国际组织、20 多个非政府间国际组织参加了在日内瓦召开的外交会议，通过了 PLT 及其实施细则和《外交会议的议定声明》。PLT 共 27 条，于 2005 年 4 月 28 日生效，旨在协调国家或地区授予、维持专利的形式要件和程序要求，包括确定申请日、申请的内容和形式、代理、联系和通知①，以简化相关程序，减轻申请人负担。它与 PCT 规定的内容相互补充，都是关于《巴黎公约》有关专利确权的程序性内容。它特别规定了专利申请的电子提交形式，但许多发展中国家可能难以实现，因它们的专利局没有配备必要的设施。外交会议认识到发展中国家这种现状，规定了宽限期，并要求向发展中国家、最不发达国家以及转型期国家以优惠的方式提供额外的技术援助和财务合作，以方便提交电子申请。②

3.《实体专利法条约》(SPLT) 草案③

WIPO 一直在努力制定有关专利的实体法条约及其实施规则，旨在对专利的实体标准在全球有一个相对统一的标准，减少专利的不确定性，使国家和地区的专利法律和实践更加简单、合理和集中，为专利的确权和保护国际化提供便利，最终目的也是为技术转让作铺垫。

2004 年 5 月，WIPO 专利法常设委员会第 10 次会议讨论形成了现草案。④ 它共 16 条，

---

① 截止到 2021 年 4 月 15 日，PLT 签署方共有 54 个（其中一个为地区专利组织），缔约方共 42 个；根据第 21 条，该条约在 WIPO 总干事接到 10 份批准书或加入书 3 个月之后即行生效。http://www.wipo.int/treaties/en/。至 2005 年 1 月 28 日，下列 10 个国家递交了批准书或加入书：吉尔吉斯斯坦、尼日利亚、摩尔多瓦、斯洛伐克、斯洛文尼亚、乌克兰、爱沙尼亚、丹麦、克罗地亚和罗马尼亚，除丹麦外为发展中国家或转型国家。文希凯.《专利法条约》将在 10 国生效. 中国知识产权报，2005-03-10.

② WIPO，专利法条约（PLT）以及 PLT 实施细则，关于专利法条约（PLT）以及 PLT 实施细则的注释说明，64-65.

③ Draft Substantive Patent Law Treaty prepared by the International Burea of WIPO, SCP/10/4, May 10-14, 2004. http://www.wipo.int.

④ 因各方利益分歧，文本的进一步修订于 2006 年进入搁置期，至 2020 年 12 月第 32 次会议止，该草案没有进一步修正，也没有进入会议的议题中。但是，技术转让、许可、强制许可、专利权利的限制和例外等成为最近几次会议的主题，特别是技术转让等。具体会议主题等参见 https://www.wipo.int/meetings/en/topic.jsp?group_id=61&items=10.

主要内容有"定义"、"一般原则和例外"、"条约适用"、"专利权利人"、"专利一体性"、"观察资料：专利申请的补充和修正"、"专利的补充或修正"、"在先技术"、"不影响可专利性信息（宽限期）"、"可披露"、"权利主张"、"可获取专利的条件"、"拒绝理由"、"专利无效或撤回理由"、"评审"和"证据"等，其核心是第12条"可获取专利的条件"，提出了新颖性、创造性（非显而易见性）及工业实用性的具体标准。其一般原则是签约方运用有关侵权标准或要件时，在本条约及其实施细则中，其自由不应受到限制；例外是为保护根本的安全利益，任何签约方有采取它认为必要措施的自由。其重点内容为充分公开、宽限期、权利要求的结构、解释及拒绝或无效或撤销的条件等。

对于SPLT应在什么范围内允许缔约国保留各自的立法和实践，目前分歧较大；对发展中国家有利的如遗传资源和传统知识来源的公开、公共健康和特许资格标准的例外等问题，现草案未予讨论。总体上说，它有利于专利强国，受高标准的美、日、欧专利制度影响较深。现在各国分歧较大，距其通过还有很长距离。但如果该条约被通过，则对技术专利的实体价值和转让有一定的意义。

上述四个条约（包括草案）是专利协调制度中最为重要的部分，它们遵循的思路是从基础规范《巴黎公约》到程序规范（PCT、PLT）再到具体实体规范（SPLT），来建立和完善专利确权和保护的国际协调制度系统；这样的努力同时也在为专利技术的转让制度的国际协调作铺垫和提供参考，因为知识产权制度本身包括了生产（确权、保护）、流通和使用等各环节①，生产环节的完善，对流通和使用环节会产生积极影响，而且随着经济发展和技术在人类生活中的主导作用逐渐增强，技术转让和有效使用会引起人类更多的关注，其协调制度也会在已有成就的基础上日益完善起来。

（二）联合国体系下有关技术转让的国际法律文件

国际技术转让真正引起国际社会普遍关注始自联合国20世纪60、70年代的活动，随着五六十年代诸多殖民地国家政治上的独立，经济发展成为它们独立后的首要问题。由于历史原因，它们必须依赖外国资本和技术，于是制定各种政策吸引外资，技术转让是其重要内容，但并没成为专门问题，如对与资本一道进来的技术是否适合本国发展水平并为本国所需、专利技术是否有效、引进的技术是否先进等没有给予足够重视。随着时间的推移，外商投资范围的扩大和程度的加深，技术转让问题日益突出，重污染、高耗能技术不断转移到落后国家，技术受方支付高昂代价，承担过多义务，却未取得预期利益，于是发展中国家纷纷通过国内或区域立法来规范市场原则主导下的技术转让带来的弊端。② 至60年代末有关国家进一步要求在联合国框架内讨论技术发展问题，当时刚成立不久的贸发会无疑担当了更多职责；70年代至80年代中期联合国及其下的贸发会成为技术转让协调方面的主角，期间的各种宣言、决议、海洋法公约和环境方面条约载有技术转让的内容。

---

① 高卢麟，主编. 专利事务手册. 北京：专利文献出版社，1993：1.

② 当时安第斯国家集团、阿根廷、巴西和墨西哥等国内法或地区条约对技术转让已有立法规定；它们后来成为《守则》谈判的主要推动力量和参与者。Negotiation on International Code of Conduct//*Power and Ideas*: *North-south Politics of Intellectual Property and Antitrust*. Susan K. Sell: State University of New York Press, 1998: 81-86.

联合国或通过其专门性机构管理或制定的涉及技术转让实质内容的条约不多，但发表的宣言[①]及试图通过的条约不少。

1. 建立新国际经济秩序的法律性文件

联合国大会通过的《建立新的国际经济秩序宣言》明确指出，在现有的国际经济秩序下，技术进步带来的好处没有为国际大家庭的所有成员公平分享，南北国家间的鸿沟在该制度下会进一步加大。[②] 事实证明，由于发达国家一直在技术转让方面不合作，世界发展状况正如前文所述；发展中国家经济依然十分落后。为此，《建立新的国际经济秩序的行动纲领》规定了技术转让的内容，要求国际社会在发达国家和国际机构的协助下，继续对发展中国家扩大技术援助，并尽一切努力。

——制定一项符合发展中国家需要和条件的关于技术转让的国际行动守则；

——提供现代技术，并视情况使这种技术适应发展中国家的具体的经济、社会、生态条件以及不同的发展阶段；

——扩大发达国家对发展中国家在研究和发展计划以及在创立适用的本国技术方面的援助；

——使有关技术转让的商业惯例适应发展中国家的需要，并防止卖方权利的滥用；

——提倡对于自然资源一切能源的勘探和开发、养护和合理使用，在研究和发展方面进行国际合作。[③]

《各国经济权利和义务宪章》明确规定“国际合作以谋发展”是国际经济关系的基本原则之一；对科技进步，它作出如下规定，“各国有权分享科学技术进步和发展利益，以加速其经济和社会发展”[④]，“所有国家都应促进国际间的科学和技术合作和技术转让，要适当地照顾一切合法利益。特别是所有国家应促进发展中国家取得现代科技成果、转让技术以及为了发展中国家的利益而创造本国技术，其方式和程序要符合其经济和需要”，“所有国家都应在研究方面进行合作，以期进一步订定为国家间所接受的关于技术转让的准则或规章并充分考虑到发展中国家的利益”[⑤]。它还规定在促使增加的真实资源净额从所有各方流入发展中国家以加速发展中国家经济和社会发展过程中，发展援助资源的流动应包括经济和技术援助。[⑥]

这是联合国大会通过的文件中对国际技术转让较为详细的规定，它实质上就是让技术转让成为技术合作的基础和主干，并使其在合理的基础上进行，这对建立、完善国际技术转让法律协调制度有着积极意义。

---

① 宣言多数场合下表明一种态度或原则，往往对有关国家实质约束力不强。

② 《建立新的国际经济秩序宣言》，参见王铁崖，等，编. 国际法资料选编，769. GA Resolution 3201 (S-VI). Declaration on the Establishment of a New International Economic Order.

③ 《建立新的国际经济秩序的行动纲领》，参见王铁崖，等，编. 国际法资料选编，781－782. GA3202 (S. VI). Programme of Action on the Establishment of a New International Economic Order.

④ 发展中国家有学者依此推定“技术是人类共同财产”（米兰·布拉伊奇. 国家发展法原则. 陶德海，等，译. 北京：中国对外翻译出版公司，1989：中文版序言 viii－ix，304－313）。但 TRIPs 协议明确规定“知识产权是私权”，从国际立法的角度否定了这一观点，也部分地否定了这一规定，因为“私权”由权利人自由支配，尽管使用时可能会受到限制，但他仍可以根据自己的利益需求，将技术转给一部分人，而不转让给另外一部分人。

⑤ 《各国经济权利和义务宪章》第 13 条，参见王铁崖，等，编. 国际法资料选编，800.

⑥ 《各国经济权利和义务宪章》第 22 条，参见王铁崖，等，编. 国际法资料选编，803.

2. 联合国《海洋法公约》

1982 年 4 月 30 日通过的海洋法公约[①]涉及技术转让的主要条款约有 16 条[②]，分别从生物资源利用、海洋科学研究、海底区域开发活动中的技术转让及海洋技术的发展和转让等方面作出规定，以实现对海洋的合理开发、使用和海洋环境的保护、保全及生物资源的养护，目标是有助于建立公平公正的国际经济秩序，倡导海洋技术合作，促进和鼓励企业部和发展中国家根据公平合理的条款取得有关技术；其核心是对海洋大国的技术可通过海底管理局强制转让给发展中国家。

因深海采矿条文即第 11 部分和附件 3 所规定的“生产限制政策”、“强制性技术转让”，以及海底管理局企业部的平行开发等内容，违反了美国倡导的自由竞争原则及其经济利益[③]，遭到其反对，致使公约生效日推迟。80 年代末，美国要求修改相关内容并提出四点修改意见[④]，其中第 1 条就是取消强制性技术转让的规定。后于 90 年代前半期，在以美国为首的发达国家的主导和联合国秘书长的支持下，有关国家对公约中有关深海底采矿的条款举行了多次非正式磋商，联合国大会于 1994 年 7 月通过了《关于执行 1982 年 12 月 10 日〈联合国海洋法公约〉第 11 部分的协定》（以下简称“协定”），协定第 5 条“技术转让”规定[⑤]，除公约第 144 条的规定外，为第 11 部分的目的而进行的技术转让还应遵照下列原则：企业部和希望获得深海底采矿技术的发展中国家应设法按公平合理的商业条件，从公开市场或通过联合企业安排获取这种技术；若企业部或发展中国家无法获得深海底采矿技术，管理局可以请所有或任何承包者及其一个或多个担保国提供合作，以便利企业部或其联合企业，或希望取得深海底采矿技术的发展中国家按公平合理的商业条件，在与知识产权的有效保护相符的情况下取得这种技术[⑥]；作为一般规则，缔约国应促进有关各方在“区域”内活动中进行国际技术和科学合作，或通过制订海洋科学和技术及海洋环境的保护和保全方面的培训、技术援助和科学合作方案来促进这种合作。此外，公约附件 3 第 5 条的规定应不适用。[⑦]

上述修改基本否定了原公约的相关部分，其核心实际上就是取消强制技术许可，满足美国等海洋强国的利益要求。

3. 环境保护宣言、条约

人类对环境、技术转让和全球化的普遍关注几乎同步，都在 20 世纪 70 年代前后。1972 年 6 月 5—16 日[⑧]在斯德哥尔摩召开的人类环境大会，通过了《人类环境宣言》、《行

---

① 第三次联合国海洋法会议是国际法历史上也是联合国成立以来规模最大、时间最长、影响最广泛的国际立法实践。从 1973 年起，联合国正式召开第三次海洋法会议，十年间共开了 11 期 14 次会议，最后投票结果是 130 票赞成、4 票反对、17 票弃权。

② 分别是第 62、143～144，266～277 及附件 3 第 5 条。

③ 其他三条参见：高之国. 美国拒绝批准《联合国海洋法公约》的前因后果. 中国海洋报，1012 期. http://www.soa.gov.cn/news/200102/10123g.htm.

④ 其提出的另外三个修改意见是：删除限制生产的有关规定；修改国际海底管理局的表决程序；调整审查会议的相关规定。参见高之国文。

⑤ Yuwen Li. Transfer of Technology for Deep Sea-Bed Mining, The 1982 Law of the Sea Convention and Beyond. Martinus Nijhoff Publishers，1994：317.

⑥ 缔约国承诺为此目的与管理局充分而有效地合作，并确保它们所担保的承包者也与管理局充分合作。

⑦ http://www.gdgs.gov.cn/wto/wto1/d2bf/d2p407.htm.

⑧ 后来 6 月 5 日被定为“国际环境保护日”。

动守则》和《关于机构和资金安排的决定》。宣言是纲领性文件，分为两部分，其中第一部分宣布人类对环境问题的共识。由于技术的发展，人类对环境的影响不再被动，这种主动行为会带来积极与消极两种不同结果；为避免消极后果，人类必须在活动的同时遵循26项环境保护原则。原则18规定作为对经济和社会发展贡献一部分的科技必须用来识别、避免和控制环境风险及解决环境问题和满足人类共同利益的需要；原则20规定必须在各国尤其是发展中国家，推动国际国内解决环境问题的科学研发工作，为便于解决环境问题，必须支持和帮助最新信息的自由流动和经验的交流，应当让发展中国家易于得到环境技术并鼓励它们广为传播，避免它们在发展过程中背上沉重的经济包袱。① 两个原则的实质就是在环境技术方面，出于人类共同利益，技术生产国应当多奉献，但是在谈到尽义务时宣言用词是“should”而非“must”。这些原则奠定了后来诸多环境方面国际条约技术转让的基础。

环境保护方面第二个里程碑是1992年6月在里约热内卢召开的国际环境与发展会议，会上通过了《关于环境与发展的里约热内卢宣言》《21世纪议程》等文件，肯定和倡导可持续发展理念。《宣言》确定的27项环境与发展的原则中，第7、9、14项集中谈到技术转让问题。它们规定：各国负有“保存、保护和恢复地球生态系统的健康和完整”之共同但有差别的责任（发达国家应肩负起更多责任）；各国应合作通过科技知识的交流……加强技术的开发、更新、扩散和转让来强化内生的能力建设②；各国应有效合作来阻止或防止任何造成环境恶化或被发现有害人类健康的活动或物质（包括有害环境的技术）迁徙和转让到他国③，它为21世纪议程的“无害技术转让”做了铺垫。这说明技术转让是可持续发展的一条基本途径，为了环境和发展的协调，技术先进国有义务向技术落后国转让技术。

21世纪议程是具体落实里约宣言的文件，48次提到“技术转让”，其集中涉及技术转让的内容为第4篇第33章“财政资源和机制”、第34章“转让无害环境技术④，合作和能力建设”及第37章“促进发展中国家能力建设的国家机制和国际合作”等。由于发展中国家缺乏资金，即使它们获得技术，也无法发挥作用，因此在资金来源和分配、援助机制上要给予它们便利。在能力建设和技术转让关系方面，它提出无害环境技术转让的理念和转让要求：技术转让及其在受方消化、吸收及创新的结果依赖于受方国的能力建设水平，而受方国能力建设水平的提高又依赖于其能获得、改良的无害环境技术状况，所以两者相辅相成，互相依赖；二者关系的恰当处理可带来良性的互动循环效果，为可持续发展的基本途径。总之，无害技术转让、能力建设和资金支持之规定对后来的技术转让协调起到了

---

① Declaration of the United Nations Conference on the Human Environment，http://www. unep. org.

② Rio Declaration on Environment and Development，http://www. unep. org. 关于能力建设规定，参见《21世纪议程》第37.1条，http://www. unep. org.

③ Rio Declaration on Environment and Development，http://www. unep. org.

④ 无害环境技术是保护环境的技术，与其所取代的技术相较，污染较少、利用一切资源的方式比较持久、废料和产品的回收利用较多、处置剩余废料的方式比较能够被接受。就污染方面来说，无害环境技术是产生废料少或无废料、防止污染的“加工和生产技术”。处理所产生的污染的“管道终端”技术也包括在内。无害环境技术不是光指个别的技术，而是指包括实际知识、程序、产品和服务的整套系统、设备以及组织和管理程序；这就是说，在讨论技术转让时，技术选择的人力资源开发和地方能力建设方面，包括有关性别的方面，均需加以讨论。无害环境技术应与国家确定的社会、经济、文化和环境优先事项相符。

重要作用。

环境方面的第三个重要会议是2002年9月在约翰内斯堡召开的可持续发展世界峰会，会上通过的《可持续发展宣言》明确将技术转让作为全球化下永久消除贫穷的重要手段①，其内容也是2003年坎昆会议的重要议题②，它为WTO和联合国寻求到新时期的共同话题，并将二者紧密联系起来。

此外，2000年9月联合国通过的《千年宣言》"发展与消除贫穷"中强调，我们认识到内陆发展中国家的特殊需要和问题，并促请双边和多边捐助者增加对这组国家的财政和技术援助，以满足其特殊发展需要；"决心确保人人均可享受新技术，特别是信息和通信技术的好处"。在"满足非洲的特殊需要"中规定："采取特别措施来应付非洲消除贫穷和促进可持续发展的挑战，包括取消债务，改善市场准入条件，增加官方发展援助，增加外国直接投资的流入量以及转让技术"。在《2030年可持续发展议程》中规定，为了应对气候变化、实施议程提出的目标、合理利用海洋资源、真正实施和实现可持续发展、建立全球伙伴关系，技术转让和分享是必不可少的路径和方法。③

条约方面主要有《联合国气候变化框架公约》（下称《框架公约》）、《京都议定书》、《巴黎协议》、《植物新品种保护国际条约》、《维也纳臭氧层保护公约》、《关于破坏臭氧层物质的蒙特利尔议定书》、《危险废物的越境转移控制及其处置巴塞尔公约》、《生物多样性公约》及其《卡塔赫纳生物安全议定书》、《关于汞的水俣公约》（《水俣公约》④）等约18个，其中每个条约或议定书均涉及技术转让问题，核心仍是出于环境保护的需要，发达国家在技术转让和资金支持等方面应当给予发展中国家以必要的帮助。

以气候变化为例，由于全球近地面温度一直处于上升状态，已经对地球的生态环境和社会经济系统造成了重大影响。为应对温室气体排放导致的全球气候变化问题，1992年国际社会通过了《框架公约》，为国际社会应对气候变化的合作和谈判提供了法律基础和框架。尤其值得注意的是，《框架公约》规定"发达国家缔约方应采取一切可行的步骤来适当促进、便利和资助向其他缔约方特别是发展中国家缔约方转让或使它们得到无害环境技术和专有技术，以使它们能够履行本公约的各项规定；有能力这么做的其他缔约方和组织也可协助便利这类技术的转让"⑤，也就是说，无害环境技术转让构成全球共同应对气候变化的有效措施之一，已经被规定为发达国家的一项法律义务。此外，《框架公约》还规定，从1995年起每年举行一次缔约方大会，以评估全球应对气候变化的最新进展。此后，在西方发达国家的推动下，1997年《京都议定书》获得通过。《京都协议书》对工业化国家温室气体排放限额进行量化的同时，也强调了发达国家向发展中国家转让环境友好技

---

① The Johannesburg Declaration on Sustainable Development，4 Sept. 2002. http://www.unep.org/wssd/.

② Supachai，Opening Session of Sustainable Trade Day，September 9th，2003. http://www.wto.org.

③ Paras. 32，41，70 and "Sustainable! Development! Goals" of Transforming our World：The 2030 Agenda for Sustainable Development (2015).

④ 英文名 Minamata Convention on Mercury；它以水俣命名，是受1956年发生在日本熊本市水俣镇汞中毒现象的影响，意在纪念该次汞污染事件及其带来的可怕后果，警醒各方对汞污染问题予以重视。会议期间，各国代表还前往水俣市参加了"水俣病事件"的纪念活动。至2019年7月18日，该公约共有128个国家签字，110个成员。Parties and Signatories，http://www.mercuryconvention.org/Countries/tabid/3428/Default.aspx.

⑤ United Nations Framework Convention on Climate Change，http://unfccc.de/resource/.

术。其中，《京都协议书》第10条C项规定所有缔约方应“合作促进有效方式用以开发、应用和传播与气候变化有关的有益于环境的技术、专有技术、做法和过程，并采取一切实际步骤促进、便利和酌情资助将此类技术、专有技术、做法和过程特别转让给发展中国家或使它们有机会获得，包括制订政策和方案，以便利有效转让公有或公共支配的有益于环境的技术，并为私有部门创造有利环境以促进和增进转让和获得有益于环境的技术”①。同时，为了确保发展中国家获得环境友好技术以促进其进行温室气体减排，《京都议定书》还创设“清洁发展机制”，该机制目标的背后，意在鼓励发展中国家通过该机制与发达国家合作，充分利用世界上已有的环境友好技术，实现可持续发展之路。② 因此，在《京都议定书》中，技术转让尤其是环境友好技术的转让，被视为发展中国家实现绿色发展的可靠路径。由于没有制定合理、有效的国际技术转让制度且缺乏实际有效的监督机制，《京都议定书》之后的环境友好技术转让路径并不通畅，由此导致国际环境保护并没有朝着预期的目标前进，因此如何促进环境友好技术转让尤其是促使私人部门在环境友好技术转让等方面发挥积极作用，成为之后历次会议探讨的议题。

在《框架公约》和《京都议定书》后，人类历史上为应对气候变化谈判而产生的第三个里程碑式的国际法律文本——《巴黎协议》签署，开始正式对2020年后全球气候治理作了制度性安排。其中，《巴黎协议》第10条是关于技术转让的部分，对技术开发和转让的合作、技术框架的设立、通过资金机制促进技术开发和转让予以规定。③ 与以往的国际法律文件类似，《巴黎协议》再次强调了技术转让与开发，尤其是发展中国家与发达国家之间的合作。此外，《巴黎协议》还首次将技术转让与资金相联系，并建立一套技术框架为强化技术机制在促进和便利技术开发和转让方面提供总体指导。

2013年通过的《水俣公约》突出了技术分享的地位。它含有资金机制、技术转让和技术援助等条款④；这些条款以“技术转让”为核心，突出了技术转让及相关信息分享等在共同防治汞污染方面的地位和作用。除了在定义中对“最佳可得技术”进行了定义和前文提及条款外，公约对技术转让和信息分享，在前言、第4条第7段、第5条第8段、第7条第4款、第8条第4～5段、第13条第3段、第17条、第18条、第19条和第22条（效果评估）等中均有规定。也就是说，在实体性的22个条款中，有10个条款涉及技术转让，这在目前有关环境保护的条约中是极为罕见的。原因可能是：各国意识到，同气候变化一样，控制污染或减排效果不佳的原因有多种，其中最根本的原因之一是：没有做到环境友好技术的国际转让和分享，没能充分发挥出该类技术的效能。而且，没有发达国家的技术转让和资金援助，要发展中国家实施有效的国内汞污染治理进而促进全球汞污染的有效治理是不可能的。⑤ 中国代表——环保部总工程师万本太在《水俣公约》外交代表会

---

① Article 10 of Kyoto Protocol，https://unfccc.int/resource/docs/convkp/kpeng.pdf.

② 即Clean Development Mechanism，促使发达国家和发展中国家共同减排温室气体。通过CDM，发展中国家从中获得技术和资金。Article 12 of Kyoto Protocol，http://unfccc.de/resource/.

③ Article 10 of Paris Agreement，https://unfccc.int/sites/default/files/english_paris_agreement.pdf.

④ Articles 13，14 and 21 of Minamata Convention on Mercury (2013).

⑤ 有关该条约涉及的技术转移不足等的具体分析，参见马忠法.《关于汞的水俣公约》与中国汞污染防治法律制度的完善.复旦学报（社会科学版），2015（2）。

议上的呼吁可以说是这种情况的反映：发达国家为发展中国家积极提供资金和技术支援，支持后者做好前期履约准备工作，以推动各国批约，同时应在今后履约中继续为后者提供资金技术援助，以帮助广大发展中国家切实实现公约目标。[①] 当然，无偿的"技术援助"可能有点理想，我们认为可行的还是通过公平商业条件下的技术转让来帮助发展中国家共同履行减少或消除汞排放的行为。

从上述介绍中不难看出，日益严重的环境问题迫使国际社会不得不共同面对并通过法律手段加以解决，而技术转让作为促进气候改善和可持续发展的有效解决方案，始终得到环境类条约或法律文件的关注并加以规定。

4.《联合国国际技术转让行动守则》(草案)[②]

技术转让新规则的国际创立活动始于 1961 年联大通过的一项决议[③]，但其最早以文件名义出现在联大文件上是 1970 年的《工业技术之转让包括专有技术及专利权》[④]，此后，在联大的文件中经常涉及技术转让。其产生的根源主要是发展中国家在原有的国际知识产权体制下短期内无法改变技术转让方面诸多的不公平规定，它们开始寻找新的机制或谈判场所来讨论技术转让问题，1964 年成立的联合国下辖的贸发会成为它们的首选；而且它们认为技术转让如此复杂以致只有政府的干预才是阻止滥用、平衡技术转让谈判双方力量、进一步促进发展和实现出口目标的最佳出路。于是不少发展中国家纷纷制定国内法，对国际技术转让进行监管，取得了一定的成效；但各国规定差别很大，由此又带来了一定的消极作用。巴西、墨西哥等几个影响较大的发展中国家认为，只有在国际层面通过联合国达成一致的技术转让行动守则，才能彻底改变技术转让的国际模式[⑤]，收到较好的效果。这样，政府间的谈判就摆到了议事日程上。

在进行了一段时间准备后，1976 年贸发会第四届会议报告第 13 段明确提出其内部设立的政府间专家小组尽早制定出守则，计划于 1978 年年初在其主办下召开由各国参加的联合国会议就草案进行谈判，最终通过含有技术转让国际行动守则内容的最后文件，包括行动守则的法律性质。[⑥] 随后的 1977 年联大会议决定在 1978 年 10 月 16 至 11 月 10 日召开会议，通过谈判制定国际技术转让行动守则，并对出席会议的人员做了详细安排[⑦]；1978 年 10—11 月，经过谈判南北分歧较大，未能达成一致意见，但取得了一定的进展；后来一直持续到 1985 年，因双方在一些重大问题方面的根本分歧，经多次会议形成未有定论的 1985 年文本。至 1995 年，虽然贸发会组织会议及专家也在继续不断讨论，但一直未有突破，结合美国试图在关税与贸易总协定（GATT）框架下将知识产权纳入谈判范围之内，与之相关的技术转让也就脱离了贸发会预定的轨迹。

从 1985 年文本来看，它综合了发达国家和发展中国家两个版本的内容，但多体现了

---

① 中国代表团出席《关于汞的水俣公约》外交全权代表大会并签署公约. 中国环境报，2013－10－14.

② Draft International Code of Conduct on the Transfer of Technology 1985 Version；国内有相关中文译本。

③ 王铁崖. 国际法资料选编. 北京：法律出版社，1982：306.

④ A/Res2726（XXV).

⑤ Debra L. Miller and Joel Davidow. Antitrust at the United Nations：A Tale of Two Codese//Surendra J. Patel，Pedro Roffe，Abdulqawi Yusuf（ed.). International Technology Transfer. Kluwer Law International，2001：88－89.

⑥ A/RES/31/159.

⑦ A/RES/32/188.

发展中国家的要求。它除序言外共有九章，即“定义和适用范围”、“目标和原则”、“技术转让交易的国内法规定”、“限制性商业惯例”、“当事人责任和义务”、“发展中国家的特殊待遇”、“国际合作”、“国际制度机制”及“法律适用和争端解决”，下文分述之。

（1）序言。

序言部分，此前的发达国家方案一直认为守则是个“指导准则”，强调私人行为的“意思自治”原则，使用“鼓励”技术转让等无法律约束力的字眼，并且其草案的最后一部分“指导准则的性质”明确表示“准则是自发的、不受法律的约束”，“参加技术转让协议的任何一方都应该遵守双方一致同意的协议”①，实际上其整个草案也贯穿着这一思想。发展中国家在其草案序言中用较长篇幅介绍草案依据的国际法背景②，强调守则的制定是各国履行国际义务的行为，守则应当是“具有国际性法律约束力”的文件，“普遍适用于所有国家的国情并呼吁所有国家保证它们的企业（私营、国营）在涉及技术转让的所有交易中遵守守则的全部条文规定”，这一观点也贯穿于其整个草案之中。1985 年文本综合了两个草案双方共识的部分，即强调技术转让的重要性、对发展中国家的特别待遇及它是“一个有助于为推动依当事人间相互协议和对各方都有利的条件进行国际技术转让创造条件”的行动守则，但对其法律性质仍无定论。

定义的“当事人”部分与适用范围密切相关，发达国家草案中明确界定国际技术转让涉及“技术供方”和“技术需方”，前者为技术出口方，后者为技术进口方，亦即只有技术进出口才适用该守则；而发展中国家认为技术转让涉及的技术交易“可能同建立和经营完全独立跨国公司或外国企业的子公司或分公司有关，也可能同建立和经营具有各种不同的外国所有权的合资经营企业有关”，意在扩大守则适用的范围，即不论是否为进出口，只要与跨国公司的子公司、分公司甚至其控股的合营企业进行技术交易都为守则调整。1985 年文本规定的当事人倾向于发展中国家的观点，即“当事人”系指任何公法或私法意义上的自然人或法人、个人或集体，如股份有限公司、有限公司和其他公司，合伙及其他组织，或由它们组成的任何联合，不论它们是由国家、政府机构、法人或个人建立、所有或控制，不论它们在何处经营；以及从事通常视为商业性质的国际技术转让的交易的国家、政府机构、国际组织、区域性及其他地区组织。“当事人”一词除包括上述实体外，还包括公司的分公司、子公司和附属公司、合营企业或其他法律实体，不论它们之间的经济关系和其他关系如何；“受方”系指在一项技术转让中获得使用或利用的许可，购买或者以其他方式获得一项财产或非财产性质的技术，以及或者与此相关的权利的当事人；“供方”系指在一项技术转让中许可、出售、转让或以其他方式提供一项财产或非财产的技术以及或者与此相关的权利的当事人。

守则中的技术转让系指制造某产品、应用某种制作方法或提供某项服务的系统知识的转让，仅涉及货物销售或租赁的交易不在此列。技术转让交易系指当事人之间有关转让技

---

① 《B组专家提交的草案文本》，参见周子亚，主编. 国际法与技术转让. 上海：上海翻译出版公司，1987：18-29.

② 77 国集团提交的草案序言共有 19 项内容，其中第 10、11、12、14、15、16、17、18、19 项提到的都是国际会议的决议或观点，第 13 项提到的是联合国科技应用咨询委员会的声明；列举这么多无非欲表明守则应具有的“国际法性质”，是各国的义务。《关于编制国际性技术转让行动守则的修正草案大纲》，参见周子亚，主编. 国际法与技术转让. 上海：上海翻译出版公司，1987：30-32.

术的安排，包括：一切形式的含有技术转让的工业产权的让与、出售和许可，提供以可行性报告、计划书、模型、说明书、指南、配方、基本或具体的工程设计、技术规范和培训设备、咨询和管理人员的服务及员工培训等形式的专有技术和技术专业知识，提供工厂、设备的安装、操作及运行和交钥匙工程所必需的技术知识；提供获取、安装及使用已经以购买、租赁或其他方式取得的机器、设备、中间产品和/或原材料所必需的技术知识；提供产业与技术合作协议的技术内容。

序言是南北双方分歧的根本所在，但对明确表述的技术转让客体，双方无异议。

(2) 目标和原则。

目标和原则方面，双方分歧不大，区别在于发达国家强调各国的技术转让法应在现有的国际法框架下制定且要公开、透明，技术转让的前提是双方合意且是为了帮助技术需方国，故需方国修改法律时要考虑“负有合同性和其他法律义务的供需双方企业的现有权利”，要应用适当的法律制度来保护工业产权。发展中国家的观点是守则目标要特别考虑发展中国家的需要，转让的“费用和条件”对发展中国家来说应是公正合理的，要通过技术转让利于所有国家特别是发展中国家的科技力量的发展，其原则围绕这些目标，要求守则能对技术转让行为进行协调，消除限制性行为，鉴于发展中国家企业的弱势地位要建立一套合适的保证程序制度，规定最低限度的国际标准方式来促进技术转让的国家法规和政策的执行，及促进技术需方的技术发展。

1985 年文本基本上反映了南方国家草案的要求，表明发达国家在原则和弹性内容方面的可能让步。其目标有：制定普遍公平的标准，作为技术转让交易当事人间及有关各国政府间关系的基础并考虑到它们的合法利益及对发展中国家特殊需要给予应有的承认；促进当事人间及其政府间彼此信任；鼓励交易各方当事人不滥用优势地位，在谈判地位均等的条件下进行技术转让；便利和增进技术信息国际流动；便利和促进财产及非财产性技术的国际流动，以加强一切国家，尤其是发展中国家的科学技术力量的稳定增长，增加它们在世界生产和贸易中的参与；增进技术对识别和解决一切国家，尤其是发展中国家中社会经济问题的作用；通过制定国际准则，便利国内有关技术转让的政策、法律和法规的制定、通过及执行；促进涉及技术转让各种不同因素，如就技术交易进行技术、机构和财务上的评估分项工作做出充分安排，以避免作出不适当或不必要的一揽子交易；具体规定转让当事人应避免的限制性惯例；考虑到转让当事人的合法利益及谈判地位的差异，列出它们应承担的适当责任和义务。

为实现上述目标，1985 年文本原则有：守则普遍适用于技术转让领域；在考虑鼓励相互一致、公平合理的前提和条件下的技术转让时，各国有权以符合国际义务的方式为便利规范技术转让采取一切适当措施；便利和规范技术转让时应承认国家主权、政治独立及主权平等原则；为推动经济增长，各国应当就国际技术转让进行合作，在技术转让中应按守则有关规定给发展中国家以特殊待遇；技术转让当事人的独立责任与非作为当事人的政府的责任应明确区分；技术供方和受方的共同利益应不断增长，以维持和促进国际技术流通；便利和增进在相互一致、公平合理条款下获取技术，特别对发展中国家而言，是技术转让和发展过程中的根本要素；承诺对国内法授予的工业产权给予保护；技术供方在技术受让国从事经营活动时，应尊重该国主权和法律，按该国声明的发展政策和优先项目适当经营，并努力对受让国的发展作出实质性贡献，双方当事人谈判、签订和履行技术转让协议的自由应基于对上述原则及对守则规定的其他原则的尊重。

上述目标和原则被反映到 TRIPs 协议的第 7、8 条及多哈宣言和有关环境保护条约中，说明双方在该方面的共识。

（3）国内法规与限制性条款。

第 3 章是关于技术转让交易的国内法规。规定各国在通过技术转让方面的法律、法规、规定和政策以及依形势变迁而对其进行必要的修改时，有权采取有下列因素的适当措施，即承认技术流通与许可和接受此流通的条件之间的密切关系，为国际技术转让促成一个优惠有利的环境，公平考虑所有当事人的合法利益，鼓励和便利技术转让在合意、公平合理并考虑到本守则原则和目标的条件下进行，考虑到决定交易特点的不同因素，如当地条件、技术的性质和从事交易的范围与各该国的国际义务相一致等；同时相关法规应当透明、公开、易得，并得到公平执行，强调对知识产权的保护；它还详细规定涉及技术转让的财政（外汇汇入和汇出的货币规定、国内信贷条件和融资便利条件、可转让的支付、税收待遇和价格政策）、重新谈判（技术转让条款客观标准的再谈判）、技术（技术转让交易及支付各部分的技术规范和标准、有助于当事人谈判的对技术转让交易的分析和估价、当地和进口部件的使用）、组织形式和机制（技术转让交易的估价、谈判及登记，条款和期限，国内受让企业的所有权和/或控制权的丧失，对可能将国内企业挤出国内市场的涉外合作协定和协议的规定，确定外国企业的活动范围并在此范围内选择从事技术转让的途径、机制和组织形式以及规定技术转让交易的事前批准和随后批准及登记，确定对不遵守国内有关技术转让法律规章和行政决定的交易的法律后果，制定或加强旨在执行和适用行为守则及国内有关技术转让法律规章和政策的行政措施，开通技术转让领域情报和经验的国际交流的适当渠道）等方面所采取的措施。

上述诸多措施在 WTO 框架下的有关协议和多哈会议及其后续的文件中有不同程度的体现。

第 4 章限制性条款，主要涉及公平竞争行为。限制性条款，南北双方的草案中原先均有，不过发达国家列举了 8 种情况，而发展中国家列出了 40 种。双方就此基本同意以下内容：限制竞争（不许进行与转让技术相同的研发或从他处取得类似技术）、限制受方将产品包销权给予供方或其指定人、要求受方支付过期技术使用费、限制受方质疑技术合法性、供方对受方技术产品销售的其他限制、搭售条款、对受方使用人员的限制、限制受方以适当条件对转让技术的改进、限制受方进行广告宣传的自由、单方面回授条款、限制受让方技术产品出口的条款等。但发达国家认为上述条款只有在不公平、不合理和不适当时才能禁止。草案中后来写进了 14 项内容①，但双方分歧仍然很大。

对以何标准来衡量技术转让中的限制竞争行为是南北双方在本章争议的本质之所在，本章标题有三个：“技术转让惯例和安排的管制”、“限制性商业惯例”及“排除政治性歧视和限制性商业惯例”，它说明各方对此章内容的理解存在着重大分歧。发展中国家倾向于设立较宽范围，认为不论有关行为是否会涉及反垄断问题，只要对发展中国家的经济、社会发展

① 详细内容可参见《联合国国际技术转让行动守则》（草案）1985 年文本第四章第二节。

产生不利影响，就应当禁止，这种模式被称为“以发展为标准的判断模式”[①]，建立在“公平互利”的原则上；而发达国家认为只有当有关行为对正常的竞争机制产生妨碍时才应当禁止，它被称为“以竞争为标准的判断模式”[②]，它潜在的规则就是“平等”竞争。在方式上，发展中国家主张明确列举出限制性行为，发达国家认为对限制性竞争行为在“合理分析”原则上采取概括式，只有它们对竞争产生限制作用才可禁止，采取个案分析。在争执十多年后，TRIPs 协议为这一章画上了句号，即第 2、7、8 和 40 条的规定，从内容到形式，基本上采纳了发达国家的观点，即以竞争为判断限制行为的标准[③]，尽管第 40 条列举了独占性返授条件、禁止对知识产权有效性提出质疑及强迫性一揽子许可，但更多地取决于个案处理。

(4) 对发展中国家的特别规定。

第 6 章是对发展中国家的特别规定，内容有：便利发展中国家取得包括技术的效用、描述及尽可能的相应成本等有效技术信息；使发展中国家自由充分地获得不由私人决定的技术；在可行范围内，增进发展中国家获得经私人决定的技术；协助并与发展中国家合作，通过尽可能为其获得科学及产业研究的有效资料提供便利，来评估和修改现有技术，提高技术水平；合作开发发展中国家科学技术资源，包括建立和提高创新能力；通过创立和援建实验室、试验设施和培训及研究机构，帮助发展中国家强化技术能力，特别是国民经济基础领域内的技术力量；合作建立或强化国家、地区和/或国际机构，包括技术转让中心，以帮助发展中国家形成和获得为建立、发展和增强其技术能力，包括工厂的设计、建造及运行所需要的技术和技能；鼓励对研发、工程和设计内容进行修改，以适合发展中国家国情；合作采取措施，在双边和多边特定的经济和其他发展项目中进一步利用发展中国家人员和机构的管理、工程、设计和技术经验及鼓励培训相关人员。发达国家政府在协助推动向发展中国家，尤其是最不发达国家转让技术时，直接地或通过合适的国际组织，应当考虑来自发展中国家的特定要求，如提供专家，制定和实施旨在便利技术转让的法律规章，对发展中国家发展和修改适合其特殊需要的新技术及现有技术的计划提供支持，为发展中国家技术转让时提供优惠条件如信贷等，在避免制定有健康、安全和环境危险的技术法律规章时提供帮助等。发达国家政府还应当依照国内政策、法规采取措施，鼓励并尽力推动本国企业和组织，单独地或与发展中国家（尤其是最不发达国家）企业和组织合作，带动本地企业的开发和能力生成，开发当地所需技术；同时对发展中国家实时开发适合自己的新技术时给予特别待遇。

该章内容后来反映在 TRIPs 协议的第 66、67 条，多哈宣言第 6、21、22、37～44 段及其后续文件如《TRIPs 协议与公共健康宣言》、2003 年 2 月 TRIPs 理事会和 8 月总理事会的两个决议中。

(5) 其他内容。

1985 年文本的其他内容为第 5 章主要涉及技术转让有关当事人间的约定和签约谈

---

① 该标准有时被曲解成“第三世界国家专门用来直接对抗外国人”。Peter Nanyenya-Takirambudde. Technology Transfer and International Law. New York：Praeger Publishers，1980：119-122.

② Negotiation on International Code of Conduct//Power and Ideas：North-south Politics of Intellectual Property and Antitrust. Susan K. Sell：State University of New York Press，1998：91-94.

③ 刘剑文，主编. TRIPs 视野下的中国知识产权制度研究. 北京：人民出版社，2003：379-380.

判等程序事宜；第 7 章国际合作是非实质性的内容，涉及的主要是弹性义务，对信息交流、推动技术转让及其积极效果的发挥等；第 8 章内容涉及国际制度机构，对其主要职能和程序进行了规定，主要是作为一个谈判和信息交流的平台。它的一些功能对今天的世界贸易组织设立的贸易与技术转让工作组（WGTTT）起到了很好的参考作用；第 9 章法律适用和争端解决，由于分歧较大，1985 年文本没有给出，只是提议参考有关文本。在实践中，技术转让方面的问题主要还是依当事人意思自治原则或国际私法上其他冲突法规则来解决。

WTO 框架下的协议对技术转让（不同于货物、服务等私人交易很强的贸易）、竞争政策等有所规定，而法律适用和争端解决可否纳入 WTO 的争端解决机制中值得探讨。

由于数量庞大、利益一致的发展中国家在贸发会主导下的立法活动中占据主动，尽管巴西等国认为 1985 年文本让步太大①，但它还是多体现了南方国家的意志，即以促进发展为核心，而这与发达国家的“激励与竞争政策”相悖，结果便是发达国家另觅出路，使文本未能通过。最终南方国家形式上的短暂胜利被无果的失败所取代，体现发达国家意志、作为 WTO 一揽子协议的一部分的 TRIPs 协议被成员方所接受，标志着发达国家在技术转让领域的较量中取得了阶段性实质胜利。

5.《联合国跨国公司行动守则》（草案）②

跨国公司在技术转让方面的统治和霸主地位已成共识，故联合国于 20 世纪 70 年代初期决定制定。《联合国跨国公司行动守则》（TNC 守则）时，技术转让无疑成为其重要的内容。其中将技术转让专门作为一个标题进行规定，规定：“（1）跨国公司应遵守经营所在地国的技术转让法规，应与这些国家的主管机关合作就国际技术转让对其经济的影响进行评估，并就可能有助于这些国家，特别是发展中国家获得经济和社会发展的各种技术选择与上述主管机关进行磋商。（2）跨国公司进行技术转让交易应遵照《一套多边协议的控制限制性商业措施的公平原则和规则》所确定的标准，避免对国际技术流通造成不利影响或在其他方面阻碍各国，特别是发展中国家经济、技术发展。（3）跨国公司应按照发展中国家既定的科技政策和优先安排，帮助这些国家增强科学技术能力。跨国公司应致力于发展中国家的基础研究和开发活动并在此过程中充分利用当地的资源和人力。”除此之外，TNC 守则还规定：跨国公司应当尊重东道国国家主权，遵守国内法律、法规和行政惯例，内容包括尊重东道国的国家主权和其对自然财富和资源行使永久主权的权利，跨国公司的机构单位应受东道国的法律、法规和确立的行政惯例的约束；跨国公司活动应坚持经济目标，奉行发展的目的、政策和优先内容，其经营活动应符合东道国政府制定的发展方针、目标和优先考虑事项，并为实现这些目标做出实质性的贡献。跨国公司应与经营所在地国政府合作以有助于发展进程，并且应当响应这方面的咨询请求，从而与经营所在地国建立

① 巴西是 77 国集团的领导者之一，在守则谈判中居于十分重要的地位；因不满 1985 年文本与其国内立法的差距，特别是有关限制性条款方面，它后期不再积极参与谈判，这也是影响守则谈判最终结果的一个重要因素。Negotiation on International Code of Conduct//Power and Ideas：North-south Politics of Intellectual Property and Antitrust. Susan K. Sell：State University of New York Press，1998：79－106.

② The Draft United Nations Code of Conduct on Transnational Corporations（1983 and 1990 versions）and The OECD Guidelines for Multinational Enterprises，http://attac.org/fra/libe/doc/unctad.htm.

互利的关系等。由于发达国家与发展中国家在跨国公司的待遇、国有化和补偿、技术转让、国际法的适用等问题上分歧较大，最终这个草案也未能获得通过。2011年经济合作发展组织（OECD）发布《OECD多国公司指南》，其中提到了跨国公司在过去对全球技术转让和分享做出的贡献；并要求跨国公司在其业务活动过程中，在适当考虑保护知识产权的情况下，在可行的情况下采取允许技术和专有技术转让和快速扩散的做法；在授予知识产权使用许可证或以其他方式转让技术时，应以有助于东道国长期可持续发展前景的合理条款和条件进行。[①] 但现实中，技术转让与这一文件所规定的要求还有较大距离。

环境保护方面，跨国公司从事经营活动，应遵守经营所在国有关环境保护的国内法律、法规、行政惯例和政策，并对相应的国际标准给予应有的考虑。跨国公司在从事经营活动中，应采取步骤保护环境以及恢复遭到破坏的环境，并应为此目的努力开发、应用合适的技术；跨国公司应在任何国家就其引进或意图引进的产品、制作过程和服务，按照该国主管机关确定的细节，依请求或定期地向上述机关提供一切有关情报，包括可能损害环境的产品、制作过程和其他活动，包括试用及有关方面等的特点，以及为避免或至少减轻损害所必需的措施和费用，其他国家为保护环境而就这些产品、制作过程和服务所施行的禁令、限制、警告及其他公共管制措施；跨国公司应当响应所在国政府的请求，适时准备与国际组织合作，努力发展和提高旨在保护环境的国内国际标准。消费者保护方面，跨国公司有义务为消费者健康提供保证，其中包括有关产品的技术知识等；它应遵守经营所在地国有关消费者保护的国内法律、法规、行政惯例和政策。跨国公司还应在完成其活动时对有关的国际标准给予应有的考虑，以免损害消费者健康，危及消费者安全，或造成各个市场中产品质量的差异并给消费者带来不利后果，还应使用合适的标签和具有丰富与准确的信息内容的广告或其他合适的方法，向经营所在地国家的公众公开有关产品成分的一切知识，以及尽其所知在有关国家生产或推销那些产品的可能危害后果。跨国公司产品的包装应当安全可靠，产品的内容不得有虚假不实的情况。

此外，跨国公司应当对经营所在地国家国民的管理和技术知识的培训提供帮助，并为他们受雇于不论哪个营业单位或公司的各层次的管理职位时提供方便。

1983年版本和1990年版本涉及技术转让的内容，几乎一致，无本质变化。TNC守则未获通过，不具有法律约束力。上述规定只涉及原则性内容，也许有助于技术受方获得符合经济和社会发展目标的各种技术，或一定程度上消除技术转让的不利影响，但这种作用很小，它们的执行很大程度上取决于跨国公司的自觉行为。

（三）世界贸易组织管辖下有关技术转让的协议或规定

WTO建立的规则体系是经济全球化下的必然产物，它是现今国际经济、贸易发展基础性法律文件。知识产权、公平竞争政策进入这个体系后，技术转让成为其必不可少的内容，但这方面的规定分散于各条约或协议中，其中以TRIPs协议为代表。

1.《与贸易有关的知识产权协议》（TRIPs协议）

TRIPs协议通过第2、9条将巴黎公约和伯尔尼公约的实体约定纳入自己的体系中，它们涉及的技术转让规定不再重复。但在确权保护方面，TRIPs协议较巴黎公约扩大了保

---

① OECD Guidelines for Multinational Enterprises 2011 EDITION，www.oecd.org/daf/inv/mne/48004323.pdf.

护范围，几乎包括了所有技术领域（如药品、农业化学物质、植物新品种等），同时对保护期限做了明确最低要求之规定；强制许可也变得更为苛刻。这些不同点是研究技术转让时不可忽视的。

TRIPs 协议的技术转让的核心内容集中于序言与第 7、8、31、40、66.2 和 67 等条款。TRIPs 协议将知识产权保护推向了一个较高的保护水平。序言中点明各国认识到为使最不发达国家能够形成合理可行的技术基础，它们在法律法规的国内执行中有最大灵活性的特殊需要。第 7、8 条对技术转让的规定意味深长。第 7 条在规定协议的目的时强调："知识产权的保护和执行应当有益于技术创新的促进、技术的转让与传播及技术知识的生产者和使用者的共同利益，进而有助于社会和经济福利以及权利和义务间的平衡"①；第 8 条谈到原则时规定"在与本协议规定相一致的情况下，成员方在制定和修改其国内法律法规时可以采取必要的措施来保护其公共健康和营养，并促进社会经济和技术发展非常重要的领域的公共利益；在与本协议规定相一致的情况下，成员方可以根据需要采取适当的措施禁止权利人对其知识产权的滥用或不合理限制贸易或对国际技术转让产生消极影响的习惯性做法"②。第 31 条规定了强制许可。第 40 条规定了"在协议许可中对反竞争惯例的控制"，内容有：成员方一致认为某些限制竞争、与知识产权有关的许可惯例或条件可能会对贸易产生负面影响，并可能阻止技术转让和扩散；协议允许成员方在立法中具体规定特定情况下对相关市场竞争产生消极影响、可能构成的滥用知识产权的许可惯例和条件；对此，成员方在遵守协议其他规定前提下，可以采取适当措施阻止或控制类似惯例，它们可能包括独占性返授条件、禁止对知识产权有效性提出质疑及强迫性一揽子许可等。第 66.2 款规定发达成员方应提供激励机制以促进和鼓励其域内的企业和机构向最不发达成员方转让技术以使它们能够形成合理、可行的技术基础。这一款与第 67 条本质上是技术转让守则精神的延续，它规定了技术合作，为了便于实施 TRIPs 协议，发达成员方根据请求和相互同意的条款提供有利于发展中和最不发达成员方的技术、金融合作，该合作包括保护和执行知识产权及禁止滥用法律法规准备方面的援助，支持相关域内机关或代理机构的建立和强化，包括人员培训。

TRIPs 协议建立的初衷就是为了终结在 WIPO 领导、主持下，OECD 国家认为不能充分有效保护知识产权的全球知识产权管理体系，它启动了分享管理能力的新时期。③ 但上述内容与守则的相关规定有着密切联系，有的直接源于守则，如第 7、8、40 条的目标和原则中的技术转让和传播要求、权利不得滥用、共同利益和权利平衡及促进社会发展等反映了守则的内容④；第 66.2 款和第 67 条可在守则中直接找到影子。这些说明它与守则间的继承、吸收或发展的关系。

基于 WTO 的多数成员承认许多发展中国家所面临公共健康问题的严重性，2001 年在

① Article 7 of TRIPs.

② Article 8 of TRIPs.

③ Frederick M. Abbott. The WTO TRIPs Agreement and Global Economic Development//Jane Kelsey (ed.). International Economic Regulation. Dartmouth Publishing Company Ashgate Publishing Ltd., 2002: 305-306.

④ Integrating Intellectual Property Rights and Development Policy, Report of the Commission on Intellectual Property Rights, London, September 2002: 23. http://www.iprcommission.org/graphic/documents/final_report.htm.

多哈召开的 WTO 部长级会议通过了《关于知识产权协议与公共健康的宣言》，强调需要将 TRIPs 协议的相应修改作为国际社会解决公共健康问题举措中的一部分，要求就强制许可进行补充和修正。依照该宣言的要求，世界贸易组织总理事会于 2003 年通过了落实多哈宣言的决议，并在 2005 年于香港召开 WTO 部长级会议之前通过了对 TRIPs 协议的相应修改方案。经过谈判，2003 年 8 月 30 日，WTO 全体成员就发生公共健康危机时，发展中国家和最不发达国家可对专利药品实行强制许可达成共识，作为临时性措施实施。2005 年 12 月 6 日通过将该修正纳入 TRIPs 协议的决定，其核心是在满足一定条件（如出口成员所承担的“使用的强制许可授权应主要为供应授权此种使用的成员的国内市场”义务不适用于其为生产药品和按照规定的条件向合格进口成员出口所需的强制许可；支付合理的费用；为增强药品的购买力并促进药品的本地生产，强制许可生产的一定药品可以适用于特定的区域内等①）后，发展中成员和最不发达成员可以对有关药品技术采取强制许可，以帮助它们解决公共健康问题。在世贸组织 2/3 的成员批准这项修正后，它将正式生效。世贸组织成员将各自立法机构批准该修正的最后期限设为 2007 年 12 月 1 日。但由于种种原因，这个“最后期限”一直在延长（已经延续了 5 次），直至 2017 年 1 月 23 日，在修正案上签署、批准的成员达到所有成员的 2/3 以后才生效。②

TRIPs 协议与国际环境保护相关的问题主要有技术转让、植物品种专利、控制环境危险技术、遗传资源和生物技术及保护传统文化权利和知识等，这些均与技术转让有关。涉及环境保护的技术转让问题意指 TRIPs 协议与多边环境条约中关于发达国家向发展中国家转让环境技术规定的问题，在诸多的诸边环境条约中都规定了前者向后者以公平合理或优惠的条件转让环境保护技术的义务。但 TRIPs 协议对知识产权更严格的保护使发展中国家担心它将阻碍技术转让：掌握大量环境保护技术的发达国家私人和私人企业借知识产权保护之东风为它们的技术开出让人难以承受的价格；事实也证明多边条约规定的技术转让并未大规模发生。③

2. WTO 框架下的其他重要协议的规定

WTO 框架下涉及技术转移的其他主要协议有《贸易服务总协定》（GATS 协定）及《与贸易有关的投资措施协议》（TRIMS 协议）等。④

就技术转让性质而言，似与服务贸易接近，可涵盖于后者之中。⑤ 根据国际货币基金组织的分类，服务贸易量包括国际技术转让的支付和收入，因而国际技术贸易属于服务贸易的一部分。⑥ 因此，GATS 与守则的关系值得关注。GATS 规定了最惠国待遇原则，即

---

① Article 31bis of the TRIPs Agreement.

② Members accepting amendment of the TRIPs Agreement，https://www.wto.org/english/tratop_e/trips_e/amendment_e.htm. 比较有意思的是，未批准该修正案的多是发展中国家，如亚洲的哈萨克斯坦、阿富汗及非洲、拉丁美洲的一些国家。

③ 王曦，编著. 国际环境法. 北京：法律出版社，1998：359 - 360.

④ Provisions Relating to Transfer of Technology in WTO Agreements，WT/WGTTT3，02 - 5446，Oct. 10，2002.

⑤ Jean Touscoz：A Changing Policy Landscape//Surendra J. Patel，Pedro Roffe，Abdulqawi Yusuf (ed.). International Technology Transfer. Kluwer Law International，2001：289.

⑥ 张乃根. 国际经济关系中的技术因素及其法律影响. 复旦学报（社会科学版），2001 (1).

成员方给予一国的服务或服务商的待遇不应低于任何它给予任何其他国家同类服务或服务商的待遇[①]，同时它以国民待遇原则为补充。这些将对服务技术市场自由化产生影响。GATS的主要目标有别于守则的法理基础——技术是人类的共同财产[②]，它在于推动服务产业的自由化；但经过发展中国家的努力，其最终文本中的许多例外和重要的调整已考虑发展中国家的特殊情况，反映了守则谈判努力的内容。其第4条“促进发展中国家参与”规定，为使发展中国家更多参与世界贸易，成员方应承担本协议第3、4部分规定的义务，特别是要通过商业基础上的技术获取增强它们国内服务业生产能力、效率和竞争力，提高它们进入分销渠道和信息网络的机会；发达成员方及其他成员方应当自WTO生效起两年内建立联系点，以便发展中成员方服务提供者能获得诸如服务提供的商业和技术方面信息、专业资格的注册、认可和获取信息以及服务技术可得性等。在具体承诺的谈判方面，发展中成员方对开放的部门、交易类型及市场准入等根据第4条精神享有一定的灵活度。在其附件“电信”的“技术合作”部分规定，成员方应帮助发展中成员方强化它们国内的电信服务业，对于最不发达国家给予特殊的考虑以促进外国电信服务供应商在支持它们电信基础设施发展和电信服务贸易等方面的技术转让、培训和其他活动的努力。

上述规定体现的一个原则就是如何让发展中成员方在尽可能的范围内容易获得服务技术，体现发达国家对它们应给予的帮助和承担的义务，是守则有关发展中国家规定的应用、反映、继承和发展。

在表达形式上，TRIMs协议有别于TRIPs协议和GATS协定：它不在正文中直接涉及技术转让，而是在其附件解释性清单中列举了五种禁止与货物贸易有关的投资措施，其中四条涉及技术转让。有两条涉及当地成分要求，即违反国民待遇精神的法律或行政法规规定义务性或强制性的措施，或为取得竞争优势所需的措施：（1）要求投资企业购买或使用产于本国产品或来源于国内渠道的产品，不论其是以特定产品、产品数量或价值或本地生产的数量或价值比例等形式作出的具体规定；（2）限制企业购买或使用与出口本地生产产品的数量和价值相关的进口产品的数量。另两条涉及数量限制问题，主要体现为贸易平衡要求，即：（1）限制企业用于或与本地生产相关的，或与出口本地生产产品的数量和价值相关的产品的进口；（2）通过限制与购买或使用出口本地生产产品相关的外汇流入来限制企业进口。[③]

这些限制措施的剔除对外商有利，不论外商投资的企业是否是跨国集团的一部分，它们都可以在东道国以外的供应商处获得想要的材料并将它们整合到自己的全球性生产链中而无须受限于本地供应；如此则东道国的技术发展受到了抑制或停止下来[④]，因这样可将东道国变成简单的加工地，而无须转移技术，研发、试验等原创性的工作在母国完成，核

① Article 2 of GATS.

② Jean Touscoz. A Changing Policy Landscape//Surendra J. Patel, Pedro Roffe, Abdulqawi Yusuf (ed.). International Technology Transfer. Kluwer Law International, 2001: 287.

③ Annex of Agreement on Trade-Related Investment Measures.

④ Jean Touscoz. A Changing Policy Landscape//Surendra J. Patel, Pedro Roffe, Abdulqawi Yusuf (ed.). International Technology Transfer. Kluwer Law International, 2001: 289.

心技术掌握在手中，将环保、资源耗费、污染等环境问题转移到生产国，自己只需输出能控制住的技术即可。[①] 跨国公司这种将母国当作“科技创造中心”而将他国当作“生产制造中心”的做法通过 TRIMS 协议得到了巩固：公司在利用廉价劳动力及其他低生产成本获取暴利的同时无须担心核心技术的外泄，而其政府免于考虑环保、资源问题的同时，跨国公司输回的大量财富使之不担心本国人民福利的来源。尽管 TRIMs 协议有对发展中国家的例外和过渡期安排的规定，但与守则规定的跨国公司转让技术之义务，同时对东道国法规制定无限制是无法相提并论的。跨国公司不愿接受任何限制条件，使该协议成为单方面限制东道国行为的绳索[②]，一定程度上阻止了发展中国家实施“模仿—创新”战略，便利了发达国家追求“技术垄断优势”的目的。

3. 多哈宣言及《TRIPs 协议和公共健康宣言》

WTO 成立后在技术转让方面获得巨大发展的是 2001 年多哈会议，因其涉及技术转让的很多内容。会议达成的共识多哈宣言既有原则性的规定，又有专门内容。它为国际技术转让的法律协调制度构筑了利于发展中国家的新基础，重申了成立 WTO 协议中强调的原则和目标并承诺拒绝保护主义的应用。[③] 多哈宣言提出与联合国的有关专门机构如贸发会与环境署等、世界银行和地区性贸易组织加强合作，共同推动全球贸易和发展。

多哈宣言前三段强调了对发展中国家尤其是最不发达国家给予积极帮助，让它们在世界贸易增长中分享到满足它们经济发展所需的份额，而加强市场准入、平衡规则及有着良好目标、持续资金维持的技术援助和自身能力打造等项目将起到十分重要的作用。[④] 与技术转让原则直接相关的是第 6 段规定，部长们重申在马拉喀什宣言中对可持续发展目标追求的承诺；确信坚持、确保一个开放、非歧视多边贸易制度和从事环境保护及促进可持续发展诸目标间能且必须是相互支撑的等。[⑤] 它们为环境保护方面的无害环境技术转让要求和国内政策如强制许可等奠定了基础。

专门论述集中见“贸易和技术转让”第 37 段“同意在总理事会领导下的一工作组来审查贸易和技术转让关系及任何在 WTO 强制性规定范围内可能采取的建议来加快技术向发展中国家流动”“技术合作和能力打造”与第 38 段规定的对发展中国家倾斜以及对“最不发达国家”的专门论述，其中的技术援助和与技术相关的资金帮助等是主要内容。其他相关部分如“与贸易有关的知识产权方面”强调以利于公共健康方式执行和解释 TRIPs 协议的重要性，以促进对现存药品的获得及对新药品的开发，并为此专门通过了《TRIPs 协议和公共健康宣言》。[⑥] 关于投资和贸易方面，强调建立的框架应当能平衡母国和东道国之间的利益，考虑到东道国经济发展的目标和政策，以及根据公共利益制定法规的权利；发展中国家和最不发达国家应当成为框架不可分割的一部分；关于贸易

① 欧洲家电为何落后中国. 报刊文摘，2005-02-21.

② 彭迪云，甘筱青，等. 跨国公司发展论：跨国公司的成长与中国实施“走出去”战略研究. 北京：经济科学出版社，2004：35-36.

③ 实际上，知识产权保护若超过一定的度，过于强调和绝对，则会变成一种保护主义，权利人会利用自己的技术优势，滥用权利，损害相对人和人类整体利益，有违多哈宣言的宗旨。

④ Paras. 1，2，3 of Ministerial Declaration，Doha，WT/MIN（01）/DEC/1，20 Nov. 2001（01-5859）.

⑤ Doha Ministerial Declaration，WT/MIN（01）/DEC/1.

⑥ Paras. 17 of Ministerial Declaration，Doha，WT/MIN（01）/DEC/1，20 Nov. 2001（01-5859）.

和竞争政策方面，宣言提到了帮助发展中国家和最不发达国家形成技术能力，提供技术援助，以便帮助它们更好评估出与它们的发展政策和目标及人类和制度发展等更为紧密的多边合作的意义；在透明度和政府采购、环境和贸易及贸易便利方面均提到了技术援助和能力打造等①，这些都涉及技术转让问题。

多哈宣言与守则有许多相通之处，可以看作是帮助发展中国家和最不发达国家发展的宣言。它通篇以发展中国家和最不发达国家为阐述对象，提出许多帮助发展中国家发展经济、减少或消除贫困的对策，特别是在技术援助、技术转让、技术能力打造和特殊待遇、差别待遇等方面作了详尽的阐述②，并提出具体措施，如成立 WGTTT，开展技术转让方面的国际协调工作。这是多哈宣言在机构安排上的突破；因为尽管 WTO 协议的一些规定提到了在发展中国家和发达国家间存在着进行技术转让的需要，但是在实际中这样的转让如何进行和在 WTO 框架内是否可以采取具体的措施来推动这样的技术流动并不清楚，所以在 2001 年的多哈会议上各成员方贸易部长决定成立一个工作组③，它向总理事会汇报工作。同年 11 月 WGTTT 成立，意在新的多边贸易谈判中推动国际技术转让制度的发展④，审查贸易和由发达国家向发展中国家转让技术的关系及检查增加技术向发展中国家流动的途径。⑤ 这些颇似守则第 7、8 章的规定，可看作是它们的内容在 WTO 框架下的实现。

多哈会议专门出台的《TRIPs 协议和公共健康宣言》⑥ 认识到发展中国家和最不发达国家深受公共健康问题特别是艾滋病、肺结核、疟疾和其他传染病等问题困扰的严重性，有必要让 TRIPs 协议成为解决上述问题更广范围的国际和国内行动的一部分；考虑到知识产权对药品开发的重要性及其对价格的影响，成员方同意"TRIPs 协议不会也不应当阻止成员方采取措施来保护公共健康"，而且 TRIPs 的解释和执行能且应当利于成员方对公共健康特别是对药品的获取的权利的行使，为此成员方可以充分行使 TRIPs 协议中为该目的提供的灵活性；这构成了宣言的核心内容。⑦ 意识到 TRIPs 协议的原则和目标的灵活性，宣言重申了在适用国际公法解释的习惯性规则时仍要遵循，该宣言同意成员方可以采取强制许可措施并自由决定采取该许可的理由，而且成员方有权决定国家紧急状态或其他极端紧急的情形；TRIPs 协议有关权利用尽原则的规定的效果，由成员方在遵守国民待遇和最惠国待遇情况下自由制定自己的制度。宣言第 6 段规定，认识到药品产业生产能力不足或缺乏生产能力的成员可能会面对在 TRIPs 协议下有效使用强制许可的困难，理事会应当找出一个快捷有效的方法来解决这一问题，并需在 2002 年年底报告给总理事会。此

---

① 以上相关详细内容见 Doha Ministerial Declaration，WT/MIN (01) /DEC/1。

② 宣言中 21 次提到"技术援助"，而"技术转让"只提到两次，可见宣言似乎更重视成员方的道义上的援助，而对法律意义上的转让却过于冷落了，尽管规定成立工作组对其进行研究，但在宣言中的定位注定工作组的工作成效不会有多大。

③ http://www.wto.org/english/tratop_e/devel_e/dev_wkgp_trade_transfer_technology_e.htm.

④ Paragraph 1 0f WT/WGTTT/5，14 July 2003 (Report of the Working Group on Trade and Transfer of Techology the General Council).

⑤ 同③.

⑥ 以下相关内容参见 Declaration on the TRIPs Agreement and Public Health，TRIPsWT/MIN (01) /DEC/2.

⑦ 这一点是发展中国家在其宣言草稿中作为中心内容提出的，并最终被宣言所采用。Frederick M. Abbott. The Doha Declaration on the TRIPs Agreement and Public Health: Lighting a Dark Corner at the WTO. Journal of International Economic Law，2002：469-505.

外，宣言还重申发达国家关于依第 66.2 款提供激励机制鼓励其企业和机构向最不发达国家转让技术的承诺，以及后者对药品保护的义务在 2016 年前的免除。这些内容无疑对技术转让方面的重要方式之一强制许可制度的发展和发达国家履行第 66.2 款义务起到了积极作用。

4.《关于 TRIPs 协议第 66.2 款的执行决定》与《关于 TRIPs 协议和公共健康的多哈宣言第六段执行决议》

多哈会议后，经过一年多的努力，TRIPs 协议理事会依据 TRIPs 协议和公共健康宣言及《关于执行问题决定》的相关规定①，于 2003 年 2 月作出《关于 TRIPs 协议第 66.2 款的执行决定》，目的是督促发达成员方遵守承诺，将确保第 66.2 款义务的完全履行及其监督的机制置于恰当位置并建立发达国家年度报告及理事会对报告的评审的制度安排。它要求发达成员方应当就第 66.2 款的执行或计划执行情况每 3 年向理事会提交详细年度报告，其他年间应对报告及时更新。报告在遵守保护商业秘密的情形下，应当含有如下内容：为履行第 66.2 款义务正在执行的激励制度，包括具体的立法、政策和规制框架；激励制度类型和政府机构或其他可以接触的实体的识别；提供激励机制在成员方内合格的企业或其他机构以及任何在实际中落实这些机制使其发挥作用的可得信息，诸如有资格的企业和机构利用这些机制的统计数据和其他信息，这些企业和机构转让的技术类型及转让的条款，技术转让模式，企业和机构技术转让给的最不发达国家及激励机制对最不发达国家的具体范围；利于最不发达国家形成合理可行的技术基础的其他促进技术转让的信息的获得；等等。年度报告由理事会在每年的年会结束前审查完毕，评审会应当为成员方提供提出与提交信息有关的问题和要求增加信息的机会，讨论鼓励促进技术转让激励措施的效果并考虑与该决定设立报告程序运作相关的任何内容。为了改进上述安排，从经验角度而言，理事会应当在 3 年后对它们进行评审。②

这一决定对发达国家向最不发达国家转让技术的义务履行作了一个制度性的探索，但其被执行的效力还有待时日检验。

2003 年 8 月 30 日 WTO 总理事会根据 WTO 协议第 9 条第 1、3、4 段，TRIPs 协议第 31 条 f、h 段及《TRIPs 协议和公共健康宣言》通过的《关于 TRIPs 协议和公共健康的多哈宣言第六段执行决议》（下称《决议》），使国际技术转让取得了实质性突破。③ 该《决议》共 11 条加一个附件；它首先界定了“药品”、“合格进口成员方”与“出口成员方”之含义④，规定发展中成员方和最不发达成员方因艾滋病、疟疾、肺结核及其他流行疾病

---

① Clause 66.2 of TRIPs Agreement, Paragraph 11.2 of the Decision on Implementation-Related Issues and Concerns (WT/MIN (01) 17), and Implementation of Article 66.2 of the TRIPs Agreement IP/C/28 20 Feb. 2003.

② Implementation of Article 66.2 of the TRIPs Agreement IP/C/28 20 Feb. 2003.

③ Implementation of Paragraph 6 of the Declaration on the TRIPs agreement and public health WT/L/540, 1 Sept. 2003.

④ “药品”指宣言第一段中认可的在医药领域涉及公共健康问题的任何专利产品，或通过专利方法制造的产品，其中包括药品制造所需的有效成分和药品使用所需的诊断试剂；“合格进口成员方”指任何最不发达成员国家方，以及任何向 TRIPs 理事会发出通知，表明其希望使用此制度作为进口方意愿的成员方；“出口成员方”指使用本决定中确定的制度生产医药产品并将其出口到“合格进口成员方”的成员方。Implementation of Paragraph 6 of the Declaration on the TRIPs Agreement and Public Health WT/L/540.

而发生公共健康危机如国家紧急状态或其他极端危急情形或公共非商业使用等时，可在未经专利权人许可但通知 TRIPs 理事会它作为进口方使用该机制的情况下，在其内部通过实施专利强制许可制度，生产、使用和销售有关治疗导致公共健康危机疾病的专利药品[①]，但实施方应在力所能及的范围内采取所有合理措施防止实际已根据此制度进口到其境内的产品再出口到他处。如果“合格进口成员方”是难以执行本条款的发展中国家或最不发达国家成员方，发达成员方必须应请求或根据共同达成的条款和条件提供技术和金融协作，促进其执行本条款。成员方认识到必须促进制药领域技术和生产能力的转移，从而解决宣言第六段中确认的问题。鼓励“合格进口方”和“出口方”以一种能促进此目标的方式使用决定确立的制度。成员方在依照 TRIPs 协议第 66.2 款、宣言第 7 段开展的工作以及 TRIPs 理事会其他相关工作中进行合作时，应特别关注制药领域的技术转让和生产能力打造问题。为确保决定中确立的制度的有效运作，TRIPs 理事会将每年对本决议的运行进行审议，并就其运作情况向总理事会做年度报告。

上述决议是国际协调药品专利强制许可制度的重大进展和突破，同时也是 TRIPs 协议中关于技术转让法律协调制度在特定领域较为现实、具体的应用，其执行力使 TRIPs 协议有关原则和目标通过成员方的具体履行得到一定的实现，是抽象义务的具体化。

二、不同体系下相关条约规定的内在关系

（一）共同点

通过上文分析，我们可以发现三大体系中涉及技术转让的内容存在以下共同之处：一是都提出对技术权利给予确认、保护，肯定其是技术转让的前提；二是在技术转让的目标和原则等方面存在共识，都希望扩散技术，反对权利人滥用权利；三是要求技术转让须在公平合理的基础上进行；四是对发展中国家都有差别待遇的规定；五是在技术转让中都涉及限制性条款和公平竞争问题等，对限制性条款等有违公平竞争精神的内容持否定态度。

尽管《联合国国际技术转让行动守则》（草案）没有最终完成并通过，但许多已达成一致意见的规定和内容在立法（相关国际条约）和实践中得到了贯彻和执行[②]，或得到了继承和发展，它们构成有关技术转让国际法文件的主要内容和核心。因此，可以说，三大体系关于国际技术转让的法律协调特点是：以 WIPO 下的条约为基础，以守则为内容，以环境条约等为应用领域，以 WTO 规则体系为最新发展；它们在逻辑发展上是一脉相承的。

上述共同点源自人类共同利益、共同发展的需要及对客观规律的适应，为技术转让国际法律协调制度的进一步完善提供了较好基础。

（二）三大体系的递进关系与融合

WIPO 管辖下的巴黎公约等基础性条约为技术转让提供了前提，它们重在确权与保护；PCT 和 PLT 在程序方面对基础性规定进行细化，为在全球便利专利申请提供法律保

① Implementation of Paragraph 6 of the Declaration on the TRIPs agreement and public health WT/L/540, 1 Sept. 2003.

② *The Draft United Nations Code of Conduct on Transnational Corporations and The OECD Guidelines for Multinational Enterprises*, http://attac.org/fra/libe/doc/unctad.htm.

障，而其正在制定的 SPLT 试图在专利实质条件方面达成一致标准使专利全球化，为便利权利人与受让人间完成技术转让减少法律障碍。这一系列条约（含草案）表明在技术转让方面 WIPO 下的条约的基础性作用——使确权和保护日益明朗，为技术顺畅流转开辟道路。此外，它们关于转让的直接规定就是强制许可；作为转让的特定形式，它不是一开始就有的，是应实践发展需求而生的，主要是为了让技术产生应有的效用，其次也是为了限制权利人的权利滥用，它与确权、保护密切相关，故其规定的出现反映了知识产权保护的根本目的——权利和限制间的利益平衡，也反映了基础性条约的最终作用——为技术转让服务。但自 1971 年以来，发展中国家多次提出修改巴黎公约均遭遇失败，而对专利合作条约等反映发达国家意志的条约的修正却屡屡成功，说明在西方意志主导下的 WIPO 对帮助发展中国家难有作为的状态。

联合国其他机构关于技术转让的明确规定，始于 20 世纪 60 年代，随着发展中国家政治上的独立，其经济落后及技术对经济社会发展的作用使它们对技术的需求十分迫切，为实现全球均衡发展，消除贫困，它们提出建立国际经济新秩序的要求；而在早期的技术转让过程中，发达国家利用巴黎公约等不合理制度，以经济和技术为优势，在转让协议中强加一些限制性条款，形成不平等的技术转让关系。这些迫使它们寻求建立一种调整技术交易的基础性规则，以在较为有利的条件下获取现代科技。国际技术转让行动守则正是源于这些要求和期待，并成为建立国际经济新秩序的关键部分。[①] 联合国发表的诸多宣言和决定中将技术转让作为重要内容反映了这一点，并委托贸发会负责组织守则的起草和谈判工作。1973 年的全球石油危机和发展中国家在全球经济发展中的影响，经济低迷的发达国家被迫对发展中国家的上述要求作出回应，但它们一开始就采取消极态度，以确保南方国家增强政府干预经济事务的呼声不在国际层面上法典化。[②] 这为守则的最终命运埋下了伏笔。由于跨国公司是技术转让的主要拥有者，70 年代中期联合国组织起草的 TNC 守则中专门对技术转让作出了规定。尽管两个守则草案最终未获通过，但它们在技术转让方面的影响是深远的：在后来的诸多国际条约如 TRIPs 协议、多哈宣言和环境保护协议中均有类似两个守则中的内容。在联合国海洋法会议中，结合当时对国际经济新秩序建立的关注，海底区域是人类共同财富的定性，使技术转让成为其不可缺少的内容。

同期环境问题在工业文明的巨大影响下日渐突出，1972 年联合国环境会议涉及技术转让，尤其是让南方国家易于得到技术，引起人们重视，此后在各种环境保护条约、宣言中，技术转让成为必谈内容。这从一个具体领域反映出人类对技术转让的渴求。

守则及联合国其他机构制定的国际法文件如环境条约、海洋法公约等，是确权保护后技术转让在特定领域的运用，它们是技术及其基础性条约价值的延伸。

80 年代初，发达国家感到在联合国难以推行自己关于技术转让方面的意志，于是将目光转向利于其操纵的另一个机构——GATT。美国里根政府的上台及当时发展中国家普遍存在的外债危机和经济衰退，使发展中国家内部团结开始松动，它们为了吸引外资，开始各自放松技术引进条件；再有贸发会自身在组织谈判和提供文本（如提供的 1985 年文

---

①② *Negotiation on International Code of Conduct//Power and Ideas*：*North-south Politics of Intellectual Property and Antitrust*. Susan K. Sell：State University of New York Press，1998：79，81，79.

本与发达国家的“激励与竞争政策”相悖）过程中存在问题使南北双方均产生了不满。[①] 这些成为美国等移师 GATT 解决技术转让问题的绝好时机。

GATT 及 WTO 更多体现的是一个经贸组织的特征，它以经济贸易实力作为谈判的基础，且谈判机制较为灵活，发达国家由于市场经济建设年代久远，制度、规则等运用娴熟，经济发展水平和技术等使它们并不因国家少而在表决方面受到影响，也不因发展中国家数量多而对 WTO 规则有实质影响，靠经济贸易实力的 WTO 机制总体上利于发达国家运作。故美国能成功地将 TRIPs 协议引入 WTO 中。TRIPs 协议基本上反映了发达国家的意志，逻辑上它在政策选择方面直接承继并发展了巴黎公约中的激励与竞争政策，体现更多的竞争内容，使两者趋于平衡。但我们也能看出 WTO 体系在技术转让方面对前述两体系相关内容的借鉴、继承和吸纳。

TRIPs 协议提高了知识产权保护水平，扩大了保护范围，对技术转让做了较为严格的限制；而且通过其第 2 条将 WIPO 管辖下利于北方国家的巴黎公约、伯尔尼公约、罗马公约和集成芯片知识产权条约等引入自己的体系中。作为筹码和交换，北方国家吸收了技术转让行动守则的一些内容，在形式上一定程度照顾到发展中国家特别是最不发达国家的处境，如关于过渡期、鼓励对最不发达国家技术转让、目标和原则中利于技术流转扩散、反竞争惯例控制和技术援助等的规定。WTO 框架的其他协议如 GATS、TRIMS 等对技术转让也有所涉及，但总的来说，内容多围绕 TRIPs 协议予以规定。

此外，将与技术转让密切相关的 TRIPs 协议纳入 WTO 框架有其必然性，因目前所有涉及技术转让和知识产权的国际条约没有一个有争端解决机制，而 WTO 提供了这样的有效机制，增强了相关协议的可执行性；这对未来技术转让的专门条约也有着强大的吸引力。

2001 年的多哈宣言、TRIPs 协议和公共健康宣言和 2003 年的执行第 66.2 款决定及有关疾病药品的强制许可决定等更是反映了发展中国家的要求。它们是经济、技术、社会发展趋势带来的结果，“欢迎与联合国环境署和其他政府间环境组织继续合作，并鼓励促进相关环境和发展组织的合作”[②] 这一态度将联合国等组织与 WTO 在潜在的技术转让方面的工作结合了起来。它们的许多内容是守则的重复、继承和发展。

沿着有关技术转让条约发展这一线索，我们发现它是各种斗争在不同国际组织不同阶段的错综复杂的反映：由于在 WIPO 和 WTO 中，技术专业性、经济发展水平和实力的重大影响决定了发达国家处于有利地位；而联合国是一个有较强政治色彩的组织，其机制特点及发展中国家的数量优势使南方国家居于有利地位。在技术转让方面，主导经济发展的发达国家选择了 WIPO 和 WTO。我们可将 70 年代后至今的有关技术转让的谈判合作史分为三轮：第一轮始于 70 年代初，70 年代末为高潮，1985 年为尾声，它以发展中国家取得形式胜利而告终（尽管巴西等国认为它让步太大，但它还是多体现了以促进发展为核心

---

① 巴西不满贸发会将限制性条款从 40 条减为 14 条等有违其本国法律精神的行为，而美国更是公开将贸发会称为“第三世界的俱乐部”；贸发会得不到任何一方的支持，其组织的守则谈判最终结局可以预料。*Negotiation on International Code of Conduct*, in *Power and Ideas: North-south Politics of Intellectual Property and Antitrust*. Susan K. Sell: State University of New York Press, 1998: 99-102.

② Para. 6 of *Doha Ministerial Declaration*, WT/MIN (01) /DEC/1.

的南方国家意志)。第二轮自1986年的乌拉圭谈判起，以美国等将知识产权保护和贸易纳入GATT谈判之中为核心，至1994年谈判结束，它以TRIPs协议为成员方接受为标志，宣告发达国家在技术转让领域取得阶段性的胜利。第三轮萌发是WTO运转之后，标志性发展是多哈会议，原因在于TRIPs协议没有给发展中国家带来直接现实的利益，而技术催生的经济全球化使人类共同面临的问题和利益大于分歧，在最为集中代表处理经济贸易问题的WTO框架下，发展中国家的现实发展与存在的问题越来越引起发达国家的注意，南北需要重新考虑TRIPs协议等的失衡之处，于是发展中国家的要求和意志也不同程度地不断在WTO的有关宣言、决议中得到体现，其最近发展的集中体现就是多哈宣言及其后的一系列相关文件，核心之一是技术转让制度的变化。

从实际效果看，第一轮发展中国家的形胜实败对双方均无积极意义，南方国家的一厢情愿只能被证明是空中楼阁。第二轮发达国家的"形实俱胜"在经济全球化和人类共同问题面前只能被证明是短视，其胜利也只会是暂时的，长远看任何自私行为带来的结局将是两败俱伤，故北方暂时的胜利最终仍是形胜实败。第三轮目前取得的成就是南方国家的意志和利益已引起重视并通过多哈宣言予以昭示；但它们能否通过国际法律制度来纠正当前技术转让方面的问题，以兼顾双方和人类利益，使南北形实俱胜，取得双赢，需要对国际技术转让协调制度给予更多关注和研究。尽管1985年文本的失败曾在80年代中期的世界经济趋势中凸显了美国的信条，"通过国际规则使政府在经贸活动中更强作用法典化是一个糟糕观点"[①]，但90年代后期人类面临的共同问题及WTO对经贸活动的影响，政府的作用显然在逐渐加强，只是有些干预更为隐蔽而已，这也许是多哈宣言及其后续文件得以通过的原因，并成为今后完善技术转让协调制度的重要因素。

(三) 问题[②]

尽管三大体系内容密切相关，许多文件对技术转让做了明确的规定，守则争论的一些内容通过TRIPs协议、环境保护条约等成为有法律约束力的规定，但仍存在诸多问题，如有无必要形成有约束力的统一守则或实体条约、技术转让的定义和适用范围、限制性条款、法律的适用与争端解决等问题仍未得到根本解决；各国保护技术权利水平与如何"公平合理"转让技术及执行现有规定，特别是给予发展中国家的优惠等，更是任重道远。[③]近年来，美国、欧盟等试图通过双边或区域性的自由贸易协定来取代全球性的多边贸易协定如WTO规则等，并对像中国这样的发展中国家在知识产权保护及技术转让方面采取更为严苛的做法，如2020年年初和年底分别通过的《中美经济贸易协定》与《中欧全面投资协定》中关于强制技术转让的规定等，将对全球范围内的技术转移产生更为不利的影响，这一点需要引起高度关注。

---

① *Negotiation on International Code of Conduct//Power and Ideas*: *North-south Politics of Intellectual Property and Antitrust*. Susan K. Sell: State University of New York Press, 1998: 105-106.

② 对于现有技术转移国际法律制度存在的不足、原因分析及其完善，参见马忠法. 应对气候变化的国际技术转让法律制度研究，北京：法律出版社，2014：226-304，306-408.

③ 参见本章第二节相关内容。

【思考题】

1. 简述技术转移的国际法规范。

2.《与贸易有关的投资措施协议》（TRIMS 协议）没有直接规定技术转移条款，但为何与技术转移密切相关？

3. 你如何理解《与贸易有关的知识产权协议》（TRIPs 协议）中关于技术转移的规定？

4. 在国际社会，有诸多条约规定技术转移是其成员（特别是发达成员方）所应该履行的国际义务，但为何在实践中技术转移成功的案例十分少见。你认为原因是什么？

5. 案例：

2015 年 8 月，日本太乙公司与中国的华庆公司签订了一份专利技术转让合同。合同约定：太乙公司向华庆公司转让一种专利技术的使用权，以使华庆公司可以利用该种技术生产一种特定的油漆。华庆公司将在合同生效后的 20 天内一次性向太乙公司支付技术转让费 800 万美元。2016 年 5 月，华庆公司运用通过转让获得的专利技术所生产的产品开始投放中国市场，并很快为近 10 家汽车制造厂所青睐，销售额增长迅速。但是情况很快发生变化，2017 年 10 月，中国政府批准了太乙公司与中泰公司在中国建立合资企业九州太中公司。由太乙公司许可九州太中公司使用其专利技术，生产与华庆公司相同的产品。华庆公司预计九州太中公司的产品出厂之后自己的市场份额将大大减少，于是向太乙公司去函，要求它立即与华庆公司就此事进行协商以找出理想的解决方案。但太乙公司没有答复。2018 年 4 月，九州太中公司的产品投放市场，由于它使用了一些新工艺，其产品质量要好于华庆公司的产品，于是华庆公司的客户逐渐转向购买九州太中公司的产品。2018 年下半年，华庆公司产品积压十分严重。2018 年 10 月，华庆公司再次致函太乙公司，要求后者对其损失进行补偿，或将其采用的新工艺也无偿地许可自己使用，但 10 天后，太乙公司回复，明确拒绝华庆公司的任何一个要求。

问题：你认为本案导致对华庆公司不利后果的原因是什么？华庆公司在国际层面有无法律依据来避免此类损失的发生？

【经典参考文献】

1. 马忠法. 应对气候变化的国际技术转让法律制度研究. 北京：法律出版社，2014

2. 联合国发展组织. 发展中国家技术引进指南，1985

3. 彭志刚. 知识产权国际许可的法律问题研究. 北京：法律出版社，2011

第三章 中国技术转移法律制度

【导言】

中国的技术转移法律规范，由中国加入或批准的涉及技术转移的国际条约及国内法两大部分构成。前者主要由WIPO管辖的有关知识产权基础性条约、国际环境保护条约与应对气候变化的条约及WTO框架下的有关协议构成。后者主要以宪法、《民法典》总则编等的规定为指导，以《民法典》合同编的基本规定为核心和基础，以知识产权的相关法律规定为前提，以对外贸易法、环境保护法、外商投资法的相关规范为具体体现，以反垄断法和反不正当竞争法等的规范为限制，以企业所得税法、环境保护税法、促进科技成果转化法的相关规定等为激励，构成了一个涉及诸多法律规范、相互交叉与补充的相对独立的体系。但其内容庞杂，相互协调以发挥合力之作用有待加强。其主要不足有：在立法上无统一协调的技术转移法律体系；在内容上对私人部门的作用和利益缺乏足够的关注；实施层面缺乏对私人部门技术转移的持续监管和评估；在实效上有些规定形存实亡。导致不足的主要原因有："以市场换技术"战略未能有效实施，我国技术能力建设基础弱，对技术转移促进创新认识不足及制度设计上的急功近利等。完善中国技术转让法律制度的进路是：统一协调各法规间内在关系；建立有利于注重技术流转的创新型企业的法律制度；完善国内科研管理体制；建立培育科学正确创新意识的机制。

第一节 中国技术转移法律制度概述

一、多数国家通行的做法

在技术转移方面，多数国家的立法很类似，一般主要通过专利法、合同法、对外贸易法、外商投资法、反垄断法等加以协调。从其立法内容上看，根据其调整的关系是否是平等主体之间的关系，可分为私法（调整平等主体之间的法律）的调整和公法（政府干预的法律）的调整两类。[①] 私法性法律规范通常是与经济自由化和市场机制紧密联系在一起，

① 由于市场经济的快速发展，私人与公共权力机构的职责在相关法律中均有不同程度的体现；我们这里所说的"私法"与"公法"以各法律的主要特征来界定，即其核心内容是以私人主体为调整对象的，视为"私法"，如果以规范公共权力机关的主要职责等为特征的，视为"公法"。实际上，多数情况下是私法中有公法的条款，公法中会有涉及私人活动的内容。

它们以私权利的确定与行使为核心，集中于知识产权（专利、专有技术、版权、商标等）的确权、保护与运用及贸易类（转让、许可等）的法律。这类法律的主要特征是界定私人权利，提供法律保护、争端解决机制（以确权、保护为重点，为技术转让的前提），或者以交易的基本内容为重点，规定的内容为技术转移合同的重要组成部分。从经济效益的角度看，这些法律为市场主体确立较为明确的商业排他权，减少交易成本，促进技术投资、创新以及在不同主体之间的流转。

技术转让从法律关系的本质方面来看是私人间的交易行为，但它又不同于一般的交易，因交易的对象——技术——与一般财物不同，一般需要经过特定程序的法律认可或授予，因此其确权成为十分重要的一环，它是国际上进行大规模技术转让活动的主要前提。一方面，通过授予智力成果创造者以特定的垄断权来保障他们的正当权益；另一方面，将发明创造的内容向社会公开，为技术转让提供了丰富的源泉。[①] 因此，先有法律规定明确保护的对象，然后发明人申请专利，技术得以公开，潜在的受方通过公开的技术获得相应的信息，寻找自己需要的技术，这样就为技术转让创造好了沟通、交流的条件，并通过一定的形式来完成。

确权之后，与一般交易进程相似，基于平等地位的当事人通过签订合同来完成，意思自治下的私人协调起到基础性作用，各当事人间谈判、沟通非常重要；协调的主要依据是各国合同法及它们接受的有关国际贸易中的条约或商事规则。需要注意的是，技术转让不是一次性交易，它是一个过程，需要双方长时间的合作，比一般交易复杂，其间更容易出现纠纷，对技术受方不利。故受方需在基础性法律法规基础上了解权利的变化，加强自己一方谈判团队的能力建设，对技术背景、发展趋势、同类技术发展状况、市场价格情况等有充分的了解，在谈判中整合各方力量，通过与对方的谈判、协商[②]，既合作又斗争，实现目的——在合法、公平、合理基础上订立国际技术转让合同。

私法协调的集中形式是专利许可协议，其客体是国家允许自由转让或经过批准的专利，协议的内容一般由当事人根据国内法协商决定，除非违反法律规定、公共秩序或政策等，国家才会有公共权力的干预。通常各国民法典或合同法规定技术转让、出售、许可等交易的一般原则或具体内容，甚至合同签订的程序等；此外，专利法、商标法、版权法和其他知识产权法规也含有为数不多的技术转让和许可条款。比如在德国、瑞士和我国台湾地区，除民法对技术转让合同作出的一般性规定（符合一般合同的特征和条件）外，德国专利法第 15 条第 2、3 款，工业设计法第 22 条，植物培育者权利法案第 11 条和商标法第 30 条等均规定相关排他权利许可的内容；我国台湾地区“专利法”第 59 条、78 条和 105 条等，“商标法”第 23（3）款、第 26 条，“版权法”第 74～78、87 条等均对转让作出了规定。关于强制许可，一般各国国内法均规定满足一定条件可由当事人申请或国家根据法律实行，其内容除实施方式外与一般许可大体相同。

由于专有技术本身存在价值，各国法律原则上都承认它们受法律保护，但由于其保密性之性质，对其确认十分艰难，多数国家没有制定保护专有技术的专门法规，保护手段尚

① 郭寿康，主编. 国际技术转让. 北京：法律出版社，1989：49.

② 相关内容可参见第四章。

不完善，多在反不正当竞争法或商业秘密保护法中规定，其转让由当事人在合同中明确约定保护范围和期限。如果遭受他人侵权，专有技术权利人可以通过司法途径取得保护，如援引合同法、侵权行为法、不正当竞争法、民法和刑法中的有关规定予以保护。[①] 这种保护与专利保护相比，常被称为弱保护[②]，因它主要依赖于契约而非法律来保护，还有其举证的艰难及机密一旦公开就永久丧失权利等消极影响，通常情形下的专有技术保护模式难以维护权利人利益。

通过合同形式转让技术的另一个主要表现是外商直接投资（FDI）中的许可协议，这种类型的协议与投资密切相关，独立性的价值不大，即如无投资则无价值；其内容和程序与一般许可合同无原则性区别。

二、中国的技术转让国内立法概况

由于历史原因，1949年后我国在技术转让方面几乎与西方世界隔绝了近三十年。长期以来，西方国家将中国视为“异己”，打上意识形态色彩，甚至在意识形态淡化的冷战结束后，美、日等仍把中国看作其潜在竞争对手，担心会威胁其全球经济地位和利益，在技术转让和其他国际贸易方面对中国总是有所保留，并力图遏制中国经济的发展和强大。[③] 加上我们在制度建设方面的缺陷以及经验的不足，虽然在技术转让方面取得一定成就，但也付出了一定代价。

改革开放以来，中国在迈向国际化过程中一直围绕“和平与发展”主题作出不懈的努力。在国内抓住以四个现代化为基础和科技现代化为关键的经济建设中心，完善国内立法。涉及技术转让方面，在宪法中规定科学技术地位，在三资企业法中规定引进技术的要求，在民法通则中将知识产权作为民事权利的重要内容给予确定和保护，并先后颁布专利法、商标法、著作权法、计算机软件保护条例等法规，而且还随着社会经济发展变化和加入的有关知识产权保护国际公约修订相关法律，以对国内外知识产权人给予充分保护。在国际上积极加入有关国际条约，参与有些规则的修改和制定，加快与世界交流的步伐。

面对快速变化的世界，我们仍需清醒认识所处的国内外环境并须适时应对变化，在国内和国际两个层面积极努力，把中国变成强国，即中国不仅在产品制造还要在技术生产、商标品牌生产等方面成为强国，不仅在陆地上维护自己权益，还要在空中和海洋中维护权益；而要变成强国，拥有自主知识产权的核心技术是决定因素之一。

现在中国的安全哲学应不再是生存而是发展哲学，且它应与教育一样要面向现代化、面向世界、面向未来。中国需要融入世界中，需要坚持“中国的也是世界的”这一发展新

---

① 例如，美国无调整专有技术的联邦法律，由州法律调整。它们对专有技术的保护，主要有以下三种诉讼依据：违约，在订有合同的情况下，如一方违反合同规定使用或泄露某种专有技术，对方可以违约为由对其起诉；侵权行为，以施害者用不正当手段侵害专有技术为由，对其起诉；侵犯所有权，把专有技术作为一种所有权，而所有权是绝对权，如他人未经所有人同意而使用或泄露其工商秘密时，所有人可以其所有权受侵害为由对侵害者起诉。

② 美国加州大学，斯坦福大学法学院. 国际知识产权法律制度. 北京：广播电视大学出版社，1998：6-7.

③ 日本将停止对华政府开发援助及美日反对欧盟对华解除军售均是例子。日将终止对华经援 李肇星：没有援助中国照样行，http://news.tom.com，2004-11-29；布什称若欧盟取消对华武器禁售美国将进行报复，http://news.tom.com，2005-02-23. 2017年以来，特朗普政府对中国发起的贸易摩擦更是典型。

理念。为此，在全球化进程中维护国家的利益与安全就是实现“边界安全”与“安全边界”的统一，即国家领土安全与利益安全的统一，前者是有形有限而后者是无形无限，且其外延的边界越大则边界安全就越有保证；而要实现这一切离不开技术。[①] 为此，我们既要履行技术转让方面的国际义务，也要积极参与国际技术转让协调制度的制定和完善，争取利于获得技术的外部环境；在此基础上形成、发展自己的核心技术能力来更好地维护国家安全和利益，就显得尤其重要。

经过 40 多年的努力，我国有关技术转移方面的法律规范已经基本形成了相对完整的体系，我们可以将其分为基础性规范和专门性规范两大部分。基础性规范主要由宪法、《民法典》总则编、知识产权法（2020 年修订的《专利法》、2020 年修订的《著作权法》等）、竞争法（2019 年修订的《反不正当竞争法》、2007 年的《反垄断法》）、税法（2018 年修订的《企业所得税法》《个人所得税法》等）等构成。专门性的规范主要有：合同法（1999 年的《合同法》及相关司法解释，2021 年 1 月 1 日之后主要体现在《民法典》合同编中）、对外贸易法及其系列。后者主要含 2016 年的《对外贸易法》及《技术进出口管理条例》（2019 年）、《技术进出口合同登记管理办法》（2009 年）、《禁止进口限制进口技术管理办法》（2009 年）、《禁止出口限制出口技术管理办法》（2009 年）、《知识产权海关保护条例》（2018 年）。此外，便是《外商投资法》（2019 年）及《外商投资法实施条例》（2019 年）。上述各法律法规、规章、办法的制定和实施构成了我国技术转让法律体系，下文将对主要的法律规范进行分析和介绍。

第二节　中国技术转移法基本规范

一、中国加入的有关国际技术转让法律协调的国际条约及其实施义务

在恢复联合国席位后，中国就开始积极参与有关技术转让的知识产权保护的国际条约缔结或修改活动，并于 1980 年 6 月成为 WIPO[②] 成员国，其后于 1985 年 3 月、1992 年 10 月、1993 年 4 月、1994 年 1 月和 1997 年分别成为《巴黎公约》[③]、《伯尔尼公约》、《保护录音制品制作者禁止未经许可复制其录音制品公约》、PCT 和《国际专利分类斯特拉斯堡协定》等条约的缔约方；有关中国加入 WIPO 管辖下的知识产权条约的概况见表 3 - 1。除上述努力外，中国还在乌拉圭回合中参与了 TRIPs 协议的谈判，并草签了《最后文本》[④]，该文本在中国入世后于 2002 年 1 月对中国生效。我国于 1982 年 12 月 10 日签署《海洋法公约》，1996 年 6 月 7 日交存批准书，同年 7 月 7 日该公约对我国生效。90 年代后我国还参加了有关环境条约如气候变化框架公约、生物多样性保护公约等。

---

① 张文木. 经济全球化与中国海权. 战略管理，2003（1）.

② 加入过程参见赵元果，编著. 中国专利法的孕育与诞生. 北京：知识产权出版社，2003：13 - 33.

③ 同②310 - 321.

④ 1995 年，中国成为《为专利程序目的进行微生物存放的国际承认的布达佩斯条约》成员国；1996 年，中国成为《建立工业设计国际分类洛迦诺协定》成员国。参见《中国加入工作组报告书》第 5 部分“与贸易有关的知识产权制度”。

表 3-1 WIPO 公约、UPOV 公约及 WIPO 管辖下知识产权国际条约缔约方数量与中国加入情况

公约名称	签订日期	生效日期	缔约方数	中国（批准或加入 14 个）		
				加入时间	生效时间	签约时间
WIPO 公约	1967.7.14	1970.4.26	193	1980.3.3	1980.6.3	
UPOV 公约	1961.12.2	1968.8.10	75	1999.3.23	1999.4.23	
伯尔尼公约	1886.9.9	1887.12.5	179	1992.7.10	1992.10.15	
北京条约[1]	2012.6.24	/	36	/	2014.7.9	2012.6.26
马拉喀什条约[2]	2013.6.27	/	76（加入/批准）	/	/	/
布鲁塞尔公约[3]	1974.5.21	1979.8.25	38			
马德里协定——制止商品来源虚假或欺骗性标记	1891.4.14	1892.7.15	36			
内罗毕条约[4]	1981.9.26	1982.9.25	52			
巴黎公约	1883.3.6	1884.7.7	177	1984.12.19	1985.3.19	
专利法条约	2000.6.2	2005.4.28	42			
录音制品公约[5]	1971.10.29	1973.4.18	80	1993.1.5	1993.4.30	
罗马公约	1961.10.26	1964.5.18	96			
新加坡条约[6]	2006.3.28	2009.3.16	51			2007.1.29
商标法条约[7]	1994.10.27	1996.8.1	54			1994.10.28
华盛顿条约[8]	1989.5.26	/	3			1990.5.1
WCT[9]	1996.12.20	2002.3.6	108	2007.3.9	2007.6.9	
WPPT[10]	1996.12.20	2002.5.20	107	2007.3.9	2007.6.9	
布达佩斯条约[11]	1977.4.28	1980.8.19	83	1995.4.1	1995.7.1	
海牙协定	1925.11.6	1928.6.1	74			
里斯本协定	1958.10.31	1966.9.25	30			
马德里协定——商标国际注册	1891.4.14	1892.7.15	55	1989.7.4	1989.10.4	
马德里议定书[12]	1989.6.27	1995.12.1	107	1995.9.1	1995.12.1	
PCT	1970.6.19	1978.1.24	153	1993.10.1	1994.1.1	
洛加诺协定	1968.10	1971.4.27	59	1996.6.17	1996.9.19	
尼斯协定	1957.6.15	1961.4.8	88	1994.5.5	1994.8.9	

续表

公约名称	签订日期	生效日期	缔约方数	中国（批准或加入 14 个）		
				加入时间	生效时间	签约时间
斯特拉斯堡协定	1971. 3. 24	1975. 10. 7	63	1996. 6. 17	1997. 6. 19	
维也纳协定[13]	1973. 6. 12	1977. 5. 1	35			

资料来源：截至 2020 年 10 月 1 日。Summary Table of Membership of the World Intellectual Property Organization (WIPO) and the Treaties Administered by WIPO, plus UPOV, WTO and UN, http://www.wipo.int/treaties/en/summary.jsp.

注：[1] 全称是《视听表演北京条约》，将于 30 个符合条件的缔约方存放其批准书或加入书 3 个月后生效。

[2] 全称是《关于为盲人、视力障碍者或其他印刷品阅读障碍者获得已出版作品提供便利的马拉喀什条约》，80 个国家已经签字（中国、德国、欧盟、美国等），其生效条件是由合格成员方提交 20 项批准书或加入书。

[3] 全称是《有关卫星传送节目载波讯号散布之布鲁塞尔公约》，也有人将其翻译为《发送卫星传输信号布鲁塞尔公约》。

[4] 全称是《保护奥林匹克会徽内罗毕条约》。

[5] 全名是《保护录音制品制作者防止未经许可复制其录音制品公约》，其内容主要是保护录音制品者的权利，是专门规定邻接权的公约之一。

[6] 全称是《关于商标法的新加坡条约》。该条约是在 1994 年《商标法条约》(TLT) 的基础上修订而成的。

[7] 该条约对商标注册程序进行了原则规定，主要包括主管机关不得要求申请人提供商业注册证明，申请人可以在一份申请书上申请多个类别的注册以及变更、转让，注册及续展注册的有效期统一为 10 年，不必就每一份申请提交一份代理人委托书，不得对签字要求进行公证、认证、证明、确认。这一系列的规定极大地简化了商标申请人在各成员国之间进行申请注册和保护。

[8] 全称是《关于集成电路的知识产权华盛顿条约》；该公约于 1989 年 5 月 26 日签订，至今未生效，有 7 个国家签字，2 个国家（波黑与圣卢西亚岛）加入，1 个国家（埃及）批准。5 个以上的国家交存批准书，且第五个交存后的 3 个月方可生效。

[9] 全称是《世界知识产权组织版权公约》，它与 WPPT 主要解决的问题是 TRIPs 协议所没有规定的内容，主要集中于数字技术，特别是互联网所涉及的版权问题，所以它们也被称为“互联网条约”（Internet treaties）。刘春田，主编. 知识产权法. 3 版. 北京：高等教育出版社，2007：434.

[10] 全称是《世界知识产权组织表演和录音制品条约》。

[11] 全称是《国际承认用于专利程序的微生物保存布达佩斯条约》。

[12] 全称是《有关商标国际注册马德里协定之议定书》。马德里协定有诸多不便之处，如商标必须在来源国注册以后才能在其他国家提出国际申请、申请语言为法语、申请费过低导致滥申现象、拒绝保护期间过短等，故美国、英国、日本等大国一直没有加入，为吸引更多国家加入马德里商标规则体系中，1989 年 6 月 27 日在马德里增订了议定书，该议定书于 1995 年 12 月 1 日生效。议定书纠正了上述诸多不便，使参加国的数量大于马德里协定。

[13] 全称是《建立商标图形要素国际分类维也纳协定》。

我国加入上述条约后除作出保留的外，享有相应权利和承担一定义务。《巴黎公约》约定的权利、义务有国民待遇、优先权、专利的独立性、强制许可、拒绝或撤销专利的限制及专利权的例外等；PCT 要求各国在不削减按《巴黎公约》规定的该公约任何当事国的任何国民或居民的权利前提下，对保护发明申请的提出、检索和审查进行合作和提供特殊的技术服务，为专利的国际申请提供便利，节省时间和成本；缔约国专利局作为受理局有义务按条约和实施细则对国际申请进行检查和处理；中国作为国际检索单位之一有义务对现有技术进行检索并提供国际检索报告，提交给申请人和国际局。《伯尔尼公约》对成员国规定的权利义务有：国民待遇、自动保护、版权独立、符合最低保护标准和权利限制等。

海洋法公约和有关环境保护条约有关技术转让的内容主要涉及环境保护、资源养护和海底区域开发等人类共同财产维护中的技术转让。发展中国家的义务主要是保护环境，并形成和提高研发能力；发达国家的义务除了环境保护外，还需在公平合理或优惠的基础上转让无害环境技术，通过一定的机制帮助发展中国家。中国作为发展中国家的一员，应当履行自己在条约中保护环境、转让技术的义务，但也享有分享技术的权利。

2001 年 12 月 11 日，中国加入 WTO，无疑也是其多边规则的重要组成部分的 TRIPs 协议之成员。TRIPs 协议要求成员方将知识产权看作私权，承担高标准保护义务，将贸易中的国民待遇和最惠国待遇原则运用到知识产权贸易中，提高保护水平，扩大保护范围，延长保护期限；同时规定权利人权利限制、鼓励技术转让和传播、强制许可及对最不发达国家技术转让的特殊规定和援助等内容。作为成员方，中国无疑需要承担协议的义务，但同样作为发展中国家也当享有特定的权利。关于 WTO 框架下的其他协议如 TRIMs、GATS 等规定的义务，如投资中取消本地成分要求、数量限制、外汇平衡及服务开放中的最惠国待遇等，中国也必须履行。

多哈宣言及其系列文件中规定的权利和义务，如推行可持续发展、贸易政策透明、关注知识产权和公共健康及有关药品的强制许可等，对成员方来说也产生一定的权利和义务。

二、中国技术转移方面的国内立法

(一) 基础性法律规范

1. 宪法的基础性规定

我国宪法虽然没有直接规定技术转移的相关条款，但是它规定了政府和公民之间的关系，在实施技术转移中需要保护公民的权利和义务。《宪法》(2018 年) 第 5 条规定，中华人民共和国实行依法治国，建设社会主义法治国家。在《宪法》第 51～53 条，明确规定了公民的权利和义务。

2.《民法典》总则编的规定

该部分的规定经历了由《民法通则》到《民法总则》再到《民法典》总则编的演进过程。《民法通则》(1987 年实施) 第 94～97 条规定：公民、法人享有著作权 (版权)，依法有署名、发表、出版、获得报酬等权利。公民、法人依法取得的专利权受法律保护。法人、个体工商户、个人合伙依法取得的商标专用权受法律保护。公民对自己的发现享有发现权。发现人有权申请领取发现证书、奖金或者其他奖励。公民对自己的发明或者其他科技成果，有权申请领取荣誉证书、奖金或者其他奖励。《民法总则》(2017 年制定) 第 123 条规定：民事主体依法享有知识产权。知识产权是权利人依法就下列客体享有的专有的权利：作品；发明、实用新型、外观设计；商标；地理标志；商业秘密；集成电路布图设计；植物新品种；法律规定的其他客体。在《民法典》总则编中，上述内容被完整地承继下来，没有任何改动。

(二) 知识产权法方面的相关规范

1. 概述

知识产权制度定义了产权，使技术成为能够重新配置的资源，并使技术可以脱离产品成为单独进行转让的标的。知识产权制度的一体化进程，在不同国家国内以统一的最低标准得以确立，使清洁能源技术在不同的国家内得到同等的保护。从功能上说，知识产权法也是由技术研发、技术运用、技术扩散和技术更新组成并循环往复的有机的法律整体。技术的研发即为吸收和整合环境自有资源，集中相关技术人员、必要的机器设备以及技术信息，从而进一步发展技术或者创造出新的技术。技术运用是一个理论到实践的过程，实验室里开发的技术可以运用到社会化的大规模生产中。技术扩散不仅包括同领域不同地理空间的扩散，也包括同一技术向不同领域渗透，比如清洁能源技术已经深入制造业、服务业等各个领域。技术的更新包括从无到有创造新的技术，也包括在旧有的技术基础上的改进和加工。[①] 涉及技术转移的主要知识产权法概述如下。

1984 年《专利法》制定时参照了《巴黎公约》，规定了有条件的国民待遇、优先权等原则和强制许可制度。1991 年前后美国以中国的知识产权保护不力为由与我国政府谈判，将其与贸易有关的知识产权的乌拉圭谈判结合起来，要求中国修改专利法，延长保护期限，扩大保护范围，提高保护水平，对强制许可取消本地实施要求[②]；为此，我国在 1992 年修改通过了新专利法，照顾到美国当时的要求，扩大了保护范围，将食品、饮料和调味品及药品和用化学方法获得的物质及它们的生产方法纳入保护范围，延长了保护期限，取消本地实施的强制许可，提前达到 TRIPs 协议的基本要求。乌拉圭谈判结束，美国成功将 TRIPs 协议等纳入 WTO 框架，随着中国入世脚步的临近，美国仍不放弃其在知识产权保护方面对中国的高要求——超越中国现实状况的要求。中国在 2000 年 8 月对专利法实行第 2 次修改，主要扩大权利人的权利和加大保护力度，这表明中国在入世前就已经提前履行了自己在 TRIPs 协议中的义务。此后，我国分别于 2008 年和 2020 年对于利法进行了第三次与第四次修正（具体内容见后文分析）。专利法同时将 PCT 的“一项发明一次申请”制度等简化手续的规定融入进去。简言之，中国专利法体现了《巴黎公约》、PCT 及 TRIPs 协议三个条约的原则和精神，为我国技术转让奠定了基础性法规；与其他发展中国家相比，我们保护的力度和前进步伐要大得多。1993 年 9 月我国制定了《反不正当竞争法》，涉及技术转让的主要内容为商业秘密保护的规定。《反不正当竞争法》分别在 2017 年和 2019 年得到修改。值得注意的是，《反不正当竞争法》的历次修改中，商业秘密保护条款都得到补充和完善，这也体现了立法者对商业秘密保护愈加重视。

我国 1990 年 9 月参照《伯尔尼公约》制定了著作权法；我国加入该公约时声明“中华人民共和国根据《公约》附件第一条的规定，享有附件第二条和第三条规定的权利”。在制定的相关法律法规如《著作权法》、《计算机软件保护条例》中体现了《伯尔尼公约》的原则，即采用双国籍国民待遇（作品和作者）、自动保护和最低限度保护等原则；在转让方面，《著作权法》（第三章，著作权许可使用和转让合同）和《计算机保护条例》（第三章，软件著作权的许可使用和转让）都有专章规定。在加入 WTO 前后，对《著作权法》和《计算机软件保护条例》也做了修改。[③]

简言之，知识产权法律的核心是确认特定的知识是一种财产，所有人对其拥有相应的

---

① 杨先明，赵果庆，张锦，潘小春. 国际直接投资、技术转移与中国技术发展. 北京：科学出版社，2004：24.

② 即 1984 年《专利法》第 51 条“专利权人在中国使用要求”和第 52 条“与前条相关的强制许可”。

③ 我国修改后的《著作权法》和《计算机软件保护条例》分别于 2001 年 10 月和 2002 年 1 月 1 日实施。《著作权法》于 2020 年第三次修正。

权利，通常情况下在转移时应给予相应的对价。中国知识产权制度的建立始于1978年改革开放之后。1949年以后，中国立法机关通过的第一部知识产权法是1982年的《商标法》；此后，《专利法》《著作权法》《反不正当竞争法》《反垄断法》等陆续颁布并在2000年前对《商标法》《专利法》进行了修正。除了前述法律之外，我们还通过了效力等级较高的《计算机软件保护条例》《植物新品种保护条例》等行政法规。进入21世纪，随着技术的发展及中国加入WTO等，我们对《商标法》、《专利法》、《著作权法》等进行了（再次）修改，并于2007年颁布《反垄断法》，同时也颁布了《集成电路布图设计权保护条例》（2001年）、《信息网络传播权保护条例》（2006年）等行政法规。通过这一系列的立法和修法活动，中国已经基本构建了较为完善的知识产权法律体系。这些法律，从积极意义上来说，有助于激励发明人进行创新，培育良好的技术研发环境，尊重技术，便利技术信息的分享和交流，且使信息交易成本低廉，更加有利于技术流转。从消极意义上而言，保护技术权利不受侵犯，维护市场秩序，避免不正当竞争。

2. 专利法

技术转移无疑首先涉及的是专利技术的转移，而专利技术转移首先要解决专利权的归属与保护问题，专利法首要价值正在于此。《专利法》是一部相对静态的法律。专利的本质是一种垄断权，即国家给予权利人一定的垄断期以换取该项技术信息的公开，促进技术的扩散与转移；从某种意义上说，是国家和发明人或专利权人之间形成的一个契约：国家承诺给予权利人特定时间的合法垄断权，但作为交换，权利人需要公开自己的技术方案，同时在保护期满后，技术进入公有领域，任何人可以无偿使用。

为保护专利权人的合法权益，鼓励发明创造，推动发明创造的应用，提高创新能力，促进科学技术进步和经济社会发展，专利法发挥了巨大的作用。我国现行《专利法》（2020年修正）共分八章，分别为：总则，授予专利权的条件，专利的申请，专利申请的审查和批准，专利权的期限、终止和无效，专利实施的特别许可，专利权的保护及附则。它从专利的取得、实施和权利保护等各个方面予以规定，为技术转移创造前提条件：确定权利归属，因为一个人不能把不属于自己或自己无权处理的权利转移给别人；此外，便是起到公示的作用，让有技术需求的人知道从何处可以获得技术。

现行《专利法》第10条明确规定：专利申请权和专利权可以转让。在《专利法实施细则》（2010年）中，进一步明确了专利权人与他人订立专利实施许可合同的要件和细则。国务院2018年6月15日发布了《关于积极有效利用外资推动经济高质量发展若干措施的通知》，称要推进专利法等相关法律法规修订工作，大幅提高知识产权侵权法定赔偿上限，客观上为专利转让创造积极条件。

2020年修改后的《专利法》规定，专利申请权和专利权可以转让；中国单位或者个人向外国人、外国企业或者外国其他组织转让专利申请权或者专利权的，应当依照有关法律、行政法规的规定办理手续；转让专利申请权或者专利权的，当事人应当订立书面合同，并向国务院专利行政部门登记，由国务院专利行政部门予以公告。专利申请权或者专利权的转让自登记之日起生效。[①]《专利法》对专利许可从正反两个角度加以规定。其直接

① 《专利法》第10条。

规定专利许可的内容是：任何单位或者个人实施他人专利的，应当与专利权人订立实施许可合同，向专利权人支付专利使用费；被许可人无权允许合同规定以外的任何单位或者个人实施该专利。① 对于从反面的角度来确认权利人的许可权，专利法是通过肯定专利人的权利来加以明确的，其内容是：发明和实用新型专利权被授予后，除法律另有规定的以外，任何单位或者个人未经专利权人许可，都不得实施其专利；外观设计专利权被授予后，任何单位或者个人未经专利权人许可，都不得实施其专利。② 这些规定都是在肯定专利许可，即只要经过权利人同意，非专利权人均可实施专利。可见，专利法主要涉及专利技术或与专利有关的申请权的转让、许可等。2020 年 10 月 17 日通过的《专利法》第四次修正案将第六章"专利实施强制许可"改为"专利实施的特别许可"，该特别许可包括了"法定许可和开放许可"。该章增加的内容有：(1) 国家专利机关在专利实施和运用方面应提供的服务。它规定国务院专利行政部门、地方人民政府管理专利工作的部门应当会同同级相关部门采取措施，加强专利公共服务，促进专利实施和运用。(2) 国有企业事业单位的法定许可。它规定国有企业事业单位的发明专利，对国家利益或者公共利益具有重大意义的，国务院有关主管部门和省、自治区、直辖市人民政府报经国务院批准，可以决定在批准的范围内推广应用，允许指定的单位实施，由实施单位按照国家规定向专利权人支付使用费。(3) 开放许可。它规定专利权人自愿以书面方式向国务院专利行政部门声明愿意许可任何单位或者个人实施其专利，并明确许可使用费支付方式、标准的，由国务院专利行政部门予以公告，实行开放许可；专利权人撤回开放许可声明的，应当以书面方式提出，并由国务院专利行政部门予以公告，但不影响在先给予的开放许可的效力；任何单位或者个人有意愿实施开放许可的专利的，以书面方式通知专利权人，并依照公告的许可使用费支付方式、标准支付许可使用费后，即获得专利实施许可；开放许可实施期间，对专利权人缴纳专利年费相应给予减免；实行开放许可的专利权人可以与被许可人就许可使用费进行协商后给予普通许可，但不得就该专利给予独占或者排他许可。当事人就实施开放许可发生纠纷的，由当事人协商解决；不愿协商或者协商不成的，可以请求国务院专利行政部门进行调解，也可以向人民法院起诉。③ 上述内容均与专利的专利技术转移密切相关，特别是法定许可和开放许可，它们本身就是技术转移的特定形式；不过，它们与一般的商业条件下的专利许可还是有所区别，因为后者基本上是通过商业谈判来完成。对于这两种许可在现实中会产生什么样的效果，只有等今后的实践来加以验证。

技术转移涉及的主要客体是专利技术和专有技术，由于专有技术主要依据《民法典》合同编、《反不正当竞争法》等加以调整，下面就专利的以下五个问题作出说明。

(1) 权利的归属。

发明和创造是整个社会技术进步的源泉，社会中的所有人都将受益于技术进步。发明和创造可能完全出于发明人或者设计人的兴趣和自我满足，但是要使发明和创造持续不

---

① 《专利法》第 12 条。

② 《专利法》第 11 条。

③ 《专利法》第 48－52 条。

断，则必须由政府通过法律加以鼓励。亚当·斯密在《国富论》中说道："对于一切尊贵职业，荣誉可以说是报酬的大部分。"① 发明人或设计人，即使其并非专利权的所有人，法律也规定，其依然享有在专利文件中写明自己是发明人或者设计人的权利。② 发明人或者设计人享有尊荣，这是整个社会对于发明人和设计人贡献的肯定。所以，正如亚当·斯密评论的那样，"就金钱得利说，考虑到各方面，从事此等职业的报酬一般都很有限"③，仍然有源源不断的人投身于发明创造，是因为他们可以获得金钱之外的东西，如荣誉，特别是流芳百世等。界定"产权"，是法律最为重要的一部分；《专利法》的首要功能在于界定专利权利的归属。这种权利一般遵从"谁发明，谁享有"的原则，合作发明或者委托发明，除另有约定，权利归属于完成或者共同完成的单位或者个人。

（2）专利权的类别。

专利的本质，在于"赋予专利人获取合法控制利用其专利技术生产的专利产品之市场份额的能力"④。专利的使用就是专利的生命所在。专利权的行使通常包含积极的和消极的两方面内容。从积极的方面来说，专利权是一种财产权利，属于私权。《专利法》授予权利人实施自己的专利权获利以及许可他人实施专利并收取专利使用费的权利。⑤ 在消极的方面，专利权是一种垄断权利，主要是通过禁止他人未经权利人许可，为生产经营之目的制造、使用、许诺销售、销售、进口权利人的专利产品。⑥

作为财产权的专利权，权利能够得以积极行使并且不受不合理的限制是法律需要重点考虑的问题。1）权利人可以顺利实施自己的权利。在实践中，专利共有人可能因为无法达成实施专利或者许可他人实施专利的合意，进而影响专利权利的行使。为防止此类事件的发生，现行《专利法》（2020 年修订）第 14 条特别规定，专利申请权人有约定从约定；无约定，共有人可以单独实施或者以普通许可的方式许可他人实施该专利，许可费用应当在共有人之间分配。该规定不要求共有人事先达成合意，鼓励权利人最大限度提高专利的利用率。2）专利权可以作为权利质押的客体。专利权质押是专利运用的重要形式。专利权质押可最大限度地开发利用专利权，实现其担保债权、融通资金的功能，能够有效解决企业特别是中小企业融资传统抵押物不足问题，拓宽其融资渠道，对改善中小企业创新发展环境具有积极作用。我国现行专利法中没有与专利质押相关的法律条款。专利法实施细则仅规定"以专利权出质的，由出质人和质权人共同向国务院专利行政部门办理出质登记"，但缺少有关质权保障的规定。随着我国专利权质押融资快速发展，需要加强对专利权出质行为的规范，避免后续纠纷及不能履约造成质权人的利益损失。3）权利人可以通过许可的方式获得利益。

作为禁止权的专利权，是专利人为了市场垄断利益得以实现，从交易链条的各个环节来控制其专利产品流通的权利。《专利法》将发明和实用新型的专利权利人的专利分

---

① 亚当·斯密．国富论．杨敬年，译．西安：陕西人民出版社，2005：89．

② 《专利法》第 17 条。

③ 同①．

④ 法律出版社数字出版中心．专利侵权中的"使用"行为的认定（专利权）．北京：法律出版社，2012．

⑤ 《专利法》第 12 条。

⑥ 《专利法》第 11 条。

解为制造权、使用权、销售权、许诺销售权和进口权。上述五种权利分别控制着五种不同的针对市场交易的行为。1）制造权主要控制生产环节，是指专利人独占实施利用专利方法或者专利技术制造产品的权利；未经权利人许可，任何人都不得出于经营的目的，使用专利方法或者专利技术制造产品。2）使用权是专利权人利用专利产品或者依据专利方法直接获得产品的权利，它包括对于专利产品的直接利用，也包括以营利为目的出借、出租专利产品等方式的利用。3）销售权即控制专利产品的销售环节。4）许诺销售权控制产品被广告宣传的环节，是专利权人有明确表示愿意出售其专利产品的权利，任何人未经权利人许可，都不得向第三方许诺销售专利产品。赋予专利权的许诺销售权，其目的在于在商业交易的早期阶段及时制止侵权行为，将侵权行为扼杀在“侵权可能”或“即发侵权”的阶段，防止将来专利侵权产品的传播，从而减少专利权人的损失。[①] 同时，许诺销售权还是对其他专利独占实施权的补充。如可以截住专利侵权人向合理使用人出售侵权产品的渠道，避免专利权人因使用人的豁免而得不到应有的救济，从而从另一角度保护专利权人的使用权。[②] 5）进口权控制专利产品从国外购入的环节，是指专利权人有权制止任何未经其许可使用专利技术制造的产品进口至其本国境内。任何人未经权利人许可，不得将使用的专利技术或者依照技术方法制造的产品进口到权利人境内。

（3）专利权的行使。

许可他人实施专利技术是专利权人推广应用专利技术的最主要方式。大多数工业国家之间技术交流通常建立在技术许可之上。[③] 根据双方约定的条件，技术许可赋予权利人的专利技术进行传递技术信息以及相关的隐含性知识，并收取费用的权利。

除了“鼓励创新”，“技术转移”也是《专利法》的重要内容。为了推广和扩散技术，“开放许可”制度在尊重当事人意愿的同时，能够较好地平衡社会公众对于技术的需求，这也是中国 2020 年修订的《专利法》的亮点之一。开放许可是一种十分普遍的、鼓励专利技术推广应用的制度，其主要内容是，出于促进专利技术最大限度应用的愿望，专利权人自愿向专利局或有关主管部门提出请求，发表愿意与任何有意实施其专利的单位或个人签订普通实施许可合同的声明。

（4）权利的行使的限制。

专利权是法律赋予的一种独占权，但专利权的行使并非不受任何限制。专利权的行使应当遵循诚实信用原则，在法律允许的范围内以法律允许的方式进行。滥用专利权损害公共利益、妨碍技术进步的行为应当受到专利法及其他法律法规的规制。

在专利法行使的原则上，平衡专利权和公共利益。我国 1984 年、2000 年、2008 年及 2020 年的《专利法》虽然没有直接规定专利限制条款，但是通过强制许可制度、不视为侵权的规定与国家推广应用制度等，暗含了对专利权行使进行限制。[④] 2015 年《专利法修改草案（征求意见稿）》在总则中增加规定：行使专利权应当遵循诚实信用原则，不得滥用

①② 毛大春. 许诺销售权初探——对于新专利法第十一条以及相关条文的理解. 知识产权，2001（4）.

③ 联合国发展组织. 发展中国家技术引进指南，1985：3.

④ 《专利法》第 53－57、49、14 条。

专利权损害公共利益或者他人合法权益。滥用专利权，排除或者限制竞争，构成垄断行为的，依照《中华人民共和国反垄断法》处理。[①] 该原则性条款，体现规制专利权滥用、平衡专利权人利益与社会公共利益的基本立场，而且可以使人民法院在审理某些案件及行政机关制定相关下位规范时拥有足够的法律依据以及弹性空间。

在许可制度上，强制许可制度是应对知识产权滥用的有力工具。我国《专利法》规定了以下几种情形可以实施法定或强制许可：1）国有企事业单位的发明专利，对国家利益或公共利益具有重大意义的，经相关机关批准，可以在批准的范围内推广运用，允许指定的单位实施[②]；2）专利权人不积极实施或者未充分实施的，满足专利权被授予满三年或者自提出申请之日起满四年；3）专利权人行使专利权的行为被依法认定为垄断，为消除或者减少该行为对于竞争者产生的不利影响[③]；4）国家出现紧急状态或者非常情况下，为了公共目的[④]；5）后者改进的技术发明或者实用新型，其实施需要依赖前一发明并且具有显著效益，经申请也可以被授予强制许可[⑤]；6）为了公共健康目的，对取得专利权的药品，国务院专利行政部门可以给予制造并将其出口到符合中华人民共和国参加的有关国际条约规定的国家或者地区的强制许可。[⑥]

（5）对于侵权行为的执法。

2014 年全国人大常委会专利法执法检查报告中指出专利维权存在“时间长、举证难、成本高、赔偿低”等状况，挫伤了企业开展技术创新和利用专利制度维护自身合法权益的积极性。实践中，专利领域中明知侵权而群起效仿的群体侵权、重复侵权时有发生，在一些地方甚至还比较严重。专利权人以一己之力无从招架、难以应付。这些行为不仅直接侵害了专利权人的民事权益，还扰乱了市场秩序，破坏了创新环境，侵害了公共利益。对此，只有行政部门主动介入，并追究侵权人的行政责任，方可在保护权利人民事权利的同时，有效维护市场秩序和公共利益。专利法执法检查报告也明确建议在专利法修改中考虑“加大对严重侵犯公共利益的专利侵权行为的执法和查处力度”[⑦]。

海关保护主要是对于侵权的实物产品限制其出入境，它是知识产权产品出入境流通的第一道屏障，也是制止侵权货物进入流通环节最早的一环。当海关发现涉嫌遣返在海关总署备案的知识产权的货物，有权主动要求其暂停通关。海关也可以经知识产权权利人申请扣留涉嫌侵权货物。法院的专利侵权的诉讼也可以有效震慑侵权行为的发生。2020 年修正的《专利法》已经将损害赔偿额度提高，对于难以确定的，法院可以综合各要素，确定 3 万元以上 500 万元以下的赔偿；而对于故意侵犯专利权情节严重的，侵犯专利权的赔偿数额可以按照权利人因被侵权所受到的实际损失或者侵权人因侵权所获得的利益来确定，确定数额为前述方法所得数额的一倍以上五倍以下。[⑧]

---

① 《专利法》第 20 条。

② 《专利法》第 49 条。

③ 《专利法》第 53 条。

④ 《专利法》第 54 条。

⑤ 《专利法》第 56 条。

⑥ 《专利法》第 55 条。

⑦ 中华人民共和国知识产权局. 关于《中华人民共和国专利法》修改草案（征求意见稿）的说明，http://www.sipo.gov.cn/zcfg/zcjd/201504/t20150402_1096196.html.

⑧ 《专利法》第 71 条。

3. 专有技术

专有技术是一种无形的知识财产，其实际转让的数量远多于专利技术转让（实务中绝大多数的技术转让是专利技术与专有技术结合起来转让）。但专有技术与专利技术又是有区别的，表现在以下五个方面：一是保密性不同。专有技术是保密的技术；专利技术是公开的技术。二是时效性不同。专有技术在保密状态下可以没有期限，但专利技术有法定期限。三是地域性不同。专有技术没有地域限制；专利技术在批准授权的地域内受保护。四是权利取得方式不同。专有技术是事实上的占有；专利技术需要通过法律途径获得。五是法律保护不同。专有技术受相关法律的保护；专利技术受专利法的保护。

专有技术除需用保密手段得到保护以外，也需要法律的保护。在实际中，专有技术经常援引民法、合同法、知识产权保护法、反不正当竞争法和刑法。但专有技术受法律保护的力度远比专利技术小。

4. 著作权法

《著作权法》是为保护文学、艺术和科学作品作者的著作权，以及与著作权有关的权益。技术转移活动中涉及的著作权客体主要是软件及与技术相关的作品（如相关技术的说明书、专著或论文）等。故在发生技术转移时，也需要保护转移双方当事人的权利和义务。《著作权法》（2020 年修正）第 10 条规定：著作权包括发表权、署名权、修改权、保护作品完整权、复制权、发行权、出租权、展览权、表演权、放映权、摄制权、广播权、改编权、翻译权、信息网络传播权、汇编权、应当由著作权人享有的其他权利，共 17 项权利。该法在第三章详细规定了著作权许可使用和转让合同，此外，还明确了此类合同内容和违约责任。

5. 商标法

商标法是确认商标专用权，规定商标注册、使用、转让、保护和管理的法律规范的总称。它的作用主要是加强商标管理，保护商标专用权，促进商品的生产者和经营者保证商品和服务的质量，维护商标的信誉，以保证消费者的利益，促进社会主义市场经济的发展。《商标法》（2013 年修订）在第四章第 39 至 43 条明确规定了注册商标的续展、变更、转让和使用许可。《商标法实施条例》（2014 年）第 17 条规定：申请人变更其名义、地址、代理人、文件接收人或者删减指定的商品的，应当向商标局办理变更手续。申请人转让其商标注册申请的，应当向商标局办理转让手续。在第四章“注册商标的变更、转让、续展”中详述了具体规定。

6. 集成电路布图设计及植物新品种等条例

集成电路布图设计权是一项独立的知识产权，是权利持有人对其布图设计进行复制和商业利用的专有权利。集成电路布图设计专有权受法律保护，保护方式有版权法保护和专利法保护两种。《集成电路布图设计保护条例》对权利内容、期限、登记有明确规定，侵权的法律责任是立即停止侵权行为并承担赔偿责任。该条例规定：布图设计权利人可以将其专有权转让或者许可他人使用其布图设计。转让布图设计专有权的，当事人应当订立书面合同，并向国务院知识产权行政部门登记，由国务院知识产权行政部门予以公告。布图设计专有权的转让自登记之日起生效。许可他人使用其布图设计的，当事人应当订立书面合同。[①] 同时，

① 《集成电路布图设计保护条例》第 22 条。

它还规定了集成电路布图设计合理使用的情形[①]及特定情形下的非自愿许可等[②]内容。

植物新品种权，是工业产权的一种类型，是指完成育种的单位或个人对其授权的品种依法享有的排他使用权。植物新品种权受法律保护，保护方式有专利法保护和专项立法保护两种。《植物新品种保护条例》对权利内容、期限有明确规定，侵权的法律责任无论是否以商业目的，只要侵犯品种权的，都应承担停止侵害、赔偿损失等民事责任。该条例还规定，植物新品种的申请权和品种权可以依法转让。中国的单位或者个人就其在国内培育的植物新品种向外国人转让申请权或者品种权的，应当经审批机关批准。国有单位在国内转让申请权或者品种权的，应当按照国家有关规定报经有关行政主管部门批准。转让申请权或者品种权的，当事人应当订立书面合同，并向审批机关登记，由审批机关予以公告。[③]同时，它对强制许可等情形也作出了规定。[④]

（三）合同方面的法律规范

合同方面的法律规范是技术转移或科技成果流转调整的基础性法律。我国1987年制定的《技术合同法》，构建了包括技术开发、技术转让、技术咨询和技术服务四类合同的法律规范，后来被1999年的合同法第十八章所替代，该章共43条，吸纳了原技术合同法的精华并根据市场经济的发展的需求，做了一定调整，使其成为科技成果流转的基本法则，建立了中国特色的技术市场基本准则和技术交易秩序，成为推动科技成果市场化的"加速器"。在2020年5月28日通过的《民法典》中，其合同编第二十章"技术合同"含四节共45条（第843条至第887条），总体上将合同法的主体内容承继下来。《民法典》合同编"技术合同"每节的名称（除了将第三节变为"技术转让合同和技术许可合同"）、节数与《合同法》保持高度一致，但条款数略微有些变化：《合同法》中共43条，每节分别是8条、12条、14条和9条；《民法典》中每节分别为8条、11条、16条和10条。相比之下，技术开发合同减少了1条，技术转让和许可方面增加了2条，技术咨询和服务方面增加了1条。

《民法典》合同编技术合同一章对技术开发合同、技术转让合同和技术许可合同、技术咨询合同及技术服务合同进行了详细的规定，其中重点规定了技术开发、技术转让和技术许可合同等。《民法典》规定的涉及技术转移合同的内容主要有：技术合同的价款、支付方式、职务或非职务技术成果权属、限制性技术转让条款，以及技术转让合同与技术许可合同的定义、类型与形式、相关当事人的义务与法律责任及后续改进成果的归属与分享等。

关于技术价格及其支付方式的法律规定主要体现在《民法典》合同编技术合同章及相关的司法解释中，但《民法典》对价格确定的具体方法未作单独的强行规定，只是将其与支付方式结合在一起进行规定。《民法典》第846条规定：技术合同价款、报酬或者使用费的支付方式由当事人约定，可以采取一次总算、一次总付或者一次总算、分期支付，也可以采取提成支付或者提成支付附加预付入门费的方式。约定提成支付的，可以按照产品

---

① 《集成电路布图设计保护条例》第23条。

② 《集成电路布图设计保护条例》第25～29条。

③ 《植物新品种保护条例》第9条。

④ 《植物新品种保护条例》第10～11条。

价格、实施专利和使用技术秘密后新增的产值、利润或者产品销售额的一定比例提成，也可以按照约定的其他方式计算。提成支付的比例可以采取固定比例、逐年递增比例或者逐年递减比例。约定提成支付的，当事人应当在合同中约定查阅有关会计账目的办法。而涉及限制性条款的具体内容主要体现在第865条："专利实施许可合同只在该专利权的存续期间内有效。专利权有效期限届满或者专利权被宣布无效的，专利权人不得就该专利与他人订立专利实施许可合同；非法垄断技术、妨碍技术进步或者侵害他人技术成果的技术合同无效。"这一条虽然没有直接出现限制性惯例的字眼，但其本质内容却反映了含有限制性惯例的合同所可能面临的命运，因此我们可以将其看作我国法律关于该方面的原则性或概括性的规定。此外，虽然技术转移合同当事人可以约定实施专利或者使用技术秘密的范围，但是不得限制技术竞争和技术发展。①

对于技术转移合同的定义，《民法典》的规定与《合同法》相比，有很大进步。它注意区分了技术转让合同与技术许可合同的界定，前者指合法拥有技术的权利人，将现有特定的专利、专利申请、技术秘密的相关权利让与他人所订立的合同；而后者指合法拥有技术的权利人，将现有特定的专利、技术秘密的相关权利许可他人实施、使用所订立的合同；而对于两类合同中关于提供实施技术的专用设备、原材料或者提供有关的技术咨询、技术服务的约定，属于合同的组成部分。② 对于类型，前者包括专利权转让、专利申请权转让、技术秘密转让等合同；而后者包括专利实施许可、技术秘密使用许可等合同。对于合同形式，法律要求二者均应当采用书面形式。③

对于技术转移相关当事人的义务，《民法典》规定：专利实施许可合同的许可人应当按照约定许可被许可人实施专利，交付实施专利有关的技术资料，提供必要的技术指导；被许可人应当按照约定实施专利，不得许可约定以外的第三人实施该专利，并按照约定支付使用费。④ 对于技术秘密转让合同的让与人和技术秘密使用许可合同的许可人，则应当按照约定提供技术资料，进行技术指导，保证技术的实用性、可靠性，承担保密义务但该义务不限制许可人申请专利（当事人另有约定的除外）；而相应的受让人和被许可人则应当按照约定使用技术，支付转让费、使用费，承担保密义务。⑤ 此外，技术转让合同的让与人和技术许可合同的许可人应当保证自己是所提供的技术的合法拥有者，并保证所提供的技术完整、无误、有效，能够达到约定的目标；与之相应，受让人和被许可人应当按照约定的范围和期限，对让与人、许可人提供的技术中尚未公开的秘密部分，承担保密义务。⑥

关于技术转移当事人的法律责任，《民法典》将其分为两个方面：一是违约责任，二是侵权责任；但以前者为重点。违约责任方面，由于技术许可合同的数量和实践远远超过技术转让合同，故《民法典》的规定主要以技术许可合同的当事人的责任为基础，而技术

---

① 《民法典》第864条。

② 《民法典》第862条。

③ 《民法典》第863条。

④ 《民法典》第866、867条。

⑤ 《民法典》第868、869条。

⑥ 《民法典》第870、871条。

转让合同当事人的法律责任比照适用许可合同。该方面的规定如下：(1) 许可人未按照约定许可技术的，应当返还部分或者全部使用费，并应当承担违约责任；实施专利或者使用技术秘密超越约定的范围的，违反约定擅自许可第三人实施该项专利或者使用该项技术秘密的，应当停止违约行为，承担违约责任；违反约定的保密义务的，应当承担违约责任。让与人承担违约责任，参照适用前文规定。(2) 被许可人未按照约定支付使用费的，应当补交使用费并按照约定支付违约金；不补交使用费或者支付违约金的，应当停止实施专利或者使用技术秘密，交还技术资料，承担违约责任；实施专利或者使用技术秘密超越约定的范围的，未经许可人同意擅自许可第三人实施该专利或者使用该技术秘密的，应当停止违约行为，承担违约责任；违反约定的保密义务的，应当承担违约责任。受让人承担违约责任，参照适用前面规定。① 对于侵权责任，《民法典》主要规定了技术转移合同中提供技术一方当事人的责任，它规定：受让人或者被许可人按照约定实施专利、使用技术秘密侵害他人合法权益的，由让与人或者许可人承担责任，但是当事人另有约定的除外。②

关于后续研发或改进的技术成果之处理，它规定：当事人可以按照互利的原则，在合同中约定实施专利、使用技术秘密后续改进的技术成果的分享办法；没有约定或者约定不明确，依据民法典的规定仍不能确定的，后续改进的技术成果归改进方，其他各方无权分享。③

对于其他类型的知识产权所涉及的技术转移（包括转让和许可），如集成电路布图设计专有权、植物新品种权、计算机软件著作权等，参照适用上述规定。对于技术进出口合同，法律、行政法规另有规定的，遵循特别法优于一般法的原则，适用相关法律法规。④

技术开发合同，虽然也涉及技术转移，但其根本性质不是转移，只是服务于合作或委托开发，难以单独形成相对独立的权利与义务；而技术服务合同、技术咨询合同也涉及技术转移，但由于多数为公知技术的分享或转移，因而对于这三类技术合同，本书不予讨论。

除了《民法典》外，《最高人民法院关于审理技术合同纠纷案件适用法律若干问题的解释》对合同法中的规定作了进一步解释。主要体现在三方面：一是当事人以技术入股方式订立联营合同，但技术入股人不参与联营体的经营管理，并且以保底条款形式约定联营体或者联营对方支付其技术价款或者使用费的，视为技术转让合同。二是继续使用技术秘密但又拒不支付使用费的，人民法院可以根据权利人的请求判令使用人停止使用。三是对合同法所称的“非法垄断技术、妨碍技术进步”作进一步解释，列出 6 种行为属于非法垄断技术、妨碍技术进步。

最高人民法院颁布的《关于印发全国法院知识产权审判工作会议关于审理技术合同纠纷案件若干问题的纪要的通知》(共 102 条) 以及其他涉及科技成果流转的司法解释或其他规范性文件，也对科技成果流转起到一定的调整和规范作用。另外，最高人民法院和最高人民检察院联合发布了有关技术合同方面的司法解释和其他法律文件也是调整技术流转

① 《民法典》第 872、873 条。
② 《民法典》第 874 条。
③ 《民法典》第 875 条。
④ 《民法典》第 876、877 条。

的重要法律等。

根据《合同法》，国家科技主管部门陆续制定并发布实施了技术合同认定登记、技术市场统计、技术交易和管理、技术合同仲裁等行政规章。目前涉及技术流转合同的主要规章有2000年2月16日发布的《技术合同认定登记管理办法》(国科发政字〔2000〕063号)、2001年7月18日发布的《技术合同认定规则》(国科发政字〔2001〕253号)。前者对技术流转合同登记进行了详细规定，而后者着重对四类合同的认定给予了详细规定。它们对指导技术流转发挥了积极作用。

技术流动最为重要的一种方式就是通过设备或元器件贸易带来的技术转移，也被称为硬件模式。通过这种贸易走“模仿、改进、创新”之路，在发展中国家创新模式中占据了重要的地位。许多发展中国家能够从日本的持续改善模式中受益。这种持续改善简单来说就是指在运用进口的设备或者产品时，员工通过细小的、渐进的革新所表现出来的持续性改进。[①] 而这种持续性的改善已经使一些国家，特别是经济规模较大、有一定技术基础的金砖国家[②]着手开发新的、低成本的技术和方法，从而实现反向创新。清洁能源技术很大程度上是通过技术设备或者产品中所携带的技术信息而进行传播和扩散的。因而，规制贸易的法律在清洁能源技术转移中显得尤为重要。

（四）对外贸易法及其下的技术进出口管理条例等

技术转移不可避免地会涉及技术进出口问题。在技术进出口管理方面，对外贸易法、技术进出口管理条例、合同法等体现了公平、务实、效率原则和TRIPs协议要求的透明、限制权利滥用原则等，使管理更为规范，减少和消除了行政性垄断的影响，提高了效率。入世前我国政府花大力气清理了与有关国际条约规定不一致的法规。

依规定，国务院对外经济贸易主管部门——商务部——应当会同国务院有关部门，依照有关限制或进口的规定，制定、调整并公布限制或者禁止进出口的技术目录，经国务院批准，主管部门或者由其会同国务院其他有关部门，可以在一定的范围内，临时决定限制或者禁止前款规定目录以外的特定技术的进口或者出口。[③] 对限制进口或者出口的技术，实行许可证管理，必须依照国务院规定经商务部或者由其会同国务院有关部门许可，方可进口或者出口。对自由进出口技术合同的管理采取网上在线登记管理，外经贸主管部门是技术进出口合同的登记管理部门，登记管理不是自由进出口技术合同成立生效的条件。

1. 技术进出口管理规范

根据修改后的外贸法规定，其适用范围是对外贸易以及与对外贸易有关的知识产权保护。[④] 它“所称对外贸易，是指货物进出口、技术进出口和国际服务贸易”[⑤]，可见，技术

---

① 拉希德·卡恩. 技术转移改变世界——知识产权的许可与商业化. 李跃然，张立，译. 北京：经济科学出版社，2012：8.

② 金砖国家最早是指巴西、俄罗斯、印度和中国四个国家，后来南非加入，故现在“金砖国家”有五个国家。

③ 《对外贸易法》第18条。

④ 《对外贸易法》专门增加了一章“第五章　与对外贸易有关的知识产权保护”，内容共三条，目的在于：通过实施贸易措施，防止侵权产品进口和知识产权权利人滥用权利，并促进我国知识产权在国外的保护。

⑤ 《对外贸易法》(2016年修订) 第2条。主要修改第10条，由“从事对外工程承包或者对外劳务合作的单位，应当具备相应的资质或者资格。具体办法由国务院规定”改为“从事国际服务贸易，应当遵守本法和其他有关法律、行政法规的规定”。

进出口构成了我国外贸的三大支柱之一，其重要性日渐突出。[①] 根据外贸法，除法律、行政法规另有规定的外，我国准许技术自由进出口[②]；进出口属于自由进出口的技术，应当向国务院对外贸易主管部门或者其委托的机构办理合同备案登记。[③] 对自由进出口技术合同的管理采取网上在线登记管理，外经贸主管部门是技术进出口合同的登记管理部门，但登记管理不是自由进出口技术合同成立生效的条件。法律法规另有规定的主要体现在国家对技术进出口的禁止与限制方面，其中《对外贸易法》的相关规定是最为重要的。

《对外贸易法》规定：国家基于法定原因，可以限制或者禁止有关货物、技术的进口或出口。国家基于下列原因，可以限制或者禁止有关货物、技术的进口或者出口：（1）为维护国家安全、社会公共利益或者公共道德，需要限制或者禁止进口或者出口的；（2）为保护人的健康或者安全，保护动物、植物的生命或者健康，保护环境，需要限制或者禁止进口或者出口的；（3）为实施与黄金或者白银进出口有关的措施，需要限制或者禁止进口或者出口的；（4）国内供应短缺或者为有效保护可能用竭的自然资源，需要限制或者禁止出口的；（5）输往国家或者地区的市场容量有限，需要限制出口的；（6）出口经营秩序出现严重混乱，需要限制出口的；（7）为建立或者加快建立国内特定产业，需要限制进口的；（8）对任何形式的农业、牧业、渔业产品有必要限制进口的；（9）为保障国家国际金融地位和国际收支平衡，需要限制进口的；（10）依照法律、行政法规的规定，其他需要限制或者禁止进口或者出口的；（11）根据我国缔结或者参加的国际条约、协定的规定，其他需要限制或者禁止进口或者出口的。[④] 该法还规定：国家对与裂变、聚变物质或者衍生此类物质有关的货物、技术进出口，以及与武器、弹药或者其他军用物资有关的进出口，可以采取任何必要的措施，维护国家安全。在战时或者为维护国际和平与安全，国家在货物、技术进出口方面可以采取任何必要的措施。[⑤] 国务院对外贸易主管部门（主要是商务部）会同国务院其他有关部门（如工信部、科技部等），依据《对外贸易法》的前述规定，制定、调整并公布限制或者禁止进出口的货物、技术目录；国务院对外贸易主管部门或者由其会同国务院其他有关部门，经国务院批准，可以在前述规定的范围内，临时决定限制或者禁止前款规定目录以外的特定货物、技术的进口或者出口。[⑥] 国家对限制进口或者出口的技术，实行许可证管理。实行配额、许可证管理的技术，应当按照国务院规定经国务院对外贸易主管部门或者经其会同国务院其他有关部门许可，方可进口或者出口。[⑦] 这些规定经过多次修改后，它们在逻辑和语言上更为合理，在内容上更为严谨和灵活。它们是我国企业进行国际技术贸易的基本规定，是企业在进行国际技术贸易时必须遵循的主要依据。

通过上述分析，可以看出，我国技术进出口分为三类：自由、限制及禁止，而后两类

---

① 注意这里用的是“技术贸易”而非“知识产权贸易”，反映了在知识产权贸易（特别是商标、专利、专有技术、软件程序等）中技术实质上构成了其核心内容，至于文学作品等版权的对外贸易如何处理，值得探究。

② 《对外贸易法》第 14 条。

③ 《对外贸易法》第 15 条第 2 款。

④ 原因参见《对外贸易法》第 16 条、第 17 条。与修改前相比，现有条款在逻辑和语言上更为合理，在内容上更为严谨和灵活。

⑤ 《对外贸易法》第 17 条。

⑥ 《对外贸易法》第 18 条。

⑦ 《对外贸易法》第 19 条。

是国家管理的重点。

《对外贸易法》(2016 年修订)对技术转让提出了一些限制性条款。它规定:知识产权权利人有阻止被许可人对许可合同中的知识产权的有效性提出质疑,进行强制性一揽子许可,在许可合同中规定排他性返授条件等行为之一,并危害对外贸易公平竞争秩序的,国务院对外贸易部门可以采取必要的措施消除危害。

此外,《对外贸易法》规定,国家依照有关知识产权的法律、行政法规,保护与对外贸易有关的知识产权。进口货物侵犯知识产权,并危害对外贸易秩序的,国务院对外贸易主管部门可以采取在一定期限内禁止侵权人生产、销售的有关货物进口等措施。[①] 该条从保护国内知识产权的角度来维护公平竞争,有些类似美国的 337 条款,但处罚的力度似乎更强。

《技术进出口管理条例》(2019 年修订)对技术转移在进口或出口环节有明确规定。它规定,技术进出口是指从中国境外向境内,或者从中国境内向境外,通过贸易、投资或者经济技术合作的方式转移技术的行为。其行为包括专利权转让、专利申请权转让、专利实施许可、技术秘密转让、技术服务和其他方式的技术转移。[②] 其实质内容就是国际技术转让,就特定的国家而言是技术进出口,而在第三者的角度来看就是国家间,即跨越国境的技术贸易。我国对技术进出口实行统一的管理制度,同时要求技术进出口应当符合国家的产业政策、科技政策和社会发展政策,有利于促进我国科技进步和对外经济技术合作的发展,有利于维护我国经济技术权益。[③] 其第二章“技术进口管理”(第 7～27 条,共 21 条)和第三章“技术出口管理”(第 28～43 条共 16 条)分别对技术进口与技术出口作出了详细的规定。

2. 技术进口管理

为提高我国科技水平,增强国家核心竞争能力,适时适当引进符合经济发展需要的先进技术是一条积极有效的途径。但由于技术引进涉及面十分广泛,涉及政治、经济、金融、技术、法律和国家发展战略等,其引进过程是相当复杂的。因此国家宏观调控不可或缺,政府有关部门必须对其进行管理和规范,这样才能避免重复、低效、无序的引进,维护国家利益,促进技术发展,实现“规范技术进出口管理,维护技术进出口秩序,促进国民经济和社会发展”之目的。

我国对技术引进的管理主要是将其纳入国家经济及技术发展的统一计划中,并通过相关政策、法律法规对特定技术引进项目进行政府审批最终以合同形式来完成的,其中通过中外合资或合作合同来进行技术转让的较多,其次是进口设备合同,再次是纯粹的技术许可合同。

我国鼓励先进、适用的技术进口;对于禁止进口的技术,不允许进口;对于限制进口的技术,实行许可证管理,未经许可,不得进口。国务院外经贸主管部门在一定的时候会同国务院有关部门,制定、调整并公布禁止或者限制进口的技术目录。[④] 由于禁止进口的

---

① 《对外贸易法》第 29 条。

② 《技术进出口管理条例》第 2 条。

③ 《技术进出口管理条例》第 3、4 条。

④ 《技术进出口管理条例》第 7～10 条。

技术不准进口，对其管理主要依据公布的目录采取禁止措施即可，自由进口的技术采取向国务院外经贸主管部门办理登记并提交相关文件、取得技术进口合同登记证的办法，无须经过有关部门的批准。故进口技术的管理主要集中于限制进口技术方面。

进口属于限制进口的技术，应当向外经贸主管部门提出技术进口申请并附有关文件，若该项目需经有关部门批准的，还应当提交有关部门的批准文件。国务院外经贸主管部门收到技术进口申请后，应当会同国务院有关部门对申请进行审查，并自收到申请之日起30个工作日内作出批准或者不批准的决定。技术进口申请经批准的，由主管部门发给技术进口许可意向书。进口经营者取得技术进口许可意向书后，可以对外签订技术进口合同。进口经营者签订技术进口合同后，应当向国务院外经贸主管部门提交技术进口合同副本及有关文件，申请技术进口许可证。技术进口经许可的，由国务院外经贸主管部门颁发技术进口许可证。技术进口合同自技术进口许可证颁发之日起生效。[①]

对属于自由进口的技术，实行合同登记管理。进口属于自由进口的技术，合同自依法成立时生效，不以登记为合同生效的条件。进口属于自由进口的技术，应当向国务院外经贸主管部门办理登记，并提交下列文件：(1) 技术进口合同登记申请书；(2) 技术进口合同副本；(3) 签约双方法律地位的证明文件。国务院外经贸主管部门应当自收到本条例前面规定的文件之日起 3 个工作日内，对技术进口合同进行登记，颁发技术进口合同登记证。[②]

申请人凭技术进口许可证或技术进口合同登记证，办理外汇、银行、税务、海关等相关手续，否则上述机关不予受理。由此可见，尽管对自由进口合同采取合同登记制，登记不是合同生效的条件，但登记对合同的实际效力和履行具有实质性的影响，会使生效的合同难以履行，它可能会成为否定合同效力的一种手段。

技术供方应当保证自己是所提供技术的合法拥有者或者有权转让、许可者，不应存在任何瑕疵，且所提供的技术完整、无误、有效，能够达到约定的技术目标；而受方应对供方提供的技术中尚未公开的秘密部分承担保密义务；在技术进口合同有效期内，改进技术的成果属于改进方。

原《技术进出口管理条例》中规定技术进口合同中，不得含有下列限制性条款：要求受方接受并非技术进口必不可少的附带条件；要求受方为期满或无效专利技术支付费用或承担相关义务；限制受方改进转让的技术或使用所改进的技术；限制受方从其他来源获得与转让的技术类似的或与其竞争的技术；不合理限制受方购买原材料、零部件、产品或者设备的渠道或来源；不合理限制受方产品的生产数量、品种或销售价格；不合理限制受方利用进口的技术生产产品的出口渠道。[③] 这些限制性条款在 2019 年 3 月国务院的一个条例中已经废除。[④] 但技术供方应当保证自己是所提供技术的合法拥有者或者有权转让、许可者，不应存在任何瑕疵，且所提供的技术完整、无误、有效，能够达到约定的技术目标；而受方应对供方提供的技术中尚未公开的秘密部分承担保密义务。

---

① 《技术进出口管理条例》第 11～16 条。

② 《技术进出口管理条例》第 17～19 条。

③ 《技术进出口管理条例》(2011 年) 第 29 条。

④ 《国务院关于修改部分行政法规的决定》，2019 年 3 月 2 日。

2019年3月我国通过的《外商投资法》明确规定，在遵循给予外国投资者国民待遇的原则下，技术合作合同应遵循公平原则，当事人平等协商确定合同内容，行政机关不得干预。对此，《技术进出口管理条例》对涉及技术进口合同部分条款也相应进行了修改，即删除了行政干预技术合同内容的条款。具体如下：条例修改的重点内容为删除了第24条第3款、第27条、第29条的规定，删除了对技术进口合同中对让与人的限制性规定。主要体现在：

（1）删除了让与人的瑕疵担保和相应的赔偿责任的规定。原条例第24条规定："技术合同受让人依合同约定使用让与人提供的技术的，侵害他人合法权益的，由让与人承担责任。"该规定与《合同法》第353条"侵害他人合法权益的责任由让与人承担责任，但当事人另有约定的除外"的规定（《民法典》第874条将此内容完全吸纳）略有区别的是：合同法给予了当事人协商的权利，体现了合同签订中的平等和意思自治原则，而条例没有，强制规定责任由让与人承担，增加了让与人的技术瑕疵担保责任，有利于保护受让人。修改后，在技术进口合同签订时，相应条款应符合《合同法》的规定（2021年1月1日之后，应符合《民法典》的规定），即双方当事人在侵害他人权利时，可以约定由让与人承担责任还是其他责任承担方式；没有约定时，才由让与人承担。故在技术进口合同签订时，受让人要特别注意侵权责任的分担的约定：如果让与人不主动提出，受让人可以不提；如果提出，争取在合同中约定由技术让与人承担。

（2）删除了技术改进成果强制归属改进人的规定。原条例第27条规定："技术进口合同履行中，技术改进的成果归属改进人。"这里的"改进人"并非一定是受让人，绝大多数情况下是"出让人"，从理论和实务上并无不合理之处。有人理解为"体现了对技术受让人的保护，剥夺了技术让与人在改进成果上与受让人（改进人）协商的权利"是不准确的：谁敢保证"改进人一定是受让人"？只是该规定与《合同法》第354条规定的"当事人可以按照互利原则，对后续成果归属进行约定，如没有约定或者约定不明，也不能补充约定，按照合同相关条款和交易习惯也无法确定的，改进成果归改进方所有"[①] 有不一致的地方，即允许双方事先约定，没有约定时"属于改进人"。实际上修改后，对于"出让方"更不利：受让方可以要求与出让人共享将来对与转让的成果相关的后续成果。在技术进口合同签订时，受让人在合同中可以约定改进后的成果（包括出让方的成果）归属各方，另一方免费使用的方式，或双方共享。但这会令人认为：多数情况下，出让方不会同意后一种情况。

（3）删除了技术进口合同中对限制性条款的规定。原条例第29条规定了七种限制性条款，这些限制性条款在《民法典》中体现为第850条（非法垄断技术、妨碍技术进步或者侵害他人技术成果的技术合同无效）以及《最高人民法院关于审理技术合同纠纷案件适用法律若干问题的解释》第10条的规定。后者规定属于原合同法第329条所称的"非法垄断技术、妨碍技术进步"的有以下六种：1）限制当事人一方在合同标的技术基础上进

---

① 该条内容在《民法典》中体现为第875条，即当事人可以按照互利的原则，在合同中约定实施专利、使用技术秘密后续改进的技术成果的分享办法；没有约定或约定不明确，依照本法第五百一十条的规定仍不能确定的，一方后续改进的技术成果，其他各方无权分享。

行新的研究开发或者限制其使用所改进的技术，或者双方交换改进技术的条件不对等，包括要求一方将其自行改进的技术无偿提供给对方、非互惠性转让给对方、无偿独占或者共享该改进技术的知识产权；2）限制当事人一方从其他来源获得与技术提供方类似技术或者与其竞争的技术；3）阻碍当事人一方根据市场需求，按照合理方式充分实施合同标的技术，包括明显不合理地限制技术接受方实施合同标的技术生产产品或者提供服务的数量、品种、价格、销售渠道和出口市场；4）要求技术接受方接受并非实施技术必不可少的附带条件，包括购买非必需的技术、原材料、产品、设备、服务以及接收非必需的人员等；5）不合理地限制技术接受方购买原材料、零部件、产品或者设备等的渠道或者来源；6）禁止技术接受方对合同标的技术知识产权的有效性提出异议或者对提出异议附加条件。在《外商投资法》给予外商投资者准入前国民待遇的规定下，删除作为行政法规的条例中的限制性条款，改由《合同法》（2021年1月1日后的《民法典》）对技术进口合同的限制条款进行规定也更为妥当。

原条例第24条第3款、第27条、第29条的规定受20世纪70年代发展中国家与发达国家在国际经济新秩序斗争中的影响，因技术受让方处于较为严重的不利地位，政府在一定程度上进行干预，对技术受让人给予适当保护，在国内技术远落后于国外技术发展背景下，有其合理因素；但在实务中，这些规定是否对保护我国企业签订和履行技术进口协议的利益起到积极的作用，并没有充分的实例来说明。随着我国技术发展水平的进一步提升及企业经过40多年的改革开放和在市场经济活动中近30年的实践，市场经营意识和能力的不断提升，以及外商投资中合资企业形态日趋减少，《技术进出口管理条例》放宽了对技术进口合同内容的限制，让我国企业与外资企业在平等基础上自由协商技术进出口合同条款，是一种必然趋势。对此，我们的企业作为技术受让方在技术进出口合同谈判前和谈判中要对技术及技术供方进行详细的尽职调查，以寻找更多的谈判筹码，在合同签订中切实保护自己的合法利益。

改革开放之初，我国技术贸易十分落后，为了能引进先进技术和先进管理经验，结合引进外资，我们在三资企业立法时均将国际合作和技术交流或引进作为立法的目的之一，鼓励外方将先进技术作为出资形式之一，甚至将其作为外方的义务之一。[①] 申请设立的合营企业应注重经济效益和技术因素，如能采用先进技术设备和科学管理方法，增加产品品种，提高质量和产量，节约能源和材料，或利于企业技术改造，能做到投资少、见效快、收益大，或能培训技术人员和经营管理人员。

对于外方以技术作为投资的，须符合下列条件之一：能显著改进现有产品性能、质量，提高生产效率的；能显著节约原材料、燃料、动力的；同时应提交该专利或者专有技术的有关资料作为合营合同的附件，包括专利证书、有效状况及其技术特性、实用价值、作价的计算根据、与中国合营者签订的作价协议等有关文件；其作为出资的工业产权或者专有技术，应当报审批机构批准。[②]

在申请设立合营企业时，若不合中国国民经济发展要求，企业会造成环境污染，或签

① 《中外合资经营企业法》第1、5条，《中外合作经营企业法》第1、4条，《外资企业法》第1、3条。
② 《中外合资经营企业法实施条例》第25、26、27条。

订的协议、合同、章程显失公平，损害合营一方权益等，则不予批准。[①] 若合营合同中涉及技术转让有上述现象之一的，特别是最后两项，合营中国一方有权依据该规定要求政府干预。

《中外合资经营企业法》将合营合同成立过程中合营外方作为出资的技术与合营企业成立后“合营企业引进技术”区别开来。它设有专章，规定其所称的引进技术“是指合营企业通过技术转让的方式，从第三者或者合营者获得所需要的技术”，这些技术应是适用的、先进的，并使其产品在国内具有显著的社会经济效益或者在国际市场上具有竞争能力。在订立技术转让协议时，必须维护合营企业独立进行经营管理的权利，并要求技术供方按规定提供有关的资料。而且技术转让协议，应当报审批机构批准，必须符合下列规定：使用费公平合理；除非另有协议，技术供方不得限制受方出口其产品的地区、数量和价格；期限一般不超过 10 年，期满后，技术受方有权继续使用该项技术；订立转让协议双方相互交换改进技术的条件应对等；技术受方有权按自己认为合适的来源购买需要的机器设备、零部件和原材料；不得含有为中国的法律、法规所禁止的不合理的限制性条款。

在鼓励先进技术引进方面，国家还规定外国投资者提供先进技术，从事新产品开发，实现产品升级换代，以增加出口创汇或者替代进口的先进技术企业给予如中方职工社会福利费用支付，场地使用费[②]，生产经营所需的水、电、运输条件和通信设施，银行贷款，外方利润汇出境外免缴汇出额所得税及企业所得税等方面[③]的更多优惠。

可见，我国对技术引进管理虽有多部法律规定，但主要集中于外贸法和外商投资企业法中；尽管技术进出口管理条例规定得较为详细，但更多的技术还是通过投资企业和货物设备贸易来完成的，所以我国外贸法专章规定技术许可的内容也就顺理成章，两者的配合使我国对技术进口的管理能起到一定的积极作用，反映在技术转让方面，体现了国家公法干预强——在外贸法和外商投资法中均有禁止限制性条款规定——的特征，这也是多数发展中国家的通常做法。

3. 技术出口管理

随着技术的发展，加强技术出口管理渐成为我国的重要课题；随着我国鼓励“走出去”战略的实施及我国跨国公司的成长[④]，技术出口管理在技术转让管理中的地位会越来越重要。我国技术出口始于 20 世纪 80 年代，最先主要通过货物、服务贸易渠道进行。1986 年我国制定了技术出口的方针、原则和管理制度，将技术项目分为禁止出口、控制出口（重大技术）和允许出口（一般技术）三大类。在《技术进出口管理条例》出台后，与引进技术一样将技术出口分为禁止、限制和自由三类，与前面的实质内容基本相同，只是换了说法而已。其管理机构主要是商务部和科技部，前者的主要职责是执行国家有关技

① 《中外合资经营企业法实施条例》第 4 条。

② 如除大城市市区繁华地段外，按下列标准计收：开发费和使用费综合计收的地区，为每年每平方米 5 元至 20 元；开发费一次性计收或者上述企业自行开发场地的地区，使用费最高为每年每平方米 3 元。前款规定的费用，地方人民政府可以酌情在一定期限内免收。

③ 《国务院关于鼓励外商投资的规定》（1986 年 10 月 11 日发布）。

④ 彭迪云，甘筱青，等. 跨国公司发展论：跨国公司的成长与中国实施“走出去”战略研究. 北京：经济科学出版社，2004：270－307.

术出口的方针政策，拟定技术出口法规，负责有关技术出口项目的贸易审查和合同审查以及组织协调与技术出口有关的重大活动；后者的主要职责是对拟出口的技术项目进行审查、评估等。

我国鼓励成熟的产业化技术出口。属于禁止出口的技术，不得出口。属于限制出口的技术，实行许可证管理；未经许可，不得出口。国务院外经贸主管部门一定时期会同国务院有关部门，制定、调整并公布禁止或者限制出口的技术目录。对属于自由出口的技术，实行合同登记管理。

限制出口技术管理的实体内容与程序和限制进口技术管理的内容和程序基本相似，但也有区别：技术进口项目有的需经有关部门批准，而技术出口无此规定；需经有关部门进行保密审查的限制出口技术，必须按照国家有关规定执行，而技术进口无此规定；申请技术出口许可证时，申请人应当向国务院外经贸主管部门提交下列文件：技术出口许可意向书，技术出口合同副本，技术资料出口清单，签约双方法律地位的证明文件。外经贸主管部门对技术出口作出许可或者不许可的决定，对被允许者发出口许可证。

申请人凭技术出口许可证或者技术出口合同登记证，办理外汇、银行、税务、海关等相关手续，否则上述机关不予受理。对自由出口的技术合同而言，登记的性质与自由进口的技术合同一致。对于出口核技术、核两用品相关技术、监控化学品生产技术、军事技术等出口管制的技术，依照有关行政法规的规定办理。

在技术出口保护方面，外贸法根据 WTO 规则，同时借鉴美、欧、日等国外立法，增加了一条，即“其他国家或者地区在知识产权保护方面未给予中华人民共和国的法人、其他组织或者个人国民待遇，或者不能对来源于中华人民共和国的货物、技术或者服务提供充分有效的知识产权保护的，国务院对外贸易主管部门可以依照本法和其他有关法律、行政法规的规定，并根据中华人民共和国缔结或者参加的国际条约、协定，对与该国家或者该地区的贸易采取必要的措施”①。该条类似于美国的特殊 301 条款，它比原修改草案中“其他国家或者地区未能在知识产权保护方面给予中华人民共和国国民平等待遇，或者提供充分有效的保护的，国务院商务主管部门可以进行调查并根据调查结果，在符合国际条约、协定义务的前提下，撤回减让或者停止履行有关条约或者协定下的义务”的规定要科学实效得多，“必要措施”弹性很大，不仅仅限于“撤回减让或者停止履行有关条约或者协定下的义务”，还可以有其他惩罚措施，以及时、有效地维护我国当事人的合法权益。

2018 年 3 月国务院颁布的《知识产权对外转让有关工作办法（试行）》，规定了加强对涉及国家安全的知识产权对外转让行为的严格管理，并严格审查范围、审查内容、审查机制，以维护国家安全和重大公共利益。审查包括跨境并购交易中的技术对外转让。审查机关也由原来的商务部会同科技部分管，现在根据不同义务，审查权放到各个对口部门。

在技术进出口方面，有《对外贸易法》及根据该法制定的《技术进出口管理条例》等行政法规；商务部根据它们又制定了相应的《技术进出口合同登记管理办法》（2009 年修正）、《禁止进口限制进口技术管理办法》（2009 年修正）、《两用物项和技术出口通用许可

---

① 《对外贸易法》第 31 条。

管理办法》(2009年)以及商务部和科学技术部令2009年第2号令《禁止出口限制出口技术管理办法》等。这些法规对技术进出口有所规定,它们可以对在本国取得的有效科技成果的出口及在引进消化吸收再创新基础上形成的科技成果及其流转进行调整。

(五)外商投资方面的法律规范

我国对外商投资出台的系列法规中,对技术转移也有明确规定。我国早在1979年出台了《中外合资经营企业法》及其实施条例,包括后来的《中外合作经营企业法》及《外商投资法》① 等。2016年9月,全国人大常委会作出了修改《外资企业法》等四部法律的决定,对前述三个法律和《台湾同胞投资保护法》进行了文字不多但却意义重大的修改(主要是对外商投资准入前的审批制改为备案制),相关修改在2016年10月1日起生效。

2019年3月,我国通过《外商投资法》,于2020年1月1日生效;生效之后,《中外合资经营企业法》《外资企业法》《中外合作经营企业法》同时废止。② 该法旨在统一内外资法律和创新外国投资法制度为目标,代表了中国投资法的发展方向,是我国外商投资管理法律体系的一大里程碑,将构成我国外商投资法律的基础。准入前国民待遇和负面清单管理制度为《外商投资法》最具特色的基本制度,并且该法还从多方面规定了对外商投资企业的公平与平等待遇。其所称准入前国民待遇,是指在投资准入阶段给予外国投资者及其投资不低于本国投资者及其投资的待遇;所称负面清单,是指国家规定在特定领域对外商投资实施的准入特别管理措施;国家对负面清单之外的外商投资,给予国民待遇。负面清单由国务院发布或者批准发布。③ 它规定,其所称的外商投资,是指外国的自然人、企业或者其他组织(以下称外国投资者)直接或者间接在中国境内进行的投资活动,包括:外国投资者单独或者与其他投资者共同在中国境内设立外商投资企业;外国投资者取得中国境内企业的股份、股权、财产份额或者其他类似权益;外国投资者单独或者与其他投资者共同在中国境内投资新建项目;法律、行政法规或者国务院规定的其他方式的投资。④

《外商投资法》对外国投资者在技术转移和知识产权方面进行了保护,其涉及技术贸易问题的主要规定是:国家保护外国投资者和外商投资企业的知识产权,保护知识产权权利人和相关权利人的合法权益;对知识产权侵权行为,严格依法追究法律责任;国家鼓励在外商投资过程中基于自愿原则和商业规则开展技术合作。技术合作的条件由投资各方遵循公平原则平等协商确定。行政机关及其工作人员不得利用行政手段强制转让技术。⑤ 这一规定,体现出我国对外国投资者在涉及技术贸易的知识产权保护方面鲜明而又坚决的态度:加强保护,严格追责,这是技术贸易的前提和保障;同时,在技术贸易的具体行为方面,坚持平等、自愿、公平互利原则(商业规则),不会采取强制技术转让措施等。实际上,中国在过去40多年的开放中,鲜有强制技术转让的实例,美国在这方面是"欲加之

① 三资企业法中的有关技术转移的规定参见马忠法. 国际技术转让合同实务研究:法律制度与关键条款. 北京:法律出版社,2016:71-72.

② 《外商投资法》第42条。

③ 《外商投资法》第4条。

④ 《外商投资法》第2条。

⑤ 《外商投资法》第22条。

罪，何患无辞”[①]。尽管如此，中国作为一个负责任的大国，在外商投资的基本法中对此加以明确规定，彰显出气度和开放的决心。

毫无疑问，知识产权保护和技术转让作为外国投资者最为关注的内容之一，在《外商投资法》“投资保护”一章中也有体现。具体法条有第22条关于外国投资者知识产权许可使用费等可以依法以人民币或者外汇自由汇入、汇出；第22条关于外国投资者和外商投资企业的知识产权及合法权益之保护以及不得利用行政手段强制转让技术；第23条关于外国投资者、外商投资企业的商业秘密之保护的相关规定。具体而言，《外商投资法》首先强调了对外商投资企业和外国投资者获得的知识产权许可费的保护。其次，《外商投资法》重申了对知识产权的保护和对侵权行为的打击，鼓励在外商投资过程中基于自愿原则和商业规则开展技术合作。尤其需要注意的是，第22条专门规定“行政机关及其工作人员不得利用行政手段强制转让技术”。这是我国外商投资法律体系中首次提出禁止行政性强制技术转让，禁止“行政性强制技术转让”体现了我国致力于实行高水平贸易和投资自由化便利化政策。最后，由于有些专有技术以商业秘密的形式体现，因此《外商投资法》第23条专门对外商投资企业和外国投资者的商业秘密保护作出规定，强调行政机关及其工作人员对工作中知悉的外国投资者、外商投资企业的商业秘密予以保密。

外国投资者在市场准入和中后期的监管方面需要接受投资法的规制。（1）在市场准入方面，我国实施负面清单管理原则，凡是限制实施目录之内的，投资者需要向相关主管部门申请准入许可，经批准才可以进入中国市场。若属禁止实施目录内的，则不允许外国投资者准入。禁止实施类的一般为国家安全密切相关的产业，环境高污染高耗能产业，以及其他法律、行政法规规定的产业。（2）在事中事后，我国实行国家安全审查和信息通报制度。

除上述规定外，《外商投资法》在“投资管理”一章中还规定建立外商投资安全审查制度，对影响或者可能影响国家安全的外商投资进行安全审查，在中国境内进行投资活动的外国投资者、外商投资企业，应当遵守中国法律法规，不得危害中国国家安全、损害社会公共利益。[②] 如前所述，技术安全关涉到国家安全，因此，该条之规定将会与《国家安全法》等国安法规一并对涉及国安领域的技术转让产生制约。国家建立外商投资安全审查制度，对影响或者可能影响国家安全的外商投资进行安全审查，依法作出的安全审查决定为最终决定。这些规定将来可以适用于技术转移方面。安全审查既可以投资者主动提出，也可以主管机关按职权调查。如果外国投资可能危害国家安全，那么投资者应当主动提交国家安全审查的申请，相关部门决定是否需要进行相关审查。

上述诸多规定将来不可避免地适用于技术转移方面。

（六）环境保护法及应对气候变化等方面的法律法规

在环境保护方面我国履行了一个发展中国家应履行的主要义务，自70年代末至今出台了约30部有关环境保护的法律法规，还先后加入了《联合国气候变化框架公约》《京都协议书》等十几个有关环境保护的公约，并根据加入的公约及时修改国内法以履行自己的

---

① 详细分析参见马忠法，等．中国“强制技术转让”的法律辨析．国际经济合作．2018（12）．

② 《外商投资法》第35条。

义务，体现了中国对环境保护的重视。根据条约或宣言，技术生产国应当在技术转让方面对发展中国家有所帮助，转让无害技术给后进国家；但条约和宣言中使用的是"技术生产国"而非发达国家，显然包括许多能生产无害环境技术的发展中国家；作为最大的发展中国家，在国内法中目前除《大气污染防治法》等规定鼓励有利环境保护的技术推广[①]外，对于有关促进无害环境技术流转或转让（包括跨越国界的环境技术交流）的规定不是很充分[②]，这不能不说是一个缺憾。

有关海洋法公约关于技术转让的规定，我国目前尚无明确规定；海洋法规主要限于近海方面，如领海、大陆架、经济专属区等的资源开发和环保方面的规定，而对于远洋或人类共同继承财产——海底区域——目前尚未介入，法规方面也无体现。[③] 但作为《海洋法公约》的缔约国，国内法对海洋强国的技术转让应有所表现。2001—2010 年《全国海洋经济发展规划纲要》将我国在国际海底区域 7.5 万平方千米多金属结核矿区列为规划中最末一项[④]，予以加大勘探开发力度，而目前我们的技术尚难完成远洋和深海作业，纲要中对此部分的论述十分薄弱，只提出"继续开展深海勘查，大力发展深海技术，适时发展深海产业"要求。实际上可以根据情况所需，与他人合作，在合作中逐渐掌握技术；虽然根据海洋法的补充规定可在合理、公平的基础上要求技术转让，但技术发达国家不会轻易转让核心技术。整个洋底目前探测的海底区域为 2.5 亿平方千米，蕴含着巨大财富，掌握技术就等于掌握财富，所以我国必须加大该技术的获得，或自我研发，或引进的力度。

《环境保护法》（2015 年）没有直接规定"技术转让"的条款，但在"总则"等中有相关规定。如第 4.2 款规定："国家采取有利于节约和循环利用资源、保护和改善环境、促进人与自然和谐的经济、技术政策和措施，使经济社会发展与环境保护相协调。""国家支持环境保护科学技术研究、开发和应用，鼓励环境保护产业发展，促进环境保护信息化建设，提高环境保护科学技术水平。"[⑤] 在第六章"法律责任"中，对各种违法的处罚进行明确规定，但没有涉及技术转让条款。《环境保护税法实施条例》（2018 年）也无技术转让条款。但规定技术转让过程及运行都应遵循环境保护法，达到可持续发展要求。

国家应对气候变化规划（2014—2020 年）提出了 2020 年的目标，但实际上主要是重复了 2009 年中国政府对国际社会的承诺。即在 2009 年的 APEC 会议上，中国政府向国际社会承诺，在 2020 年时森林覆盖率要达到 23%。延缓二氧化碳的排放，即到 2020 年，中国单位国内生产总值（GDP）二氧化碳排放比 2005 年下降 40%～45%。

碳市场和技术转让也是息息相关的。必须倡导绿色技术转移。碳市场是规划的另一重点内容。规划明确提出，要借鉴国际碳排放交易市场建设经验，结合中国国情，逐步建立

① 《大气污染防治法》第 8、26 条。

② 如环保方面的基本法《环境保护法》（2014 年修正）也只规定国家支持环境保护科学技术研究、开发和应用，鼓励环境保护产业发展，促进环境保护信息化建设，提高环境保护科学技术水平；国务院有关部门和地方各级人民政府应当采取措施，推广清洁能源的生产和使用。普及环保知识，禁止引进不合我国环保要求的技术和设备，对技术转让没有涉及。参见其第 7、40、46 条。

③ 我国《对外合作开采海洋石油资源条例》规定为扩大经济技术合作而制定该条例，但文中并无有关具体技术合作的规定，可见其主要依据双方合作合同界定。

④ 参见《全国海洋经济发展规划纲要》，http://www.soa.gov.cn。

⑤ 《环境保护法》第 7 条。

我国碳排放交易市场。具体而言，国家提出要在总结温室气体自愿减排交易和碳排放交易试点的经验基础上，研究全国碳排放总量控制目标的地区分解落实机制，制订碳排放交易总体方案，明确全国碳排放交易市场建设的战略目标、工作思路、实施步骤和配套措施。

规划提出，要做好碳排放权分配、核算核证、交易规则、奖惩机制、监管体系等方面制度设计，制定全国碳排放交易管理办法，并培育和规范交易平台，在重点发展好碳交易现货市场的基础上，研究有序开展碳金融产品创新。

(七) 税收方面的法律法规对技术转让的规定

该方面的法律规定主要体现在《企业所得税法》(2007年通过，2018年修订) 和《环境保护税法》(2016年) 中。《企业所得税法》对技术转移方面的税收优惠给予了特别规定，即企业符合条件的技术转让所得，可以免征、减征企业所得税[①]；具体而言是指在一个纳税年度内，居民企业技术转让所得不超过500万元的部分，免征企业所得税；超过500万元的部分，减半征收企业所得税。[②] 这一规定对企业或高校、科研院所[③]进行科技成果流转有着较好的促进作用，也是很多科技成果交易主体愿意进行登记的主要原因。对于技术开发合同，符合税法规定的，也可以享受税收优惠待遇。对于从事符合条件的环境保护、节能节水项目（包括公共污水处理、公共垃圾处理、沼气综合开发利用、节能减排技术改造、海水淡化等）的所得，也可以减征、免征所得税[④]；其中，它们也会直接或间接地与技术转让发生联系。此外，国家需要重点扶持的高新技术企业，减按15%的税率征收企业所得税[⑤]；企业开发新技术、新产品、新工艺发生的研究开发费用支出，可以在计算应纳税所得额时加计扣除之规定等[⑥]，在一定程度上都会促进技术转让，让企业在从事上述活动时从他方引进技术，此类费用可能会折抵在成本中。

2007年12月颁布的《企业所得税法实施条例》(2019年修订)，2013年国家税务总局颁布的《关于技术转让所得减免企业所得税有关问题的通知》，2010年由财政部和国家税务总局颁布的《关于居民企业技术转让有关企业所得税政策问题的通知》(2010年税收通知)，这些行政法规或规章均意图对技术转让的税收优惠政策或《企业所得税法》的相关规定作出较为详细的规定，以增强它们的可操作性和可实施性，让技术转让相关方从中确实得到实惠。如2010年税收通知明确了技术转让的范围，包括居民企业转让专利技术、计算机软件著作权、集成电路布图设计权、植物新品种、生物医药新品种，以及财政部和国家税务总局确定的其他技术等[⑦]，这一定义较为宽泛，对相关人来说，扩大了享受优惠政策的对象。

---

① 《企业所得税法》第27条第4项。

② 《企业所得税法实施条例》(2019年修订) 第90条。

③ 《企业所得税法实施条例》第3条规定：《企业所得税法》第2条所称依法在中国境内成立的企业，包括依照中国法律、行政法规在中国境内成立的企业、事业单位、社会团体以及其他取得收入的组织。因此，高校、科研院所等产生的技术流转所得，应当享受这样的优惠政策。

④ 《企业所得税法》第27条第3项。

⑤ 《企业所得税法》第28条第2款。

⑥ 《企业所得税法》第30条第1项。

⑦ 财政部、国家税务总局《关于居民企业技术转让有关企业所得税政策问题的通知》(财税〔2010〕111号) 第1条。

2016 年 12 月 25 日通过的《环境保护税法》于 2018 年 1 月 1 日生效，并于同年 10 月 26 日修改。该法由总则、计税依据和应纳税额、税收减免、征收管理、附则等五章 28 条和两个附表构成。① 其主要内容有纳税人、征税对象和征税范围、税负、税收优惠、税收征管、应税污染物计税依据的确定方法、应税污染物的计算方法和顺序、应纳税额的计算方法及相关法律责任等。尽管这些规定没有直接涉及“技术转让”，但在客观上鼓励企业使用先进技术，对于研发能力较弱的企业，通过转让、许可等路径获得技术是较为现实的选择，因此，这一法律的规定必将在实际中对促进技术转让和转化等起到积极作用。

《个人所得税法》（2018 年修订）所规定的应纳税所得额的计算，即“非居民个人的劳务报酬所得、稿酬所得、特许权使用费所得，以每次收入额为应纳税所得额”②，“劳务报酬所得、稿酬所得、特许权使用费所得以收入减除百分之二十的费用后的余额为收入额。稿酬所得的收入额减按百分之七十计算”③，“财产转让所得，以转让财产的收入额减除财产原值和合理费用后的余额，为应纳税所得额”④。上述规定都没有直接使用“技术转让所得”一词，但根据其使用词语含义，应该包含作为一种财产的技术在转让后的所得。

毫无疑问，上述法律法规理所当然地适用于各种技术转移，对鼓励技术转移会产生巨大的推动作用。

（八）促进科技成果转化方面的法律

促进科技成果转化方面的法律主要有《促进科技成果转化法》（2015 年修正）、《科学技术进步法》（1993 年 7 月通过，2007 年 12 月修改）及《科学技术普及法》（2002 年 6 月通过），但后两部法律原则性多于操作性，政策指导性特征明显，而科技成果转移主要由转让、许可等具体法律制度调整，故本节不对它们进行探讨和分析。

科技成果转化法，虽然重在规定转化，但技术主体发生变化时，转化的前提是科技成果流转的发生，故其很大一部分内容直接或间接地涉及技术转移。该法专门规定了科技成果转化方面的问题，界定了科技成果转化的定义，明确组织实施、保障措施、技术受益和法律责任等内容。它特别对转化方式进行了列举，明确科技成果持有者可以采用下列方式进行科技成果转化：（1）自行投资实施转化；（2）向他人转让该科技成果；（3）许可他人使用该科技成果；（4）以该科技成果作为合作条件，与他人共同实施转化；（5）以该科技成果作价投资，折算股份或者出资比例；（6）其他协商确定的方式。⑤ 对高校、科研机构的科技成果转让方式和议价方法等也做了规定：国家设立的研究开发机构、高等院校对其持有的科技成果，可以自主决定转让、许可或者作价投资，但应当通过协议定价、在技术交易市场挂牌交易、拍卖等方式确定价格。通过协议定价的，应当在本单位公示科技成果名称和拟交易价格。⑥ 至于科技成果转化法，虽然重在规定转化，但技术主体发生变化时，转化的前提是科技成果流转的发生，故它有一部分内容直接或间接地涉及技术转让或

---

① 具体内容参见《环境保护税法》（2018 年）。

② 《个人所得税法》（2018 年修订）第 6 条第 2 款。

③ 《个人所得税法》第 6 条第 1 款第 2 项。

④ 《个人所得税法》第 6 条第 1 款第 5 项。

⑤ 《促进科技成果转化法》第 16 条。

⑥ 《促进科技成果转化法》第 18 条。

许可。

《促进科技成果转化法》是一部相对动态的法律，目的是促进科技成果转化为现实生产力，规范科技成果转化活动，加速科学技术进步，推动经济建设和社会发展。其着眼点在于规范化科技成果转化，即为提高生产力水平而对科技成果所进行的后续试验、开发、应用、推广直至形成新技术、新工艺、新材料、新产品，发展新产业等活动。①

《促进科技成果转化法》对于清洁能源技术（"能够合理开发和利用资源、节约能源、降低能耗以及防治环境污染、保护生态、提高应对气候变化能力"的技术）等六类技术作出了特别规定，即国家通过政府采购、研究开发资助、发布产业技术指导目录、示范推广等方式予以支持。② 该法重点强调了政府在清洁能源科学技术转化中的能动作用。在组织实施上，将科学技术成果转化列入国民经济和社会发展计划③；建立科技报告制度和科技成果信息系统④，培育和发展技术市场和科技中介服务⑤，建设公共研究开发平台和科技企业孵化器⑥；国家通过政府采购、研究开发资助、发布产业技术指导目录、示范推广等方式予以支持⑦；通过制定政策措施，加强标准制定等进行先进适用技术的推广和运用⑧；鼓励相关机构采取转让、许可或者作价投资的方式转移科学技术成果⑨；对于公共资助的研究机构，鼓励进行产学研合作方式，完成人和参加人与单位在协商的基础上进行科学技术成果转化，并建立相关的考评体系。⑩

在保障机制上，国家拨付相关的财政经费⑪，并制定税收政策实行税收优惠⑫，鼓励金融机构在知识产权抵押贷款方面开展业务⑬，保险机构开发技术成果转化的险种⑭，并建立创业基金和风险基金⑮以支持重大科技产业化。

在技术权益方面，《促进科技成果转化法》在尊重合同自由的基础上，对于合同未明确事由进行了补充。(1) 在所有权方面，若双方未做约定，合作转化中无发明创造的，科技成果仍然归于完成单位；若有发明创造，则双方共有，双方都有实施新产生科技成果的权利，转让需经双方同意。(2) 在对于成果做出重大贡献的人员的奖励方面，有约定从约定，无约定按照下列原则进行：转让许可的奖励不低于净收入的50%，作价入股不低于的50%；合作实施的，投产每年不低于营业利润的5%。而国家设立的研究开发机构与高等院校与科技人员之间的约定必须符合上述规定。

---

① 《促进科技成果转化法》第2条。
② 《促进科技成果转化法》第12条。
③ 《促进科技成果转化法》第9条。
④ 《促进科技成果转化法》第11条。
⑤ 《促进科技成果转化法》第30条。
⑥ 同④.
⑦ 《促进科技成果转化法》第12条。
⑧ 《促进科技成果转化法》第13、14条。
⑨ 《促进科技成果转化法》第31、32条。
⑩ 《促进科技成果转化法》第19、20、21、26条。
⑪ 《促进科技成果转化法》第33条。
⑫ 《促进科技成果转化法》第34条。
⑬ 《促进科技成果转化法》第35条。
⑭ 《促进科技成果转化法》第36条。
⑮ 《促进科技成果转化法》第38、39条。

与《促进科技成果转化法》密切相关的《科学技术进步法》将重点放在了促进技术进步的各个主体上，关注企业、科学技术研发机构、科学技术人员以及政府技术部门。(1) 在促进企业技术进步上，企业研发费用可以在税前加计扣除，研发所需的设备可以加速折旧①；国家通过金融机构，设立相关基金支持企业自主创新。(2) 在科研机构上，鼓励从事基础研究、前沿科学研究。财政性资金建立的科研机构应当优化配置，建立有利于科学技术资源共享的机制。② (3) 对于科技人员，发挥专长，给予优厚待遇。对于勤勉尽责但不能完成项目的，给予宽容。③ (4) 在技术行政主管部门方面，应当优化配置，建立技术项目和相关基金，及时向社会公布科学技术资源分布情况，并建立有利于科学技术资源的共享机制。④

(九) 竞争法相关规定

竞争法是市场失灵时政府进行干预的重要法律依据。它主要规制市场主体出现不正当竞争或者垄断等扰乱市场秩序的行为。若在市场上具有独占地位的企业进行垄断，那么技术转移的目的就很难得到实现。竞争法就在这个过程中扮演了“大棒”的角色，时刻防止取得支配地位的企业损害和阻碍创新。维护公平竞争的专门法律我国主要有两部，分别是《反不正当竞争法》和《反垄断法》。

1.《反不正当竞争法》

《反不正当竞争法》的主要目的在于促进社会主义市场经济健康发展，鼓励和保护公平竞争，制止不正当竞争行为，保护经营者和消费者的合法权益。我国反不正当竞争法规定，经营者在市场交易中，应当遵循自愿、平等、公平、诚实信用的原则，遵守法律和商业道德；不正当竞争是指经营者在生产经营活动中，违反反不正当竞争法规定，扰乱市场竞争秩序，损害其他经营者或者消费者的合法权益的行为。⑤ 技术权利人进行技术转让时显然也是市场经营者，且是具有独占地位的经营者，不能滥用自己的地位进行不正当竞争。《反不正当竞争法》与技术转让之间是有关联的，其法条也是适用的。虽然《反不正当竞争法》全文没有提及技术转让，但第 6 条、第 11 条、第 12 条、第 15 条规定了不正当竞争行为的几种表现形式。如规定：经营者销售商品，不得违背购买方的意愿搭售商品或者附加其他不合理的条件；投标者不得串通投标，抬高标价或者压低标价，投标者与招标者不得相互勾结，以排挤竞争对手的公平竞争，也可适用于技术转让。我国反不正当竞争法规定，经营者在市场交易中，应当遵循自愿、平等、公平、诚实信用的原则，遵守公认的商业道德；不正当竞争是指经营者违反法律规定损害其他经营者的合法权益，扰乱社会经济秩序的行为。⑥ 该法还规定，公用企业或其他依法具有独占地位的经营者，不得限定他人购买其指定的经营者的商品，以排挤其他经营者的公平竞争⑦；技术权利人进行技术转让显然也是市场经营者，且是具有独占地位的经营者，不能滥用自己的地位进行不正

① 《科学技术进步法》第 33 条。
② 《科学技术进步法》第 42、46 条。
③ 《科学技术进步法》第 48、49、55、56 条。
④ 《科学技术进步法》第 64、65 条。
⑤⑥ 《反不正当竞争法》第 2 条。
⑦ 《反不正当竞争法》第 6 条。

当竞争。

对于技术转移来说，《反不正当竞争法》规范了商业秘密保护及对商业贿赂和虚假宣传进行严厉处罚等内容。

（1）商业秘密。在清洁能源技术转移中，专利只是其中一小部分，而在实施专利过程中所形成的专有知识，一般是通过商业秘密（不为公众所知悉、具有商业价值并经权利人采取相应保密措施的技术信息和经营信息）进行保护。《反不正当竞争法》规定：任何人不得以盗窃、贿赂、欺诈、胁迫、电子侵入或者其他不正当手段获取权利人的商业秘密，不得披露、使用或者允许他人使用以前项手段获取的权利人的商业秘密[①]，显然，作为商业秘密一部分的技术秘密必须通过恰当手段使之在技术转移中得到保护和充分尊重与运用。

（2）禁止商业贿赂也是商业道德的要求。《反不正当竞争法》规定：经营者不得采用财物或者其他手段贿赂下列单位或者个人，以谋取交易机会或者竞争优势：1）交易相对方的工作人员；2）受交易相对方委托办理相关事务的单位或者个人；3）利用职权或者影响力影响交易的单位或者个人。[②] 违反相关规定，将可能进入刑事犯罪领域。

（3）虚假宣传即规范产品或者技术的宣传环节。经营者不得对其商品（包含技术，特别是清洁能源技术）的性能、功能、质量、销售状况、用户评价、曾获荣誉等作虚假或者引人误解的商业宣传，欺骗、误导消费者。经营者不得通过组织虚假交易等方式，帮助其他经营者进行虚假或者引人误解的商业宣传。[③] 这就要求权利人如实陈述，不得对相关技术或产品的质量、性能、用途等做出引人误解的虚假宣传。被认定为虚假宣传的，应当立即停止，并赔偿损失，接受主管机关的罚款。

违反不正当竞争法给权利人造成损害的，承担损害赔偿责任并且承担权利人因调查所支出的合理费用。

2.《反垄断法》

技术权利人利用自己的优势地位滥用其权利在技术贸易中已是司空见惯的事情，特别是在技术转让合同中增加有关限制性条款内容，以发展中国家为代表的技术受方为此进行了长期斗争，集中体现就是《守则（草案）》中的约定，但结果不尽如人意。后来在TRIPs协议中有一概括性的体现，即其第40条规定的“协议许可证中对限制性竞争行为的控制”[④]，作为其第二部分专门规定的“关于知识产权有效性、范围和使用的标准”的主要内容之一。我国外贸法结合这一条也作出了限制权利滥用的规定，即“知识产权权利人有阻止被许可人对许可合同中的知识产权的有效性提出质疑、进行强制性一揽子许可、在许可合同中规定排他性返授条件等行为之一，并危害对外贸易公平竞争秩序的，国务院对外贸

① 《反不正当竞争法》第9条。

② 《反不正当竞争法》第7条。

③ 《反不正当竞争法》第8条。

④ 主要内容：TRIPs协议所称的反竞争行为，系指在合同中滥用知识产权对市场竞争造成消极影响的许可行为和许可条件。协议允许缔约方通过国内立法来防止和控制许可协议中的反竞争行为，制止滥用知识产权达到垄断的目的。协议列举了单方面回授条款等限制性商业做法，但没有直接以条约形式禁止这类行为。仅规定一旦发生此类纠纷，有关缔约国应相互合作，共同磋商解决。

易主管部门可以采取必要的措施消除危害”[①]，以维护技术受让人的合法权益。这样的规定采取了列举方法，虽能明确限制性条款的内容，但一“等”字实际上还是留下较大空间，让当事人去协商解决，仍不足以保护我国企业合法利益，因为企业的弱者地位决定了它很难与掌有技术的一方真正地平等协商，还不如国家法律多列举一些种类，减少受方谈判时的难度；此外，该规定用一“并”字将“危害对外贸易公平竞争秩序的”作为由对外贸易主管部门可以采取必要的措施制止上述行为、消除危害的必备条件之一，显然无必要，我们认为两者应为选择关系，换成“或”字或许更有意义。原修改草案中的“知识产权权利人滥用专有权或者优势地位的行为对贸易产生不利影响并妨碍技术的转让和传播的，国务院商务主管部门可以进行调查、采取责令停止违法行为、禁止进出口等措施消除其危害或者影响”的表述应比现外贸法中的规定更为有效和准确。《技术进出口管理条例》第27、29条及合同法第329条对限制性条款均有规定：第27条从正面否定限制性条款，即合同有效期内改进的技术成果属于改进方，第29条采取列举的方法举出搭售、限制改进、销售渠道、价格和出口等7种限制性做法，后者是概括式规定，即非法垄断技术、妨碍技术进步或者侵害他人技术成果的技术合同无效。

我国《反垄断法》之目的在于预防和制止垄断行为，保护市场公平竞争。[②] 其第55条明确“滥用知识产权，排除、限制竞争的行为”将受到规制，即“经营者依照有关知识产权的法律、行政法规规定行使知识产权的行为，不适用本法；但是，经营者滥用知识产权，排除、限制竞争的行为，适用本法”。该条为技术转让中可能涉及的垄断行为提供了原则性的规定，为可能制定的知识产权许可奠定了法律基础。“滥用知识产权”主要的表现之一就是在转让或许可中，利用自己的优势地位，置相对人于不利地位，或厚此薄彼，让不同竞争者之间形成不平等的竞争条件等。如美国高通公司在相关标准必要专利许可过程中，利用自己的优势地位，征收华为的许可费用远高于美国的苹果及韩国的三星等公司就是例子。《反垄断法》是对知识产权权利人过度利用所获得的合法授权去不当竞争的限制，它可以在更大范围内鼓励更多的人们进行技术创新，从而促进市场公平竞争。

在技术转移中，知识产权权利人对于知识产权的利用，依其自由意志，并不一定会违反《反垄断法》。但是由于知识产权的专有性，权利人可以在特定地域和特定时期内排除竞争者，一方面，这种市场力量可以鼓励创新和竞争；另一方面，这种市场优势地位极有可能产生垄断。因此，在知识产权许可中处于有利地位，容易对被许可人权利造成损害或者损害市场创新。[③]

垄断行为的一般表现形式有：垄断协议，滥用市场支配地位，经营者集中，滥用行政权排除和限制竞争。具体到清洁能源技术转移中，可能的竞争行为将会表现为：(1) 滥用知识产权市场支配地位等方式，不公平高价销售或无正当理由拒绝销售，或者对条件相对

① 《对外贸易法》第30条。

② 《反垄断法》第1条。

③ 曹阳. 技术进步，知识产权与竞争//张乃根，陈乃蔚，主编. 技术转移的法律与实务. 上海：上海交通大学出版社，2006：40.

的交易者实行差别待遇。[①]（2）整合知识产权，达成垄断协议，固定或变更专利产品价格，限制商品生产数量，限制购买新技术或者开发新技术[②]；若被认定为达成并实施垄断协议的或者滥用市场优势地位的，由反垄断机构责令停止违法行为，没收违法所得并进行相关惩罚。[③] 但如果符合下述要求，则垄断协议并不当然禁止：（1）为改进技术、研究开发新产品的；（2）为提高产品质量、降低成本、增进效率，统一产品规格、标准或者实行专业化分工的；（3）为提高中小经营者经营效率，增强中小经营者竞争力的；（4）为实现节约能源、保护环境、救灾救助等社会公共利益的……[④]

此外，《反垄断法》还把原先规定在《反不正当竞争法》中的搭售行为调整至其中。搭售行为在知识产权许可协议中非常常见。由于当事人谈判地位的不对等，如打包销售不相关的设备产品、技术的案例比比皆是。1993 年《反不正当竞争法》规定经营者销售商品，不得违背购买者的意愿搭售商品或者附加其他不合理的条件[⑤]；修改后的《反不正当竞争法》取消了该条，而由《反垄断法》规定：禁止具有市场支配地位的经营者滥用市场支配地位，进行没有正当理由的搭售商品行为，或者在交易时附加其他不合理的交易条件。[⑥]

（十）其他方面的法律规范

1. 企业组织形态及相关法律规范

企业是社会创造财富和创新的主体，它们与环境保护等更为直接相关。实际上中国当下的三种企业组织形态即《公司法》、《合伙企业法》及《个人独资企业法》等涉及市场主体的三部法律，虽然规范的是各自企业形态形成的法律规范，但其主要内容是涉及投资者以何种方式出资及承担何种责任的规范，我们可以将它们视为“国内投资法”。尽管它们没有在技术转移方面直接作出规范，但它们规定的知识产权出资、设立和经营不得违反国家相关法律规定及社会责任的承担等与技术的使用、转让等有着不同联系；特别是国家鼓励对高新技术研发和使用的企业给予鼓励或优惠政策等措施，对技术转移能够起到积极作用。

《中小企业促进法》对科技成果流转也有明确规定，如它规定“政府有关部门应当在规划、用地、财政等方面提供政策支持，推进建立各类技术服务机构，建立生产力促进中心和科技企业孵化基地，为中小企业提供技术信息、技术咨询和技术转让服务，为中小企业产品研制、技术开发提供服务，促进科技成果转化，实现企业技术、产品升级”，及“国家鼓励中小企业与研究机构、大专院校开展技术合作、开发与交流，促进科技成果产业化，积极发展科技型中小企业”等。[⑦] 然而，限于二者规定内容的性质，即原则性多于操作性，政策指导性特征明显，而鉴于流转主要由转让、许可等具体法律制度调整，故本节不对它们进行探讨。

---

① 《反垄断法》第 17 条。
② 《反垄断法》第 14 条。
③ 《反垄断法》第 47、48 条。
④ 《反垄断法》第 15 条。
⑤ 《反不正当竞争法》第 12 条。
⑥ 《反垄断法》第 17 条第 1 款第 5 项。
⑦ 《中小企业促进法》第 30、31 条。

2. 国家安全方面的法律规范

该方面的法律主要有《国家安全法》[1]（2015 年）及《核安全法》（2016 年）等。《国家安全法》是对于投资、生产以及技术转移是否危害国家安全进行审查的法律。国家安全是指国家政权、主权、统一和领土完整、人民福祉、经济社会可持续发展和国家其他重大利益相对处于没有危险和不受内外威胁的状态，以及保障持续安全状态的能力。[2]“国家加强自主创新能力建设，加快发展自主可控的战略高新技术和重要领域核心关键技术，加强知识产权的运用、保护和科技保密能力建设，保障重大技术和工程的安全。”[3]“国家建立国家安全审查和监管的制度和机制，对影响或者可能影响国家安全的外商投资、特定物项和关键技术、网络信息技术产品和服务、涉及国家安全事项的建设项目，以及其他重大事项和活动，进行国家安全审查，有效预防和化解国家安全风险。”[4] 由于能源技术对于国民经济及国家安全至关重要，关系到社会的可持续发展、应对气候变化和环境保护等，对重大关键的技术转移进行国家安全审查无可厚非。该法对核能进行了特别规定：“国家坚持和平利用核能和核技术，加强国际合作，防止核扩散，完善防扩散机制，加强对核设施、核材料、核活动和核废料处置的安全管理、监管和保护。”[5]

《核安全法》规定，其宗旨之一是安全利用核能，保护生态环境，促进经济社会可持续发展。[6] 这必然要依赖先进的核技术，先进技术的获取转移与分享是必不可少的环节。它还规定，国家鼓励和支持核安全相关科学技术的研究、开发和利用，加强知识产权保护，注重核安全人才的培养；要求国务院有关部门在相关科研规划中安排与核设施、核材料安全和辐射环境监测、评估相关的关键技术研究专项，推广先进、可靠的核安全技术。[7] 这一规定实际上就是在鼓励核技术的适当转移。而对于核设施运营单位和为其提供设备、工程以及服务等的单位，与核安全有关的科研机构等单位，则要求它们持续开发先进、可靠的核安全技术，充分利用先进的科学技术成果，提高核安全水平。[8] 这一规定旨在鼓励核技术在相关单位之间的转移、分享和应用。

第三节　中国技术转移法律制度的特点

一、中国技术转让法律制度的特点

（一）内容较为全面但分散在各相关法律之中

中国的技术转让法律制度，在宪法及知识产权法[9]、《民法典》合同编、竞争法（反不

---

① 中华人民共和国主席令（第二十九号）。该法于 1993 年制定，2009 年和 2015 年分别修订。

② 《国家安全法》第 2 条。

③ 《国家安全法》第 24 条。

④ 《国家安全法》第 59 条。

⑤ 《国家安全法》第 31 条。

⑥ 《核安全法》第 1 条。

⑦ 《核安全法》第 10 条第 2 款。

⑧ 《核安全法》第 10 条第 3 款。

⑨ 这里的知识产权法包括：专利法（2020 年修改）、促进科技成果转化法（1996 年）、科学技术普及法（2002 年）、中小企业促进法（2002 年）、科学技术进步法（1993 年）、技术进出口管理条例（2001 年）。

正当竞争法及反垄断法等)、对外贸易法、环境保护法、自然资源法、能源方面的法律和税法等各个部门的法律都强调了技术转让的重要性。从体系的层次上说，有一般法律也有行政法规，但大多比较分散，而且有些法规间还有冲突。

技术转移的法律规定分散于各相关法律法规中，它们之间有着一定的逻辑关系，但这是否可以看作构建了基本法律体系，是一个值得思考的问题。实际上，平心而论，我国技术转让的立法体系还远没有达到完善的地步。纵观我国现有技术转让的规定，原则、宣誓、口号的内容较多，尚无具体的实施条例或细则，政策成分过多。

(二) 以私法规定为主，适当的行政干预为辅

国际上公认技术转移是技术转让各方之间的安排，包括各种形式知识产权的转让、出售、授予许可，提供技术诀窍和相关的商业秘密等。在中国的法律体系中，更多的是以两个平等民事主体签订的技术合同的形式出现。《合同法》(2021 年 1 月 1 日后的《民法典》)对技术开发合同、技术转让合同与技术许可合同、技术咨询合同和技术服务合同进行了详细的规定。《专利法》《商标法》《著作权法》《促进科技成果转化法》等都强调了私人主体在技术转移中的自由和主体作用。

在效果上，技术转移对一个国家的创新能力和技术发展道路会产生深刻影响，需要政府对于技术转移进行适当的行政干预。中国对技术转移的法律干预主要体现在：

(1) 技术对外转让和引进技术的审查。早在 2001 年颁布的《技术进出口管理条例》中，就明确规定了对技术出口的管理。但是，当时主要是出于管理的考虑，即“规范技术进出口管理，维护技术进出口秩序”。后来，2009 年颁布的《禁止出口限制出口技术管理办法》虽然提到了对于限制出口技术的技术审查应包括对国家安全的审查，但只强调了“规范我国技术出口的管理”。2018 年《知识产权对外转让有关工作办法（试行)》着重强调了“贯彻落实总体国家安全观，完善国家安全制度体系，维护国家安全和重大公共利益，规范知识产权对外转让秩序”。

(2) 技术市场的规范性措施。为配合《合同法》(2021 年 1 月 1 日后的《民法典》) 的实施，国家科技主管部门陆续制定并发布实施了技术合同认定登记、技术市场统计、技术交易和管理、技术合同仲裁等行政规章。[①] 前者对技术流转合同登记进行了详细规定，而后者着重对四类合同的认定作了详细规定。它们对指导技术转让曾经发挥了积极作用。

(3) 技术转移的激励和规范措施。为了防止技术供方滥用自己的优势地位，损害市场竞争，《反垄断法》和《反不正当竞争法》都对知识产权滥用的行为进行了规制。同时，为了促进技术转移，税法对符合条件的企业实行税收优惠。

需要明确的是，技术供需方的意思自治在技术转移制度是居于首要位置的，虽然中国政府出台了诸多行政法规来规范技术转移，但是对技术转移真正的干预仅限于技术进出口的审查，出于国家安全以及产业战略的需要，可能影响到技术合同的效力。其余法律法规的主要目的是创建公平合理的技术转移环境，规范技术转移市场，更多的是起到安全网的作用。

---

① 目前涉及技术流转合同的主要规章有 2000 年 2 月 16 日发布的《技术合同认定登记管理办法》(国科发政字〔2000〕063 号)、2001 年 7 月 18 日发布的《技术合同认定规则》(国科发政字〔2001〕253 号)。

【思考题】

1. 简述我国技术转移法律制度的框架体系。

2. 试述我国《民法典》合同编对技术转移的规定及其不足。

3. 简述我国技术进出口方面的法律规范。

4. 试述技术转移对我国环境保护和生态文明建设的意义。

5. 案例：

2011 年 7 月，上海某汽车挡风玻璃有限责任公司（技术受方）从日本东京一汽车厂家引进生产有色汽车挡风玻璃专利技术，双方签订专利技术普通许可合同，地域为中国大陆，许可费为 1 500 万美元。此后该公司在浦东投资 2 000 多万美元买地建厂，设备购置和人力成本等花去费用 1 000 多万美元。但等公司投产后，根据专利技术一直没能生产出质量、效果与技术供方一样的产品，在市场上毫无竞争力，形成了大量的产品积压。后来该厂家与技术供方沟通，想找到问题的症结；结果让技术受方没有想到的是：技术供方说，如果要生产出与其一样好的产品，它还需从供方获得专有技术的许可，因为只有将专利技术与专有技术结合起来，才可达到满意的生产效果。当技术受方咨询专有技术的许可费用时，对方开价是专利技术的 2 倍，即 3 000 万美元。

问题：该案说明了什么？在技术进口合同中，作为技术受方应注意什么？你如何理解专利技术权利人将自己的专利技术方案纳入技术标准之中的行为？

【经典参考文献】

1. 陶鑫良，主编. 专利技术转移. 北京：知识产权出版社，2011

2. 马忠法，等. 创新型国家建设背景下的科技成果转化法律制度研究. 上海：上海人民出版社，2013

3. 谢富纪. 技术转移与技术交易. 北京：清华大学出版社，2006

4. 唐素琴. 美国技术转移立法的考察和启示. 北京：知识产权出版社，2018

第四章　技术转移方式

【导言】

技术转移是指技术在国家、地区、行业内部或之间以及技术自身系统内输入与输出的活动过程。技术转移包括技术成果、信息、能力的转让、移植、吸收、交流和推广普及。技术转移方式意指技术供方和受方之间分享技术并相互提升技术水平的方式或路径。从比较宽泛的意义上看，技术转移的方式主要有：(1) 商品或设备贸易，特别是通过高技术产品或设备贸易所带来的技术转移；产品带来的技术分享可以通过对产品的解构或反向工程而让产品获得方在合理合法的期间内获得技术进步；成套设备和关键设备的进出口也能够带来技术转移。(2) 通过加工贸易、补偿贸易、设备租赁、工程承包等服务贸易带来的技术转移。(3) 技术转让，即技术所有权的让与，尽管这种方式在现实中并不常见，但在特定场合也是十分关键的。(4) 技术许可，即以技术使用权让与为特征的技术转移方式，它是目前技术转移中最受关注和最为重要的方式；技术许可协议分为独占许可、排他许可、普通许可、交叉许可、分许可（再许可）等协议方式，其中普通许可协议是最为常见的许可类型；此外，作为交叉许可的典型形式专利联盟是以集体协议的方式完成。对于强制许可，要注意区分法定的强制许可（如权利人滥用专利权情形下的及国家出现紧急状况等形势下的）与一般行政机关不正当干预的强制许可。其中的专利联盟，是联盟各方通过交叉许可实现技术、知识资源共享的一种特殊形式，技术转移在其中是双向或者多向的，联盟各方共用研究开发设施，可以减少资源压力和开支，共担风险，抑制竞争。此外，对开放许可也做了简要介绍。(5) 直接投资，比如合作经营、合资经营、独资经营等方式在合资方之间进行技术转移；这种方式既使技术转移内部化，也会带来技术外溢的效果，有利于东道国的技术发展。(6) 特许经营中的技术转让。(7) 贴牌加工（OEM）中的技术转让，OEM合作中的技术转让与技术许可、FDI中的技术转让相比有诸多优势（本章通过分析OEM在东亚经济中的成功——主要以韩国为例，论证我国在OEM合作中技术转让方面存在的问题及其应对）。此外还有产学研结合、创办新企业、科技合作与交流、信息传播、技术帮助、企业孵化器及技术情报分享与交流等其他形式，由于它们均可分解为上述单独或综合中的一种，本章不进行讨论。

第一节　技术转移方式概述

技术转移可以表述为某种技术类型、代表着某种技术水平的一个知识群的扩散过程，通常被认为是技能、知识、技术和制造方法的转移。世界知识产权组织认为，技术转移是新技术从大学和研究机构到商业化的过程，也是新技术跨越国界（从发达国家到发展中国家）的过程。一般来说，技术转移包含知识和知识产权。有学者认为技术转移有两种含义：一种是指知识形态向实物形态的转移；另一种是技术作为一种商品在企业与企业之间的转移。①

作为技术转移的一种手段，许可证贸易、技术服务等技术转让方式既可以单独地运用，也可以通过贸易和其他经济合作途径，如外国直接投资、合作生产、合作开发、购买机器设备、工程承包、特许经营、贴牌加工（准确地说是“原设备制造”，英语缩写为OEM）等结合使用，或通过与上述几种途径构成一揽子交易来进行。从当前技术转让的实际情况来看，这种综合性的技术转让方式十分常见。采用这些综合方式，技术引进方在获得技术的同时，还能得到与使用技术有关的其他生产要素，从而促进技术引进的配套，使引进项目更好地发挥效益。对技术输出方来说，则可以通过技术输出，带动资本的输出和设备、原材料、零部件等产品的出口，并可以利用其具有优势的生产要素获得更大的经济效益。

除了上述传统分类方法之外，有人也提出了其他类型的技术交易模式，如著作权的首次销售、专利的权利用尽、对公有领域著作权的奉献及租赁等，对于这些方式，本节不作分析和阐释，实际上它们与本书所讨论的“技术转让”有本质区别，如前两种情况意指具体消费者对权利人销售或转让载体或产品的再处理，第三种情况是权利人对自己权利的一种放弃，而租赁主要是针对借助于含有一些知识产权载体的短期使用而支付对价的行为。

在非贸易形式之外，人们常提到的涉及技术转移的方式有：（1）产学研结合。这是技术转移中效果较好和最有前景的途径之一，包括合作研究、合作开发、合资生产等形式。其主要优点是能充分利用合作伙伴的知识技能和资源，发挥自己的优势，补充自己的不足，有利于迅速获取技术，可以减少成本和风险；主要缺点是组织之间的目标不同，有时难以形成良好的合作关系，管理过程和利益分配有时会出现矛盾。（2）创办新企业。由成果拥有单位或由科技人员自己创办企业是技术转移最为直接的方式。其优点是转化速度较快，技术拥有单位或个人可能获取更大的收益，但是风险大，难以获得风险投资，不易形成规模经济。（3）科技合作。派遣学者、专家到国外或者其他地区的高等学校、研究机构或者生产企业，与对方的学者、专家合作进行研究设计；或者双方学者、专家轮流到对方学校、研究机构或者企业进行研究。（4）科技交流。国家之间或者地区之间的科研机构、教学机构、企业之间，以增进智力、技术和信息为内容的，以促进各自技术进步为目的的交流活动，比如聘请讲学、座谈、举办讲习班、参加会议等等；这种通过信息传播的方式

① 周晶．浅论技术转移方式及其选择．科技创业月刊，2005（4）：16．

获取所需技术，其优点是成本低、速度快、简单易行，缺点是无法获取较完整的、系统的技术知识，特别是难以获得技术诀窍，要求企业自身具有较强的技术能力或模仿能力才行。(5) 技术援助。向受援方提供成套的先进设备，以及提供全部或者部分设备所需的零部件、原材料，甚至派遣技术专家负责组织和指导施工、安装和试生产，帮助受援方学会管理生产和操作技术。"技术转移的关键是人而不是技术文件"，这是近几年西方管理界十分流行的说法，关键技术人才的流动常常伴随着技术成果的流动，技术知识随着这种人员的交流得到转移。(6) 技术情报。这种方式渗透到经济技术的各个领域和各个层面，或者窃取有关的技术情报和商业秘密，或者通过中立国或中间商，从一方买入技术再卖给另一方，逃避有关法律法规控制，获得技术秘密。这种方式有的介于合法与非法的灰色领域内，有的则是一种非法活动，但在客观上带来了技术的流动，尤其在国际技术转移领域，是国际技术转移的一种方式。

由于除特许经营和 OEM 合作方式之外的其他贸易形式中的技术转让，已有很多学者进行了论述，而对于非贸易活动形式中的技术转移，不是本书讨论的范围，故本书只对特许经营和 OEM 合作方式作较为详细的分析和介绍，而对于其他技术转移方式略作分析。

第二节 货物或服务贸易中的技术转移

货物贸易指有形货物的进出口贸易，是国家间的企业、经济组织或个人通过商业途径就有形商品进行交易的活动。国际贸易中货物包括大宗商品（如能源、基础原材料和农副产品）、工业品如大型设备、消费品等。

在设备、产品贸易情形下，进口的设备或产品往往都是技术转让的项目所需要的或相关的设备或产品。在国际技术转让中，多数国家都大力鼓励技术与货物相结合的出口方式，通过技术出口带动设备、产品出口，这样可以从附带的交易中获得额外收益。对进口方来说，在引进技术的同时，进口相关的设备、原材料、零部件等，有利于技术引进的配套，使引进项目更好地发挥效益，因此在价格合理和非强制搭售的条件下，可考虑采用这种方法。此外，带有一定服务特色的加工贸易、补偿贸易、租赁、国际工程也是设备或产品买卖与技术转移相结合的转移方式。

一、设备、产品买卖中的技术转移

（一）概述

可以说绝大多数的货物贸易都或多或少带有技术转移的因素，因为所有货物的生产和销售都是一定技术条件的产物，同时也往往运用于一定的技术环境；可以称之为"与设备、产品相结合"，但主要还是体现在工业设备与工业品的贸易中。具体而言，货物贸易中的技术因素体现在直接技术转移（在货物贸易过程中，将货物承载的部分技术内涵一并转移，如设备的安装、产品的相关技术要素等；通常这种转移难以直接带来技术进步）、间接技术转移（在货物贸易中，所接收的货物的使用体现了一定的技术内涵，能够一定程度上促进技术进步)、附带技术转移(在交付具有技术成分的货物的同时,出口方往往以提供技术资料、技术咨询、技术辅导等方式附带转移某些技术的行为)和技术外溢(设备、产品使用人在使用或接触中,通过隐性的和间接的途径,逐步学习并掌握相关技术的一种方式)等方面。

与设备、产品等结合在一起的技术转移通常是一种有偿的技术转移方式,技术以商品的形式在技术市场中进行交易。通过购置设备和软件获取所需的技术也是常见的技术转移方式,这种方式的优点是能最快地获取现有的技术,卖方可能会提供培训,投产获利较快,风险较小;缺点是新设备可能不适应企业现有的环境,企业需要在组织上进行变革,成本较高,不能从根本上提高技术能力,随着技术的变化需要不断的购买。

(二)典型的带有技术因素的货物贸易形式

绝大部分货物贸易都或多或少地涉及直接、间接或附带的技术转移。但承载技术信息最多的是货物贸易,最典型的则是成套设备贸易和关键零部件的贸易。

1. 成套设备交易

所谓成套设备是指为了完成某种机能而将机械、装置及有关其他要素有机地组合起来的集合体。成套设备不仅是从各个机器制造部门购买的设备装配成套,而且还往往包含使用该套机器设备而形成的工艺技术,包括有专利技术、专有技术及其他要素的有机结合。

在成套设备的引进交易中,关注的焦点往往在于该设备所实现的工艺和达到的效果,进口方如何掌握使用、调试和维护成套设备,以及在相关地区使用成套设备承载的工艺技术的合法性等。

在实践中,成套设备的交易方式主要有以下三种形式。

(1)交钥匙合同。

交钥匙合同是指通过签订成套设备买卖合同,跨国公司把成套工厂设备买卖与技术转让结合进行的做法。在这种合同中,通常包括帮助培训有关技术人员和工人,完成安装、调试和生产。合同执行完毕后,用户企业即可得到开工生产的工厂“钥匙”,直接进入正常生产状态。[①] 在这种安排之下,出口方负责成套设备的设计、制造、运输、保险、安装、试车,提供相关的技术资料、技术服务及技术许可,保证合同工厂能够生产出合格的产品,并能在交接验收之后,安全稳定地运行一段时间。在部分交钥匙成套设备供应合同中,甚至还规定出口方负责合同工厂土木工程的勘察、设计和施工。

在履行交钥匙合同中,伴随着成套设备(作为有形货物)的转移,进口方得以受益于成套设备蕴含的技术,也可能通过使用成套设备所构成的生产流水线运用其所承载的工艺技术。并且,在履行交钥匙合同中,出口方负责教授进口方使用成套设备,也就是将所有使用、调试、维护成套设备的技术能力转移给出口方。因而,交钥匙合同的成套设备买卖是最富有技术因素的交易。

(2)半交钥匙合同。

半交钥匙合同是指成套设备的出口方仅负责承担合同工厂建设的一部分工作,其余的

---

① 李尔华. 跨国公司经营与管理. 北京:清华大学出版社,2005:122.

工作则由进口方或由进口方委托的第三方承担。在实践中，出口方主要负责重要设备的制造、交货，指导设备的安装、调试，并提供相关的技术资料和技术服务；进口方则负责厂房及其他土建工程项目的设计、施工，提供一部分通用设备，并负责在出口方指导下安装、调试设备，组织生产。

半交钥匙合同与交钥匙合同的区别在于，出口方不负责产品的试生产责任，只要其设备能够正常运转，即履行了其合同义务。但这种方式又不同于单纯的销售机器设备，其区别主要在于它含有工业产权或专有技术转让的内容，出口方要提供相关的技术许可、技术资料和技术服务。

在履行半交钥匙合同过程中，虽然出口方一般不直接传授进口方使用、调试、维护成套设备的能力，但是其仍然许可进口方使用成套设备及其承载的工艺流程，也提供了使用成套设备的技术资料。因而，在半交钥匙合同中，技术信息的转移仍然是交易双方重要的关注内容。

（3）与合作制造相结合的成套设备合同。

在实践中，无论是以交钥匙合同方式，还是以非交钥匙方式销售成套设备，都可能与合作制造相结合。在这种合同中，出口方除提供主要的和关键的设备外，还要向进口方提供该成套设备中的一台或一部分设备的制造技术和/或关键部件，由进口方负责生产、加工、组装。

这种合作制造模式与“设备分交”不同，进口方制造的设备是出口方提供的成套设备的一个组成部分，是严格地在出口方的技术指导和监督下生产的，出口方仍要对设备总体技术负责任。而设备分交则是由出口方提出技术标准，由进口方独立地制造并承担技术责任，所“分交”的设备一般都是较简单的或通用的设备，可独立于出口方提供的设备之外。

在合作制造中，出口方不仅向进口方转移了成套设备的使用、调试和维护的技术，也在一定程度上转移了部分与成套设备生产和组装有关的技术。

2. 零部件

目前，核心零部件贸易已经取代成套设备贸易，成为含有技术因素的货物贸易的主流。这很大程度上是由于我国的技术消化能力在过去数十年间有了很大的提升，不需要引进完整的成套设备，而只需要小部分核心的、集中体现生产工艺技术或者受第三方知识产权保护的零部件，即可自行完成大型设备或整套流水线的组装。

核心零部件贸易中的典型贸易形式即为“零部件＋技术＝成品”形式，即一方提供零部件和技术，另一方组装成品的形式。这种形式是指从国外购入某种产品的关键零件或部件，引进制造关键零部件的先进技术。在该种贸易形式中，核心零部件的技术以货物销售的形式为进口方所用，而组装技术以及配套设备的采购清单则以技术许可的方式提供给进口国。对于引进技术一方来说，不仅可以掌握生产和组装某种产品的技术和工艺，还可以获得生产和制造关键零部件的先进技术。①

在开展核心零部件贸易中，出口方和进口方往往处于上下游或者不同细分的两个市

① 白远，范军. 国际经济合作理论与实务. 北京：清华大学出版社，2005：124.

场：进口方不仅关注是否能够获得足够信息，用以生产所需的大型设备或成套流水线，还关注核心零部件是否能够稳定供应，避免由于断供引起的生产力浪费。出口方除了销售核心零部件和提供技术信息外，尤其要考虑其贸易行为是否可能在下游市场或不同细分市场直接或间接培养自己的潜在竞争对手。

二、具有服务特色的相关贸易中的技术转移[①]

我们认为带有一定服务特色的货物贸易有：加工贸易、补偿贸易、租赁、国际工程等；由于这些活动虽然是以各种形式存在的服务贸易活动，但它们都会或多或少涉及一定的商品或货物的交易，也在一定程度上可以看作设备或产品买卖与技术转移相结合的贸易方式。

（一）加工贸易

加工贸易是指由国外委托方提供一定的原料、辅料、零部件、元器件、包装材料、样品、图纸和部分设备工具，由加工方按照委托方要求的规格、质量、式样、数量、商标及包装在规定的时间内进行加工装配，成品交委托方，并缴纳加工费。在加工贸易中，加工装配所需的技术有时由委托方通过许可贸易方式给加工方，这就是与加工装配相结合的技术转移。

（二）补偿贸易

补偿贸易是指交易的一方在对方提供信用的基础上，进口机器、设备、原材料、技术，不支付现汇而用产品向对方回销，用以进口物资所生产的产品或劳务所得价款分期摊还。由此定义可见，补偿贸易在对技术供求双方的资源要求以及技术控制方面同对外加工装配非常相似，但也有所不同。对外加工装配所使用的原材料、零部件等主要设备均是由技术供方所提供，所有权在供方；加工方只是为供方生产产品或提供服务，只收取劳务费。然而，补偿贸易中的机器设备均是由供方赊销给需求方，由需求方生产出部分产品后，以低价返销给供方。因此，机器设备的所有权在需求方。这样，供方对技术的控制力，较之加工装配的供方而言相对较弱。

（三）租赁

租赁是将物品长期地租给特定用户的业务活动。在租赁中，技术供方只提供租赁设备。因此，在物质资源上有较高的要求，但在人力资源、组织资源上没有什么要求，并且其中的技术意会性不强。技术需求方所租赁的设备只是其生产过程中的一部分，不像前面两种转移方式，其生产设备都是技术供方所提供的。所以，技术需求方必须要有匹配的生产设备、资金、人员。这样，技术需求方在物质资源、人力资源和组织资源上都有较高的要求。租赁设备的所有权一般是由租赁方所有，承租人一般不能改变租赁物的外观性能等。可见，租赁方式的技术转移，租赁方对技术的控制力较强。

（四）国际工程承包

工程承包这里是指“交钥匙项目”，即某一工程项目承包人与项目所有人（也叫业主）

---

① 严格说来，技术咨询、技术服务与协助等也应该在本目中讨论，但考虑到立法体例和实践等，这两种形式放到下一章论述。

签订协议，并按照协议规定的条件完成某项工程任务，承包商从工程的方案选择、土建施工、设备供应与安装、人员培训直至试生产，承担全部责任，也就是说，承包商自始至终对业主负责。[①] 工程承包的方式主要用于大型的新建项目，如大型发电站的建设、现代化机场的修建，以及机械制造或工厂等成套生产线的新建或扩建。

国际工程承包项目的特征：第一，项目规模大，投资多；第二，项目的内容复杂，有设备采购、技术引进、土建施工、技术服务和设备安装等；第三，与技术有直接关系，大部分项目都采用了新工艺或新技术，目的是促进产品的更新换代，填补某一行业的空白，因而会涉及技术许可或转让问题；第四，从贸易性质来看，工程承包是一种综合性极强的经济活动，既有商品出口，又有技术许可或转让，还有劳务输出等多种方式。

第三节　外商直接投资中的技术转移

外商直接投资，尤其是跨国公司在全球的研发布局，对于技术转移起到了相当关键的作用。跨国公司不仅在国家或地区从事生产经营，而且将其研究与开发活动部分地从母公司所在国转移到其他国家或地区，利用当地的研究开发优势与丰富的人才资源进行不同的研究开发活动，展开不同于以往的国际技术转移，实施技术创新全球化战略，从而满足跨国公司在经济全球化背景下继续保持技术垄断优势的需要。[②]

外商直接投资是指外商输出生产资本到我国的一种投资，即以直接参加以投资企业的经营为目的，将资本、经营能力、技术、商标等生产因素复合性地向海外转移的企业活动。[③] 在直接投资中，技术供方不仅要投入机器设备，还要投入人力进行管理。特别是对于采取独资方式的技术供方，不仅要有充足的人力、物力、财力，还必须有丰富的营销经验、投资经验和当地社会文化知识以及与政府的良好关系等。

直接投资对技术需求方的人力、物力、财力以及组织方面的要求也很高。因为技术需求方不仅要为技术供方提供配备的设备、操作人员、合作资金，同时还要提供本地区的销售网络、与政府的关系纽带等。涉及技术转移的主要形式有以下四种。

一、技术转移内部化

对于跨国公司来说，技术是其核心的资源。为了保持公司在生产技术、管理技术和销售技术等方面的垄断优势，强化国际竞争力，防止技术的扩散与流失，公司多倾向于技术转移内部化。

技术转移内部化有东道国法律环境的因素，但更多是出于企业利益最大化的考量。中国现行专利制度不完善、技术转移的风险以及利润最大化的追求等因素则加剧了技术转移内部化过程。以技术为基础的外国直接投资还有利于减少来自东道国政府的干预，顺利绕

① 齐俊妍. 国际技术转让与知识产权保护. 北京：清华大学出版社，2008：10.

② 吴林海，等. 跨国公司对华技术转移论. 北京：经济管理出版社，2002：43.

③ 周晶. 浅论技术转移方式及其选择. 科技创业月刊，2005 (4)：17.

开贸易保护的重重壁垒，提高公司的总体获利能力。随着发展中国家对外商直接投资限制的逐步减少，跨国公司进入东道国市场，技术控制不会减弱，技术转移的内部化趋势会不断加强。

独资经营企业是技术转移内部化最为有效的方式。独资经营的性质是一个投资者（含个人、法人型企业或合伙企业等）独自负责投资，掌握全部股权，控制所有的生产经营活动，自己独立承担投资风险。独资企业最大的优势是企业内部资源共享、利益互惠、交易成本低。跨国公司建立独资企业，主要动机是严格垄断和控制技术，其技术创新与改造主要与母公司发生联系，较少与东道国同行发生横向联系，技术转移主要存在于企业内部，其技术不直接向东道国转移。21世纪以来，跨国公司在东道国越来越倾向于通过独资的方式在东道国获取市场，就是它们意欲技术转移内部化的结果。

二、知识产权出资

以知识产权作为出资可以表现在绿地投资中，投资者以知识产权作为出资投入被投资企业以获取被投资企业的一定股份；也可能在收购兼并中，投资者以知识产权购买被投资企业的新增股权。

通常而言，根据东道国的准据法不同，投资者可以以货币或其他有形或无形资产出资。比如，依据我国《公司法》第27条之规定："股东可以用货币出资，也可以用实物、知识产权、土地使用权等可以用货币估价并可以依法转让的非货币财产作价出资；但是，法律、行政法规规定不得作为出资的财产除外。"可见，在我国法律体系下，知识产权是合法的出资形式，即投资者允许以知识产权作价出资，拥有被投资企业的股权。

东道国法律可能对知识产权出资有一定限制，包括对可以出资的知识产权的类型的限制和对出资的知识产权的最高比例的限制。以我国法律为例，也经历了一个由限制到放开的过程：从仅仅允许以专利权、商标权和著作权出资，到允许商业秘密出资，到允许各种知识产权的许可权出资；知识产权的最高投资比例从70%到80%，直到取消限制。这充分反映了我国对从渴望资金到渴望技术的态度，以及知识产权和技术出资日益体现出的商业价值。

一般来说，以知识产权出资的，都是被投资企业生产经营所需要的技术或其他无形资产，对其他投资企业而言，也希望能够介入使用，并通过合资企业扩展生产能力和提升技术水平。因此，在包含以技术出资的直接投资项目中，通常要考虑以下问题。

第一，用于出资的知识产权对于被投资企业的商业应用，包括与被投资企业在业务种类、业务区域等方面的吻合度。

第二，用于出资的知识产权的归属：投资主体是否是相关知识产权人的拥有人，是否有权转让或许可。

第三，所出资的知识产权的价值：通常出于商务上的考虑，投资各方需要自行或委托第三方对所投资知识产权进行评估，从而确定在被投资企业里所占股权，在法律上，也可能有对出资的无形资产进行评估的要求（在我国，尤其是投资者中有国有企业时）。

第四，所出资的知识产权是否有使用方式、使用范围上的限制，投资者在转让或许可投资的知识产权之后，是否有权利继续使用用作投资的知识产权。

第五，所出资的知识产权在所投资企业破产清算时如何处理，如果拍卖，恐非投资者所愿，也往往导致相关技术权利的碎片化，但是如果允许投资者收回，也有违债权人的利益。

三、作为投资条件的知识产权转移

在企业投资中，除了以知识产权作为出资的，也有可能以现金或其他形式出资，出资完成后，由投资者另行以技术转让、技术许可或者供应设备或零部件的方式提供技术。此时的技术转移行为虽然不是作为出资的一部分，但往往是投资各方愿意投资的必要条件。同样的，在收购兼并过程中，尤其是购买部分股权的，出售股权一方往往会要求增资方或并购方在并购完成后向企业投入技术，这也往往是出售方愿意允许收购方收购部分股权的原因，即提高被投资企业的生产经营能力和技术水平。

知识产权作为一种投资条件的主要出发点是将股权投资和技术转让结合起来。一方面，投资方和被投资方存在股权关系，二者的竞争程度降低，使得投资方更愿意分享其技术；另一方面，投资方将占有被投资方董事会的一定席位，可以参与被投资方经营，也就能够了解被投资方对其转移的技术的使用状况，及时制止超范围使用。

作为投资条件转移知识产权的，通常除了考虑知识产权出资中的类似问题外，投资各方还需要考虑：投资和知识产权转移之间的关系，尤其是当相关投资方撤资，或者其股份被收购时，是否相应终止技术转移关系。从被投资企业角度而言，可能需要维持一项稳定的技术应用，也有可能需要专用其他投资方的技术；从投资者而言，可能需要收回技术，避免非下属企业使用其技术，也有可能希望维持持续的技术许可或服务，获得稳定的现金收益。

四、技术溢出

跨国公司对东道国技术进步的正面影响主要体现在“溢出效应”，跨国公司在产品或加工工艺以及营销等方面具有丰富的知识，当东道国公司从中获得利益而又无须支付有关费用，而跨国公司又不能完全内部化收益时，便会形成技术溢出效应。[①] 技术溢出既是当地企业从跨国公司获取的一种重要收益，也是跨国公司促进东道国经济增长的重要机制。

“溢出效应”分为两类，取决于其传导机制是由横向联系还是纵向联系构成。从横向联系来看，跨国公司的存在影响了产业结构、本土企业的行为以及表现，如同一行业内技术信息的传播。从纵向联系来看，外商直接投资带来的技术溢出效应通过跨国公司在东道国的企业与当地供货商和客户间的前后相关联系中表现出来[②]；主要指跨国企业在培育当地企业优质供货商时，会主动给予技术帮助。

“溢出效应”在合资企业中表现得最为明显。双方在合资过程中共同投资、共同经营，技术转移的意愿比一般企业更加强烈。加上相关技术人员不断的交流与合作，技术的溢出效果非常显著。

---

① 马忠法. 清洁能源技术转移法律制度研究. 北京：法律出版社，2018：266.

② 张耘，等. 跨国公司技术转移研究. 北京：开明出版社，2008：59.

第四节　技术转让与许可

纯粹的技术转移实际上只有两种方式，即技术转让和技术许可。其他路径或方式产生的技术转移，多数也是通过技术转让协议或许可协议进行的，故下面重点介绍这两类协议。

一、技术转让

（一）技术所有权转让概述

技术转让意指权利人将其占有、使用、收益和处分的全部技术权利转移给他人的行为，或指拥有技术的一方通过某种方式把一项技术所有权转让给另一方的活动；它涉及的是技术所有权的让与。技术转让是实现技术进步和经济增长的重要途径。它是一种彻底的权利转让，也是一种最容易的技术扩散形式；一般情况下，供方对转让出去的技术之使用和再转让不再拥有任何控制权[①]；我国立法中，狭义的技术转让即指所有权转让。在英文中，当一项专利发明由权利人无时间或其他条件限制将所有的排他权转让于他人时，人们就说发生了技术所有权的“让渡”（assignment）[②]，有些学者认为它是许可之外的另一种知识产权交易的形式。[③] 对于使用权的转让则直接用“许可”（licence）来代替，而广泛意义上的“转让”（transfer）则涵盖了它们和其他的转让形式。

国际技术贸易的标的物是知识产权，一般只涉及使用权的转让，技术所有权并不随着使用权的转让而转移。但在现实中，存在着不少技术所有权转让的情况，而国内目前该方面的研究实不多见。由于技术贸易中技术许可是如此之多以至于很多人认为技术许可成为技术贸易的代名词，而所有权转让的贸易形式几乎完全被忽略了。实际上，随着社会的发展，随着技术的价值为人们越来越认同，乃至“它成为知识经济时代最重要的财产或资本”观点的确立，作为社会新兴力量的独立的研发机构、研发队伍和人员在市场主体中已成为重要的成员，它们的“产品”（技术）也会同其他商品一样进入市场，出现所有权转移的交易形式。因为它们已不同于早期研发技术主要为自己所用的生产型企业，后者转让技术一般基于一个前提，即在其原有的技术更新后但尚未淘汰前，许可他人使用，以获取暴利；而专门的研发主体之目的却十分明确，开发不是为了自用，而是用来推广和交易，即使之成为“商品”。因此，技术所有权的交易可能会随着情况的变化而日见增多，这应当引起人们的重视。这里也只是在有限资料的基础上进行一些初步探讨，以起抛砖引玉之作用。

（二）技术所有权转让的理论分析

上面已经提到，由于技术具有可复制性、多用性的特点及复制使用成本的低廉等，专

---

① Harry Rubin. International Technology Transfer. Martinus Nijhoff，1995：70.

② WIPO. *WIPO Intellectual Property Handbook*：*Policy*，*Law and Use*. WIPO Publication No. 489 (E)，2001：172－173.

③ Robert W. Gomulkiewicz，etc. Licensing Intellectual Property：Law and Application. Wolters Kluwer，2008：19.

利权人或其他工业产权所有人试图使专利技术得到充分的利用，以获取更多的利益。而对技术受方来说，他担心的是：由于技术的无形性和易复制性等使其无法像有形商品那样被实际控制和独占，转让并不因为材料等有形载体的转让而彻底脱离了供方的控制，供方可能仍会通过其他方式继续行使相关权益，从而使受方的实际权益得不到切实的保障；另外，所有权转让的费用比许可使用的费用要高许多。因此，在国际技术转让的实际业务中，除非受方希望通过取得技术所有权来垄断技术，多数情况下也不倾向于付出高昂代价获得难以真正拥有的技术所有权，一般都很少采取技术所有权转让的方式。所以，我们可以理解为何供受双方往往比较愿意采取许可使用的方式转让专利技术。

不过，从知识产权本质来源的发展变化及其具备财产的性质来看，技术所有权转让有一定的理论依据。知识产权的本质最先来自其否定方面的权益，即排除其他人就特定的权利对象进行商业活动的可能，但经过权利人的同意或许可的除外；后来逐渐发展出肯定的权利，即权利人有权转让、抵押或许可，以至权利人将其知识产权的所有排他权利销售出去及他人进行购买成为技术转让的第一个法律途径。[①] 无形财产是人类财产中非常重要的一类，而知识产权（技术）作为无形财产最主要的内容，在知识经济时代几乎构成了人类财富的半壁江山；在互联网语境下，无形财产甚至成为财富的主导力量。如财富榜上的领头企业阿里巴巴、谷歌、百度、微软等都是当今时代无形财产意义重大的见证。既然是财产，它与有形财产一样，可以通过出售、出租（对技术而言即许可）等具体的使用方式来实现其财产价值。在这一点上，有形财产和无形财产几无差别。但由于技术的特性，技术所有人对技术的出售、许可等态度常大大不同于有形财产。[②]

技术所有权的转让一般多限于专利技术和通过国家法律能够明确确定其权益的其他工业产权。专有技术一般不采取该方式，因为它不受工业产权法保护，其拥有者享有的只是法律上的相对独占权，由于该技术所有人对技术采取保密措施，难以了解其他人对技术的拥有；而且，专有技术转让难以做到技术知识与专有技术拥有人相分离，它通常是由专有技术拥有人向技术受方提供和传授技术知识，技术受方实际上不可能取得技术的所有权，所以专有技术一般都采取许可使用的方式。相反，专利权和其他工业产权（如实用新型、外观设计、商标等）是由工业产权法律确定、明确归属并由工业产权法律加以保护的权利，同其他有形财产一样，理论上其所有权是完全可以转让的。所有权转让后，受让人即成为该专利权或其他工业产权的合法拥有者；而原权利人就不再享有任何权利，包括不得自己实施这项技术，以及将此权利再转让或许可他人实施。

由于技术"出售"要求供方不可撤销地将技术的所有权利如技术所有权和技术利益转让给受方，故供方必须识别出该技术的所有构成元素，包括商标、版权、专利、商业秘密、专有技术等；出售带来的结果就是使供方在技术上的所有权利丧失。[③] 因此，对这类的转让形式上要求较严，转让专利权或其他工业产权时，双方当事人应签订转让合同说明专利权或其他工业产权的批准国、批准日期、编号和转让人对权利的保证和转让费用等。

---

① WIPO. *WIPO Intellectual Property Handbook*: *Policy*, *Law and Use*. WIPO Publication No. 489 (E), 2001: 172.

② 具体内容参见本章的相关部分。

③ Harry Rubin. International Technology Transfer. Martinus Nijhoff, 1995: 70-71.

此外，根据各国专利法律规定，专利权或其他工业产权转让时，还必须向专利局或其他主管机关登记备案，并向公众通告。

利用被保护的技术有各种不同的方式。最常见的是技术所有人有生产和销售能力或条件时，它自己加以使用而排除任何他人从事类似的活动。可以说，绝大多数生产性或经营性公司，最初研发技术并非为了交易，多是为自己所用，只是到技术进入衰退期或自己有了更先进的技术后，才将它转让出去。第二种是如果它具备上述条件或决定自己不去生产或销售产品，它可以许可或授权他人生产、销售。第三种是通过收取一定的费用如一次总付或提成或提成加入门费或对方以其他对价的形式如技术作股等形式转让技术的所有权于他人；例如大学的院系或其他研究机构或研究性的公司，自己没有用于生产或销售的人力或其他必备的条件，就通过转让所有权的方式给有生产能力和销售条件的企业，自己通过一定方式收回成本并分取一定的利润；当然转让所有权所得到的价格要大大高于其他形式的转让。

（三）技术所有权转让的理由或适用范围

有些情况下，发明人会决定自己不将技术进行商业化，而将技术的所有权利转让给他人。这一决策源于以下理由[①]：

——市场由几家大公司所控制，如果自己进行产业化成本将十分高昂。

——发明的技术只有和其他相关技术结合起来才具有可用性。

——发明人急等资金使用，而不允许他有等待许可贸易下收取使用费来维持进一步研发所需资金的时间。在技术研发企业起步阶段，尽管从长期看，带有提成费的技术许可会产生更多的效益，但就短期而言，出于解决企业发展的燃眉之急，出售全部技术以获取所需资金更为可取。或发明人判断，将技术出售带来的收益会高于许可，因为后者需要较长的时间且有很多风险和不确定因素。[②]

——发明人经营业务范围之外的发明，或发明人不想再涉足的技术领域。

——发明人不愿意或无能力支付可以预见的侵权或产品责任之纠纷的费用。

——发明人更愿意成为纯粹的研究者或研究机构，而不愿涉足任何商业活动。

——发明人不想或无渠道到市场上去推销技术产品。

——发明人不想再研发或使用该技术，如他既无能力也无其他时间或资源来实施技术。

——发明人没有获取生产发明产品所需的原材料的经济渠道。

——技术所有人发现，可能由于技术产品的数量庞大或成本低廉，以至对其使用进行限制变得不太现实；或者是他认为制造产品的技术在可行的商业方法方面不可能不被盗用。该方面的典型案例是电子消费品，其数量十分庞大，试图通过许可来获得营销方面的成功几乎是不可能的。[③]

发明人有可能转让自己技术权利的一部分。比如，发明人可以出于特定使用之目的而

---

① John T. Ramsay. Ramsay on Technology Transfers and Licensing. 2nd edition. Butterworths Canada Ltd.，2002：5.

② Harry Rubin. International Technology Transfer. Martinus Nijhoff，1995：71.

③ 同②70.

部分转让其所有权。除了适用于共有的原则外，转让全部权利的原则同样适用于部分转让（保护、价值、支付和风险承担的分配）。但是，转让部分权利并适用于所有的知识产权转让，如转让部分专利，在实践中至今尚未发生。

有些企业在经营自己的主业时附带发明的东西，也会将技术所有权进行转让。如蔗糖制造厂商在生产食糖的过程中，其技术工人发明了如何将甘蔗秸秆变成某种轻便、易于转化和利用的能量技术，它便可将该技术转让给有关能源公司。因为它没必要将来也不会在能源生产方面有长远打算，或经过核算，如果自己要使用该技术须投入很多，如设备、资金和配套人员等，而如此产生的利润未必比将该技术转让出去更能带来效益，所以转让技术所有权是一条收益最佳的路径。

一项技术可能有不同的工业运用价值，有一些是超越了权利人的直接利益或是权利人无法使用的；要想使技术研发投入回报最大化，就必须把这些部分转让出去。另外一种情况是：为使主业务的副产品也能带来利润，权利人研发了一种技术，并将该技术转让给他人使用，这样可能会吸引有些公司来购买该副产品。比如，一个制糖厂商发明了一种方法，可以把甘蔗渣变成一种发动机的燃料，他将此技术转让给收购甘蔗渣的燃料加工商[①]，则加工商会从糖厂大量收购甘蔗渣，将本来的废物变成了增加收入的一个来源。此外，如果技术权利人没能成功地将其技术引入市场，那么，他最好的或说可能唯一的办法就是将技术转让于他人。

二、技术许可

（一）许可及技术许可的含义

许可“License”源于拉丁语“licentia”，意指“自由”（freedom or liberty）[②]。在不动产法中意指“被允许在许可方的土地上从事一定的行为或对其放弃的一定土地权利的使用……它创设了一个有利于受方的特权”[③]；在一般民商事法律中，指可撤回的、他人可以从事一定行为的允诺，如不经允许而为之则为违法。[④] 因此，从一般的法律习惯而言，许可是指权利人对被许可方从事一定行为而本应提起诉讼（如果该行为没有经过许可）的权利的放弃。许可的本质是一种“允许”的授权，即某种权利经允许后可以被他人使用。[⑤] 实际上它是一种使用权的转让，如不动产中房屋租赁或动产中的租用行为，只不过我们没有用“许可”一词。运用到专利技术许可时即指“权利人本可禁止的但经允诺可以从事的行为”，故技术许可是指供方放弃其排除受方可以进行生产、制造、使用、销售、许诺销售或进口其相关技术或产品的权利而允许受方在一定范围内使用其技术的行为。[⑥] 显然，

---

① Gregory J. Battersby, Charles W. Grimes. Licensing Desk Book. Aspen Law & Business, 1999: 13.

② Brian G. Brunsvold, etc. Drafting Patent License Agreements. 5th Edition. Washington, D. C. : The Bureau of National Affairs, Inc. , 2004: 5.

③ Herbert T. Tiffany. The Law of Real Property §829. 3d ed. , 2003.

④ Black's Law Dictionary. 8th edition, p. 938.

⑤ Robert W. Gomulkiewicz, etc. Licensing Intellectual Property: Law and Application. Wolters Kluwer, 2008: 4-5.

⑥ Brian G. Brunsvold, etc. Drafting Patent License Agreements. 5th Edition. Washington, D. C. : The Bureau of National Affairs, Inc. , 2004: 5.

许可的目的在于：发明人可以将使用权转让于他人而继续持有技术的所有权，同时双方在等价交换的基础上可彼此获利。① 国际技术许可是国际技术转让中最为常见、最为有效和最容易被相关主体接受的交易方式。

技术许可指技术供方（许可方）将其技术使用权通过许可协议授予技术受方（被许可方）使用，受方取得许可人所拥有的专利或专有技术的使用权及相关的技术信息并支付相应费用或其他报酬、承担保密等义务的一种技术转移形式。它一般通过签订技术许可合同来实现。很长一段时间，它是最常见、使用最广的技术贸易方式②；在信息经济时代，许可是众多交易形式中占主导地位的一种模式，它可以让知识产权人或信息所有者处理多个事情。③ 按照授权的范围，许可可以分为独占许可、排他许可、普通许可、分许可和交叉许可。按照转让标的物的不同，许可分为专利技术许可、专有技术许可、计算机软件许可和集成电路许可等。由于作为不同客体的技术许可之本质含义和特征颇为相似，下文主要以最为典型的专利技术许可为讨论对象，以反映技术许可贸易的一般原理和规律。

（二）根据供方授权权限的大小及受方使用范围而划分出的种类

根据供方授权权限的大小及受方使用技术的范围，许可合同可分为以下几类（有些学者仅将其分为独占许可与非独占许可两类）。

1. 独占许可（exclusive licence）④

独占许可即供方授予受方在一定的地域范围内对约定的技术及其产品的制造或生产、使用或销售的权利享有唯一的实施使用权，供方及第三方在该区域内不再享有该技术的实施使用权。⑤ 该许可方式严格限定了供方使用技术的权利，保证了受方的一定市场范围，即使供方在规定的区域范围内有客户向其采购，它也需将该采购订单转让给受方。有学者认为该形式的实质就是供受双方划分该技术在国际市场上的势力范围之协议。⑥ 故该方式是所有技术许可形式中要价最高的协议。有研究表明，该许可方式的价格比普通许可价格高20%以上，甚至可达100%。在市场经济较为成熟的国家采用该方式的较多，受方愿意以较高的价格获取对先进技术的垄断权，以期取得高额利润。近年来，发展中国家的企业对发达国家的中小企业转让的技术也愿意采用该方式获取技术。在笔者实务中，曾参与的技术许可合同有40%左右为独占许可。而且，多数独占许可并不授予受方技术所有方面的独占权，往往授予受方某一个指定用途或背景下的独占权。⑦

2. 排他许可（sole licence）

排他许可又称独家许可或全权许可。它是指供方仅允许受方在一定区域范围内使用而

---

① Dr. Monzur Ahmed. *Successful Technology Licensing*. WIPO Publication，2004：Preface.

② 郭寿康，主编. 国际技术转让. 北京：法律出版社，1989：49.

③ Robert W. Gomulkiewicz，etc. Licensing Intellectual Property：Law and Application. Wolters Kluwer，2008：20.

④ 译自英文“exclusive licence”，而下面的排他许可译自“sole licence”；笔者认为应当倒过来更为准确，因为“排他”一词本身含有排除任何人之意，而“独占”不可能排除发明人对技术的占有，何况其意在于排除发明人在外的独占使用；而且从英文原意看，将 exclusive licence 译成独占许可，sole licence 译成排他许可也不是很准确。但考虑到约定俗成，本书沿用已形成的通译用语。

⑤ 同③62－63.

⑥ 同②73.

⑦ Robert W. Gomulkiewicz，etc. Licensing Intellectual Property：Law and Application. Wolters Kluwer，2008：62.

不再允许第三方使用其技术，但供方保留自己使用该技术的一种许可协议形式。在实务中，特别是企业间采用该方式的不是很多，因为如果企业同意另一家企业在特定区域内使用技术，自己也可在区域内行使，则二者之间会形成无谓的竞争关系，这种方式对技术价格要求远不如前一种。同时，在许多场合，潜在受方考虑到自己的技术实力及与供方的竞争关系，担心对方可能会留有专有技术而不会将全部技术信息转让于己，在付出相当对价的情况下，可能会收不到预期效果。一般企业如果看好某一区域的市场，自己意图占有，是不会轻易转让技术而培养自己的竞争对手；如果对某一地区市场无兴趣，则完全可通过独占许可，这样，自己既可获取较高的价格，又避免不必要的风险。

它对于企业而言，如同鸡肋，但对于大学、专门的研究机构或实验室而言，意义较大。它们有技术和研究成果，但无生产、销售的条件，可以将技术采取该方式转让，既可获得较高的研发回报，自己还可继续使用该类技术继续研发，或当技术某一部分对生产条件要求不高（如厂房、资金、人员要求不多、不高）时，可以进行简单的局部产品如元器件或零部件的制造等，供应给受方。

3. 普通许可（simple licence）

普通许可又称一般许可证或非独占许可证，它是与独占许可相对而言的。它是指许可方允许被许可方使用其专利的同时，保留自己使用和再允许第三方使用该专利的一种许可证。这是最常见的许可证。该许可价格较为便宜，多为发展中国家或后进资本主义国家所用。

由于该类许可在签订技术转让许可证协议后，许可方自己仍有权使用这项工业产权或专有技术，也有权再与其他人签订同样主题的许可证协议，把同样的技术给其他人使用，由此会产生若干个非独占许可合同，所以受方均会特别要求在该类许可协议中约定“最惠条款”，即要求供方给予受方此后的任何其他受方的更为优惠的条款，该受方可同时享有此条款带来的益处。[①] 尽管该条款可能有各种不同形式的约定，准备充分的条款均要求供方通知受方在其后签订的许可协议，并约定后来协议是否比先前协议更为优惠的评估方法。考虑到技术许可涉及的诸多因素，如许可费总额、转让权利的范围、交叉许可、合同期限及其他供方的义务等，以上评估是十分困难的。[②]

一般而言，当事人对技术许可方式没有约定或者约定不明确的，应认定为普通许可；许可合同约定受让人可以再许可他人实施技术的，应认定该分许可为普通实施许可，但当事人另有约定的除外。我国司法实践中也采取了该做法。[③]

4. 交叉许可

交叉许可证又称相互许可证，是指技术许可方和被许可方相互授权对方使用自己拥有的专利权和专有技术使用权的一种许可，其实质是双方以价值基本相等的技术，在互利互惠的基础上交换技术的使用权。互换许可一般是在特定条件下采用的，如合作生产、合作设计、共同研究开发等项目中通常会用到这种方式。故它们更多体现的是一种合作关系，

---

① 详细内容可参见本章第六节。

② Martin J. Adelman, etc. *Patent Law*. 2nd Edition. Thomson & West, 2003: 1061.

③ 《最高人民法院关于审理技术合同纠纷案件适用法律若干问题的解释》第 25 条。

而不是单纯的买卖关系。一般而言，双方在同一或相关领域但不同的产品或角度各有优势，且为对方所需，如互为对方某些零部件或专有技术供应商等，这种场合下交叉许可容易出现。相互许可的对象是属于各自拥有所有权的专利或专有技术，每方均互为技术的供方和受方，对对方许可的技术享有制造、使用和销售的权利。双方可以约定独占还是非独占。由于双方的技术水平相当，相互取长补短，故其对价的形式不是彼此向对方支付一定的金钱费用，而是技术价值的彼此交换。交叉许可的典型形式是建立专利联盟（patent pool）[①]，即联盟各方通过交叉许可实现技术、知识资源共享的一种特殊形式，技术转移在其中是双向或者多向的，联盟各方共用研究开发设施，可以减少资源压力和开支，共担风险，抑制竞争。

签订交叉许可证协议后，在规定的地域内，许可方仍保留使用该项技术的权利，但许可方不得将此项技术许可给其他人使用。

5. 分许可

分许可亦称分许可合同或从属许可合同。它是指被许可方在取得专利许可证后又和第三方签订专利许可证，即受方在约定的区域内可将供方提供的技术使用权转让给第三方，简言之是指技术受方将其得到的权利再转让给第三方的交易方式。除非在原许可证中有此项授权条款，或经供方同意，否则被许可方无权签订分许可证。可以从事分许可的受方一般与供方都有某种联系，如是供方的子公司或关联公司或驻外分支机构或代表处。供方由于不能与第三方直接接触订立许可合同，就先将技术转让给受方，然后由受方再与第三方签订转让合同。如我国的宝钢钢铁集团及上海贝尔有限公司在早期从国外引进技术后，经供方同意，就与多家中小企业订立分许可合同，由它们生产零部件。一般而言，进行分许可的企业多是跨国公司的子公司或其海外分支机构，由于某些原因，它们不能直接将技术许可给第三者，就将技术通过其子公司或海外机构与第三者签订分许可技术贸易合同将技术转让出去。

有时，双方在许可合同中约定分许可条款，约定受方可否进一步许可（即分许可），分许可后费用支付给谁，许可协议终止对分许可造成的影响。在美国，由于联邦巡回法院对权利用尽原则的扩张性解释，就受方而言，分许可条款的重要性可能对其有所减弱；因为联邦法院认为缺少分许可权利的独占许可受方不能将其用许可技术生产的产品售给独占的分销商。[②] 然而，不论出于避免可能涉及的反垄断，还是对第三方寻求使用许可产品的考虑，专家还是建议在合同中约定分许可内容。[③] 一般而言，分许可的权利、时间、地域范围即实施方式等不应当超过原许可合同的规定。

有学者认为，独占许可的受方原则上可以享有分许可权，该权利的排除应当通过条款在合同中明确约定。[④] 我们认为，为了避免将来的纷争，技术受方应反其道而行之，即尽量在独占许可（或普通许可）中争取到明确的分许可权，这样可避免供方对区域内的重复许可，造成引进国的外汇浪费；同时，在将来发生争议时，获得有利的证据。

---

① 具体分析可参见马忠法．专利联盟及其专利许可政策．企业科技与发展，2009（4）．

② Unidisco，Inc. v. Schattner，824，F. 2d 965，3 U. S. P. Q. 2d 1439 (Fed. Cir. 1987).

③ Martin J. Adelman，etc. *Patent Law*. 2nd Edition. Thomson & West，2003：1060.

④ Jochen Pagenberg，etc. License Agreements. 5th edition. Carl Heymanns Verlag KG，2003：103.

我国专利法规定的“被许可人无权允许合同规定以外的任何单位或者个人实施该专利”[①] 即表明，除非合同约定，被许可人不能进行分许可。合同法也有类似规定：专利实施许可合同的受让人应当按照约定实施专利，不得许可约定以外的第三人实施该专利。[②]其实，这些规定，与一般合同的权利义务的概括转移既有联系又有区别，联系是它们均是将合同的部分权利义务向第三方转移，区别是在技术许可合同中，供方处于主导地位，受方相对较为被动；而一般合同的概括转移，双方较为对等。当然，对于合同一方当事人单方面将义务转让给第三方的情形，与技术许可中的分许可有相似之处。

6. 强制许可

严格说来，强制许可不是本章讨论的范围，因为它不是双方当事人基于意思自治而签订的合同，是国家专利主管部门根据有关人员的申请或其他情况，无须经专利权人的同意或许可，授权符合法定条件申请人实施专利的行为，或政府要求权利人允许他人使用，故它常被称为“非自愿许可”[③]，在很大程度上它是公法范畴的内容。强制许可通常可分为两种情况：一是针对权利滥用情况下的强制许可，二是出于公共利益下的强制许可。故强制许可视为限制权利滥用的手段、对反垄断行为的补救和公共利益的维护；由于是强制的产物，缺少当事人间的合作，权利人对专有技术也不会披露，所以，对技术转让而言，它不是一个富有效率的机制。[④]

“强制许可在专利制度中是少见的……人们常建议对它进行立法，但从来没有在广泛意义上就它专门制定过法律”[⑤]；但随着环境问题如污染、植物多样性和公共健康问题等的出现及原子能、核能技术的发展，使技术的推广和强制实施变得十分必要，在相关法律中强制许可渐成为它们中的内容。在国际层面，如 TRIPs 协议第 31 条“其他未经权利人授权使用”的规定，主要涉及国家紧急情况等下的强制许可。[⑥] 在国内法中，多数国家的专利法都有相关规定，如中国的专利法有专章对“强制许可”作出规定，共 11 条，其中除了因权利人滥用专利权（如不实施等）而实施的强制许可外，也规定了涉及公共利益或公共问题如公共安全、国家紧急状态等所引起的强制许可。[⑦]

此外，强制许可的实施，在技术转让方面一般多针对专利技术、计算机软件技术及集成电路布图设计；对于专有技术，由于其保密性特征，不可能存在强制许可问题。

7. 开放（当然）许可

该许可主要适用于专利技术，其制度意指由专利权人申请，经专利行政部门审查准许，社会公众只需向权利人支付相应的许可费即可实施专利的许可制度。[⑧] 我国《专利法》第四次修改采纳了该制度，规定：专利权人以书面方式向国务院专利行政部门声明愿意许

① 《专利法》第 12 条。

② 《民法典》第 867 条。

③ WIPO. *WIPO Intellectual Property Handbook: Policy, Law and Use*. WIPO Publication No. 489 (E), 2001: 34 - 35.

④ 同③36.

⑤ Dawson Chem. Co. v. Rohm & Haas Co., 448 U.S., 176, 215 (1980).

⑥ Article 31 of TRIPs Agreement.

⑦ 《专利法》第 48～58 条。

⑧ 胡建新. 我国专利当然许可制度的构建. 知识产权，2016 (6).

可任何单位或者个人实施其专利，并明确许可使用费支付方式、标准的，由国务院专利行政部门予以公告，实行开放许可；就实用新型、外观设计专利提出开放许可声明的，应当提供专利权评价报告。它还规定，专利权人可以撤回该声明，但撤回时，应当以书面方式提出，并由国务院专利行政部门予以公告；开放许可声明被公告撤回的，不影响在先给予的开放许可的效力。与之对应，任何单位或者个人有意愿实施开放许可的专利的，以书面方式通知专利权人，并依照公告的许可使用费支付方式、标准支付许可使用费后，即获得专利实施许可。对权利人实施开放许可，草案也作了限制，即开放期间，专利权人不得就该专利给予独占或者排他许可。当事人就实施开放许可发生纠纷的，可以请求国务院专利行政部门进行调解。[①]

三、技术转让和技术许可的区别

前文已述，单纯的技术中的权益转让可以采取两种方式，即转让所有权和许可。[②] 对于二者的区别，我们可以通过美国最高联邦法院案例给出的解释去把握。

在美国"沃特曼诉麦肯兹案"中，法官这样解释：转让所有权指专利排他权的让渡，权利人或其受方通过一定的书面形式，转让、授权或让渡以下权益：(1) 整个专利权，包括在全美使用和出售发明的排他权，或 (2) 该排他权不可分割的组成部分或 (3) 在美国特定区域内，专利下的排他权。上述三项权益的转让为所有权转让，准确地说，该转让授予受方专利本身承载的所有权利，以致受方可以向侵权者提起诉讼：针对第二种情况，可以与供方一道提起，对第一和第三种情况，受方可以以自己名义提起。任何转让如果不是上述情况之一的，则仅仅只为许可，受方不能取得专利权的任何所有权，也无权以自己的名义对侵权人提起诉讼……受方的任何权利必须通过专利所有人或以其名义才可实施……对于推定权益的转让是所有权转让还是许可，不取决于文件的名称而取决于条文规定的法律效果，如将使用、制造和出售两台专利机器的排他权在一定区域内授予了受方，则为所有权转让，受方有权以自己的名义起诉，因为供方本人在此区域内也丧失了制造、使用和销售类似机器的权利。[③]

从上文中可以看出，所有权转让和许可首要和最重要的区别是技术买方在实施自己的排他独占权时，无须获取他人的允许或合作，而被许可方不拥有实施专利的任何独占权利，尽管它们可能会实施许可协议中的条款。对于专利的共有人而言，任何一方实施专利的权利都是平等的，在遇到侵权诉讼时，它们必须合作，但是在使用专利时，无须征得对方的同意。简言之，所有权转让的主要特征是权利人不受阻碍地实施专利的权利。在美国，其第二个区别涉及法院管辖问题，此为前一问题的衍生问题。前者将专利权实施的管辖权授予了联邦地区法院，其上诉机构是联邦巡回上诉法院，而许可协议是一种合同，由州的一般合同法原则来调整，故其履行中发生的纠纷如许可费的支付等由州法院管辖。转让所有权时，可比照美国转让不动产的有关规定，转让专利所有权时必

---

① 《专利法》第52条。

② Martin J. Adelman, etc. *Patent Law*. *2nd Edition*. Thomson & West, 2003: 1057.

③ Waterman v. Mackenzie, 138 U. S. 252, 255-256 (1891).

须到美国的专利局登记备案（转让后3个月内或后一个买卖交易之前），否则权利人再次卖与他人（尤其是善意第三人）时，他人可以主张第一个转让无效，故完整的专利权转让必须包含登记备案之内容，而许可则不存在该方面的问题，即使专利权人的专利有瑕疵，被许可方也不可能"出于价值规则的正当购买人"之由保护自己的许可。[①]

上述区别在两个领域——税赋待遇和侵权追究——中带来了重大不同的后果。按照美国税法规定，转让专利所有权是资本转让的一种，受方支付的费用已资本化，而供方获取的费用被视为资本收益；根据许可协议支付的许可费，通常是受方可扣除的运营成本和供方的收入。资本收益和日程收入的税率是有区别的。在国际许可协议中，双边征税条约对资本收益和许可费的税赋待遇规定也是不同的。当然，税赋征收取决于交易的实质内容，而非术语的使用，如果转让的不是专利的实质权利即排他权，但出于避税的目的称之为"转让"，仍被视为许可。

关于侵权责任的追究，对技术所有权转让的受方而言，它可以单独起诉追究侵权人的责任，但对技术许可中的被许可方而言，它无单独的起诉权。发生分歧后，在决定是许可还是转让时，法院应当"确认双方当事人的意图并审查授权的实质内容"。在美国联邦法院1991年审判的Vaupel Textilmaschinen KG v. Meccanica Euro Italian S. P. A案例[②]中，法官评论道：1988年协议中的"独占许可"一词的使用，不是决定性的，文件中记载的事实陈述是决定性的。然而，专利法中的"转让或让与"（assignment）一词是有特定含义的，意指正式的所有权转让。我们认为：本协议转让的主体，尽管没有构成美国专利法上的正式转让，但授权的却是所有的实质权利，根据美国民事诉讼法的相关规定，原告无须供方加入就可提起诉讼……实际上，专利是由一系列可以分割、全部或部分地转让或保留的权利构成。在决定是否有授予所有实质权利之意图时，仔细审阅授权者还保留哪些权利比仅仅只看授予了哪些更有意义。在本案中，授权者保留了如下权利：（1）对受方分许可的否决权；（2）对发明在其他国家申请获取专利的权利；（3）在受方破产或终止生产后对专利的回收（复归）权；（4）收受侵权赔偿的权利……上述保留权利没有一个是如此重要，以至于将转让变成了单纯的许可，或意味着不转让所有实质权利的意图。该协议还转让了专利侵权的起诉权，仅留的义务是通知授权方。在此，它是特别关键的……在独占许可协议中，要求受方加入原告行列是为了避免针对同一个侵权者提起两个诉讼的可能；但在本协议中，该方法显然不能适用，因为起诉权只在受方。

而在另外一个案件[③]当中，法院认为：独占许可的受方由于供方保留了实质权利（对制造、使用和出售包含专利技术的产品的权利的限制，受方拒绝起诉的起诉权及禁止受方在该协议下除了将其权利转让给其商业继承人之外的任何第三人之权利等）而失去了独立的侵权起诉权。

上述两个案例讨论的问题不是独占许可的受方是否有独立的起诉权，而是独占许可的受方根据其是否拥有被许可专利的所有实质权利，出于实施之目的能否有效地拥有专利。

---

① Martin J. Adelman, etc. *Patent Law*. 2nd Edition. Thomson & West, 2003: 1057 - 1058.

② 944 F. 2d 870, 20 USPQ2D 1045 (Fed. Cir. 1991).

③ Abbott Laboratories v. Diamedix Corp. 47 F. 3d 1128, 33 USPQ2d 1771 (Fed. Cir. 1995).

后来美国联邦巡回法院在 Mentor H/S，Inc v. Medical Device Alliance，Inc. 案中给出了最终结论：只有专利权人即对专利拥有所有权利益的人才有起诉的资格；拥有所有实质权利的独占许可受方被视为所有权的买方，因此，也就成了专利的所有权人。[①]

我国专利法对专利转让和许可也做了区别。它规定：转让专利申请权或者专利权的，当事人应当订立书面合同，并向国务院专利行政部门登记，由国务院专利行政部门予以公告。专利申请权或者专利权的转让自登记之日起生效。[②] 而对于许可，则规定“任何单位或者个人实施他人专利的，应当与专利权人订立实施许可合同，向专利权人支付专利使用费。被许可人无权允许合同规定以外的任何单位或者个人实施该专利”[③]。显然，它无须登记，但专利权人与他人订立的专利实施许可合同，应当自合同生效之日起 3 个月内向国务院专利行政部门备案。[④] 除依据《专利法》第 10 条规定转让专利权外，专利权因其他事由发生转移的，当事人应当凭有关证明文件或者法律文书向国务院专利行政部门办理专利权转移手续。[⑤] 根据专利法实施细则的规定，专利申请权和专利权的转移、实施许可合同备案及专利实施的强制许可等均应进行登记和公告。[⑥] 中国单位或者个人向外国人、外国企业或者外国其他组织转让专利申请权或者专利权的，应当依照有关法律、行政法规的规定办理手续。[⑦] 这里的“法律、行政法规”意指《对外贸易法》和《技术进出口管理条例》等。根据规定：若待转让的专利申请权或者专利权涉及禁止类技术，根据《技术进出口管理条例》的规定予以禁止，不得转让。若待转让的专利申请权或者专利权涉及限制类技术，当事人应当按照《技术进出口管理条例》的规定办理技术出口审批手续；获得批准的，当事人凭《技术出口许可证》到专利行政部门办理转让登记手续。若待转让的专利申请权或者专利权涉及自由类技术，当事人应当按照《技术进出口管理条例》和《技术进出口合同登记管理办法》的规定，办理技术出口登记手续；经登记的，当事人凭国务院商务主管部门或者地方商务主管部门出具的《技术出口合同登记证书》到中华人民共和国国家知识产权局办理转让登记手续。

简言之，专利所有权的转让意味着对排他权的让渡，而许可则放弃这一权利。[⑧]

第五节　特许经营中的技术转移

一、特许经营及其法律规范

（一）特许经营概述

特许经营（Franchising）也叫特许加盟经营、特许加盟、连锁经营或连锁加盟，是一

---

① 240 F. 3d 1016，57USPQ 1819 (Fed. Cir. 2001).

② 《专利法》第 10 条第 3 款。

③ 《专利法》第 12 条。

④ 《专利法实施细则》第 14 条第 2 款。

⑤ 《专利法实施细则》第 14 条第 1 款。

⑥ 《专利法实施细则》第 89 条。

⑦ 《专利法》第 10 条第 2 款。

⑧ Brian G. Brunsvold，etc. Drafting Patent License Agreements. 5th Edition. Washington，D. C.：The Bureau of National Affairs，Inc.，2004：8－9.

种广受欢迎、发展迅速的商业经营模式，起源于上世纪的美国，现在已为世界各地所广泛采用。本节所指的“特许经营”指商业活动中的特许经营，不包括政府许可下的特许经营。它一般是指由一家已取得成功经验的企业（特许方），将其商标、商号名称、专利、专有技术及经营管理的方法等完整的生产、销售和经营管理技术授予愿意加盟的企业（加盟方）使用的一种技术转让方式。国内外对特许经营较为准确和广为接受的定义有国际特许经营协会（IFA）的定义：“特许经营是特许人和被特许人之间的契约关系，对被特许人经营中的特定领域、经营诀窍和培训，特许人有义务对被特许人提供或保持持续的兴趣，被特许人的经营是在由特许人所有和控制下的一个共同标记、经营模式或过程之下进行的，并且被特许人从自己的资源中对其业务进行投资。”① 我国《商业特许经营管理条例》中也给出了明确的定义：“商业特许经营（以下简称特许经营），是指拥有注册商标、企业标志、专利、专有技术等经营资源的企业（以下称特许人），以合同形式将其拥有的经营资源许可其他经营者（以下称被特许人）使用，被特许人按照合同约定在统一的经营模式下开展经营，并向特许人支付特许经营费用的经营活动。”②

特许经营是一种新颖有效的企业扩张策略，其好处在于企业并没有使用自己的金融资本进行扩张，也无须借助传统融资手段。在这种模式下，特许人可以利用自己手中拥有的成熟的品牌、商标、经营模式、专有技术等迅速扩展市场，增加品牌影响力，而不需要付出太大的资本去建立新的分支机构，而且可以通过收取特许费用来获利。被特许人则可以在付出合理成本的情况下，迅速获得一套成熟的经营管理模式，在商誉方面也是“站在巨人的肩膀上”，能够以相对较小的投资来获利。

在国际技术贸易的语境下，通过业务内容、风险防控和市场分布等因素，特许人选择合适的特许经营类型十分重要。特许经营根据内容的不同可以分为三种常见种类：产品和分销特许经营，制造、生产和加工特许经营和经营模式特许经营。③ 产品和分销特许经营指由特许人制造的产品出售给被特许人，后者则以特许人的商标将其出售给消费者。福特、通用和埃克森美孚等汽车和石油特许经营公司常采用这类特许经营模式。通常限于特定的地理区域，被特许人需要支付初始特许费但无须支付后续的使用费即可使用特许人的商标。特许人从被特许人对自己产品的销售中获得收入。制造、生产和加工特许经营是指特许人向被特许人出售一种必要的成分或提供一些具体的技术，辅以特许人不断进行的质量控制，使特许人能够制造或加工出最终产品，并将其出售给零售商或直接出售给消费者。可口可乐以这种方式在世界各地的许多市场开展业务，为特许经营者提供可口可乐的基本成分（属于商业秘密），从而使特许经营商能够生产最终产品，然后出售给零售商并最终出售给消费者。经营模式特许经营是指特许人许可被特许人使用特许人的商标、商号、专有技术和经营管理模式等，被特许人以特许人的企业形象对外销售产品或者提供服务。④ 其中经营模式包括与其相关的知识产权，特别是商标的许可起到核心作用。麦当劳

---

① 肖朝阳. 特许经营法律实务. 北京：中信出版社，2003：2.

② 《商业特许经营管理条例》第 3 条。

③ WIPO. Managing Intellectual Property Issues in Franchising, Geneva: World Intellectual Property Organization, pp. 11 - 12.

④ 张国元. 特许经营法律与实务问题研究. 北京：法律出版社，2009：46.

快餐、希尔顿酒店和7－11便利店等国际知名品牌就是采用这种模式的公司的典型范例。这种模式是现有特许经营中最广泛使用的模式。经营模式特许经营还可以按照经营规模细分为工作型特许经营、业务型特许经营和投资型特许经营，其规模从小到大。

从特许经营内部关系来分类，可以将特许经营分为直接特许经营、分区特许经营和区域发展特许经营等。直接特许经营是特许人和被特许人直接签订特许协议的模式，好处是法律关系相对简单，控制力较强。但当特许店设在国外时，选择直接特许经营可能不是最佳选择。可能存在包括汇回收入的问题、外汇限制、所涉税收问题以及与处理不同国家的独特特性有关的困难，包括语言、文化、法律、政策和商业习惯。分区特许经营包含了主特许人、分特许人和分被特许人，构成一种"三级两层"的关系。[①]"三级"是主特许人在特定区域内将特许权首先独占授予分特许人，再由分特许人转授予直接从事经营的分被特许人；"两层"指的是其形成的两级契约关系。对于规模较大的经营扩张，如跨国贸易的国际特许经营场合十分实用。分特许人通常是独立于主特许人的法人实体，一般来说与主特许人不存在代理关系，其开展特许经营的行为一般以自己的名义进行，责任一般也应当自负。这种方法的缺点是失去对分被特许人的控制权，因为主特许人和分被特许人之间没有合同关系，再加上主特许人由于对目标地区缺乏了解，客观上严重依赖分特许人，除了通过主特许经营协议之外对特许经营业务没有直接控制权。因此，麦当劳和7－11连锁等国际特许经营企业都非常谨慎地选择它的分特许人。区域开发协议指特许人要求被特许人在规定的时间和规定的区域内开设多个网点，而不是发展被特许人。其与分区特许的优点和缺点大致相同，被特许人不仅可以自己建立加盟店，也可以发展新的加盟店，无须向特许人签订新的特许经营合同。但被特许人并不能把自己的特许经营权转授予他人来发展新的被特许人，而是用自有的资源开设新的门店，开设的新店属于其分支机构或者分部。区域开发协议可以更加灵活地激发被特许人商业扩张的能力，但容易"将鸡蛋放在一个篮子里"，特许人对这片区域没有另行寻找更多被特许人的能力，同时获得区域开发权的被特许人对新的分支门店拥有更强的掌控力，对于特许人的风险也更大。

因此，可以将特许经营看作一种新型的国际技术转让方式，它广泛适用于商业、服务业和工业。其中，服务特许是指特许方允许按照特许方提供的服务商标、服务模式从事服务型经营；工业特许是指特许方允许加盟方按照特许方提供的商标、专利、专有技术、生产规格等生产同类产品。特许经营模式目前非常流行，几乎涉及所有的服务行业，如餐饮、旅店、汽车用品和服务等。

（二）特许经营法律规范

从20世纪80年代起，我国特许经营开始萌芽、发展，相关法律法规也在不断完善。从1997年颁布的《商业特许经营管理办法（试行）》开始，到2007年国务院颁布《商业特许经营管理条例》，我国的特许经营逐渐标准化、规范化，市场秩序不断向好，法治持续完善。其中《商业特许经营管理条例》是我国特许经营法律体系中最重要的法律之一，其确立的一些法律制度构成了我国特许经营法律制度的基础。

一是关于特许经营主体的准入标准。特许经营主体必须是企业，其他单位和个人无法

---

① 张弛，黄鑫. 区域特许经营结构和责任探析. 华东政法大学学报，2005（2）.

从事特许经营活动。特许人需要拥有一定的良好商誉，包括完善的经营模式和为特许系统提供支持的能力，满足两个直营店和经营时间满一年这两个条件。[①] 二是信息披露制度。规定特许人应当进行完整信息披露、独立的财务审计和未按规定披露的法律后果。2012年商务部颁布了《商誉特许经营信息披露管理办法》，在条例的基础上细化了具体规定和操作指引。三是确立了事后备案制度。条例规定特许人应当自首次订立特许合同后15天内按照规定的方式向商务主管部门备案，商务部于2012年颁布了《商业特许经营备案管理办法》，备案可以在网上查询，以便于潜在被特许人了解特许人的经营资信，避免投资风险，作出理性决策。对于不遵守备案和信息披露规则的特许人，规定了相关处罚。

同时，特许经营活动还受到许多相关法律的规制。由于特许经营涉及知识产权的许可，涉及《商标法》、《著作权法》（含《计算机软件保护条例》）、《专利法》、《反不正当竞争法》及相关法律。特许经营协议是特许经营中的基础文件，其受到合同法和商法相关法律规制，例如《民法典》合同编、《公司法》等。特许经营常见于零售、餐饮、酒店等行业，故涉及顾客的安全和利益保障，适用《消费者权益保护法》及《产品质量法》等法律规定。此外，与特许经营相关的法律规范还散见于《民法典》《劳动法》《企业法人登记管理条例》等法律法规中。

二、特许经营与知识产权许可

“特许经营”一词从字面上可以拆分成两个部分——“特许”和“经营”，前者主要侧重于内容以许可为主的商业协议，后者主要侧重于特许人和被特许人组成的商业体系的运营。从定义中可以看出，特许经营的商业模式基础是双方之间的特许协议，特许人将其拥有的知识产权和经营诀窍许可给被特许人使用，以协议规定双方在交易过程中的权利义务。可以说，特许经营的核心是知识产权的许可。

特许经营是以一种特殊形式进行经营的商业活动，它将一方的声誉、技术信息和专业知识与另一方的投资结合起来，目的在于向消费者出售产品或提供服务。[②] 有人认为，今天的特许经营是由知识产权许可发展而来的，早期它是与技术相关产品的分销或许可，后逐渐发展成融技术、商标、服务和标识等于一体的整个经营系统或服务转让给独立的经营者、许可方借此收取一定许可费的商业模式。[③] 但特许经营中的知识产权许可与其他形式贸易中知识产权许可相比，存在一定的独特之处。

首先，在特许经营中，许可涉及的知识产权内容和种类不是单一的，而是许多不同种类知识产权的集合，即“一揽子”的知识产权。其内容也十分丰富，包括商标权、著作权、商业秘密和专利权等。当一个被特许人加入特许经营系统时，其一般无法选择接受哪一种或几种对方提供的知识产权许可，而是需要全盘同意接受。在目前较为成功的特许经营体系中，为了创造一种标准化的产品或服务，特许人往往对被特许人的控制力较强，被

---

① 张伟伟. 商业特许经营的相关法律问题. 中国连锁，2012 (6).

② WIPO. *WIPO Intellectual Property Handbook*: *Policy*, *Law and Use*. WIPO Publication No. 489 (E), 2001: 175.

③ 刘常保，主编. 国际特许经营理论与实务. 北京：高等教育出版社，2014：8-11.

特许人自由发挥的空间较小。即使是签订特许经营合同时，被特许人也往往需要面对特许人提供的格式条款，而非从零开始的平等协商合同。

其次，在现实交易中，由于知识产权的无形性和易复制性，权利人对知识产权的贸易形式往往并非转让，而是通过授予知识产权使用权的许可。知识产权的许可一般有一定附随条件，在特许经营中往往表现为初始特许费用和后续特许费用或一定的分成，以及被特许人服从调整、调配和管理的附随义务。这种附随义务构成了特许经营的一种持续关系，也促进了特许经营体系的构筑。也可以说，特许经营是一种附条件的知识产权许可，而在其他的知识产权许可中，条件主要集中在费用和使用方式等条款，并非构建一种长期合作的关系或体系。

再次，特许经营知识产权的许可的类型虽然很多，但主要侧重于工艺或技术简单易于复制，产品标准化程度高的产业，被特许人经过简单的培训和一定的实践指导即可实现商业的扩张。也有不宜采用特许经营方式发展的类型。如创新性的企业、文化产业和艺术创作，需要很强的原创性，并且产品或服务较为独特，一旦广泛为市场所知并模仿则价值大幅下降，即无法采用特许经营的方式扩张。技术型企业也很少采用特许经营形式，因为在大多数特许经营中，特许人只能提供短期的初步培训，缺乏对工程人员系统的技术培训。但根据现在的商业实践，可以通过技术的外包来减轻或解决此类问题。

特许经营是大型企业在跨国业务扩展中常见的手段，其核心涉及国际知识产权的许可贸易的相关内容，其知识产权范围主要集中在商标、商号、商业外观等显著性标识方面，以及产品配方、制作方法、经营诀窍等商业秘密方面，而对于专利技术、专有技术等方面的内容涉及较少。下面就特许经营中的技术转让与商业秘密保护做简要分析。

（一）特许经营中的技术转让

特许人通常通过特许建立一个特许体系，而该体系必须有一个核心，该核心就是特许人将其各特许店经营、管理技术加以规范，形成标准化的技术管理体系。这其中不仅涉及具体的技术转让，还涉及商业信息披露和技术培训等。通常情况下，特许经营是通过一系列合同来完成的，其中主要的是特许经营主合同（如单店特许经营合同、区域特许经营合同等），与之相配的往往还有商标许可使用合同、软件许可与服务协议、专利技术或专有技术许可协议、防止腐败合作协议、竞业禁止协议、供货合同等辅助合同。[①]

1. 专利、专有技术的转让

特许经营是指各当事人为了实现一定的商业目的，由特许人拥有并在一定条件下授予受许人使用其具有市场竞争力的商业要素组合之行为，其中特许人将其拥有的商标、商号、服务标记、商业管理模式和技术、商业秘密、专利、经营诀窍和资源等知识产权的组合使用权，构成特许经营的核心内容，因为竞争力表现为品牌的知名度、技术优势、产品质量、服务水平等多种要素的组合。特许经营合同的条款很多，但可以说，对依赖市场而存在的特许经营企业而言，知识产权就是其生命线，因此有关技术转让条款是该类合同的中心所在。

上述涉及的知识产权中，有关技术的内容根据前文的分析，可以分为硬技术与软技

---

① 李维华. 特许经营学. 北京：中国发展出版社，2009：224－225.

术，前者如以自然科学为基础的专利技术和商业秘密中的专有技术等，后者如以社会科学为基础的商业管理模式和技术、经营诀窍和资源等。由于商业方法或技术现在在许多国家也可申请专利，本目将上述内容统称为专利、专有技术。尽管对一个特许体系而言，专利和专有技术的转让并非其必备内容，在一些特许体系如销售服务中可能无专利专有技术的转让，但特许人授予受许人实施专利和专有技术行为无疑在特许行业中占据着十分重要的地位，它是整个行业的基础。特许人一般拥有一定的先进技术，这类技术的保护和维系有利于提高特许体系的技术竞争力。

在特许经营合同中，特许方控制的条款有：经营场地的选址、店的设计或外表形象的要求、经营时间、生产技术、财务制度、人事政策、对促销“战役”的参与和财务支持、客户的限制及销售区域或地点的限制等，作为受方对此可以提出有关要求特许方履行的义务，如帮助销售、修理或进行商务培训、建立财务系统、提供详细的经营手册等，特别要提出有关技术授权及技术支持、培训及其地域范围等内容，以确保受方生产产品的质量，同时学到技术。

为此，在特许经营合同中，应对技术内容、技术资料交付及其交付期限、地点和方式、技术实施许可方式、验收标准和方法、技术服务、后续改进的提供和分享、技术权利无效和侵权的处理办法、违约金或者损失赔偿额的计算方法等作出规定。

对于技术后续改进，根据合同法的规定主要由双方当事人约定。由于特许体系涉及众多受许人，后续改进技术成果一旦成为特许经营权的组成部分，如处理不当，则在一定程度上易处于“共有”状态，由此就有可能损害有关当事人甚至特许体系的共同利益。因此，当事人约定后续成果的归属或处理办法十分重要。从特许体系的长远发展来看，约定受许人对技术后续改进的成果归属于特许人可能有利于其本身竞争力的提升，但受许人可以约定禁止特许人或其他受许人将其后续改进的成果进行转让或进行其他的合理限制，或者提出特许人应给予其一定的对价，以保证该成果积极作用的发挥及鼓励体系内创新的长盛不衰。

至于技术的有效性、价格等，由于内容近似，可参见本书的其他章节。

特许经营关系中包括了知识产权的转让、许可使用等法律关系在内，同时具有自身的特点。但我国制定的管理办法（包括试行）均未对特许经营中知识产权的转让、许可使用作出特殊规定，只是原则性地要求按照有关法律法规执行。

特许经营与其他技术转让合同形式一样，不是一次性而是一种持续、不间断地履行的合同，合同期限均较长，而其又以知识产权为重心，故在签订特许经营合同时，应当特别注意有关知识产权有效性（包括权利人明确、在有效期内并不会因权利人的不作为导致无效等）及其保护问题。对于从国外引进的特许经营项目，还需注意是否在我国取得合法权利，如商标已注册、专利已申请并获得等。

我国条例中多处提到特许经营中的技术转让或许可问题，它要求特许人从事特许经营活动应当拥有成熟的经营模式，并具备为被特许人持续提供经营指导、技术支持和业务培训等服务的能力[①]；从事特许经营活动，特许人和被特许人应当采用书面形式订立特许经

① 《商业特许经营管理条例》第 7 条第 1 款。

营合同，该合同应当包括的十项主要的实质内容是“经营指导、技术支持以及业务培训等服务的具体内容和提供方式[①]；特许人应当向被特许人提供特许经营操作手册，并按照约定的内容和方式为被特许人持续提供经营指导、技术支持、业务培训等服务[②]；特许人应当向被特许人提供以下信息：特许人的注册商标、企业标志、专利、专有技术和经营模式的基本情况，以及“为被特许人持续提供经营指导、技术支持、业务培训等服务的具体内容、提供方式和实施计划”等。[③]

2. 信息披露

特许经营是一种商业交易，特许人是在出售其特殊“商品”即经营模式。这种“商品”的特点，决定了它不能凭直观去感觉和认知，需要全面地了解与该“商品”有关的各种信息，受许方才能作出客观的判断，决定投资。因此，相关信息披露是特许经营规范的核心内容之一。各国特许经营方面的法律法规均将信息披露作为法律规定的重要方面。如：日本法律要求特许人就特许经营的以下信息作出披露：加盟费与保证金，向受许人销售产品的条件的信息，对经营给予支持的信息，许可使用的商标、商号或其他任何标志的信息，合同条款等的具体信息。[④] 国际统一私法协会 2002 年 9 月通过的《特许经营信息披露示范法》主要规定的是关于经营模式型特许经营的信息披露，而非关于专利技术等知识产权许可信息的披露，当然其中不可避免地会涉及技术转让方面的信息。[⑤]

在实务中，特许经营涉及技术方面的多为商业秘密，其信息披露十分关键。信息披露是特许人向加盟商展示企业实力和加盟项目的最好办法，让加盟商全面地了解有关信息，加盟商才能树立信心，作出加盟决策。很多寻求加盟的人，由于信息掌握不够，常常会放弃加盟。加盟陷阱的产生主要源于信息的不对称。特许经营具有资本市场的融资功能，在资本市场，公认的一个理论是：“阳光是最好的杀菌剂”。对特许经营也不例外，只有让加盟商全面、充分、准确地了解特许人及特许经营项目的有关信息，才能保证加盟商客观地作出投资判断与决策。

根据美国 1995 年《统一特许经营参考通知指南》规定：如果特许方声称对一定的秘密信息和商业秘密拥有所有权，则它必须将与之有关的一般主题的相关内容及受方在何种条件下可以使用向受许方披露。[⑥] 如果受方在签订特许经营合同前对有关信息掌握不全，则会对双方均不利。

在特许经营中，涉及技术转让最多的是商业秘密中的专有技术。商业秘密是特许方获取优于其竞争对手之竞争优势的主要手段和武器，它通常由秘密公式、配方、商业模式和计划、前景列表、定价策略、营销和分销技巧等构成。[⑦]

认定有关信息或概念是否是商业秘密，法院通常考虑三个因素：（1）信息须有一定的

---

① 《商业特许经营管理条例》第 11 条。

② 《商业特许经营管理条例》第 14 条。

③ 《商业特许经营管理条例》第 24 条。

④ 肖永添，等，编著. 国际特许经营. 北京：中国人民大学出版社，2014：186.

⑤ 同④188－190.

⑥ Andrew. J. Sherman. Franchising and Licensing. 2nd Edition. AMACOM，1999：88－89.

⑦ 同⑥164－165.

商业价值；(2) 该信息必须没有被公众所知晓或还不可能为他人发现；(3) 信息所有人必须已采取一定合理手段来维持其秘密性。此外，法院还需考虑：公司之外知晓该信息的人的范围，在公司范围内保护该商业秘密的措施采取情况，该信息的价值，他人对技术进行复制或反向工程所需花费的精力及被指控侵权人与商业秘密所有人之间关系的性质等。①

我国 1997 年《特许经营管理办法》(试行) 所规定的信息披露义务过于原则，导致信息披露的内容不明确，不能满足受许人了解特许体系的需求。它规定的特许人信息披露内容为“基本信息资料”，并以不完全列举的方式对该概念进行解释。它列举的内容为“特许者的企业名称、基本情况、经营业绩、所属被特许者的经营情况、已经实践证明的特许网点投资预算表、特许经营权费及各种费用的收取方法，提供各种物品及供应货物的条件和限制”等。实际上该规定不能真正起到促使特许者披露有价值信息的作用，因为上述列举内容的虚假往往可以通过一般方法得到验证，而以下该列举而未列举的内容，如预期盈利、广告支持、研发能力及技术服务与指导、关键设备和原料购买方式及产品销售等，往往是陷阱所在。

2005 年实施的管理办法对信息披露进行了详细规定，它既有原则性的规定，如“要求特许人和被特许人在签订特许经营合同之前和特许经营过程中应当及时披露相关信息”，“特许人应当在正式签订特许经营合同之日 20 日前，以书面形式向申请人提供真实、准确的有关特许经营的基本信息资料和特许经营合同文本”等，还对原试行办法中没有规定的内容进行了补充，如对原办法中的“基本情况”进行了细化，包括“住所、注册资本、经营范围、从事特许经营的年限等主要事项，以及经会计师事务所审计的财务报告内容和纳税等基本情况”。要求特许人披露“被特许人的数量、分布地点、经营情况以及特许经营网点投资预算表等，解除特许经营合同的被特许人占被特许人总数比例；商标的注册、许可使用和诉讼情况、商号、经营模式等其他经营资源的有关情况；特许经营费的种类、金额、收取方法及保证金返还方式；最近五年内所有涉及诉讼的情况；能够给被特许人提供培训、指导的能力证明和提供培训或指导的实际情况；特许人应被特许人要求披露的其他信息资料等。”

可以看出，尽管该办法对相关内容进行了大量的补充，但对特许人研发能力、技术拥有的情况等并没有列举，这就依赖于特许人与受许人之间的合同约定了。

该管理办法还规定：由于信息披露不充分、提供虚假信息致使被特许人遭受经济损失的，特许人应当承担赔偿责任。

对于受许人而言，它应当按照特许人的要求如实提供有关自己经营能力的资料，包括主体资格证明、资信证明、产权证明等；且在特许经营过程中，应当按照特许人的要求及时提供真实的经营情况等合同约定的资料。

2007 年的条例设“第三章”规定信息披露，共有 4 条，要求特许人应该披露的内容有 12 项②，其中两项涉及技术等方面(前文已经列出)。它规定：特许人隐瞒有关信息或者提供虚假信息的，被特许人可以解除特许经营合同；但没有规定受许人是否可以追究由此给其带来的损失。但是，该条例与 2005 年的管理办法并不冲突，据此，受许人是应该可

---

① Andrew. J. Sherman. Franchising and Licensing. 2nd Edition. AMACOM, 1999: 164-165.

② 《商业特许经营管理条例》第 22 条。

以追究对方赔偿责任的。不过，该条例对特许人违反信息披露义务的行为经被特许人向商务主管部门举报并查实的，由商务主管部门责令改正，还可以对其进行行政处罚：处 1 万元以上 5 万元以下的罚款；情节严重的，处 5 万元以上 10 万元以下的罚款，并予以公告。①

与上述相关的是保密。办法规定，在特许经营期间及特许经营合同终止后，被特许人及其雇员未经特许人同意，不得披露、使用或者允许他人使用其所掌握的特许人的商业秘密。未与特许人签订特许经营合同，但通过特许人的信息披露而知悉特许人商业秘密的人和申请人，应当承担保密义务。未经特许人同意，不得泄露、向他人透露或转让特许人的商业秘密。

3. 技术培训和质量控制

特许人特许体系是由众多的加盟商组成，虽然特许人在授予受许人特许经营权时进行了必要的选择，也仍然需要对受许人进行管理技术的培训。同时，对受许人招募的员工也要进行岗位培训，以保证各个加盟店管理模式的统一、操作程序的统一、服务质量的统一，从而建立特许体系的统一形象和声誉，扩大特许品牌的知名度，保证特许体系的健康发展。要在较短的时间内将特许经营的管理技术传授给受许人及其员工，就要求管理技术应当简单化、专业化、标准化。其中，标准化是核心。标准化在某种意义上说包含了专业化、简单化，因为管理技术既简单又专业，本身就是标准化的基础，只有这样的管理模式，才既符合特许经营的特点，利于传授和统一，又能保证特许体系在市场中的竞争力。

特许管理权是特许人授予受许人使用其管理技术的权利。毋庸置疑，管理水平的高低往往关系到一个企业的经营效益。对特许经营体系而言，经营管理技术或管理诀窍更加重要，可以说是特许经营成功的关键，甚至关系到特许体系的成败。因为特许体系是由众多独立的加盟商组成，加盟商个人的管理能力参差不齐，在很大程度上依赖于特许人管理技术的传授和指导。如果没有良好的经营管理体系，必将导致部分加盟商的失败，从而损害特许体系的形象、声誉，进而危及整个特许体系的生存。

特许经营的核心在于质量控制和培训。特许方质量控制体系无疑以技术为基础，而培训主要围绕技术展开，尽管涉及管理方式、财务等。因此，技术转让成为特许经营的主要内容之一。只不过这种转让的对价方式，不是以支付技术转让许可费的形式表现出来，而是通过商标等的一揽子费用体现而已。消费者对品牌商品的认可和信心是成功的特许经营制度的生命线。②

通过上文分析，可以看出，特许经营中的技术转让与一般的商业性技术转让不同，它被包含于一揽子交易行为中；而且这种转让是一种润物细无声的方式，其价格等难以通过独立的对价形式体现，但其影响又几乎无处不在。这种方式的另外一个特征是：受许人和特许人之间有一种特别的关系，一般在合同期限内，受许人的技术发展等往往受特许人左右，其主动性与一般的许可有很大不同，所以这种形式下的后续研发一般不是很突出。此外，这种转让基本上是在封闭机制内进行，只要合作期限存在，该技术就不可能流出特许

① 《商业特许经营管理条例》第 28 条。

② Andrew. J. Sherman. Franchising and Licensing. 2nd Edition. AMACOM，1999：153.

经营框架外。当然，一旦特许经营合同期结束，受许人受惠于合作过程中得到的技术，可能会自立门户，如果竞业禁止对此没有限定的话，该技术会使更多的人受益。在研究特许经营中的技术转让时，我们必须注意到这一点。

（二）特许经营中的商业秘密保护

在特许经营体系中，商业秘密主要指的是由特许人开发的促进其在商业活动中保持竞争优势的信息集合，属于知识产权的范畴。而由于特许经营的模式是通过知识产权的许可扩大经营范围和地理市场，造成其中商业秘密具有不同于其他情况的特点。首先特许经营中商业秘密的持有主体多元，一般商业秘密持有人为了保持私密性会控制知悉商业秘密的人数，但特许经营由于扩张要求必须向被特许人提供一定的商业秘密，被特许人是商业秘密的使用人。这在一定情况下造成了扩张要求和商业秘密的私密性要求的冲突。商业秘密一般为内部所知的信息，而特许经营是一个将外部的潜在被特许人吸引入特许经营体系内部的过程，其过程也会对商业秘密造成一定风险，故特许经营中的商业秘密比起一般商业模式更容易受到侵害，且一定商业秘密被侵害，对整个特许经营系统的打击十分巨大。在特许人通过商业秘密的许可使用扩大经营范围时，也要注意其私密性的保护。

由于商业秘密在知识产权中的特殊性质，使得其保护途径与专利权、商标权等传统知识产权不同，无法通过向行政机关注册审核而获得保护。采用商业秘密方式保护企业的智力成果，可以避免专利期满后进入公共领域无法继续保护的风险，操作和许可也较为灵活。但商业秘密对企业保护权利的要求更高，更容易在使用中有公开风险，需要企业持续保持商业秘密的私密性，严格控制商业秘密的披露范围、时间及对象。在特许经营缔约、运营和解除阶段均需要注重特许经营协议中的保密协议。常见条款包括保密条款、竞业禁止条款、商业秘密回授条款等。

保密条款是特许经营协议中必须包括的重要条款，因为商业秘密只有在保持秘密的情况下才能维系其价值。① 其中应包含的内容有保密主体、保密的时间、商业秘密的范围与内容及保护措施。保密主体在直接特许中仅有特许人和被特许人；在分特许中，分特许人、分被特许人均要受到保密协议的规制，以上情况下被特许人的雇员也可能需要受到保密协议的规制，因为其在操作过程中势必接触到特许人拥有的商业秘密和专有技术，如未加以规制会造成巨大的风险，可将保密条款放入被特许人的雇员劳动合同中。保密时间是商业秘密保护的重要内容，在特许经营协议缔约时的信息披露中，由于我国存在冷静期条款，即《商业特许经营管理条例》第 12 条的“特许人和被特许人应当在特许经营合同中约定，被特许人在特许经营合同订立后一定期限内，可以单方解除合同”。这可能导致被特许人在签约一段时间内单方毁约退出体系，故需要约定将冷静期算入保密期间，且“一定时间”的规定带来了不确定性。在特许经营关系存续期间，被特许人及其雇员自然应当在使用特许人商业秘密时履行守密义务。当特许经营关系终止时，被特许人不得透露和使用该商业秘密于任何其他目的，无论特许经营协议为何终止。商业秘密的内容界定是确定保密范围的关键因素，与其他知识产权不同，商业秘密的内容存在非法定的明确性，所以应当在协议中详细加以规定。但协议的规定不是完全自由的，将过多的内容规定为商业秘

---

① 刘江彬，陈美章，主编. 两岸智慧财产权——保护与应用. 台北：元照出版公司，2002：443.

密可能会受到竞争法的规制，因为其不合理地限制了缔约一方的意思自由；如公开传播和公开可以查阅的信息，以及缺乏不为公众知悉性、价值性和保密性等商业秘密属性的信息均不可纳入保密协议的范畴。保护措施则规定了保密义务人在特许经营缔约前后及经营时应当遵守的义务，如限制商业秘密的使用和传播，只允许被特许人在规定的区域和商品中使用商业秘密；被特许人应当对含有商业秘密的文件复制和阅览制定严格管理制度防止外泄；未经特许人同意，不得将商业秘密以复制、记录或其他方式泄露给第三方。

竞业禁止条款指被特许人或其雇员在任职期间及离职后一段期限内，在一定地域范围内不得在其他与特许人有竞争关系的特许经营体系内任职，特许人应该对此提供适当的经济补偿。欧盟和马来西亚特许经营法律均规定了法定的竞业禁止义务，在我国一般采用约定形式。竞业禁止条款需要规定竞业禁止的对象、地域和行业三方面的合理范围，否则也可能会造成对缔约自由不合理的限制，其限度以保护特许人的商业秘密为准。对象方面除了包括被特许人，还有对于在业务中实际知悉利用商业秘密的雇员也应当签订竞业禁止协议，但不得违反劳动法相关规定。竞业禁止条款应当明确限制的地理范围条件，其范围不能含混不清或过于宽泛，根据美国相关判例，其除了需要满足以保护特许人商业秘密为限的条件，还应当满足不能违背公共利益和不得对被特许人施加过于苛刻和不合理的限制这两个条件。竞业禁止条款并不会不合理地限制一切职业类型，而是主要限制相同行业和相似行业。

商业秘密回授条款适用于被特许人基于特许经营体系创造或获得了商业秘密的情况，由于特许经营是一个共同合作的体系，特许经营系统中的所有改进均应该向系统中全员开放共享[①]，所以特许人可以利用商业秘密回授条款收回商业秘密。回授条款要求受许人将自己在经营特许经营项目中所获得的商业秘密与特许人及其他被特许人共享。[②] 若没有合理的回授条款，特许人则存在因为使用了被特许人拥有的商业秘密而造成商业秘密侵权的风险，可能面临被诉讼等后果。在美国判例 Camp Creek 诉喜来登酒店集团一案[③]中，喜来登作为特许人，要求被特许人 Camp Creek 上传酒店的经营信息等数据，但共享给了同一地区内的另一位被特许人，法院认定喜来登造成商业秘密侵权。如规定回授条款，酒店经营数据则成为特许人可以共享的商业秘密，可以避免此法律风险。根据《国际特许经营指南》规定，被特许人必须承认特许经营体系中产生的任何改进为特许人的专有财产，且构成特许经营系统的一部分。在签订特许经营协议时，特许人利用自己谈判能力较强的优势，可以如此规定商业秘密回授条款，以维护体系的统一性，减少经营风险。

商业秘密保护条款贯穿于整个特许经营的全过程中，特许人在缔约前的信息披露时就要充分注意商业秘密的保护，注意将冷静期纳入保密期限中。除了在缔约、经营和终止阶段均起到重要作用的保密协议之外，在协议存续期间和终止之后，均可以通过制定竞业禁止条款来限制商业秘密用于竞争活动。在经营阶段中，特许人可以通过订立商业秘密回授条款来建立共享的特许经营体系。在知识产权法律未明确对商业秘密专门保护的环境下，

---

① 张玉卿，庞正中，主编. 国际特许经营指南. 北京：法律出版社，2002：124.

② 欧阳光，吴静，王龙刚，著. 公司特许经营法律实务. 北京：法律出版社，2007：329.

③ Camp Creek Hospitality Inns，Inc. v. Sheraton Franchise Corp.，139 F. 3d 1396 (11th Cir. 1998).

用特许协议来保护特许经营中易受侵犯的商业秘密，将成为通过保护商业秘密来维护特许经营核心竞争力和良好商誉的有力工具。

第六节 贴牌加工（OEM）中的技术转移

一、OEM合作定义及其法律特征

（一）OEM定义

OEM是英文original equipment manufacturer的缩写形式，译成汉语为“原设备制造商”，原来意指一方（原设备制造商即OEM合作关系中的卖方，以下简称OEM卖方）根据特有技术、品牌的一方之委托，按照后者的特定要求，为其加工、制造产品，然后产品卖与委托方，由委托方贴上自己的标签，最终由委托方再卖与消费者的一种商业活动。然而实务中，该交易活动有两种模式。第一种模式是：委托方常被视为OEM合作中的买方（以下称OEM买方），它常利用自己的知识产权（包括技术、商标、标志、名称等）优势委托OEM卖方加工产品，然后买进进行改装、包装或简单的改进后，再卖与用户。这种方式在国内常被称为“贴牌加工”或“代工”[①]，多数情况下我国国内的企业是加工方——OEM卖方（原设备制造商），国外委托加工的企业是OEM买方。这是OEM合作中最常见的一种模式，也是国内学者讨论较多的OEM。然而，在中国，还有第二种模式，即有一些拥有较好品牌的企业，在国内外拥有较大的市场，也常通过OEM的方式与国外一些生产能力较强、技术水平高但无开拓市场优势的企业进行合作。这种方式应该更能带来国内企业技术水平的提升，但常被学者所忽略。在国内20世纪90年代的一些信息技术企业，通过OEM外国公司产品提升自己技术水平的例子也有很多。该合作方式中，中方企业常可以利用掌握一定先进技术的外国企业急于打开中国市场并借助中国企业的营销平台在中国贴上中国知名企业的商标及卖给消费者之机，要求对方提供一定的技术和服务，借助于技术外溢理论，使中国的OEM买方的技术水平有所提升；但是，必须清楚的是：这些外国企业不可能把最核心的技术让中国企业获得，即借助于这种方式让企业技术获得实质性提升的可能性不大。但不论如何，这也是一种OEM合作的方式：中国企业作为OEM买方而外国企业作为OEM卖方（原设备制造商）。

OEM现在被动词化，广泛地运用于高科技产品制造行业，尤其是电子、信息技术行业及与它们相关的产业，但又不限于此。美国个人计算机网络大辞典给OEM合作下的定义是：当某一企业即原始设备制造商从别的企业采购大量的配件或成品并冠以自身的品牌进行再加工或直接销售时，这种制造及营销方式被称为OEM方式。[②] 实际上该词容易造成混淆，因为OEM买方不是真正的制造商，而是将设备卖给最终用户的销售商；然而，它通常是设备的设计人或创意者，故称之为“原设备设计商”或“原创意设计人”更恰

---

① 马忠法. 国际技术转让合同实务研究：法律制度与关键条款. 北京：法律出版社，2016：188－189.

② 姚钟华，张涛. OEM与加工贸易管理方略. 广州：广东经济出版社，2002：5.

当。在多数情况下，OEM 买方并不给设备增加额外价值，仅是贴上它自己的标志和品牌[①]，来提高产品的销售价格，攫取高额利润。有些情况下，OEM 买方会对设备增加些价值[②]，再贴牌高价卖出，如在交钥匙项目中，OEM 买方会从其他厂家那里买些设备与自己的硬件或软件集成起来卖给最终用户就是一例。

有人认为 OEM 合作是分包的一种具体形式[③]，也有一定的道理，因为某种程度上说，OEM 源自买方和供方的共同运营，即供方根据跨国公司（买方）的要求生产成品，然后买方利用自己的销售渠道和品牌将产品卖出。对供方而言，OEM 方式的好处在于：从买方得到技术的同时，节省了其推销产品的成本和精力，让它们有更多的资源更为集中地进行研发，以更快提高自己的技术水平。实际上，OEM 中蕴含了最为重要的技术转让，而且只要受方能够充分把握好机会并处理好消化、吸收再创新的关系，这种转让给受方能够带来切实的技术进步。20 世纪 70 年代以来，韩国的经济腾飞、技术突飞猛进的发展与我国台湾地区的技术进步，无不得益于 OEM 这种贸易方式。[④] 非常可惜的是，中国曾经一度盛行 OEM，但并没有在一些重要的行业如信息技术行业获得整体性的技术突破。[⑤] 这不能不说是中国经济自改革开放后发展中的一大缺憾。

OEM 与全球化浪潮相关，它是随着跨国公司在全球业务的拓展、全球经济的进一步分工及高新技术产品特别是设备系统部件的智能化、集成化趋势的出现，为充分利用各地的资源，而在 20 世纪 80 年代以后迅速发展的一种合作竞争的新的成功经营模式。它除了与顾客、供应商、员工沟通和合作外，还与同行一起启动市场和扩大原有市场，共享利益，达到双赢。[⑥] 在资本运营、技术转让、品牌营销、全球市场开发等方面有很多优势，特别是对技术转让和扩散，有着积极意义。OEM 适应了“分工提高效率、交易增加利益”这一原则，是市场经济一体化下市场内合作的较好形式；它充分利用了技术梯度差，在发挥不同技术水平的生产价值、降低交易成本和实现最佳利益的同时，促进了技术转让和扩散。

（二）OEM 与 ODM、OBM 及特许经营的关系

与 OEM 相关的另外两种合作模式是 ODM（own design manufaturing，自我设计制造）和 OBM（own brand manufacturing，自我品牌生产）。[⑦] 如果说供方研究、生产并提

---

① 贴牌的具体工作可由 OEM 供方完成，也可由 OEM 买方完成。http://computing-dictionary. thefreedictionary. com/OEM.

② 如上海贝尔股份有限公司，很长一段时间做 OEM 业务，但其业务与国内的其他企业不同；由于当时上海贝尔在中国具有很大的市场份额，不少跨国公司欲借助上海贝尔的市场平台推销自己的产品，它们也将在全球其他各地生产的产品通过 OEM 方式（贴上“上海贝尔”商标）在中国销售；而实际上，上海贝尔既没有输出技术，也没有付出生产等成本，它仅仅是利用在特定时期形成的市场优势来推销跨国公司的产品。这种情况在 15 年后让它付出了代价：当华为和中兴以很快的速度发展时，上海贝尔仍徘徊不前。

③ Michael Hobday. Innovation in East Asia. Edward Elgar Publishing Limited，1995：37.

④ http://wiki. mbalib. com/zh-tw/OEM.

⑤ 除了华为、中兴和大唐电信等少数国内企业在技术上取得进步外，中国 IT 行业整体技术水平有些不尽如人意。

⑥ OEM 不能简单地归为加工贸易，它不是加工贸易的一种，因为它本质上是一种买卖关系，而加工贸易多为合作型的劳务合同关系，加工方只收取加工费。此外，除制造外，OEM 供方还承担产品设计、开发等责任，这较委托加工仅涉及制造一个环节技术含量要高许多。

⑦ 三者之间的详细区别参见：Michael Hobday. Innovation in East Asia. Edward Elgar Publishing Limited，1995：114。

供原料的OEM是输出制造品，那么开发、生产并销售的ODM则是输出一定技术含量的设计，其在技术梯度上高于OEM，但二者仍是使用买方的品牌，附加值获取较多的仍是买方。而OBM不仅仅是设计上由产品供方自己完成，还对复杂产品进行一定的研发，形成一定的创新能力，最重要的是产品的销售是以自己的品牌进行的，获取的产品附加值为供方自己所得，故OBM输出的是品牌；它是三种合作模式中技术含量最高、最有价值的一种，也是OEM合作发展的理想归宿。但不论如何，三种之间关系密切，从技术创新能力的角度来看，后者比前者高。

OEM与特许经营有不少共同之处，如都涉及品牌、技术的转让等，但它们的主要区别在于OEM适用于生产、制造行业，而特许经营主要适用于服务业如餐饮业（集中代表有麦当劳、肯德基）、零售业（集中代表有沃尔玛、家乐福、联华超市等）；在技术领域，前者涉及专利、专有技术较多，而后者多涉及专有技术。从某种角度说，OEM中的技术转让比特许经营中的技术转让更能带动一国经济的发展和技术实力的提升，但由于种种原因，在中国，对OEM中技术转让一直未能引起重视，倒是特许经营中的技术转让成为人们研究技术转让的内容之一。

（三）OEM合作的当事人

OEM主要涉及的当事人有：OEM交易中的供货方（大型设备等零部件或一般商品的实际制造商），多数情况下为具有一定制造优势并掌握一定先进技术的中小企业，它通常按照买方的要求生产产品并由买方负责销售①；受方（加工方）即购买供方产品并以己方产品形式提供给市场的企业，它一般为有一定市场优势、技术先进的跨国公司。这种方式将在技术上具有一定关联度的买方销售渠道和品牌优势与供给方制造优势结合起来，一起构成了产品的整体竞争优势，给双方都带来实际利益，它们共同为客户即最终使用产品的人创造价值。

OEM合作双方有全部来自国内的，也有一方来自国内、一方来自国外的。在第二类中，既有国内厂家作为产品供应商输往国外由国外企业贴上自己的商标在本国或其他国际市场销售之情形（如中国长虹空调在美国等地由通用电器贴上其品牌销售），该合作主要集中于生产国有比较优势、技术相对成熟、劳动密集型的轻工类产品或重工业产品、高新科技产品的部件或元器件，这种形式有时被称为定牌加工；也有国内企业作为买方、国外企业作为供方，由买方贴上其商标在前者市场上销售的情况，该情形主要适用于那些技术相对先进但在内国无营销能力又想打开该国市场的外国公司的产品。无论上述哪种情况，都会产生技术转让问题，不过后者转让技术的含量更高。

（四）OEM的法律特征②

根据OEM之定义，我们可以知道它具有如下六个法律特征。

1. 双方当事人通常都为同行业或相关行业的厂商，其中一方为设备的真正制造商（供方），一方为拥有品牌优势或市场的制造商或销售商（形式上的原设备制造商）。在特

---

① 本节中，涉及OEM合作交易的双方当事人整体上分别被称为OEM买方和OEM卖方。对于纯粹的技术转让，双方当事人分别被称为“供方”和“受方”。在OEM合作中，不论何种模式，提供技术的一方为技术供方，对方为技术受方。

② 以下内容参见马忠法，等. 订立OEM协议中应注意的法律问题. 上海企业，2001（1）.

定的行业，某些公司专门从事产品制造，从来都不以自己的品牌去销售产品，它们甘愿做 OEM 的供方。不过，不少企业具有双重身份，即它们同时是 OEM 的供方和买方，特别是在发展中国家。

2. 二者之间的法律关系本质上为买卖关系，即二者之间的其他法律关系是建立在买卖基础上的：OEM 协议中的一切其他关系都依赖于品牌运用方从原产品制造商处购买原始产品这一行为。但这种买卖行为常不是一次性的，而为分期分批的；而且价格方面原产品制造商需根据品牌运用方购买量的多少作出不同于一般商品买卖的让价或折扣。

3. 除买卖关系外，双方还有相当强的合作关系，具体体现为：（1）一般情况下，OEM 供方鉴于自己在市场、品牌等方面的限制，不能较好地售出自己的产品，而通过 OEM 方式却可大量销售；另一方面，品牌运用方对那些开发成本高、周期长而又淘汰更新快的产品根本无须或无力生产，但利用自己的品牌和市场仍可从事该类产品的商业行为，以获利润。这种互补性的合作关系于双方均有利。（2）品牌运用方并非最终的消费者或用户，它仅是将原产品制造商的产品进行再包装或简单的改装后，卖与用户。这样双方难免在技术支持、人员培训和售后服务等方面进行合作，以共同解决用户在使用该类产品过程中出现的问题。

4. 双方进行合作的 OEM 项目常是各自都有一定技术基础且较为熟悉的产品。有些场合，是供方在其原有技术的基础上根据买方的设计或创意要求进行生产。这样可避免技术跨度大等不利因素。

5. 由于 OEM 项目产品具有高风险性和高科技性及这类技术更新淘汰快等特点，协议期一般都不长，多数为 3 年以内；是否延长，视合作获利和市场潜力的具体情况再定。

6. 原产品制造商通常都要求品牌运用方提供一定的最终市场销售额，以确保自己产品的最低销售量。对品牌运用方而言，这就是所谓的“以市场换产品”。

二、OEM 合作中的技术转让内容

在 OEM 方式中进行的技术转让较为隐蔽；买方为稳定和开拓市场，需要保证产品质量，为此会将一些技术在 OEM 合作中转让给产品供方，利于供方获得技术。通过 OEM 方式进行技术转让的效果如何主要取决于：供方决定做贴牌的幕后英雄，还是决定在 OEM 合作中获得买方技术并研发拥有自主知识产权的核心技术，最终在此基础上创立自己的品牌。后文提及的韩国企业通过该合作实现了技术跨越式发展进而带动本国的腾飞，堪称 OEM 合作成功的典范；反观我国进行 OEM 的企业，不少满足于短期利益，没能抓住机会提升技术水平，推动自己向更高阶段发展，与韩国企业形成了鲜明的反差，以至于今天仍只能被定位为“制造大国”。

OEM 中的技术转让主要体现为：掌握一定技术的中小企业作为供方时，不仅提供产品，还会提供产品中的技术，对买方进行技术指导、技术服务和培训等能将大批的技术信息转让给买方；而作为跨国公司的买方在要求供方提供产品时，一般都会要求供方按自己的标准和技术要求生产产品，其中有关技术信息也会传递给供方。

（一）OEM 合作中技术转让的原因

OEM 供方分为两种：一是掌握先进技术、能生产先进产品，但苦于自己的企业规模较小及相关资源的缺失，无力开发市场，需要借助于有强大市场营销能力的公司，特别是跨上某一跨国公司的战车，带动自己的销售，而自己可以集中研发和生产。二是经营规模庞大的公司，拥有巨大市场，而自己又不可能在生产方面面面俱到，可以把一些外围的产品或配套设备或技术含量较低的产品、部件通过 OEM 形式转给他人加工。对于前一种情况，技术转让的价值较大，实务中多由发达国家的中小企业积极寻求具有市场潜力国家的规模较大、有较好市场占有率的企业进行合作，它们在把产品给受方时，同时也将一些先进的技术转让给受方。不过此时的技术转让价格并非以独立的形式出现，而在 OEM 合同的价格条款中体现了。对于后一种情况，虽然技术含量较低，供方很多场合下扮演着简单加工商的角色，但由于其产品必须融到跨国公司产品体系中，跨国公司在生产、管理技术等方面会给予一定的指导、培训，技术转让不可避免，特别是对那些技术基础较差的企业而言，意义很大。OEM 产品由早期的只限于服装、小家电、照相机等扩展到近年来的集成电路（IC)、计算机设备、通信产品等高科技领域，充分说明了它已开始向技术含量高的领域渗透，技术转让的概率会越来越大。

随着技术发展的多层次性、复杂性和技术间的相互依赖性，OEM 交易双方的来源也发生了变化，原来只限于垂直分工的发达国家与发展中国家企业之间，现在则发展到了发达国家企业之间，甚至在原来的竞争对手之间也广泛展开了 OEM 交易，即所谓的相互 OEM 交易。[①] 比如日本，其 OEM 交易的对象根据技术水平的高低，可分为技术密集和高附加值型（欧美)、技术水平中等的标准化型（韩国、新加坡、中国台湾地区和香港特区）及技术含量低劳动密集型（中国大陆及东盟各国）三种。与欧美间的交流是双向的，技术也可相互提高，与中等技术水平国家或地区企业的合作虽然也双向流动，但以流向日本为主，后一种多是流向日本，由日本企业进行集成，增加价值后在全球销售。

（二）OEM 合作中技术转让的机理

OEM 机制类似于一个内部联盟的合作，它涉及跨国公司、分包、垂直统一管理、出口、技术转让（含许可)、国际生产网络和直接投资等。由于 OEM 的买方和供方都有一系列动机希望供方能有效地进行技术学习，对一个公司而言，OEM 应当是一种有效的提高技术能力的模式。

1. OEM 合作原理与技术形成

技术发展实际上是一个学习过程，其中技术供方的“教”和演示、技术本身、学习者的态度和能力及学习安排都是必须考虑的，OEM 是一所严格的产业培训学校。[②] 但买方的“教”不是全能的，生产产品过程中有些技术需要供方摸索，以在买方授予的基础上进行改进、提升，获得进步。

通过 OEM 提高公司技术学习能力成为公司日常生活的一部分，即使其常规化，由于在不确定的环境中进行持续不断的竞争，欲成功的公司必须提高自己的技术能力。在 OEM 合作中，供方可以在买方的指导下，在不确定中寻找到自己所需的技术，避免盲目性，并可以集中精力和时间来进行技术学习，提高技术能力，因为 OEM 通过利益将合作

---

① 姚钟华，张涛．OEM 与加工贸易管理方略．广州：广东经济出版社，2002：6.

② A. Cowley. A Survey of Asia's Emerging Economies: Where Tigers Breed. The Economist, 16 November, 1991: 20.

的双方捆绑在一起。技术转让的效果遵循“使用—改进—创新”这一程序，它有助于后进国的技术发展。OEM 不仅掌握转让的技术，还能通过持续研发来提升技术水平。不过，在 OEM 合作中将提高技术学习能力常规化、日常化，需要得到买方的支持和帮助。

技术当中隐藏的信息或内容（技术隐蔽内容）是受方学习技术所面临的最大困难。技术转让不仅涉及硬件（存在于设备之中）或书面材料如图纸等，还潜含着经验和诀窍。如同厨师做菜，虽然原料、配料等一样，但技艺高的厨师烧出的菜味道会更好，因为凭经验他能把握火候、放料时机、烹调时间等，这是书面东西描述不出来的，只有通过观看、现场观摩等才可。一般的技术转让中，受方难以知道技术的全部内容，常常不清楚转让的技术中还隐含哪些内容，使用技术需具备哪些前提条件，而了解这些是最重要的，它们是受方吸收、消化、改进转让技术并进行创新的基础。OEM 合作通过双方的共同活动能够克服技术隐含内容问题。虽然在许可和 FDI 中，受方可以“自学”（如模仿、反向工程等），但由于缺乏对每一技术信息的全面掌握，“自学”效果是有限的，技术中暗含的内容或潜藏的部分妨碍了受方从中受益，而对受方而言，技术能力非硬件（含有技术的设备及技术材料等）的转让是受方最重要的挑战。OEM 合作中，当买方派驻的工程师在现场指导时，他们解释技术背后的科学原理和工程细节（基于经验和技术诀窍），可以让卖方的技术人员更好地吸收技术精华并进一步提升或修改。技术供方的援助不足以构成有效技术学习的条件。韩国技术转让的成功的关键要素是其企业技术人员投入巨大精力进行学习、与 OEM 买方的技术人员进行交互影响、共同工作以及拥有较高素质的劳动力。

当供受双方以提高受方学习能力为目标在一起共同工作时，技术学习的效率最高，因为一道活动并从技术的源头开始学习，是技术能力提高最重要的方面；OEM 买方拥有更多的信息，而供方要拼命地发挥出技术的潜能。何况，就算供方愿意提供尽可能多的信息，但是建立在经验和诀窍基础上的许多能力是难以变成明晰的白纸黑字上的内容。因此，研发虽然重要，但与技术原创人和供方的技术人员一道工作是必不可少的。OEM 创立了这种交互影响、共同工作的技术转让机制，这是其他模式的技术转让如许可、物品设备进口（静态的、死的技术）及研发所不具备的。这种模式在 FDI 中可能会出现，但许多情况下，FDI 不能带来技术能力的提升，因为投资方担心，雇用本地研发人员，可能带来技术溢出或扩散的效果，如原受雇的技术人员离开公司到国内其他企业就业，可能会把学到的技术一道带走；同时，它们可能只想利用本地廉价的劳动力和原材料，更愿意将投资的企业看作原材料加工地或机器设备组装地。所以，它们在东道国投资的企业内多无研发部门，技术研发或技术密集的活动主要在母公司总部完成。

在一般的技术转让中，受方在引进技术后，在模仿、反向工程的基础上进行研发短期内可能会有收效，但要生产更为复杂的产品，上述方法会失效，因为技术隐含的内容及其复杂性通过反向研究是开发不出来的，何况有关权利还受知识产权法的保护。这些都会使技术开发成本升高。OEM 合作中，买方发明人或技术人员无意识的经验泄露或技术支持中传递出的信息，不会受限于合同条款；双方技术人员朝夕相处、相互交流、在工作中学习，效果比任何方法都好。再有，签订 OEM 合同的人员与派驻技术人员通常不是一批人。OEM 转让的技术不只是解决“什么”的问题，还解决“如何”、“为什么”、“在哪里”及从“何人”处得到其他相关技术。技术转让提高的技术能力大体上可分为两类：一类是广义上的技术能力水平，受方获取可以进行购买、学习、使用或创新出新技术的知识和诀窍；一类集中于能提升或研究出具体的生产技术或产品。OEM 是解决前一问题的（技术学习能力），而许可或转让等解决后一问题（技术能力）；不过，OEM 有时可以和许可结合使用。相比而言，OEM 可提高生产能力，提升产品技术，将管理和控制质量体系带到生产国，其带来的技术影响更为全面和深入。

从通过技术转让来促使新技术形成的三部曲即获取技术、消化吸收、革新创新来看，OEM 方式更切合技术后进国的企业。

2. OEM 合作中的技术服务和培训

单独地购买技术培训也是技术转让的一种，但卖方未必会传授全部技术信息，买方也无法知道哪些技术信息该问（不问，卖方不会主动说），与 OEM 相比，该模式对供方而言缺乏激励机制。但 OEM 合作中的技术服务和培训则是另外一回事，因为它将 OEM 买卖双方的利益连在一起了；所以，在 OEM 合作中，其技术服务和培训十分重要，它直接关系到合作的效果。特别是技术先进的 OEM 供方的服务和培训对于技术后进国的 OEM 买方而言不可或缺，因为最终用户使用的产品，其技术多源于 OEM 供方，它们在使用产品过程中产生的问题的解决方案离不开供方的合作，故合同中必须对技术支持和人员培训约定清楚。下文主要以此为论述重点。

该方面的技术支持涉及如下三个问题。一是由 OEM 买方进行本地支持还是由供方在其本国或地区实行远程支持。对这个问题，从成本角度考虑，双方一般都会原则上选择本地支持，如此就会涉及本地技术人员培训问题，具体内容参见下文。二是在本地人员不能提供支持的情况下如何处理。通常供方会将技术支持根据难度分为三个等级：一级为基本、简单问题，本地人员可解决；二级为难度适中的技术问题，供方可以通过它在全球有关大区的技术服务人员进行现场支持，如有些公司在全球的技术支持根据需要分为亚太、北美、中西亚及欧洲等大区，中国属亚太区的技术服务人员覆盖范围；三级为难度最高的技术问题，一般由总部派人到现场解决。三是费用问题。一般本地支持费用在供方产品的价格中能有所体现，如将价格降几个百分点作为本地支持费；但对于大区或总部技术人员的支持则在合同中必须明确，通常外方都要求中方支付该笔费用，且十分高昂。谈判中我们的原则是：在产品保证期内，费用无疑由供方自己承担，在保证期外如果因最终用户过错导致的服务支持，则费用先由买方支付；如果是产品本身质量或其他问题引起的，则视情况而定。此外，供方应对买方的首批用户提供无偿的安装或指导，并在一定期限内提供技术支持和维护。

关于培训，按惯例，供方应就产品技术向 OEM 买方的技术人员免费进行一定的培训。由于技术培训直接关系到 OEM 后产品的销售与用户的使用，故在订立协议过程中，应对这一问题给予充分注意，对培训人数、地点、内容、材料等要进行充分讨论，以在协议中定下相对公平的条款。如一般情况下，培训地点常在供方公司的住所地，因对方会有一套系统而又完备、且受训人员可无偿使用的设备和培训场地。但若受训人员数量庞大，则不妨请对方技术人员到我方进行培训，尽管设备和场地等可能不如对方好，但经过努力仍可达到同样的培训效果，这样不仅可节省成本（包括出国手续费、车旅费、住宿费等），而且受训人员可很快地进入工作状态。至于培训内容、材料等更需作出详细约定并通过清单列出。

至于OEM供方作为买方的制造商，根据买方提供的设计和技术要求进行生产的，有关服务和培训也需在合同中给予明确约定。不过，一般这种场合下，买方为保证产品质量[①]，多会对OEM供方员工进行系统培训，同时安排有现场技术指导工程师。但无论如何，在合同中言明，对双方都有利。

三、OEM合作中的技术转让与技术许可、FDI中的技术转让相比的优势

技术转让的方式OEM、许可、FDI等各有所长、各有所短，但许可和FDI作为传统的技术转让方法存在着大量的市场失灵和效率低下的情况。简单地看，技术转让可看作是硬件从一个地方转移到另一种地方，或从一种用途转换成另一种用途；然而从更为复杂的技术角度看，技术转让是对引进技术理解、掌握和开发能力的转让；因此，一项技术的转让只有到受方能够运作、使用和拥有技术，即对原技术进行消化、吸收、改进、扩展乃至创新时，才算完成。所以，技术转让不仅仅是制造生产知识的获取，也是技术能力锻造、提升的过程。故而技术转让的效果很大程度上依赖于受方技术学习的成功。

技术转让很多方面依赖于合同的性质（包括技术价值、行业趋向、供受双方的战略决定等），它容易进入进退两难的境地。排他性的实施只能保护新技术的专有价值，在无专利保护的情况下，排他权只能通过专有技术方式保护。对产品本身的保密意味着获取产品质量的有限信息。所以，专有技术的供方不会允许受方对产品质量和性能有过多的了解。由此导致购买新技术涉及的各种成本超过了许多发展中国家企业的购买能力。跨国公司转让的技术就多为无太大战略意义的技术。

许可是最为常用的技术转让方法，但将其定义为“没有使用的协议”（agreement-not-to-use）更恰当，因为要想让通过它获取的技术充分发挥作用，给受方带来预期的价值，必须满足一系列条件；而且它涵盖的具体技术内容和时段常具有不确定性。它通常是供方为了获取一定的费用，而出售一定的技术，让受方在明确具体的限制范围内使用。许可费与受方的收入有一定的关系，供方也没有必要控制受方产品的价格和质量，然而它可通过合同中的限制性条款限制受方的使用。这就导致供方对超越合同约定内容外的技术支持和援助缺乏积极性，而技术元素中有很多不是语言或图纸就能传递或表达清楚的，它们是隐蔽的或默示的。

许可可能让受方付出很高的代价，如来自限制性惯例的间接技术转让成本，包括区域市场限制、将技术转让和购买跨国公司体系内物品与服务捆绑起来、限制受方与供方竞争者签订协议、限制研发及限制改进或创新等。高昂的许可费也会将受方企业吓跑。

对供方也有许多缺点：受方的不确定性，制度化技术专门市场的缺失及依赖于保密技术的价值等；担心培养竞争对手；转让成本，包括政策成本高；技术转让的供受双方的目的不同：受方尽可能低成本地获取技术，供方希望保护自己的无形财产和其他使其能进行

---

① 由于产品是以OEM买方的商标、标志卖与消费者，出现问题时，根据多数国家产品责任法和消费者权益保护法的有关规定，买方首先要承担法律责任。所以，OEM买方对产品质量不会掉以轻心，它们会对生产条件、产品质量等给予关注，而培训和技术服务是该方面的当然内容。

投资的优势。这也会导致技术转让的不顺畅。

供方因担心技术外泄或所有权丧失，倾向于将技术转让给自己的子公司或合资企业，并从 FDI 中能获得高额回报。但 FDI 的缺陷在于：其营利目的的实现，需要适用于本地的生产技术、工厂组织、管理经验等。通过“干中学”来适应本地环境，而找到一家经验丰富、技术水平及企业经营理念与文化等相适宜的本地合作伙伴花费的成本也会十分高昂。对受方而言，往往也不能带来预期效果。我国台湾地区有一家公司早期希望通过 FDI 提高技术能力，结果它只是成为日本跨国公司的海外组装车间，除了生产水平提高外，其技术能力毫无进展，因为它没有机会来积累技术。[①] 最终，日本企业发现更为廉价的加工地如大陆后，转移生产基地，原来的公司被迫转产。

与 OEM 相比，许可与 FDI 的弱点在于：受方难以了解通过明确方式表达的技术信息之外的技术内容，即默示的技术成分，因为技术是一个连续不断发展和运作的过程，而明示的内容如技术资料、设备器具、图纸等是静态的，它必须与动态的操作、专有技术、技术秘密等结合起来才能发挥出理想的效能。许可和 FDI 的书面合同远不如 OEM 合作中 OEM 买方工程师派驻现场，在解决问题或演示过程中让供方学到书面材料难以表达的经验、技术秘密和诀窍。在许可中，技术受方难以明确自己到底需要什么，而 OEM 合作中，技术工程师往往通过演示、指导能告诉受方所需的内容，有明确的转让技术与学习目标。在技术学习过程中，供方会让受方知道学习的内容、过程、方法，通过最短途径，高效率地学到技术的精髓。

技术转让中学会学习是最为关键的，因为它直接关系到技术能力的提高。技术转让是一个复杂而又成本高昂的过程；转让的最终成功既依赖于受方努力的程度和导向，又依赖于受方国的制度条件。有效的技术转让还要求有效的学习，这就涉及转让模式及其特征能否最佳地适于或有助于技术学习。许可和 FDI 的缺陷决定了它们对受方企业学习技术目标的限制，甚至与目标相冲突。[②]

OEM 可以克服上述一些问题，因为它有助于 OEM 买方（跨国公司，技术供方）对 OEM 供方（技术受方）提高技术能力信心的确立；而且通过 OEM 方式，因与跨国公司的相互合作和相互影响，引进、消化、吸收技术的成本大大降低。当然，OEM 合作也有自己的一些缺点，总体上说，作为后进国的 OEM 供方通常要屈从于买方（跨国公司）的意志和决定，在技术、元器件供应和营销渠道方面过多依赖于外国公司；有时跨国公司对 OEM 供方活动会施加一些限制性的行为；没有自己的分销渠道和品牌，其获取的制造阶段以后的附加值十分有限；最为严重的是，如果 OEM 供方不思进取，不在引进技术的基础上提升技术能力，创造自主品牌，则它可能永远是赚取微薄利润的制造商。[③]

【思考题】

1. 简述技术转移与技术转化的关系及我国《促进科技成果转化法》的意义。

---

① Jin W. Cyhn. *Technology Transfer and International Production*: *the Development of the Elctronic Industry in Korea*: Edward Elgar, 2001: 273.

② 同①61.

③ Michael Hobday. Inovation in East Asia: The challenge to Japan. E. Elgar, 1995: 36.

2. 简述技术转移的主要方式及相应的特点。

3. 简述一般意义上的技术转让与技术许可的区别，并分析为什么实务中技术许可远远多于技术转让。

4. 简述特许经营与贴牌加工（OEM）中的技术转移。

5. 案例：

某知名企业在国内十分成功，2001 年 1 月法国一家跨国公司欲与其合资，并建议：为实现双赢，双方按 50％＋1％（外方）与 50％－1％股本结构方式合资并购成立股份有限公司，这样做便于财务上将合资公司的财务状况与跨国公司在全球的财务报表并表处理，扩大跨国公司的影响及在全球的市场占有率，管理上大家权力平均分配，不分伯仲；作为交换，跨国公司除了一般的相关产品的技术许可协议之外，还将在全球的技术资源库向合资公司开放。几经谈判后，双方签下协议并于 2003 年 1 月成立新公司，除了前述规定外，双方还约定：董事会成员 8 人，中方、外方各 4 人；董事长、人力资源部经理、营销部经理和生产平台经理由中方担任，总裁、财务部经理、法务部经理和采购部经理由外方担任。但公司在运作后与中方的预期有很大不同，带来不少问题：如在技术上，合资企业并没有取得实质上的技术进步，反而被其国内竞争对手不断超越；跨国公司允诺向合资开放技术，要么是合资企业不需要的技术，要么是一般的低端技术。除此之外，公司的实际盈利，中方无法控制，如该公司一种产品，在国内销售额约 4.2 亿美元，占据中国市场 45％；在美国销售约 4.8 亿美元，但年终核算时，该产品的利润率只有 0.9％，而实际上该产品当年的市场利润率在 20％以上。

问题：什么原因导致本案中中外合资企业没有实现预期的技术进步？为何中方难以控制合资企业的盈利结果？结合本案，谈谈你对人们通常所说的“外商直接投资中的技术转让”的理解和认识。

【经典参考文献】

1. 郑成思. 国际技术转让法通论. 北京：中国展望出版社，1987

2. 李玉香. 科技成果转化法律问题研究. 北京：知识产权出版社，2015

3. 欧阳光. 技术转让法律实务. 北京：法律出版社，2007

第五章　技术转移协议及其类别

【导言】

根据前文所述的技术转移的方式或类型，可以将技术转移的合同种类分为技术所有权转让合同、技术许可合同、技术咨询合同、技术服务合同；至于商品或成套设备买卖合同中的技术转移、外商投资中的技术转移、OEM协议中的技术转移、特许经营中的技术转移等往往均通过相关的附件并以许可协议或技术咨询或技术服务等形式将技术许可给受方使用，而无各技术转移方式的专门合同。故分析这四类合同基本上可以将各种方式的技术转移相关当事人的权利、义务加以明确。我国1999年《合同法》及2020年制定的《民法典》也将技术转移合同主要分为四类便是最好的说明。在这些方式的合同中，技术许可合同是最为常见的合同，故本章将基于双方合意的商业性技术许可合同作为重点分析对象；对于强制许可、开放许可非基于双方协议的类型，不作分析。至于技术所有权转让合同、技术服务合同及技术咨询合同，本章就其核心内容进行介绍，并对技术服务合同与技术咨询合同的异同进行比较。

第一节　技术转移协议/合同种类概述

一、技术转移协议/合同的一般分类

纯粹的技术及相关的知识产权自身并不会给社会整体、发明人个体或其他权利主体（包括公司和自然人）带来任何现实直观的财富价值①，它必须以某种方式在现实中得到应用，如发明人在一定的条件下可以将其向社会公众公开为所有的人使用，也可留为自己所

① 当然，它们可能会给相关权利主体带来抽象的利益，如社会声誉、物质奖励甚至在战略上遏制竞争对手的潜在利益（如专利防御战略中的“公开战略”，就是指本企业没有必要取得专利权，但若被其他企业抢先取得专利又不利于本企业时，采取抢先公开技术内容而阻止其他企业取得专利的一种战略。虽然它不会给企业带来直接利益，却有效地阻止了竞争对手申请相关专利的可能，从而可能间接地保护了自己的市场利益。再如联合商标——某一个商标所有者，在相同的商品上注册几个近似的商标，或在同一类别的不同商品上注册几个相同或近似的商标，这些相互近似的商标称为联合商标——中主商标之外的其他副商标，一般不使用，也不会直接带来经济利益，却有防止他人注册类似商标、搭便车等行为的效果，从而保护了自己的利益）等，但这些不算是直接财富。

用，或为获取一定的对价通过交换而将技术为他人所用。不论是留为自己所用还是允许他人进行商业化使用，发明人都将力图获取最大的经济收益，前提是他必须采取一定的方式阻止他人随意自由地复制或使用其技术。在现代社会，通过法律上的确权和保护，权利人更多地通过转让这一方式来实现或扩大自己的权益。

有学者认为，技术转让主要有四种形式，即直接销售和转让、直接最终使用许可、与第三方建立战略联盟（包括合同式联盟如代理、分销、代表处、特许经营等，与建立实体的合营如公司式合营和合伙式合营）和并购或收购（实践中不多见）。这种划分较为简单明了，但有不合理之处，如将技术产品的销售方式（代理、分销、代表处等主要在于推销产品）混同于技术转移本身，既没有道出技术与依赖于技术生产出的商品在市场上交易之间的本质区别，也给讨论带来诸多不便。而且，随着技术的发展和全球化的不断加深，全球企业跨国界并购趋势越来越强，这些不可避免地使技术转让日渐频繁，但该种转让多是以知识产权主体变化的方式进行的。为此，在兼顾技术作为商品的特殊性及其与技术生产出的商品间交易的本质差异基础上，为便于展开论述，本章按以下分类方法进行论述。

按是否以营利为目的，技术转移可以分为商业性的和非商业性的两类。前者一般是按商业条件，在技术受方付出一定对价的基础上，技术供方转让特定技术的商业性活动。显然，这种技术转让是以经济利益为基础的（受方通过合同付出代价可以获得一定技术的所有权或使用权，既节省一定的研发成本，又可以以技术来生产一定的商品以获得经济利益；而供方则可以通过转让技术获得合同约定的收益）。这种形式下的交易主体一般以不同国家的企业、科研机构或其他组织为主，其中绝大多数情况下，至少有一方主体是企业。后者以政府援助、相关主体无偿分享技术成果、交换技术情报、学术交流、技术考察、非正式方式（如海外培训和雇佣）等形式进行，它通常是无偿的，或即使有对价也是以极为优惠的条件转让。这种形式往往无须任何商业合同。如发明人出于使整个人类受益之动机而向世界公开自己的技术，他期望的回报不是金钱而是公开其成果后获取的社会声望和荣誉。有些有商业倾向的发明人选择披露它们发明的技术，是因为它们不想就此获得专利，但更不希望他人对类似技术获取专利，此方式可有效阻止他人申请。这方面的典型例子之一是：IBM 出版发行的《技术披露公报》，就是刊登它自己认为需要公开的及其他匿名者自愿公开的发明，它是美国专利商标局经常引用的技术来源之一；软件专利所开发了一个数据库，它可由那些希望作出“防御性披露”的发明人匿名使用。在互联网上可使用的软件，开发者通常采用这种方式。当一个新产品还没有得到市场认可，其部分单元可能会被无偿赠送或以相当低的价格出售，以在可能的市场上进行试探性的检测。如可将新发明的医疗器械赠与医院使用，医院的任务就是提供参考性的数据，以便于发明的进一步完善。技术也可以赠与大学或有关研究机构，以便得到进一步完善或用于教学之目的。但是，免费提供的技术通常是不能在实践中进行商业化使用的，许多商业实体不愿意投钱来改进或将那些易被其竞争对手获得的技术进行商业化。如此就使那些由大学和政府研究机构开发的很有市场前途的技术处于不能使用的状态。该种形式的主体通常有政府、企业、研发机构或非政府组织等。

在现实中，将技术留为自己所用的发明人，要么自己有生产性或经营性的企业，要么是为了将来在竞争激烈的市场中获得优势。为此，他需要找到阻止其竞争对手合法模仿使用其技术的手段，通常情况下，他会主动在特定的地域范围内申请专利。将技术留给自己的情形有以下几种：他有能力进行下一步的研发，或按照通常的商业模式他自己可以对技术进行商业化，或技术基本上是一定类型的专有技术，它不易为其他人获取，或由该技术生产的产品或程序是非常不稳定的，发明人可能易于被追究产品责任等。

本书所讨论的是商业性的技术转让，其形式多种多样，但均需要通过合同来完成。此类交易中，根据技术是否与其他形式的贸易相结合，进一步可分为单纯技术的转让和以技术转让为基础的复合转让。前者含技术许可、技术所有权转让、各种形式的技术咨询和技术服务四类，其合同形式均可以归为狭义的技术转移合同类；而后者有将技术与机器设备买卖或服务结合起来的转让，或技术与合资经营（跨国投资）、海外股权投资、工程承包（含 BOT 项目）、特许经营、原始设备制造（OEM，简称贴牌加工）、原始设计和制造（ODM）、分包、外国和本地购买者及合作生产、补偿贸易等其他经济合作方式相结合的技术转让，或通过建立技术战略伙伴关系来转让技术，则其交易所涉及的合同往往形成合同群，但技术转移往往是其中一个相对独立的合同：要么是与该交易相关的技术转让合同，要么是与该交易相关的技术许可合同。在这些方式中，许可贸易是最为常见也是最有价值的方式，发达国家间的技术转让多以这种方式进行，而发展中国家由于资金、基础设施等经济条件的限制，常将技术转让与投资、设备买卖等方式结合起来。前文已述，纯粹的设备买卖，即使设备再先进，如果不涉及技术转让或许可使用的内容，不在讨论的范围之列。

按商业性技术转让的客体来分，有专利技术的转让、专有技术的转让、计算机软件技术的转让及集成电路设计的转让、公有技术的转让等。按技术转让的权利范围来分，有所有权转让、使用权转让等。按技术的功能分，有生产技术、产品技术和管理技术的转让。按技术的表现形式分，有技术硬件（如设备、仪器等）、技术软件（如计算机程序、设计工艺、图纸、操作流程和维护程序等）和技术专家的经验（不存在于书面材料或设备、产品中，只存在于大脑中）等的转让，通常后者价格难以确定。按技术是否公开分，有公有技术与私有技术的转让等。按不同的开发阶段分，有开发（试制阶段，往往是高精尖技术）、成长、成熟和衰老等各阶段的技术转让。

现在越来越多的发明人不再按照传统的方式，独立开发和营销技术，他们试图建立某种形式的联盟，如战略联盟、专利联盟、合资企业或产业集合体等来联合开发或营销技术。当彼此都拥有对方所需的技术时，双方可以进行发明的全部或部分的交叉许可，当然可能限于特定的领域。交叉许可的一种变化形式是共享安排（pooling arrangement），即知识产权持有人在共同营销努力的过程中，出于自己的利益或为了打包向第三方提供而将他们的知识产权“汇聚”（pool）起来。交叉许可和技术共享的优势包括能整合相互补充的技术、减少交易成本并剔除专利“阻碍”情势。

二、中国统计意义上的分类

从我国技术转让统计表技术引进分类方式看，技术转让的划分主要是以客体为标准，兼考虑与其他形式相结合的贸易形式。我国的技术转让基本分类见表 5-1。

表 5-1　2005 年第一季度技术引进按引进方式统计表

技术引进方式	数量（项）	金额（万美元）	技术费（万美元）	金额占比（%）	金额同比增长（%）
总计	2 218	419 841.4	285 342.2	100	22.6
专利技术	79	56 890.4	54 737.8	13.6	56.9
专有技术	340	118 582.2	116 985	28.2	9.8
技术咨询、技术服务	1 395	98 187.5	70 671.0	23.4	9.9
计算机软件	218	17 329.5	17 286.5	4.1	345.0
商标许可	8	574.4	574.4	0.1	−96.9
合资生产、合作生产	27	11 697.3	9 892.0	2.8	207.1
成套设备、关键设备、生产线	85	108 982.7	10 192	26.0	78.5
其他	66	7 597.4	5 003.6	1.8	−64.6

在上海市技术市场管理办公室的网站上，可以看到该办公室的统计数据主要根据我国合同法规定的技术开发、技术转让、技术咨询和技术服务四类进行合同管理和统计。2014 年其相关主要数据如下：2014 年，上海市经认定登记的技术合同成交额 667.99 亿元，比去年同期增长 7.6%，连续 15 年位居全国第二；其中涉及知识产权的技术共 20 922 项，成交金额 574.18 亿元，较上年增长 2.0%。技术秘密、计算机软件、专利技术分居涉及知识产权技术的前三位。技术进出口交易规模不断扩大：2014 年，上海市进出口技术合同成交额 272.97 亿元，较去年同期增长 28.12%，其中上海输出到国外的技术合同成交额 198.04 亿元，亚洲、北美洲和欧洲是上海输出技术的三大主要目的地，三者合计占比高达总量的 90%。上海吸纳国外的技术合同成交额 74.93 亿元，进口来源地主要为欧洲和亚洲两大地区。但从统计图表可以看出，技术开发的合同项数和金额都很大，而技术转让合同项数较少但金额很大，而技术服务项数多但金额相对不大。

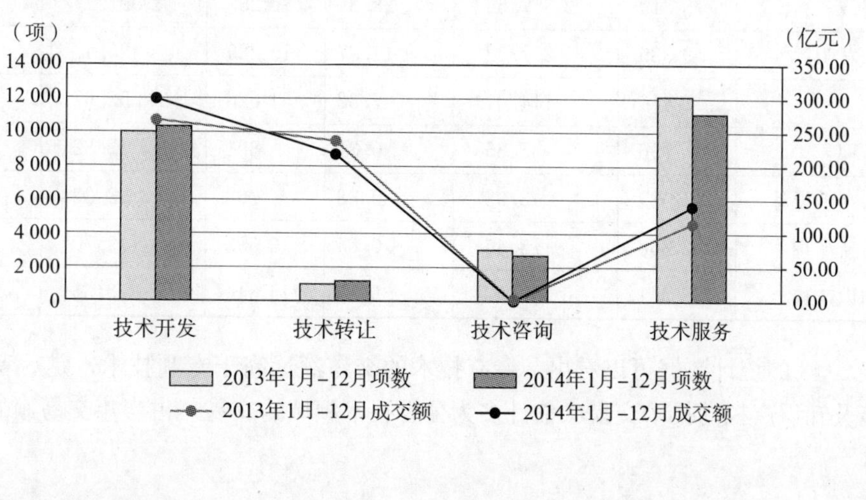

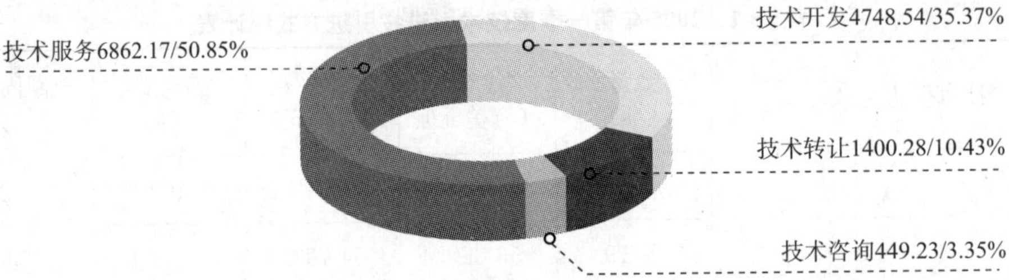

2013 与 2014 年 1 月—12 月上海市技术交易合同类别构成

中国科技部火炬中心网站上有关技术交易的统计数据分类较多，有按合同类型、技术领域、知识产权类型、卖方类型和买方类型等五种分类方法进行分类，但我们认为比较典型的是第一种和第三种。按第一种统计的方式，其相关数据如表 5－2 所示：

表 5－2 接合同类型统计

合同类别	2016年				2017年			
	合同数（项）	成交额			合同数（项）	成交额		
		金额（亿元）	增长（%）	占比（%）		金额（亿元）	增长（%）	占比（%）
技术开发	134 852	3 479.64	14.19	30.50	169 466	4 748.54	36.47	35.37
技术转让	148 582	1 607.89	9.64	14.10	16 698	1 400.28	–12.91	10.43
技术咨询	12 556	468.33	77.99	4.11	26 735	449.23	–4.08	3.35
技术服务	24 447	5 851.13	15.66	51.29	154 687	6 826.17	16.66	50.85
合计	320 437	11 406.98	15.97		367 586	13 424.22	17.68	

按第三种统计的方式，其相关数据如表 5－3 所示。

表 5－3 按知识产权类型统计

知识产权类型	2016			2017		
	合同数（项）	合同金额		合同数（项）	合同金额	
		价值（亿元）	占比（%）		价值（亿元）	占比（%）
合计	320 437	11 406.98	100	367 586	13 424.22	100
技术秘密	78 319	2 657.55	23.3	80 258	2 991.27	22.28
专利技术发明	9 839	1 297.32	11.37	15 229	420.47	10.58
软件	2 411	114.01	7.32	51 026	852.67	6.35
动植物品种	796	35.35	0.31	891	32.82	0.25
集成电路布图设计	1 079	42.98	0.38	762	53.33	0.40
生物医药新品种	2 368	73.46	0.64	2 653	119.70	0.89
未涉及知识产权	179 361	6 350.85	55.68	214 546	7 873.55	58.65

从表 5－3 的统计数据可以看出，专有技术的交易额远高于专利技术，是后者的 3～4 倍；未涉及知识产权的技术交易（估计多为公有技术领域的交易）占当年交易额的 55%～

60%，说明在我国未涉及知识产权的技术交易不容忽视，其中的法律问题与制度研究也颇值关注。

从上文可以看出，技术转让的分类十分繁杂，但根据《布莱克法律词典》的解释，技术转让就是指知识产权的销售或许可。WIPO认为，商业类的技术转让主要有三类，即技术买卖（所有权让与）、技术许可和专有技术合同。我国相关司法解释也将技术转让合同界定为合法拥有技术的权利人，包括其他有权对外转让技术的人，将现有特定的专利、专利申请、技术秘密的相关权利让与他人，或者许可他人实施、使用所订立的合同。基于此，本章主要按转让的权能性质（主要为纯技术的转让）来论述，然后对技术转让与其他贸易形式结合在一起作出简要评述。实际上，历史或现实地看，最为彻底的技术转让方式是受方通过特定的形式获得掌握某种技术的特定人才，不论是移民（包括由宗教迫害或战争等引起的被迫移民、出于追求财富的主动移民等）还是公司并购、人才拍卖或当下的员工“跳槽”等，均是这种技术转让的表现形式。但限于篇幅，本书不对这些内容进行讨论，仅就技术转让合同、技术许可合同、技术咨询合同和技术服务合同进行讨论。

第二节　技术许可合同

一、技术许可合同概述

技术许可合同意指当事人之间，为了实现某项技术（如专利技术或专有技术等）使用权转让这一特定目的而规定彼此间权利义务关系的协议。它是技术转移中最常见、最重要的法律交易形式。其主体包括自然人、法人或其他经济组织，但由于国际技术转让的复杂性、长期性及技术本身的特性，在实践中主体主要是法人或其他组织。对当事人的称谓，不同学者有不同的叫法，授予另一方当事人以某项技术权利的一方常被称为“出让方”(licensor)、“许可方”、“输出方”、“售证方”、“转让方”（transferer）或技术“供方”(supplying party)，接受该技术权利的一方被称为“受让方”（licensee）、“被许可方”、“引进方”、“受证方”、“被转让方”（transferee）或技术“受方”（receiving party）。本书为便于称呼和统一用法，除非特别说明，一律采用技术供方和受方之称谓。

国际技术许可合同的客体即许可合同给予许可的对象主要为专利技术、专有技术和计算机技术的使用权。普通（通用）技术、公有技术只有在特定的情况下才可能成为转让的客体，如一方出于生产工艺的可靠性或产品的质量保证等方面的考虑，愿意同另一方签订有关普通（通用）技术的许可合同。不过严格说来，这已不是许可合同，用“技术服务合同”来表达可能更准确。

专利技术许可又称专利实施许可，是指专利权人将其获得专利权的发明创造许可给他人有偿使用的行为。它通常以书面合同形式出现，早期多被称作专利许可证，有关其订立、履行等交易过程也叫作许可证贸易。关于其法律渊源，在美国，主要有合同法（州层面的普通合同法）、统一商法典第2条（尽管该条直接规定不适用于信息一类的无形产品，但法官在判案时会直接或类比适用该条）、统一计算机信息交易法以及版权法、专利法、商标法、商业秘密法、数据保护法和软件保护法等中关于许可的规定。此外还有反垄断法、公共政策等方面的规定。美国联邦层面没有专门的技术许可法等。在中国，情形比较类似，我们主要通过民法典（2020年之前为合同法）、知识产权法、对外贸易法和反垄断法等对知识产权许可加以界定。

专利许可证合同的标的为专利技术。但在许可证贸易中，合同中给予许可的标的往往有两种，即专利技术使用权、专有技术使用权。从实践看，单独以专利技术使用权为许可对象的情况较少，最常见的是以专利技术和专有技术使用权同时作为许可对象。即使合同名称为专利许可证合同，但合同涉及的技术内容既包括专利技术也含有专有技术。这是因为被许可人仅仅取得有关技术方案的说明书、图纸，而不掌握制造产品的技术手段、经验和诀窍，也很难生产出合格的产品。所以，在专利许可证贸易中，附带专有技术转让以及提供技术服务的专利许可合同是较为普遍的。在专利技术或专有技术使用许可中，被许可人使用许可人的技术生产产品，在产品质量符合一定标准的条件下，被许可人同时使用许可人的商品商标，即商标使用权连同专利实施权一起授予被许可人行使。商标使用许可条款是专利实施许可合同的组成部分，这种情况也较为常见。因此，在实务中，纯粹的专利技术许可的合同所占比例不高（在药品领域，特别是化学药品，由于技术的相对单纯且上市要经过药品监督管理机构的审批，专利技术许可比例较高，这也是药品巨头比较重视药品专利保护和对该领域许可较为谨慎的重要原因），90%以上的许可合同同时兼有专有技术许可的内容。

技术许可合同的特征如下。

1. 虽然其客体是无形的技术知识，但其核心内容却是某种“授权”，即供方授予受方作为合同标的的技术知识的使用权，其所有权仍属于供方，供方享有最终处置该项技术的权利，在一定的条件下仍有使用权（如排他许可的情形下）或同时或以后将其使用权许可给多个受方的权利（如普通许可情形下）。显然，它与一般的货物买卖合同不同，后者的货物所有权一般在交付后发生转移，卖方不再享有使用权或其他处置权；故虽然它遵循国际贸易的一般原则和规则，但有其特别之处，适用于一般货物买卖法及与之相关的法律并不适用于它，如《联合国国际货物销售合同公约》第3条第2款规定：本公约不适用于供应货物一方的绝大部分义务在于供应劳力或其他服务的合同。技术许可合同还与有形物品的租赁或租用不同，后者通常不可能在租给某个主体使用时，再让一个第三方主体来使用。

2. 许可合同有时间性和地域性之特征，即受到时空的限制。[①] 所谓时间性是指合同的有效期，它关系到供受双方在合同项下的权利义务关系和各自的经济利益，尤其是双方按提成方式支付使用费的。多数发展中国家在规范技术引进合同时，通过立法对合同的期限作出明确、强制的规定，以受方能消化吸收引进技术内化为自己的技术并提高自我创新能力为前提，多数尽量缩短合同期限。二战后，多数国家规定技术引进合同的期限一般为10～15年，最长不超过20年[②]，这可能与专利保护期限一般不超过20年有关；但对于专有技术，情况可能会有所不同。时至今日，随着科技发展和更新速度的加快，技术寿命在

① 具体内容可参见前一节。

② 林小龙，刘彦琳，主编. 国际经贸合同法律实务. 北京：中共中央党校出版社，1994：159.

不断减少，许可合同的期限也随之变化，至 80—90 年代，许可合同的期限一般限定在 10 年之内，在某些新兴产业如电子、计算机、软件、信息技术、家用电器等行业，合同期限更短。比如我国在 1985 年出台的《技术引进合同管理条例》中规定：合同的期限应当同受方掌握引进技术的时间相适应，未经审批机关特殊批准不得超过 10 年[①]；2002 年实施的《技术进出口管理条例》对合同期限未再作出规定，转由双方当事人决定。[②] 这是因为随着我国知识产权制度的不断完善，知识产权法律的普及以及参与经济全球化的程度加深，我们在技术引进方面的经验日趋成熟，由市场主体决定合同期限更能适应市场的变化。另外，现在不少许可合同中都要求供方对其后续改进的技术应以适当优惠的方式让受方使用，或供、受双方可对技术进行共同开发、改进，如此双方对许可的期限往往不会关注太多。当然由于专利技术本身有法定的期限，若其被转让，一般要考虑专利的剩余有效期限，而对于专有技术的许可，一般期限仍然会较长。

许可技术的地域性是指供方授权受方在什么地域范围内享有该技术的使用权，利用技术制造、销售产品，即合同效力的地域范围。这是技术许可合同不同于其他国际贸易合同的显著特征之一，它主要是针对专利技术和计算机软件技术，这是由知识产权的地域性特征决定的。但对于专有技术，由于根据一般民法（如合同法与侵权行为法）、刑法、保护商业秘密法、反不正当竞争法、劳动法（国外也称“雇佣法”）等来保护，其地域性特征不是很明显，发生侵权可以按一般侵权来处理，法律适用将按国际私法中的一般冲突规则来处理。因此，对于技术许可合同，不能一概认为地域性对所有许可合同都是一样的。另外，即使在一个法域，合同约定的地域范围的大小也会涉及技术使用费、合同价格的高低。一般而言，受方享有的使用技术的范围越广，其支付的使用费会越多、价格会越高。笔者曾经协调处理一个合同纠纷是对“中国”的理解（本人代表中国企业）。在政治上，中国是一个拥有独立主权的国家，包括大陆、台湾地区、香港和澳门特区。但由于在商事活动中，中国又是一国四法域（更多的是从它们分别是独立的关税区域角度来说的；我国有关外商投资立法是将港澳台商人在大陆的投资视为外商投资的），容易引起歧义。合同中，某外商将某一个技术许可给大陆的一个厂家在中国进行独家许可，后来受方将产品卖到中国的香港和台湾地区，供方便提出异议，说合同中的“中国”仅限于大陆，如果包括香港和台湾地区，则许可费不会是合同中的价格。我方坚持必须严格按照合同上的约定，合同上写的是“中国”，显然应当包括大陆之外的其他区域；而且，合同约定的许可费用是按销售额的提成来计算的，对供方不会带来利益损失。但考虑到双方的长期合作关系，我方在合同履行的其他方面，如对方的技术支持和维护费用方面做了一些让步。最终双方友好解决了该问题。后来我们了解到，该外商在与我方合作一年半以后，计划在台湾地区授权一家企业独家许可使用其技术和产品，结果发现台湾地区市场上已经有大陆厂家供货产品，由此引起纠纷。

3. 技术许可合同涉及法律的多重性。[③] 它既涉及私法规范，也涉及公法规范。如对专

---

① 《技术引进合同管理条例》第 2 条。

② 《技术进出口管理条例》(2002 年实施)。

③ 参见本书第一章的相关论述。

利技术而言，首先该技术要通过一国的专利法给予授权，然后才可能作为专利技术许可；技术往往涉及国家利益和安全，各国根据技术于国家利益重要性的不同，采取不同的措施，对重大技术（如军事技术、尖端技术）的许可实行管制；为避免权利人滥用权利，多数国家又通过反垄断法来规制某些行为。此外，还要兼顾到合理使用、不合理性与基本的公共政策等。①

尽管不同学者或实务专家基于合同的一般原理及技术的特征，都可以拟出不同的许可合同所含有的合同条款，但通常它会含有如下条款：双方当事人及合同生效日期、鉴于、定义、授权范围、交付与监督或接受与拒绝、对价（支付）、审计与会计、期限、终止或取消及终止或取消后的义务、责任限制、保证、保证声明、补偿、争端解决、法律选择、代理费、出口控制、合同完整性及附件、可分性、可转让性、通知及其他等 20 余个条款。② 实务中，对于不同类型的技术许可协议，条款内容会随着转让客体的不同、不同主体的特殊要求等而有所变化。

二、技术许可合同的类型

根据不同的标准，国际许可合同可以有不同的分类，下文根据比较常见的分类方法分别展开论述。由于后文将会对技术转让合同的主要条款进行专章论述，本章对相应部分内容只作框架性介绍。

（一）根据客体不同进行的分类

根据客体的不同，我们可以将技术许可分为以下几类。

1. 专利技术许可合同

专利技术许可合同，即双方约定供方将自己的某项专利技术的使用权转让给受方，授予受方在约定的时间和地域范围内使用该项专利技术实施制造、使用和销售涉及专利产品之权利的协议。这类合同是技术转让交易中最为基础、最为经典也最为成熟的合同。一般而言，合同的框架、条款也较为容易构建。尽管如此，我们需要对其作为基础类合同有较为详细的了解。如在德国比较权威的《许可协议》一书中，首先将专利的“独家许可协议”作为重点进行介绍和分析，然后将与之有关的“专有技术—秘密技术信息—协议”作为与之相配的文件一道分析③，以有助于专利技术许可目的的实现。至于分析“非独占许可协议”时，该书不再就专有技术另行介绍④，因为适用于独占许可的专有技术许可协议同样适用于非独占许可。

专利技术许可合同的客体是专利技术，即供方将自己在一国或几国取得的专利技术使用权转让给受方。这种形式的许可在现实中较为容易实施；因为专利技术方案是公开的，只要经权利人同意，技术信息均可通过专利部门获取。转让时，供方须将专利编号、专利说明书告知受方，并通过合同在受方付出一定对价、履行相应义务后，授予其制造、使用

① Robert W. Gomulkiewicz, etc. Licensing Intellectual Property: Law and Application. Wolters Kluwer, 2008: 16 - 17.

② 同①57 - 80.

③ Jochen Pagenberg, etc. License Agreements. 5th edition. Carl Heymanns Verlag KG, 2003: 195 - 214.

④ 同③215 - 276.

或销售专利产品的权利，或使用某项专利方法的权利。由于专利技术的资料早已公开，供方无须提供或交付技术资料，受方可从专利机构处获取包括专利说明书在内的有关资料。

由于专利说明书只要符合专利法规定的实质条件、能造出新产品或提供新方法即可，即保证能生产出特定的产品就可以了，而无须对产品的效果、性能或方法的有效程度等作出保证（专利法无法强制规定类似内容）；所以，专利申请人往往将技术最核心或关键的部分隐藏起来不放在申请说明书中，使公开的内容较为简略，如此既可扩大专利权的保护范围（与说明书对应，专利申请人可以在权利要求书中作较为适当简约的描述，这样可以让保护范围扩大），又将有核心竞争力的技术内容变成了自己的专有技术或诀窍。通常情况下，专利技术是静态的，其内容和范围为说明书所限制，且多数专利可能是局部的，或产品中的重要部分或流程的某一环节，靠专利很难生产出完整的、达预期效果的产品，况且技术总是在不断进步和更新，而变化了的部分也多是以专有技术形式存在的。供方向专利授权机构提供专利说明书[①]时，一般不提供其他技术资料和技术服务、技术协助和人员培训等保障。受方如想达到目的，通常还需另付一笔钱来获取供方未公开的专有技术；该内容要么在专利许可合同中有专门条款描述，要么通过一个独立的合同体现。实务中，单纯的专利许可合同不多见，不到技术转让权重的10%，一般是将其与专有技术结合在一起转让（约占50%）。[②]

对于专利技术许可合同，美国的联邦法律和州法律均可干预；州法律主要控制诸如对价、合同条款的模糊解释、应用誓言证据（parole evidence）来判定双方意图及其他等；而联邦专利法和反托拉斯法主要解决与专利权利有关的法律问题。[③] 一般而言，专利权人有更多的权利和自由来构架许可协议，如它可以在不同的受方之间通过合法谈判决定不同的提成费率。笔者2013年8月至2014年8月于哥伦比亚大学法学院访学期间，在2014年2月拜访美国联邦巡回上诉法院[④]前首席法官雷德教授，曾就技术转让或许可合同纠纷之事讨教于他，问他上诉法院是否审理过因许可协议纠纷而上诉的案件，他明确地说：几乎没有；因为联邦上诉法院只审理专利授权、确权和侵权等案件，至于许可协议为合同事宜，基本上由州法院审理。在美国的USM公司诉SPS技术有限公司案中，法官认为："专利权人利用价格区别来使自己从专利中的收益最大化没有违反反托拉斯法的禁止性规定"[⑤]；在另一个案例中，法官认为："专利权人将相关专利捆绑并在打包基础上谈判使用

---

① 专利说明书是对发明或者实用新型的结构、技术要点、使用方法作出清楚、完整的介绍，它通常包含技术领域、背景技术、发明内容、附图说明、具体实施方法等项目。

② 林小龙，刘彦琳，主编. 国际经贸合同法律实务. 北京：中共中央党校出版社，1994：162.

③ Melvin F. Jager. Licensing Law Handbook (2005-2006 edition)，2005：64.

④ 美国联邦巡回上诉法院（简称CAFC），属于美国联邦法院系统，是13个巡回上诉法院之一，住所位于哥伦比亚特区华盛顿。CAFC在13个上诉法院中是最晚（1982年）成立也是最独特的一个，因为其管辖权是基于案件的事项（subject matter）而不是地理位置来确定的。CAFC最为人熟悉的职能是作为对专利确权、侵权诉讼的专属上诉法院。它受理来自美国专利商标局（PTO）关于专利审查案件、美国联邦地区法院（DCT）专利侵权案件和美国国际贸易委员会（ITC）的"337调查"案件的上诉。自其成立以来，美国联邦巡回上诉法院审理的案件大约有三分之一涉及专利。CAFC关于专利案件的许多重要判决在美国专利制度的发展中起了极其重要的作用。但CAFC管辖的案件并不限于专利。而且，值得注意的是，对于同属知识产权范畴的商标和著作权的相关案件，CAFC不具有管辖权。

⑤ USM Corp. v. SPS Technologies, Inc., 694 F. 2d 505, 216 U.S.P.Q. (BNA) 959, 1982-83 Trade Cas. (CCH) P 65077 (7th Cir. 1982).

费率是应当允许的。”[①] 在美国，该方面联邦层面的法律主要是反托拉斯法和禁止专利滥用法，它们结合在一起来对双方就专利许可条款谈判的权利给予严格的限制，其中之一就是禁止专利权人在专利期结束以后还继续向受方收取提成费。美国1964年的一个著名案例即布鲁洛特诉塞斯公司案确立了如下原则：将专利的谈判杠杆延续至专利期满后的行为本身就是滥用专利权的表现[②]；该规则在今天的美国依然适用。在里尔公司诉埃德金斯案中，确立了另一著名的规则，即如果被许可的专利后来被宣布为无效，则受方可以拒绝支付许可费，推翻了先前的“禁止受方对已经被许可的专利之有效性反言”之规则，如此就使联邦政府“只有真正合格的发明才应当受到并给予维持的保护”之政策得到执行。[③] 对于专利被宣布为无效之前，受方支付的许可费如何处理，虽然没有明确的法律规定，也没有类似案例确立规则，但基于一般的法律原则，通常是不予收回的，除非供方采取欺骗、恶意等手段。我国专利法就有类似的明确规定。[④] 当然，考虑到专利许可的合同本质及双方当事人意思自治，如果当事人约定，无论何种原因，一旦专利被宣布无效，此前支付的许可费应予返回，则另当别论。

单纯的专利许可，实务方面的规则已较为成熟，也较简单：在专利有效期内，供方有较大的权利和自由度来对其发明提出许可费率要求或其他形式的支付方式；但一旦专利保护期过了或专利被宣布为无效，受方所有的支付许可费之义务将彻底免除。

我国合同法规定：专利实施许可合同只在该专利权的存续期间内有效。专利权有效期限届满或者专利权被宣布无效的，专利权人不得就该专利与他人订立专利实施许可合同。专利实施许可合同的让与人应当按照约定许可受让人实施专利，交付实施专利有关的技术资料，提供必要的技术指导。[⑤] 对这一规定，我们应作如下理解。

（1）专利权授予后，专利权仍然存在无效的可能。如果专利权不符合专利法规定的条件，专利复审委员会可以宣告该专利无效。如果在合同经营期限内专利被宣告无效，应当依照专利法规定进行处理：宣告专利权无效的决定，对在宣告专利权无效前人民法院作出并已执行的专利侵权的判决、裁定，已经履行或者强制执行的专利侵权纠纷处理决定，以及已经履行的专利实施许可合同和专利权转让合同，不具有追溯力。但是因专利权人的恶意给他人造成的损失，应当给予赔偿。如果依照前面的规定，专利权人或者专利权转让人不向被许可实施专利人或者专利权受让人返还专利使用费或者专利权转让费，明显违反公平原则，专利权人或者专利权转让人应当向被许可实施专利人或者专利权受让人返还全部或者部分专利使用费或者专利权转让费。[⑥]

（2）应考虑专利的有效期限，以及按时缴纳年费等问题。专利权因专利期限届满而失效或在期限届满前因不按时缴纳年费而提前终止，对于这种情况，如果是单纯的专利实施

---

① Hull v. Brunswick Corp., 704 F. 2d 1195, 218 U. S. P. Q. (BNA) 24, 1983 - 1 Trade Cas. (CCH) P 65329 (10th Cir. 1983).

② 案例的概要内容可参见 Melvin F. Jager. Licensing Law Handbook (2005 - 2006 edition), 2005: 65。

③ Lear Inc. v. Adkins, 395 U. S. 653., 89 S. Ct. 1902, 23 L. Ed. 2d 610, 162 U. S. P. Q. (BNA) 1, 1969.

④ 具体见下文分析。

⑤ 《民法典》第865、866条。

⑥ 《专利法》第47条。

许可合同，则只在该专利权的存续期间内有效。但是，如果是与其他形式捆绑在一起的专利实施许可，专利实施许可合同的无效，是否影响其他合同的效力，则应根据专利技术在其他贸易形式中作用的大小，确认合同无效或只是专利许可合同或与其关系密切的部分无效。

为此，受方在专利许可中需弄清专利的具体情况（一项技术可能有若干个专利），获取专利证书的影印本、专利清单，注明专利名称、专利证号、发明创造的名称、专利申请人及专利申请号、专利权人、专利授予国或地域、申请或批准的时间和有效期（涉及专利的真伪性与有效性、专利使用费的计算等）；明了专利授权的范围（如适用的地域、权利范围和技术应用产品的范围）及相关产品的质量标准；约定合同专利法律地位可能发生的变化之应对策略；明确有效期的长短及供方维持专利有效性的义务，如在合同中约定：供方必须按期向有关专利机构缴纳年费，以维护专利的有效性；如因供方未履行缴纳年费之义务导致专利无效的，供方需承担法律责任。同时，尽可能获取专利申请的说明书、权利请求书，或者相关照片以及图片的复印件等。因此，专利许可协议正式签订前，受方（自己或请有关专业人士）务必要进行专利检索以获得意欲获得许可之专利详细、准确的信息，以保护自己的正当合法权益，避免上当。

此类合同的大体框架是：供方的保证和担保（含专利状态、技术实用性、商业利用和保护范围等）、许可地域范围（定义、独占/排他/普通许可范围、许可种类及法律性质、反垄断法、专利权用尽、制裁及注册等）、许可的技术范围（使用的限制等）、转让和分许可、专有技术许可（定义、非秘密专有技术、秘密专有技术和专利许可的划分、技术文件、保密义务、文件归还等）、技术援助、使用义务、许可费（基于收入/营业额的许可费、一次总付、每单位许可费、支付模式、最低许可费等）、记录、支付与税、标签、生产责任和监督权、受方完成的发明改进和变化、供方完成的发明改正和改进、购买义务、不竞争条款、专利侵权、合同期限与终止、适用法律与仲裁、合同修改及独立性/可分性等。①

2. 专有技术许可合同

由于专有技术保密性等特征，它不存在转让所有权问题。在实务中，专有技术转让的比例高于专利技术。单纯的专有技术许可合同是转让商业秘密或其他未申请专利技术的合同；纯粹转让专有技术的合同也不多见。② 有数据表明，在国际许可合同中，专有技术是最重要的客体，国际技术贸易总量的90%以上都涉及专有技术的许可，不过它们多与专利技术结合在一起转让。③

在美国，专有技术是商业秘密的一种。无论根据州法律还是联邦法律，控制商业秘密使用和披露的合同本身不是非法限制贸易的行为，除非涉及反托拉斯法，有关专有技术合同的履行解释等由州法律调整。专有技术许可协议还可以约定在专有技术寿命之后的双方行为，法院也可对此作出解释，通常的原则是：只要双方的约定没有违反反垄断法、合同

---

① Jochen Pagenberg, etc. License Agreements. 5th edition. Carl Heymanns Verlag KG, 2003: 13 - 193.

② Melvin F. Jager. Licensing Law Handbook (2005 - 2006 edition), 2005: 56 - 58.

③ 林小龙，刘彦琳，主编. 国际经贸合同法律实务. 北京：中共中央党校出版社，1994: 162.

法原则或其他国家强行法，任何约定均是可行的。这一点与专利技术许可不同。如美国著名的案例——华纳-兰姆博特药业公司诉约翰·J. 雷诺尔德公司案——确立的一个原则是：当事人可以约定，法院也可以解释，在合同期内，尽管被许可的专有技术已被披露，为公众所知晓，但这丝毫不影响受方继续支付许可费之义务，除非双方约定终止合同。[①] 在美国联邦最高法院裁决的另一案——亚拉逊诉快点铅笔公司案——中，法院的判决肯定了上述原则。该案中的许可协议涉及一个固定器技术，一旦进入市场，它可能很容易被模仿；同时，对其专利的申请还在进行之中。发明人与生产厂家签订了一个独占许可协议，规定：如果在5年内被授予专利权，则提成费为销售额的5%；如果未被授予，则此后的许可费提成率降为2.5%；如果一直没有授予专利，则提成费率为2.5%；合同没有约定期限。在受方支付了19年提成费后，受方起诉要求法院宣布该许可协议无效，因为它违反了联邦政府的“支持鼓励自由并充分使用公有领域的思想”之政策。联邦最高法院否定了该观点，认为：联邦政策反对将已经进入公有领域的观点和思想收回，但在本案中，固定器的技术在双方签订协议时还未进入公有领域，所以该协议及其执行并没有违反联邦政策。[②] 法院还认为，协议已很清楚地表明双方意识到专利可能不会被授予，但经验丰富的制造商已感觉到其竞争对手最终会进入市场，所以在降低提成率的情况下，同意长久支付许可费；这取决于制造商对未来市场的看好及在发明人许可技术后其付出的代价有所值。至于在申请过程中的专利行为起到何种谈判作用，法院认为，无论其作用如何，对于支付2.5%提成率的谈判，它没有起到作用。

上述规则在后来的许多案例中得到进一步确认。在统一体操器材设备公司诉ERWA体育设备有限公司案中，受方与供方在合同中约定：协议终止后，受方不再生产、销售或使用任何包含专有技术特征、设计、技术信息或其他内容的产品，受方仍对技术信息有保密义务；而此前受方已对从公共市场上获取的供方器材设备进行了反向工程解析。后来合同终止后，受方另外成立了一家新公司，继续制造和销售相关产品。供方起诉之。法院否认了供方关于专有技术的主张，因为无证据表明它向新公司转让了任何专有技术信息。但上述约定表明：合同终止后，受方不应当销售或生产任何含有供方设备“特征或设计”的产品；这一点与相关技术是否进入公有领域或是否被反向工程解析无关，因为双方根据意思自治原则签订了含有该限制内容的合同，而在受方新设备中，的确含有协议提到的“特征或设计”。法院判决：供方可以获得600万美金的赔偿，但禁令诉求不予支持，因为赔偿金已涵盖了它应得的未来利润。[③]

对于专有技术，合同期满后，在签订协议前已公开，或签订时未公开但在合同期满前已公开，一般趋向于允许受方继续使用；如果技术仍处于保密状态，则受方不能使用。如签订时未公开，合同期满时已公开，但合同又约定受方不能使用供方技术，通常在给付供方一定费用后，不应当禁止受方继续使用技术。这就涉及合同约定义务与国家强行法规定不冲突时，以合同约定为准的原则。如有些案例中，法院判决规定：尽管专有技术已成为

① Melvin F. Jager. Licensing Law Handbook (2005－2006 edition)，2005：55.

② Aronson v. Quick Point Pencil Co.，440U. S. 257，99 S. Ct. 1096，59L. Ed. 2d 296，201 U. S. P. Q.（BNA）1，1979－1 Trade Cas.（CCH）P 62477（1979）.

③ Ray. v. City of Leeds，837 F. 2d 1542，2I. E. R. Cas.（BNA）1886（11th Cir. 1988）.

专利技术被公开了，但在供受双方签订的独占专有技术许可中，受方承诺在合同期满后不再使用该技术，如使用，则它需承担赔偿金并遭受永久禁令。[①] 上述规则也可适用于供方在合同中约定对并不具备专有技术条件的技术之使用和扩散进行控制的情形。[②] 尽管在合同中没有明确表明合同终止后受方无权使用先前约定的专有技术，但在合同谈判中已存在推定的保密关系，则受方依然应该对与合同有关的承诺承担义务。在合同中如果约定合同期满后，受方不再续约，供方有权禁止受方继续使用其技术制造或销售，则供方可以要求法院发布禁令禁止受方继续使用。[③] 上述的诸多做法可以总结如下：双方有权利根据合同约定禁止某些技术信息的披露或使用，即使它们不是秘密或需采取保密措施的技术信息，甚至有可能是公有知识。[④] 在实务中如此做，对受方的要求过于苛刻，也可能不公平；有时处理纠纷也较为困难，所以给法官以很大自由裁量权。因此，受方在谈判时，尽量对信息的保密和使用有具体明确的约定，如期限、合同终止后的处理方法等。

通常情况下，技术许可协议还涉及受方有权知道或需要知道该技术的有关雇员或与其有交易的其他当事人的保密和使用义务等，在协议中也需明确。实际上有限的信息披露并不终止对信息给予的法律保护，这一点尤其重要。在实务中，供受双方一般均会签订独立的保密协议并要求各自与自己的有关雇员另行签订保密协议。

美国在专有技术保护方面构成的三部曲如下：华纳案强调州合同法在许可期间和许可期结束后对控制技术的影响和作用；亚拉逊案涉及在同意许可时专有技术处于保密状态在合同期满后应当依约定来处理；而统一体操案表明：尽管不是可保护的专有技术，但是协议中约定在协议结束后受方对供方已进入公有领域的可得信息不再使用，则受方也不能使用。上述案例肯定了在美国商业秘密法和合同法下对重要而未获取专利的技术之保护范围的广泛性。[⑤] 显然，它有不合理、不公平之处。

总之，专有技术的转让，合同的性质更强，国家干预除了反垄断法和反不正当竞争法外，双方当事人在意思自治基础上的合同约定往往更见效果。这一点对我国企业而言，意义十分重大。

我国《民法典》合同编规定：技术秘密转让合同的让与人与技术秘密使用许可合同的许可人应当按照约定提供技术资料，进行技术指导，保证技术的实用性、可靠性，承担保密义务；技术秘密转让合同的受让人与技术秘密使用许可合同的被许可人应当按照约定使用技术，支付使用费，承担保密义务。[⑥] 可以看出供方的主要义务是按时提供技术并保证转让技术的实用性和可靠性。如果违反上述规定则承担违约责任；此外，它还应承担保密义务。受方的主要义务是在约定的范围内使用技术，按约定支付费用并承担保密义务。

非专利技术转让合同即技术秘密转让合同一般包括以下内容：项目名称；非专利技术

---

① Hyde Corp. v. Huffines，158 Tex. 566 314 S. W. 2d 763，117 U. S. P. Q.（BNA）44，117 U. S. P. Q.（BNA）466（1958）.

② Melvin F. Jager. Licensing Law Handbook（2005－2006 edition），2005：62.

③ King v. Gerold，109 Ca. App. 2d 316，240 F. 2d 710（1952）.

④ 同②63.

⑤ 同②63－64.

⑥ 《民法典》第 868、869 条。

的内容、要求和工业化开发程度；技术情报和资料及其提交期限、地点和方式；技术秘密的范围和期限；使用非专利技术的范围与限制；不质疑或不挑战条款；独立性条款[①]；验收标准和方法；使用费及其支付方式；违约金和损失赔偿额的计算；技术指导的内容；后续改进的提供与分享；争议解决办法；名词的解释等。

3. 混合技术许可合同

混合技术许可指在一个许可协议中既有专利许可的内容，又有专有技术许可的成分。它在现实中占的比例最大。在美国，除非涉及联邦专利或反垄断法问题，州法律主导着对该许可的解释。[②] 许可当事人对在专利期内决定提成费享有实质性的自由，但无权要求在专利期满后或被宣布为无效专利时收取许可费；对于专有技术，当事人有更大的空间去谈判有关条款和支付期间。

当该许可没有区分专利技术和专有技术提成费义务时，就会出现严重的法律问题。当两者的许可费交织在一起时，一般法律不会从专有技术许可的角度来对其进行绝对控制，即利用合同法等处理之，而会通过反垄断法或相关政策将适用于专利技术的规则延伸到专有技术上。美国联邦最高法院虽然没有案例涉及此方面问题，但联邦上诉法院已经形成了统一一致的规则来调整涉及专利和专有技术许可费交织在一起的问题。

美国第九巡回法院首先在圣·里杰斯纸业有限公司诉皇家产业案中处理了该问题。皇家产业向里杰斯授予了含有专利技术和专有技术的一项许可，许可费为许可技术产品净销售额的10%，加上转让专有技术发生的费用。受方根据里尔案中确立的原则，向供方成功发起了挑战，法院废除了双方之间的协议。但上诉时，皇家坚持认为合同的许可费比例是应当执行的，因为该支付来自非专利的专有技术，该技术迟早会让里杰斯进入市场。巡回法院否定了该观点，确认协议应当解除：当专利权利和专有技术如此密切地联系在一起时，我们认为如下原则同样适用于专有技术，即如果专利无效，则因专利权而收取的许可费不应支付。这并不意味着皇家将被剥夺获取专有技术使用所应得到的赔偿，它仅指皇家在该许可协议中无权获取许可费，因为该协议没有区分专利权利和专有技术所对应的许可费比例。[③] 上诉法院继续肯定了上述裁定，认为被转让的专有技术的价值约为 53 088.90 美元，该数字远远小于受方成功提起专利无效前已支付给供方的 174 000 美元，而且供方可以持有该案立案前已得到的所有许可费。该案确立的原则是：尽管根据联邦专利法该许可协议无效，但供方以一定形式获取已转让的专有技术（和其他非专利财产）之价值是合理合法的；这样的补偿并不对专利法目的和目标造成任何不利影响。在另外一个案子中，法院认为："如果根据许可费支付协议，它已区分了转让给受方专利权和非专利（专有）技术之比例，则后者应当按协议履行。"[④] 本案意在说明，专利技术无效使其许可协议中对应的专利许可部分的费用失去了法律基础，不支付该部分费用符合公平原则，但专有技术仍应有其价值，该部分对应的许可费用不应被忽略。

美国第八巡回法院也通过 Span-Deck, Inc. 诉 Fab-Con, Inc. 案解决混合许可的类似

---

① Jochen Pagenberg, etc. License Agreements. 5th edition. Carl Heymanns Verlag KG, 2003: 205-219.

② Melvin F. Jager. Licensing Law Handbook (2005-2006 edition), 2005: 66.

③ Chromalloy America Corp. v. Fischmann, 716 F. 2d 683, 685; 221 U. S. P. Q. (BNA) 311 312 (9th Cir. 1983).

④ Regis Paper Co. v. Royal Industries, 552 F. 2d 309, 194 U. S. P. Q. (BNA) 52 (9th Cir. 1977).

问题。该协议涉及特许经营式的生产安排，受方在支付一次总付外加后续提成费的代价后，获取到专利制造机器及相关的专有技术和其他商业秘密。受方后来欲通过提起专利无效之诉来免除许可费支付之义务。上诉法院查明许可专利无效，接着就是该许可协议是否无效问题。供方认为，尽管专利无效，协议应当继续有效，因为协议也涉及专有技术对价问题，而里尔案件的显著特点在于它涉及的只是纯粹专利技术许可，而非混合许可。在仔细考量专利权利在对价中占有举足轻重的地位且专利权许可费和专有技术许可费在合同中并没有进行划分后，法院认为里尔原则应当适用，即专利的无效导致许可协议的无效；否则的话，会允许供方只通过在许可协议中将非专利的对价与专利对价不可分割地捆绑在一起来规避里尔规则，这将会使联邦重要的专利政策——鼓励受方对无效或无相应价值的专利提起质疑——受挫。然而，尽管许可协议无效，但并不影响供方对其转让的专有技术和其他商业秘密追偿相应赔偿的权利。① 对于混合许可协议，如许可的专利已过有效期，适用同样的原则。但是如果混合许可协议已经明确分配了专利权和专有技术许可费之比例，或在专利期满时改变了许可独占性，则在专利期满后继续支付许可费与联邦专利政策并不冲突，该协议继续有效。不过，供方应当举证证明自己在谈判专利期满后支付问题时，并没有不当使用专利垄断地位之情形。② 但大量的案例表明，联邦最高法院在布鲁洛特案中确立的规则——许可费的支付不应延续至许可专利有效期满后——仍是混合许可协议应予执行的主导法律。③ 法院认为，布鲁洛特规则禁止在授予专利的国家，一旦专利期满，支付许可使用补偿费，故它完全适用于涉及外国专利的许可协议；当然，对于没有授予专利的国家，该规则对许可费用的收取无半点影响，这一点毫无争议。此外，在转让专利权所有权而非使用权时，该规则也不予适用，在前一种情况下，获取专利权的支付可以超越被卖出专利的有效期，因为买方认为如此交易对其而言很有价值。

对于混合许可有以下一些通用规则值得关注：(1) 在专利技术和专有技术密不可分地交织在一起的许可协议中，协议的许可费支付义务条款，根据布鲁洛特规则，在专利有效期满后，或根据里尔规则被宣布为无效时，会变成无效条款；(2) 在如此情形下，供方仍有可能对转让的专有技术获得相应补偿，但最有可能是基于不当得利之理论；(3) 在混合协议中，如果专利技术和专有技术之间的许可费之分配比例已经约定，则非专利部分支付许可费义务通常在专利期满后或专利无效时应当继续履行。

因此，有关当事人在谈判、起草涉及混合许可协议的相关问题时，必须意识到不区分专利技术和专有技术许可费之分配带来的不利后果。一份有效的许可协议应当清楚界定能让双方互相得利的长期关系。供方当然不应该满足于只是基于不当得利原理而在混合协议中得到转让的专有技术所带来的赔偿费；受方有很多合理商业和法律理由与供方订立有效、稳定的许可协议。因此，许可协议的起草和谈判阶段是解决混合许可协议中许可使用费问题的最为有效的时机。在起草时，我们应当注意以下问题。

---

① Span-Deck, Inc. v. Fab-Con, Inc. 677 F. 2d 1237, 215 U. S. P. Q. (BNA) 835 (8th Cir. 1982).

② Pitney Bowes, Inc. v. Mester, 701 F. 2d 1365, 1372 n. 12; 218 U. S. P. Q. (BNA) 987 992, n. 12, 36 Fed. R. Serv. 2d 485 (11th Cir. 1983).

③ Melvin F. Jager. Licensing Law Handbook, 2005: 72.

(1) 如果可能，将专利技术和专有技术分开，用不同的、彼此独立的契约式协议分开规定。

(2) 如果不可能，起草时须加倍小心，考虑下列因素：1) 对专有技术和专利权利进行区分；2) 在两种独立分开的权利中进行许可使用费的比例分配；3) 如果被许可的专利过了有效期或被宣布无效，降低许可费率；4) 正在申请或意图获取专利的技术未能获得专利，降低许可费率；5) 当被许可专利过了有效期或被宣布无效时，可以进行修改独占性的约定。

(3) 注意专利有效期为自申请之日起 20 年；如果某项商业活动不能将专利技术和专有技术分开，它们必须交织在一起，则要明确规定波动许可费的期限不要超过专利的有效期。

(4) 为保险起见，在混合协议中，选择 15～20 年的许可期来支付波动许可费。这比将来在专利有效期满后重新定位商业活动和进行诉讼要现实合理得多。

(5) 考虑一下通过其他合同条款界定更短的混合许可协议许可费支付期限来补偿可能损失的许可费，如提高技术入门费的比例，提出更高的许可费额，增加技术服务费等。

(6) 考虑一下该专利技术在转让的技术中是否至关重要；如果不是，想象一下非专利技术许可使用费之外的其他许可方法的使用。例如，供方可以在任何相关专利下，授予受方非独占的、不可转让和免许可费的许可，以便于专利期满后不能控制影响许可费条款。

(7) 考虑一下许可是否必须终结，即使在费用支付完后。现有的长期许可可以让长期的关系进一步得到巩固和确定；一个正确起草且持续的协议将有助于避开潜在的关于在终止后许可的专有技术和商业秘密之使用和披露的法律问题。如果双方有意让受方在合同终止后免费使用非专利技术，如果当时信息已进入公有领域，协议应当特别明确地表明该点。

当然还有其他许多起草时应予关注的要点，在起草和谈判符合有关国家法律的混合许可协议时还可以运用其他有效的技巧。最为重要的是，上述列出的要点并不仅限于将来的许可协议，对现存的、正在执行的混合协议应经常进行回顾和审阅，看看在有关许可费支付条款方面是否存在法律问题。如果存在隐患，应当尽快通过谈判或其他方法，在专利期满及发现当事人可能面对的诉讼和潜在的协议无效前，制定计划来解决。

我国目前在混合技术转让方面的立法和司法实践经验积累均不多；立法上只是规定：技术转让合同可以约定让与人和受让人实施专利或者使用技术秘密[①]的范围，但不得限制技术竞争和技术发展。[②] 显然，立法上是将专利技术和专有技术分开的。实务中，有大量将二者结合起来的案例，但司法实践的判例不多，随着我国技术转让活动的日益频繁和技术交易的深入，纠纷也会出现并增加，美国的司法实践值得我们借鉴。

4. 计算机软件许可

计算机软件一般是依赖于一定的硬件而存在的，无硬件软件就失去了意义。所以，早

---

① 即专有技术——未申请或未被授予或专利法规定不授予专利的技术成果。

② 《民法典》第 864 条。

期软件许可基本上是与硬件一道转让的。到20世纪60、70年代随着第三代计算机的出现，计算机软件开始作为一个独立的技术领域开始显示出其强大的潜在价值，经萌芽、发展，到今天已形成了强大的独立的软件产业，以软件业巨头微软为代表的软件企业已在商业领域、经济领域、政治领域、军事领域以及人们日常生活中发挥着巨大作用，软件业的发展已远远超过了硬件业的发展。特别是通用的应用软件的发展，使其价值更显突出。随着软件使用的日益普及，其许可协议也在广泛使用，包括免费无偿的许可与有偿的许可。本章只讨论有偿的软件许可。

尽管现在不少软件还是与硬件捆绑在一起同时转让，如微软Windows2000、2003、2007、2010和XP等使计算机正常运转的软件通常与计算机一道转让给客户，在有些设备如交钥匙工程合同的设备中包含有计算机系统或计算机控制的其他机器，供方必须向受方一道转让相应的软件。可以看出，上述方式即将计算机软件与硬件一道转让方式，转让的只是软件使用权，即所谓的软件许可，不可能是软件所有权，因为厂家在卖计算机或设备于某一受方时，同时也会将相关的软硬件转让给其他人。

现实中，越来越多的软件可以独立地转让，如杀毒软件、财务软件等。独立转让软件通常是转让商人针对依赖于某一硬件而运行的系统软件，它通常有两种形式：一是专用软件的转让，它主要是供方根据受方针对特定设备专门指定的要求而设计、开发的软件转让。二是通用软件的转让，即软件开发商开发的软件是针对不特定主体可以运用于同类硬件的非独占的许可，该类软件具有大众化的特征，如游戏软件、杀毒软件等。如果受方要求供方对通用软件进行特别处理或修改，已适合自己的使用需要，有人将之称为定做软件，实际上它是介于通用软件和专用软件之间的软件转让。一般软件许可均是供方提供标准文本，受方无权或无法提出修改意见。

一般说来，计算机软件许可合同中有如下几个主要条款。

(1) 定义条款。计算机软件会涉及大量的技术术语，对其界定不同，软件的功能、实现的活动和体现的价值也就不同。因此，双方当事人多通过在许可合同中明确的约定来为合同中有关各方的权利义务、责任等的明确打下基础。由于计算机软件业一直处于快速发展状态，很难形成统一的、固定不变的规范性内容，因此在不同时期使用同一个术语，其含义可能会有很大区别；就算无太大变化的概念，由于没有统一的行业规范定义，如果不约定，在执行过程中因理解不同会带来很多分歧。所以，针对每一个具体的合同，定义条款十分重要，它既是双方明确义务、进行友好合作所需做的必要准备，又是避免双方纠纷的较好途径。如软件、复制件①、差错（error)、分销（distribution)、端点使用（seat)②、软件升级和维护、程序代码、目标代码、源代码、说明书、使用指导书、专有技术、地域等③都需在具体合同中约定其特定的含义，不能随便照搬所谓的通用含义，否则合同将失去意义。

---

① 如复制部分内容算不算复制件？如果算，复制到多大比例就可以算？对于供方来说，较为稳妥的做法是：任何部分的复制及全部内容的复制都应看作复制件。

② 即供方在特定时间内为一个客户端只提供一个使用许可权（“Seat” shall mean the right for one (1) engineer to use the Software on a single computer system at a given time)。

③ Jochen Pagenberg, etc. License Agreements. 5th edition. Carl Heymanns Verlag KG, 2003: 507, 509.

（2）许可合同的标的及授权的具体内容。它通常与许可范围结合在一起。它通常包括授权期限、转让专有技术、许可费支付、计算、责任排除、限制受方转让或分许可、版权保护、软件改进和修正等权利义务。[①] 这里需注意标的不同于标的物，软件许可的标的通常是供方提供软件使用权和双方支付软件许可费的内容，对供方而言标的涉及的对象主要是软件的许可使用权，至于软件的载体如磁盘或光盘一般意义不大，因为通过复制获取上面所载的软件程序成本几乎可以忽略不计。所以，一般合同中尽管有归还软件磁盘或其他可见载体，意义不大；但作为供方，还是希望归还，万一受方没有想到复制或复制件损坏，要回原件也许就保护了自己。许可转让标的可以通过附件或在条文中明确约定予以体现。有时为了稳妥起见，在定义、鉴于条款、合同专门列出标的条款及在附件中详细列出标的对象的内容，同时并用。该方法的劣势在于：万一上述各陈述之间出现冲突和矛盾，反而会弄巧成拙，把简单问题复杂化。

许可使用权中尤其要注意源代码与目标代码均须提供，而且对软件程序说明和指导书需严格区别开来，两者合起来才可以让受方正确使用软件，有学者通过类比，说明二者合起来才相当于专利说明书。[②] 在谈判时，如果所有应予交付的资料已经完全具备，则受方技术人员应当对材料的完整性、准确性、明晰性进行审核，同时要求在使用过程中，对由于资料如程序说明或指导书等带来的问题，供方应免费提供服务，对于相关软件的升级，供方负有无偿提供的义务。如果材料还未完全具备，则应约定何时由何人在何地把还没具备的文件交给受方。注意区分合同订立、成立与生效的区别，可以要求材料未交付，合同尽管已成立但未生效；如果在合同约定的时间供方未能提供软件，则合同不生效，受方不承担任何付款义务；当然如果约定生效，受方可以要求供方对不履行义务带来的损失如机会成本等进行赔偿。对于指导书，可要求一般具备该行业常识的技术人员或为通用软件时具备一般条件的人，能够清楚、明了并可应用该指导书为条件。

（3）授权范围条款。即对时间、人、地点、特定设备等方面的软件使用限制；一般无独占或排他许可，多为普通的、不可转让和可撤销的许可，且只能在授权的产品或设备或平台上使用、复制、修改和创作软件的衍生产物。供方多会约定：不允许受方反向编纂或进行反向工程解析。安装时，软件只能安装在许可协议指定的端点、设备或计算机中，且只能为内部使用、开发、测试受方设计中的可执行目标代码；有关文档受方不能复制、销售。至于分销给最终用户的软件内容，通过许可协议的“分销条款”约定。对于受方，需关注合同期满后的约定，是全部停止使用还是有条件使用，需在合同中明确。

（4）保密条款。保密条款是软件许可协议的当然内容，通常约定受方对供方提供的有关软件的技术信息、数据（技术指标、细节）和市场等任何商业秘密信息或信息的任何部分同意给予保密；受方在任何情况下都不将上述商业秘密泄露、披露或转让给第三方（包括个人、企业和其他任何组织），或以其他任何方式为第三方所知等；此外还有合理使用源代码及其相应的衍生作品及违反该条义务的法律责任等。

其他条款如支付条款、技术服务条款、所有权和商标使用条款、期限和终止条款、违

---

① Jochen Pagenberg, etc. License Agreements. 5th edition. Carl Heymanns Verlag KG, 2003: 509－521.

② 郑成思，编著. 国际技术转让法通论. 北京：中国展望出版社，1987：67.

约责任条款、转让和分许可条款、合同修订法律适用、争端解决、出口限制、通知条款和杂项等不一一论述。

通用软件的转让对供方来说，风险较大，除了亲戚朋友同学复制该软件间接降低供方商业性的软件许可数量外，不法之徒还常非法复制并通过许多途径廉价卖给消费者，所以各国政府历来对此类软件的盗版打击的力度较大。

软件许可通常和硬件结合在一起，与之相关的买卖通常包括硬件的出售、软件许可、对软硬件的维修服务及设备和软件的安装、测试调试及试运行等。合同附件有：有关设备的系统详述，设备组成——硬件、附件、配套设备或材料，有关软件（控制系统软件与应用软件），技术服务，设备的试运行和软件的测试及合同履行时间表等。

（二）根据供方授权权限的大小及受方使用范围而划分出的许可种类所形成的合同

至于根据供方授权权限的大小及受方使用范围而划分出的许可种类所形成的合同，即独占许可合同、排他许可合同、普通许可合同、分许可合同和交叉许可合同等（每一种许可的含义，参见第四章），主要区别在于就许可的类型不同而在权限表述方面有所差异，以及由此带来的许可费等会有所差异，分许可会涉及再许可给他人时，须征得许可人同意等之外，具体合同条款，可以参见本书第六章的相关分析和论述。对于强制许可、开放（当然）许可，因为不同于基于双方协议基础上的许可，本章不予讨论。

第三节　技术所有权转让合同

一、技术所有权转让合同概述

技术所有权转让合同意指权利人将其占有、使用、收益和处分的全部技术权利转移给受方而形成的协议。前一章在分析时指出，实务中，真正的技术所有权转让之案例与技术许可相比，是不多的。因此，在现有的相关研究中，分析和论述该合同的论文和专著并不多见。

二、相关国家就技术所有权转让的规定

多数国家的法律中，认可了所有权转让这一概念①，并规定：技术所有权的转让必须采用书面形式（尽管不必以正式的书面契约形式出现）；一项口头的专利所有权转让从法律规定的角度看是无效的，尽管该交易执行起来较为公平。除非在转让中约定供方将对发生在过去的侵权行为的追偿权转让给了受方，否则受方无权要求追偿。作为受方，不论它得到的是全部的专利权还是部分，就得到的权益而言，它不能超过供方；不过在权利转让后，他有权对任何侵犯其排他权益的人提起诉讼，包括供方。禁止供方对已转让给受方（或通过受方获取权利的其他人）的独占权的有效性提出反对意见，以避免他剥夺受方付

---

① WIPO. *WIPO Intellectual Property Handbook*: *Policy*, *Law and Use*. WIPO Publication No. 489 (E), 2001: 173.

出对价后所应当取得的正当权益。当然，作为受方，可以在转让完成后，对专利的有效性提出质疑，除非在合同中双方约定受方不得如此。[①] 值得注意的是：如果转让后有关构成权利的实质权部分仍掌握在供方手中，则它就不是一个所有权转让的合同，而为许可。费用的支付应当与所有权转让的合同内容相一致；受方可以约定如果不满足一定的条件，特别是技术的核心部分不转让或受方的有关生产、销售受约束，乃至受方无权转让其购得的技术，则应当定性其为许可。

转让的权利可以是部分，也可以是整体，但在不可分的情况下，只能是整体转让。转让技术的全部权利（或权益）（包括起诉侵权者的权利）就是所有权的让渡，正在形成中的技术权利也可以让渡，如专利申请权及正在研制中的技术。不少国家法律对此也有规定，如澳大利亚1990年专利法规定：权利人可以转让专利权范围的部分或全部权利。加拿大1970年专利法规定：根据该法授予的专利权可以转让所有权，不论是专利权的整体还是部分。英国1977年之前的专利法规定，权利人可以在专利地域范围内转让部分所有权，但1977年后的专利法规定，对专利权的转让不再设定任何限制性条件，任何专利或专利申请权或专利中的任何权利都可以转让或抵押。美国专利法规定，下列权利均可转让：整个专利权，即可在全美生产、使用和销售的技术的排他权；排他权没有分割的份额；在美国特定区域的专利排他权。但需要注意的是，技术中的人身权利如专利中的发明人之署名权是不能转让的，能转让的主要是涉及商业、经济利益的权利。

我国原《技术合同法》将技术转让合同规定为：当事人就专利权转让、专利申请权转让、专利实施许可、非专利技术转让所订立的合同。[②] 然后在《技术合同法实施条例》中分别规定定义中提到的有关概念的含义，如规定“专利权转让合同，是指专利权人作为转让方将其发明创造专利的所有权或持有权移交受让方，受让方支付约定价款所订立的合同；专利申请权转让合同是指转让方将其就特定的发明创造申请专利的权利移交受让方，受让方支付约定价款订立的合同；专利权人或其授权的人作为转让方许可受让方在约定的范围内实施专利，受让方支付约定使用费所订立的合同；非专利技术转让合同，是指转让方将拥有的非专利技术成果提供给受让方，明确相互之间非专利技术成果使用权、转让权，受让方支付约定使用费所订立的合同”[③]。合同法没有再对技术转让合同进行定义，只是列举了其外延包括的范围，即专利权转让、专利申请权转让、专利实施许可、非专利技术转让四类合同，也没有对它们进行定义。此外，我国合同法除了提到专利权转让合同和专利申请权转让合同外，在具体条款中没有对其作出任何规定，反映我国在该方面的司法实务较少，以致立法者认为无必要专门设立条款来规定；恰如有学者指出的那样：转让专利权并不是利用专利权的主要方式……在世界各国的实践中，专利使用权的转让或发放专利实施许可才是利用专利权的主要方式。因此，在技术转让领域，专利实施许可合同比专利权转让合同更为常见。[④] 但笔者认为这是一个缺憾。

---

① 实际上该约定在今天看来是一限制性规定，如果有关国家强行法规定是无效的话，此约定应当无效。

② 《技术合同法》第34条。

③ 《技术合同法实施条例》第53条。

④ 刘文华，主编. 新合同法条文精解和案例分析. 北京：世界图书出版公司，1999：326.

三、技术所有权转让合同的内容

专利技术转让（包括申请权转让）可以通过权利人的一个单方面的转让同意声明形式签字盖章后，将该书面文件转交给受方而完成；该文件常被冠之为“专利权转让证书”或“专利权转让”，它需表明：权利人愿意将与专利有关的一切权益（包括所有权）转让给受方。这种转让的法律行为通常适用于十分简单的技术所有权转让交易，且技术所有人多为自然人。[①] 该形式技术转让的供方被称为“让与人”，受方被称为“受让人”；一旦交易成功，让与人对该发明专利不再拥有任何权利，而受让人则成为技术的新所有人，有权实施该技术的所有排他权。[②]

所有权转让更为常见的是通过复杂的合同形式来转让，对相关的详细内容给予约定。一般情况下其具备的条款如下：（1）项目名称；（2）发明创造的名称和内容；（3）专利的类别（发明、实用新型还是外观设计，国内专利还是国际专利）、专利申请日、申请号、专利号和专利权的有效期限；（4）专利实施和实施许可的情况及其处理；（5）所有权转让及转让方的权利保证；（6）专利权移交的手续及期限；（7）专利权被宣告无效的责任；（8）技术情报和资料的清单及其提供及必要的技术指导约定；（9）价款及其支付方式；（10）技术秘密及保密义务；（11）违约金或损失赔偿额的计算方法；（12）法律适用及争议解决办法。

在上述条款中，最核心的是，供方需明确表示：作为专利权的所有人，它同意将其技术及所有的相关权益（包括所有权、侵权时的独立起诉权和相关的获利权益）出卖并转让给受方，受方或其继承人或其被转让人取得了如同专利技术未转让或出售前原所有人所拥有的一切权益一样。[③] 付费方面，由于是所有权转让关系，供方一般要求受方一次性支付费用；在技术资料提供方面，受方会要求分享供方对与已转让的专利有关的新成果，及实施专利时可能需要供方的支持等，但受方会对此支付必要的费用。有时，受方会要求供方对其转让的专利的声誉及可市场性作出一定的保证，保证不存在侵权或设有质押等影响权益行使的任何行为。[④] 由于转让所有权直接关系到买方的利益，一般违约责任规定的比较严格。

第四节　技术咨询和服务合同

技术咨询合同和技术服务合同两类合同因在履行合同义务过程中，被咨询方或服务提供方都会将一定的技术或技术信息转让给对方当事人，故它们也是技术转让合同形式之

---

① Brian G. Brunsvold, etc. Drafting Patent License Agreements. 5th Edition. Washington, D. C.: The Bureau of National Affairs, Inc., 2004: 347-348.

② WIPO. *WIPO Intellectual Property Handbook: Policy, Law and Use*. WIPO Publication No. 489 (E), 2001: 173.

③ 同①349-350.

④ 同①350.

一，至于受方会否在获取信息的基础上进行消化、吸收、创新，它们不会关注，因此，它们与前文所述的技术转让，又有些区别。必须注意，本节讨论的是独立于销售合同或技术转让或许可合同的合同，虽然销售合同或狭义的技术转让、许可合同会涉及一定的咨询或服务。

一、技术咨询合同

技术咨询业是随着经济发展复杂化、科技化和分工进一步专业化等趋势而出现的。经济发展中遇到许多前所未有的技术问题，靠企业的有限资源往往难以解决，需经过多学科的专家集体论证，才可能提出可行方案，为实现经营目的打下基础。为此，以经营技术、方案、策划等为经营范围的专业技术咨询服务机构开始出现，并日益扩张。这类机构由于集中了大量高端技术人才或有着丰富的知识和社会经验，它们能迅速获取丰富、可靠的信息，并能及时为委托方提供各种可供选择的决策方案。对当事人而言，技术咨询成本低，效率高，专业性强，灵活方便，成为企业解决技术难题的主要帮手，由此这类机构利用其独特的信息汇聚之便利，充分发挥科学技术和科技人员的作用，利于技术转让和传播。不论在发达国家还是发展中国家，企业在引进技术、进口设备或重点工程开工之前都会与咨询公司签订合同，以获取技术咨询或指导，选择价格优惠的先进技术，协助企业做好技术管理和研发并提出合理化建议，使计划的项目得以顺利完成。对于非常复杂、转让期限长的项目，为了便于技术转让，供受双方还常通过合资成立咨询公司，针对特定项目提供咨询服务，以促进技术的顺利转让，收到预期的效果。因此，谈到技术转让我们不能忽略这一块。

(一) 定义及特征

技术咨询合同是掌握技术的一方（被咨询方）运用其掌握的科技知识、信息、经验等，根据委托人的要求，为后者就社会发展、工程技术和管理等问题提供各种合理的设计方案、可供选择的决策依据或技术来源，以帮助后者较好地吸收有关技术知识和经验并由后者支付报酬的合同；一般包括就特定技术项目提供可行性论证、技术预测、专题技术调查、分析评价报告等合同。[①] 国际技术咨询合同是指上述活动或当事人具有跨国性质的技术咨询合同。国际咨询在实务中较为灵活，受方可以委托一家或几家咨询公司承担相应的咨询任务，而咨询公司多以受方代理人的身份从事相关活动。

国际技术咨询合同的法律特征为：

（1）它是被咨询方向委托方提供技术项目决策参考或建议的合同。被咨询方向委托方提供咨询报告或者问题解答的技术方案，它涉及技术信息的转让。

（2）一般由被咨询方承担咨询报告实施风险责任。“咨询报告实施风险”，是指委托方按照顾问方符合合同约定要求的咨询报告和意见作出决策所造成的损失，应由委托方承担，但合同另有约定的除外。

（3）国际性，意指上述诸多活动或当事人具有超越一国界限的性质。技术咨询形式多种多样，也可以聘请某一技术领域有经验的专家到本企业担任一定时期的职务，通过技术

---

① 《民法典》第878条。

指导和传授获取相应的技术知识。

（二）技术咨询合同的内容和条款

1. 内容

其内容一般包括：(1) 可行性论证或决策咨询，是指对某项特定的技术项目的可行性、先进性、经济效益进行分析、计算和评价，确定该项目是否可行，能否成功，如何取得最大经济效益的一种适用的科学方法。它可分为：为国家、地区、企业、集团的发展战略和各种战略性问题，提供综合调查研究资料和系统设计方案，如国家或地区的经济发展规划咨询论证，企业技术改造计划、方案和规划的论证；为国家、地区、企业、集团的技术经济政策的制定，提供调查研究方案和建设方案，如重大工程建设项目的经济技术可行性论证合同，建立中外合资、中外合作企业或者国内各类经济联合体的经济、技术、法律方面的可行性分析合同；为科学技术发展规则的编制和大型科研项目的组织实施，设计各种实施方案；对资源的综合开发利用、环境保护、建设项目等，提供科技方案，进行可行性研究和技术经济论证，为领导决策服务。(2) 工程技术咨询或技术预测，是指对咨询技术项目发展趋势，进行展望与预测，即对工程建设项目、技术改造项目、技术引进项目等进行可行性研究，或对可行性研究方案进行综合评价，并在对建设项目的技术先进性和经济合理性进行系统分析和科学论证的基础上，提出几个不同的论证方案，供决策者参考，如对新技术、新产品受托评估、鉴定合同，技术及设备的引进策略、方案以及可行性论证等。(3) 专题技术调查或专业咨询。前者是指针对咨询技术项目的技术要求，采取多种方式对专题资料、数据的考查与收集工作。即涉及面较窄、专业性较强的技术咨询服务，如技术和产品开发专利检索咨询、会计咨询、法律咨询、管理技术咨询等。(4) 管理咨询。即为部门、企业、集团等提供科学管理方法、技术经济信息等方面的咨询服务，如对企业的经营进行论证。(5) 信息咨询等。即对需要查阅的文献项目及有关统计数据等信息方面的咨询。(6) 分析评价报告，是指咨询技术项目给社会带来的益处和消极因素进行全面分析研究和全面评价工作。

其中前三类会涉及较多的技术内容。

2. 条款

技术咨询合同主要条款包括：项目名称；有关术语的定义，咨询的内容、形式和要求；报酬及其支付方法；履行计划、进度、期限、地点和方式；委托方的协作事项；技术信息、经营信息和相关资料的保密；验收、评价的标准和方法；技术成果的归属；实施技术方案的风险归属；违约责任；法律适用及争端解决办法；杂项条款等。这里特别提一下成果归属问题，它一般由当事人在合同中约定，如果不约定，就应根据国家有关法律来确定；如仍无，则依惯例。我国民法典规定：在技术咨询合同履行过程中，受托人利用委托人提供的技术资料和工作条件完成的新的技术成果，属于受托人。委托人利用受托人的工作成果完成的新的技术成果，属于委托人。当事人另有约定的，按照其约定。[1]

[1] 《民法典》第885条。

(三) 技术咨询合同双方的义务

由于咨询的种类和范围十分广泛，难以界定，双方当事人的义务一般各国无强行规定，多由合同双方当事人约定。

我国合同法对当事人的义务作了如下原则性的规定。

技术咨询合同委托人的主要义务有：(1) 按照约定具体阐明咨询的问题，提供项目所需要的技术背景资料及有关技术资料、数据；为受托人进行调查研究和论证提供必要的工作条件，完成配合事项，补充有关的资料和数据。(2) 按照约定的期限和方式接受受托人的咨询成果，按时支付报酬。委托人提供的技术资料和数据，需要保密的，当事人应当约定保密的范围和期限，合同没有约定的，委托人无权干预受托人引用、发表和向第三人提供。委托人应当积极履行上述义务，同时享有接受受托人技术咨询结果的权利。受托人在接到委托人提供的技术资料和数据之日起 2 个月内，不进行调查论证的，委托人有权解除合同。(3) 在合同约定的保密范围和期限内履行保密义务。

技术咨询合同受托人的主要义务有：(1) 应当按照约定的期限完成咨询报告、意见或者解答问题，并保证提出的咨询报告达到约定的要求。技术咨询合同的受托人应当利用自己的技术知识和人才优势，按照合同的约定，在规定的期限内为委托人完成咨询报告或者解答问题。技术咨询合同受托人提出的咨询报告不仅应按期完成，而且应在质量上符合合同约定的要求，否则也视为不按合同履行义务。在合同有效期内，受托人就同类技术项目与委托人的竞争对象订立同类技术咨询合同的，应当征得委托人的同意。技术咨询合同的受托人应当对技术项目进行调查、论证，发现委托人提供的技术资料、数据有明显错误和缺陷的，应当及时通知委托人补充、修改。(2) 受托人接受成果后，应当按合同约定对委托人的技术秘密和商业秘密承担保密义务。

与上述义务相对应，受托人的责任是：未按期提出咨询报告或咨询意见书的，应当支付违约金，受托人提出的咨询报告或咨询意见不符合合同约定条件的，应当减收或者免收报酬；未按合同约定承担保密义务，还应承担相应责任；合同中可以约定违约金，还可约定，如果给委托方造成损失的，可以追究受托方的赔偿责任；技术咨询合同的委托人按照受托人符合约定要求的咨询报告和意见作出决策所造成的损失，由委托人承担，但当事人另有约定的除外。

委托方的责任是：迟延提供合同约定的资料和数据，或者所提供的资料、数据有严重的缺陷，影响工作的进度和质量，不接受或者逾期接受工作成果的，已支付的报酬不得追回，未付的报酬应当如数支付，因此给受托人造成损失的，还应当支付违约金或者赔偿损失；委托人未按合同约定支付报酬或支付的报酬不足、不及时，或违反合同约定保密义务的，应当支付违约金或赔偿损失。

为避免日后就工作成果可能发生的纠纷，委托人可以要求在合同中明确约定：受托人所提交的咨询报告和意见，经依合同约定组织的专家评估或成果鉴定，认为不符合合同约定的验收条件的，受托人应承担相应的民事责任。

二、技术服务合同

技术服务也称技术协助，是国际上广泛采用的一种技术贸易方式，由服务方以自己的技术知识为另一方提供有偿服务，以解决生产、服务或管理中的某个技术问题，如提供工厂的设计、布局、设备清单和说明、产品或生产工艺的资料及销售指南等。我国民法典规定：技术服务合同是指当事人一方以技术知识为另一方解决特定技术问题、另一方支付报酬的合同，不包括建设工程合同和承揽合同。[①]

从定义可以看出其具有如下法律特征：服务方是有相当科学技术知识的自然人、法人或其他经济组织；合同的内容，是完成一定的技术工作；合同的标的，是技术工作成果，即完成一定的服务行为，而非一定的目的，该目的的实现依赖于委托人根据受托人提供的服务或成果；根据定义无疑它是有偿、双务、诺成和不要式合同。

技术服务合同在技术供方提供服务时，因向受方传递一定的技术信息，技术转让的内容不可避免。受方可能也会因此获取一定的技术并进行创新。它包括一般技术服务合同、技术培训（一方为另一方的专业技术人员进行特定项目和专业训练所达成的合同）和技术中介合同（一方以自己的知识、技术、经验、信息为另一方与第三方订立合同进行居间活动而达成的合同）等。

根据实践中的具体情况，技术服务合同可分为两大类型：(1) 提供物化技术工作成果的技术服务合同。这一类技术服务合同，标的物表现为一定的物化技术工作成果。主要有产品设计、工艺编制、设备改造、计算机程序设计、复杂的产品和材料的性能鉴定，以及其他科学研究、技术开发、技术转让、工业化试验和生产活动中完成特定技术工作的合同。(2) 传授和传递科技知识和科技情报的合同。这类合同主要有技术培训合同和技术中介合同。技术培训合同是指当事人双方就一方委托另一方对指定的专业技术人员，进行特定项目的技术指导和专业训练所签订的合同。技术中介合同是指当事人双方就一方以知识、技术、经验和信息为另一方与第三方订立技术合同进行联系、介绍、组织工业化开发并对履行合同提供服务所签订的合同。

实务中，根据合同法的相关规定，技术服务合同的主要条款有：项目名称；定义条款；服务内容、方式和要求；报酬及其支付方式；履行计划、期限、地点和方式；履行过程中技术成果的归属[②]；工作条件和协作事项；验收标准和方式；违约金或者赔偿损失额的计算方法；法律适用及争议解决办法；杂项条款等。

双方当事人的义务与责任：

1. 委托人的主要义务与责任

根据《民法典》规定，技术服务合同委托人主要应履行以下义务：按照合同约定为受托人提供工作条件，并完成配合事项；按照合同约定按期接受受托人的工作成果，并按照合同规定的价款、数量、支付日期和支付方式向受托人支付报酬；在受托人发现委托人提供的技术资料、数据、样品、材料或者工作条件不符合合同约定，并及时通知委托人后，委托人应当在约定的期限内补充、修改或者更换；在履行合同期间，受托人如果发现继续工作对材料、样品或者设备等有损坏危险，在受托人及时通知委托人或者提出建议后，委托人应当在约定的期限内作出答复。

---

① 《民法典》第 878 条。

② 相关规定与技术咨询合同相同。

依《民法典》规定，技术服务合同委托人应承担以下违约责任：委托人未按照合同约定提供有关技术资料、数据、样品和工作条件，影响工作质量和进度的，支付的报酬不得追回，未支付的报酬应当支付；委托人不接受或者迟延接受工作成果的，支付的报酬不得追回，未支付的报酬应当支付；此外约定支付违约金、保管费或其他损失的，受托人有权要求委托人支付相应费用并赔偿损失。

2. 受托人的义务和责任

根据《民法典》规定，结合实践中的一些规定和做法，技术服务合同受托人应履行以下义务：按照合同约定，按期完成服务项目，解决技术问题，保证工作质量，并传授解决技术问题的知识。至于其他义务，如发现委托人提供的技术资料、数据、样品、材料或者工作不符合合同约定的，应当及时通知委托人；在履行合同期间，如果发现继续工作会对材料、样品或者设备有损坏危险时，应当中止工作，并及时通知委托人及对于委托人提供的技术资料、数据、样品或者完成的成果需要保密的，受托人应按合同中约定的保密范围和保密期限承担保密义务等，可以由当事人在合同中约定。此外，除合同另有约定的以外，受托人完成专业技术工作、解决技术问题需要的经费，由受托人负担。

依《民法典》规定，技术服务合同受托人应承担以下违约责任：技术服务合同的受托人未按照合同约定完成服务工作的，应当承担免收报酬等违约责任。至于如下责任，可由当事人在合同中约定：受托人迟延交付工作成果的，应当支付违约金，如逾期一定时间不交付工作成果的，委托人有权解除合同，受托人应当交还技术资料和样品，返还已付的报酬，支付违约金或者赔偿损失；受托人工作成果、服务质量有缺陷，但委托人同意利用的，受托人应当减收报酬并采取适当补救措施；工作成果、服务质量有严重缺陷，没能解决合同约定的技术问题的，受托人应当免收报酬，支付违约金或者赔偿损失；受托人对委托人提供的技术资料、样品等因保管不善而造成技术资料、样品灭失、缺少、变质、污染或者损坏的，应当赔偿相应的损失；技术服务合同的标的在短期内难以发现缺陷的，当事人可以在合同中约定保证期，在保证期内发现服务质量缺陷的，受托人应当负责返工或者采取补救措施，但因委托人使用、保管不当引起的问题除外；受托人发现委托人提供的技术资料、数据、样品、材料或者工作条件不符合合同约定，但不及时通知委托人的，受托人应承担相应的责任；受托人在履行合同期间，发现继续工作对材料、样品或者设备等有损坏危险，但未及时通知委托人或者未采取适当措施的，受托人应承担相应责任。

技术培训合同是指当事人一方委托另一方对指定的专业技术人员进行特定项目的技术指导和专业训练所订立的合同，不包括职业培训、文化学习和按照行业、单位的计划进行的职工业余教育；它可以被视为技术服务合同的一种。培训有两种方式：一是受方派人到供方企业、实习基地或培训学校（现在许多跨国公司为了配合自己内部员工和客户单位职工培训的需要，均建立自己的大学，满足员工岗前、在岗等培训；有时也对外进行商业培训活动）接受培训；二是供方派专家、技术人员到受方现场培训有关人员。通过教授、演示和指导实际操作等，让有关人员充分了解和掌握技术的特点和诀窍，具备独立操作和生产的能力。

技术培训常和技术指导结合在一起，如指导设备安装，产业化资料的解读和生产准备，示范表演传授技术，协助解决生产技术问题，帮助技术本地化及与受方共同监督生产工程和检验产品等。

多数场合下，技术服务合同会被作为设备销售合同的附件，或买卖合同在一定期限后的一个相对独立的合同。在跨国公司全面进军国际市场之际，它们看重的技术服务费用往往远甚于设备本身，因为它们将其看作一个“软件”，其利润的空间是无形且持续不断的，而设备等是有形的、固化的：因为设备的价格是静止的，支付是一次性的；而服务的价格与收费则是动态的、连续的。国内企业，往往注重静态的设备，而对服务等有所忽略，这是应引起我们注意的。知识产权的付出是有价的，它们是利润的新、奇、快之增长点。

三、技术咨询和技术服务的比较

（一）技术咨询与技术服务的相同点

1. 技术咨询与技术服务都是为重大或疑难技术课题提供解决方案的服务

技术咨询和技术服务是针对特定技术项目或课题所提供的技术性服务，而且该课题或者项目中往往存在有待解决的重大或疑难问题，否则不会需要专业咨询、服务机构的帮助。咨询、服务机构运用自己的专业知识和所掌握的信息，针对这些问题提供解决方案、策略或者亲自解决问题。

2. 技术咨询与技术服务所用的知识大多是公共知识

技术咨询与技术服务所用的知识不要求新颖，也不要求保密的知识，只要求是现有的、成熟的、实用的，甚至是经验等一般的知识，只要能解决约定的技术项目和技术课题就足以满足要求。

3. 技术咨询和技术服务都由独立的专业机构提供

技术咨询与技术服务的价值在于它的科学性和可靠性，而科学性和可靠性来源于从事咨询、服务的机构与人员的独立性。无论技术咨询还是技术服务，都是由专业机构受委托向客户提供的服务。与内部人员或关联结构提供的技术咨询服务相比较，专业咨询、服务的机构和人员更能保持客观中立的态度，排除外界的干扰，找到正确、可靠的技术解决方案。因此可以说，技术咨询和技术服务机构的独立性是咨询服务产业的生命。

4. 技术咨询和技术服务同时具有提供劳务和转让技术成果的双重属性

首先，技术咨询和技术服务合同的客体是特殊的劳务行为，即通过受托方的努力完成委托方交给的技术咨询和技术服务工作，为委托方解决特定的技术问题；其次，在工作完成后，受托方要将工作的成果即咨询报告、技术方案等转移给委托方，这是一种智力成果的转让。咨询成果提供给委托方后，其所有权即属于委托方，受托方无权使用或允许其他人使用。虽然在技术服务合同中没有智力成果转让的具体规定，但实际上在受托方为委托方提供服务的过程中已经完成了技术的转让。因此无论是技术咨询合同还是技术服务合同，都具有劳务提供和技术转让的双重属性。

（二）技术咨询与技术服务的区别

技术咨询和技术服务是相互联系的，一般很难将两者截然分开，它们的共同特点如前所述，但它们之间也存在很大的区别。在实际业务中，当事人不应混淆两者的界限，否则难以确定合同的性质及当事人的权利和义务。两者的不同点主要表现为以下几个方面。

1. 技术咨询和技术服务适用的范围不同

技术服务适用于单项具体技术课题，如产品质量的控制、产品设计、材料鉴定、工程计算等。技术咨询则往往适用于工程项目的新建、改建、扩建，技术改造等大中型项目或重大技术课题，一般称为“特定的技术项目”。

2. 技术咨询和技术服务机构的责任不同

技术咨询机构仅负责项目的评估、论证、预测、建议等，按约定的时间提供符合咨询合同要求等咨询报告，并不负责咨询报告的实施，实施的责任在委托方，委托方有权选择是否采纳咨询机构提出的方案。如果委托方按照咨询报告实施，但结果不理想甚至造成失败，其损失由委托方自己承担，咨询机构不承担责任，除非这种结果是由于咨询机构在咨询过程中未遵循职业道德、未恪尽职守或故意的行为所导致。

与技术咨询不同，技术服务机构不仅需要提出技术问题的解决方案，而且必须负责方案的实施，使委托方的技术问题得到完满解决。如发展一项新产品、产品更新换代、降低原材料和能消耗，成果必须达到规定的技术指标。如果技术方案实施结果未达到规定的技术指标，或者给委托书造成经济损失，技术服务机构应承担赔偿责任。

3. 技术咨询与技术服务使用的知识范围不同

技术咨询需要理论知识、专业实践知识和技术前沿信息，在科学分析基础上提出有创见性的建议，建议在经济上要合理、技术上要先进、生产上要可行，具有可操作性。技术服务需要使用专业技术知识和经验，即解决实际问题的知识，只要使特定的技术问题得以解决即可。

4. 技术咨询与技术服务的成果形式不同

技术咨询是为委托方提供特定技术项目预测、评估、论证意见，其成果形式是书面咨询报告、建议书等。技术服务是以专业技术知识，解决特定技术问题并实现委托方所期望的结果，最终使技术课题圆满解决。

5. 技术咨询与技术服务的时间不同

技术咨询业务一般是在某一项目建成之前，而技术服务业务一般是在某一项目建成之后，但这并非两者的本质区别。

四、国际技术咨询合同与技术服务合同的业务程序

技术咨询和技术服务业务涉及的范围很广，其业务难易程度因课题和项目的不同而有所差异，所以业务程序也不完全相同，有繁有简。但为了确保技术咨询和技术服务的质量和效果，达到委托方希望的目的，还是要遵循一定的业务程序。一般来说，技术咨询和技术服务的业务程序包括以下步骤。

（一）选择合适的技术咨询与技术服务机构

目前社会上有许多机构可承接技术咨询和技术服务的项目，但这些机构在业务范围、专业化程度和专业水平上存在较大差别。因此，在选择咨询和服务机构之前，委托方必须

对社会上各种咨询、服务机构进行全面认真的调查和了解，以便选择最能满足自己需要，胜任咨询、服务工作的合适机构。

（二）拟定咨询、服务任务书

咨询、服务任务书是委托方向技术咨询或服务机构提出技术课题、咨询项目的初步说明书，其内容主要包括项目的主题、范围和要求（包括完成的时间和质量等），以及工作环境、条件，项目资金的来源等。

咨询、服务任务书可以由委托书作成“标书”，在主要的报刊上发布，让咨询、服务机构购买，通过招投标程序，选择合适的机构。同时，委托方也可以通过询价方式，向预先选定的咨询、服务机构发送任务书，邀请它们按要求提出报价，以便委托方进行选择。

（三）对报价书或投标书进行比较或评标

技术咨询或技术服务机构收到或买到咨询或服务任务书后，经过认真研究任务书的内容，确定该课题是否属于本机构的专业范围；然后评估课题难易程度、所需人员和条件、工作量大小等因素，衡量本机构能否胜任这一课题。

委托方应对报价书或投标书进行综合分析、比较、评标，从中选择条件、费用最符合要求的咨询、服务机构作为合作者。

（四）双方协商签订技术咨询或技术服务合同

根据技术咨询、服务任务书的内容及报价书、投标书的评定结果，委托方和受托方要就咨询或服务的条件进行反复磋商，以便澄清双方的立场，缩小双方在咨询或服务条件上的差距，取得相互谅解，最终达成一致意见。根据协商的结果，双方签订技术咨询或技术服务合同。

技术咨询或技术服务合同是规定技术咨询或技术服务活动中委托方和受托方权利、义务的具有法律效力的书面文件，也是受委托方执行技术咨询或服务技术工作的依据和考核咨询或服务成果的质量标准，具有非常重要的意义。合同条款的完备与否直接关系到该项目的成败。因此，当事人双方应该仔细斟酌合同的各项条款，特别是双方的各项权利、义务和违约责任的有关规定，以促使受托方按期完成任务，保证咨询、服务成果的质量，同时也更好地维护双方当事人的合法权益。

五、技术咨询与技术服务合同的主要内容

（一）技术咨询与技术服务的通用内容

1. 项目名称

项目名称是指技术咨询、技术服务合同所涉及的技术标的项目的全称。名称应反映出技术咨询、技术服务合同的技术特征和法律特征，项目名称一定要与内容相符合。

2. 技术咨询与技术服务的范围

该条款主要是规定技术咨询、服务的主题和范围，成果形式和进度，以及委托方希望达到的技术要求。

3. 技术咨询与技术服务的方式及要求

该条款主要规定了如下内容：（1）合同履行的期限和地点。履行期限是指当事人双方约定的开始履行日期和完成的日期，以及分阶段后的各阶段起止日期。履行地点，如果没

有约定，则推定委托方所在地履行。(2) 合同履行的方式和手段。委托方完成技术咨询、服务工作的具体做法，也就是受托方的工作内容。(3) 该条款可能包括的其他内容。比如担任咨询、服务任务的人员学历、资历、职称及人数等内容。

4. 验收标准和方式

验收标准和方式是指技术服务合同实施完成后，委托方确认所完成的技术成果是否符合和达到合同约定的技术指标和经济指标的活动。

5. 工作条件和协作事项

在技术服务中，委托方应向受托方阐明所要解决的技术问题的要点，提供有关背景资料、数据、原始设计文件，并提供必需的样品材料、场地和必要的工作条件等。

(二) 委托方的义务

1. 对咨询、服务的主题作出必要的说明

这是委托方的一项重要责任。因为只有委托方向受托方仔细阐述技术项目所面临的主要问题，以及委托方所希望达到的目标，才能使受托方真正清楚咨询和服务的目标方向，有针对性地完成任务。

2. 完整提供技术项目的背景资料、有关技术资料和数据

技术项目的背景资料、有关技术资料和数据是受托方分析、研究咨询主题的基础和依据，委托方只有将有关资料完整、准确地提供给受托方，才能让受托方明确了解咨询的主题的出发点，找出问题的关键和解决办法。

3. 为受托方派遣的人员完成工作提供必要的协助

在咨询和服务过程中，受托方可能需要派工作人员到现场或委托方所在地进行勘察、检验、测试等工作。在这个过程中，委托方应当派人陪同协助工作，并承担由此产生的费用。当然，双方也可以另行约定费用的承担方法。

4. 接受受托方的工作成果

受托方根据技术咨询、服务合同完成的咨询报告、建议书，只要在合同规定的时间内完成，其质量符合合同的规定，并通过专家评审，委托方就必须接受。如果没有正当理由拒绝接受的，委托方应当承担违约责任。

5. 支付约定的咨询、服务费

支付约定的咨询、服务费是委托方最主要、最基本的义务。技术咨询和技术服务是一种商业活动，是咨询、服务成果与报酬的等价交换。

(三) 受托方的义务

1. 按约定完成技术咨询、技术服务任务

这是受托方的主要合同义务，包括以下几个方面的内容：(1) 派遣合格的咨询、服务人员；(2) 尽最大的努力完成合同规定的各项任务；(3) 按时完成任务；(4) 为委托方了解、掌握咨询报告提供必要的协助。

2. 负责解答委托方提出的问题

解答委托方提出的问题是受托方的重要义务之一。在咨询过程中，咨询报告或建议书提出之后，委托方有可能对其中的相关问题提出疑问，或者认为有错误。在这种情况下，受托方有责任就委托方提出的疑问，给予解释直到委托方了解和认同。

3. 对咨询成果的验收予以协助

咨询报告完成后，委托方要组织成果鉴定或评估会议，此时受托方要按合同约定派人参加会议，介绍咨询报告的内容并解答评估人或鉴定人提出的相关问题。

(四) 技术咨询与服务的计价与支付

1. 基本费用

咨询、服务费通常是服务、咨询的成本加预期利润。具体构成主要包括：(1) 专家服务费。(2) 直接费用。直接费用指受托方为提供技术咨询与技术服务而实际支付的费用。(3) 间接费用。间接费用也叫经营管理费，是指包括直接咨询人员在内的管理人员和一般服务人员的工资、补贴等。间接费用可以实报实销，也可以按直接咨询人员费用的一定百分比提取。

2. 影响服务、咨询费的附加因素

除了基本费用，实践中的咨询费还会受到其他附加因素的影响，附加因素主要有：(1) 咨询项目的复杂程度。技术项目越复杂，需要的知识水平越高，要求咨询人员的技术水平资格和素质越高，基本的附加部分也就越高。(2) 咨询项目的重要程度。项目的重要程度越高，附加费也越高。(3) 受托方的权威程度。权威来自受托方的业绩、信誉、成果质量及委托方的认知和信赖。

3. 咨询、服务费用的计算

国际上计算咨询、服务费用的方式很多，最常用的有计时收费、工资加一定比例收费、总开支加固定费用计算、按工程费百分比、固定收费和固定费用加利润分成等方式。

4. 咨询、服务费的支付

咨询、服务费用的支付条款一般包括计价和支付货币及支付方式的规定。(1) 计价和支付货币。计价货币可以采用受托方所在国的货币，也可以采用委托方所在国的货币，还可以使用双方同意的第三国的货币。支付货币一般与咨询、服务合同计价货币相同。(2) 支付方式。支付方式分为一次支付和分期支付。

(五) 技术咨询与服务中的保证责任

1. 保证按合同的约定提供必要的资料和数据

这是受托方完成咨询任务的基本保证，也是委托方的基本义务。若因委托方未按合同约定提供必要的资料或者提供的资料不足，或提供的资料和数据有严重缺陷，导致受托方未能完成合同约定的技术咨询和服务任务，委托方非但不能追究受托方的责任，反而要对受托方承担违约责任。

2. 保证按合同约定接受咨询成果

这是委托方的另一项基本义务和保证。若受托方按照合同在规定期限完成了咨询工作，提出了咨询报告，委托方无正当理由拒绝接受或预期接受，则应承担违约责任。

3. 保证按合同约定支付报酬

这是委托方的第三项基本保证。若委托方无正当理由，拖延支付或拒不支付的，应承担违约责任。

4. 受托方的保证与违约责任

保证按照合同约定的期限提出咨询报告或完成服务工作。这项是受托方的基本责任。

若受托方未按照合同约定的期限提出咨询报告，属于违约责任，委托方有权暂停支付服务费，并要求受托方赔偿因此造成的损失。

5. 保证咨询报告或服务结果符合合同规定

这也是受托方的基本义务。在咨询或服务工作完成后，委托方要按照合同规定的验收办法，对受托方所提出的咨询报告或完成的工作结果进行评估或鉴定。

6. 其他保证责任

以上两项是受托方的基本保证，除此之外，在一些合同中受托方还承担其他保证责任，其中最常见的是技术保证。

【思考题】

1. 简述技术转移协议的类别。

2. 简述技术许可合同的类别及它们之间的区别与联系。

3. 简述技术服务合同的内容及其主要特征。

4. 简述技术咨询合同的主要内容。

5. 案例：

(1) 李敬国诉南阳驼峰生物制品有限责任公司案

2016 年 5 月，原告李敬国（韩国籍）与被告南阳驼峰生物制品有限责任公司（一家中国公司），在河南南阳签订一份《技术合同》。该合同将双方认可的为公知技术的压滤技术与低温乙醇法等，由原告在收取技术转让费的前提下提供给被告，但原告就上述两项公知技术进行了结合并形成了一定的生产工艺、经验。其技术要点包括 pH 值的控制，以及助滤剂、过滤模板和压滤机的选择等。被告在庭审中认可其以前使用的是离心法，压滤技术在国际上的酒类、医药行业等都在使用，但对于将压滤技术在国内血液制品领域尚未公开使用并未否认，只是认为压滤机技术本身是附属于压滤机的，李敬国唯一履行的就是教会南阳驼峰公司如何操作。原告主张，从合同约定以及当事人实际履行情况看，本案中的《技术合同》所转让的是一项技术秘密，即通过李敬国多年积累的经验及工艺技巧，将公知的低温乙醇法与压滤机结合起来应用于生产实践，从而达到白蛋白产品性能的优良程度及白蛋白吸收率的提高，符合不为公众知悉、具有实用性、经权利人采取保密措施等技术秘密的构成要素。但被告认为，由于原告提供的只是公知技术，原告唯一有价值的地方就是教会了本公司员工如何操作，故该合同应该属于技术服务合同范围内的事情。

问题：你认为本案是技术转让合同还是技术服务合同？为什么？

(2) 上海明润诉浙江上佳案

上海明润皮革开发公司于 2016 年 9 月 28 日将专有技术以独占许可给浙江上佳皮革有限公司在中国大陆使用，合同期限为 10 年。在合同实施后的第 3 年，专有技术被皮革公司一跳槽员工披露，进入公有领域。浙江公司依此拒绝按合同规定支付技术许可费，上海公司诉之法院，要求浙江公司继续支付许可费。

问题：原告的诉求是否应该得到支持？为什么？

【经典参考文献】

1. 张晓都. 郑成思知识产权文集：专利和技术转让卷. 北京：知识产权出版社，2017

2. 陶鑫良. 专利技术转移. 北京：知识产权出版社，2011

3. Michael Z. Brooke and John M. Skilbeck. Licensing—The International Sale of Patents and Technical Knowhow. Gower Publishing Limited，1994

第六章　技术转移协议的关键条款

【导言】

技术转移合同的主要条款一般有：鉴于条款，技术转移合同的客体/标的，技术转移的权利范围、地域范围及期限，陈述、保证条款，技术价格条款，支付方式，技术改进条款，限制性条款，法律适用，争端解决条款，最惠条款，尽最大努力条款，破产条款，可转让条款，保密条款，会计和报告条款，侵权责任条款；此外还有索赔、不可抗力、税负、文字及签字、合同附件等其他条款（由于这些内容与一般商品买卖合同大同小异，故此不再赘述）。本章主要分析和介绍技术转移合同（以许可合同为典型）的关键条款。在这些重要条款中，重点分析技术转移合同中涉及的技术转移的范围（包括客体范围、权利范围、地域和时间范围）、技术定价及其支付方式。客体范围涉及的是可以转移的对象，主要为专利技术、专有技术、集成电路布图设计、植物新品种等技术含量较高的智力成果；而权利范围主要涉及制造、销售、进出口等；地域范围主要由知识产权的地域性所决定，时间范围除了专有技术外，也主要由知识产权的时间性所决定。对于技术定价，着重分析影响技术价格的因素及较为详尽的计算方式或提成方法，特别提出由于技术转移谈判双方当事人处于技术信息的不对称地位，最终价格难以按照马克思的社会必要劳动时间来决定，而由双方当事人的博弈结果来决定，而这多数情况下可能对受方不利；该部分对当事人谈判价格和法官判案会有一定的参考意义。此外，本章对国内目前缺少深入研究的保证陈述条款、技术改进条款、限制性惯例和法律适用等也作了较为详细的论述，对我国企业在技术转让中较少考虑的最惠条款、尽最大努力条款和破产条款也作了提示。

技术转让合同条款一般可分为以下几类：(1) 陈述性条款。同专利权利申请书一样，技术转让协议都始自序言，其内容多属陈述性的，故谓之“陈述性条款”。它主要对合同签订的当事人、背景、目的等进行叙述，包括约首部分即当事人、签约时间和地点、前言、合同目的及鉴于条款[①]等内容，以便在将来对合同履行产生分歧时，

① 英文的“recitals”部分基本涵盖了这些内容，该部分常见的是用“whereas”。这一词语将合同订立的环境、特定事实和当事人的意图等有一个交代，一旦将来引起纠纷，裁判人员（含法官、仲裁员等）将参照这一部分内容作出一定的解释，以求得合同的公平实施或纠纷的公平解决。通常情况下，该部分不产生实质的约束力，但在解释许可协议的实体内容时有一定的作用，所以有人认为，它有一定的约束力。不过，如果当事人在合同中明确表明：该部分是合同的当然组成部分，有约束力，则该部分应有法律约束力。

通过它们来解释或推断当事人签订合同之意图。[1] 该部分内容通常容易被忽略，而事实上它恰恰是很多纠纷产生的重要原因之一[2]，对此不能掉以轻心。然而，由于其内容相对简单明了，本书不将其作为论述的对象，只是强调作为交易主体的一方对该点要引起足够重视。(2) 商务性条款。主要指与经营和财务相关的条款，一般有定义条款、价格（对价）条款、支付条款、会计审计和记录条款及包装和标记条款，它们通常与经济利益直接相关，是合同价格的直接承载者和体现者，是合同的主要条款，关系到双方当事人的利益确定；相对而言，供方对此条款更为关注。(3) 技术性条款。它们主要对合同中涉及的技术内容进行约定，包括技术转让的内容（含资料、技术标准，通常以合同附件形式出现）与授权范围条款，技术资料的交付与验收条款，技术指导、服务及人员培训条款等。其中授权范围条款构成了协议的核心内容之一，它涉及转让哪些具体的法定权利于受方，特别是有关制造、使用、销售、承诺销售或进出口等具体权利，还涉及时间范围及排他的还是非排他性的转让等。此外还有转让的技术是专利技术，则转让是否包括专有技术或商业秘密等。这些应当尽可能地具体明确，最好通过具体技术规格或图表予以描述。[3] 这是受方最为关心的内容，因为它们规定的合理与否直接决定了受方引进或获得技术的目的能否实现；同时，也是受方较为难以把握的条款，因为技术信息的不对称性使受方处于相对劣势的地位。为此，技术受方在谈判合同之前必须做大量的功课，了解相关信息，尽可能地获取所需技术的信息，以避免在谈判中陷于过于不利的地位。(4) 法律性条款。它们主要涉及合同转让技术的权利义务、风险、违约责任等内容，通常包括限制性条款，侵权与保密条款，税费条款，保证、回授、赔偿和违约条款，合同生效条款，条款独立性条款，转让与否条款，出口控制条款，终止或修改条款，不可抗力条款及法律适用和争端解决条款。这些内容决定了供、受双方合同目的与利益可否实现。(5) 杂项条款，有的合同中称其他条款。它们是弹性条款，将合同中其他条款难以概括的内容归入该项中，通常包括修改与补充条款、合同文字及不同文本间冲突时以何种文本为准条款、有关转让约定条款、解释条款和联系人描述条款等。(6) 约尾部分，一般包括合同份数、当事人签字或盖章及签约日期等。[4] 实务中，多数合同并非按照上述六部分来构建，多是按合同条款顺序来形成合同文本[5]；而且也并非每一个合同都要涉及前述内容的所有方面。这一点是需要明确的。

由于条款众多，本章仅就重要条款进行论述，有些条款如可转让性、保密（我国民法典专门有规定[6]）、会计和报告、侵权等一般合同的通用条款及技术指导培训条

---

① Martin J. Adelman, etc. *Patent Law*. 2nd Edition. Thomson & West, 2003: 1059.

② 在20世纪90年代，由于中国部分企业在对外贸易方面的经验缺乏，吃了不少亏。如对交易方的全名有所忽略，在合同中用简写方式，结果等自己将货物通过托运方式发送给对方后，对方就杳无音信，后通过有关机构查询发现用同样简称的某国企业多达100余家，这样连明确被追诉方都要花较大代价。这样的交易成本实在高昂。

③ 同①1059-1060.

④ 示例可以参见 Robert W. Gomulkiewicz, etc. Licensing Intellectual Property: Law and Application. Wolters Kluwer, 2008: 80.

⑤ 如罗伯特在其《知识产权许可》一书中将一般的技术许可协议分为22个条款加以构建。同④57-84.

⑥ 《民法典》第871条。

款、税付条款等涉及特定范围的条款，限于篇幅，本书要么给予简要论述（如前四个问题），要么不涉及（如后面两个）；且本章主要根据条款的重要性而非技术转让合同的一般顺序来安排。

第一节 技术转移的范围条款

无论什么形式的技术转移，都会涉及转移客体/标的的范围（即转让的是什么）、权利范围（即受方可以在什么权限范围内或以什么方式使用技术）、转让权利的地域范围（即空间范围，受方在哪些区域可以使用、制造或销售技术产品或服务）及时间范围（即受方可以使用被转让技术的时间跨度）。[1]

一、技术转移客体/标的的范围

技术转移客体/标的的范围是指交易的对象，通常包括专利技术、专有技术以及计算机软件、拓扑图、集成电路图布及涉及产品、服务、制造和其他技术形式存在的说明、以技术资料形式存在的诸多“作品”等“硬技术”以及以经营技术、管理技术、决策技术和立法技术等内容的“软技术”。本书谈论的国际技术贸易标的主要限于专利技术、专有技术、计算机软件及集成电路布图设计等；就尚待研究开发的技术成果或者不涉及专利、专利申请或者技术秘密的知识、技术、经验和信息所订立的合同不属可转让之列的[2]，本书不予讨论。对于由超过保护期的专利技术和公开的专有技术组成的普通技术或通用技术(不受知识产权法保护也不属于专有技术范畴的技术)，它们虽可以自由传播，但又必须由一定的专业人士才可利用，故也存在贸易的可能；不过这种情况可以看作是技术服务或咨询的情形了。

有关技术在具体贸易合同中的规定，一般采用如下做法：首先在定义条款中对将进行转让的具体技术进行概括定义，至于其具体内容如技术产品的名称、系列型号、规格及达到的性能和技术指标等的详细明确之说明，一般为一个相对独立的文件，列于合同附件中。上述规定应对技术质量、性能、数量等指标提出可量化的参数，如完整性、先进性程度、匹配性等。前者指涉及技术的参数的量的多少及彼此间相关程度、互为补充和递进的情况等；中者指技术在国际、国内处于的水平和位置；而后者指是否满足受方要求或适应受方技术发展水平等。[3] 一般而言，技术的具体内容、参数或指标列出后，技术的先进性程度、匹配性等便一目了然。所以，该附件本身的重点内容应该是对技术本身的描述。

技术贸易多以交付技术资料的方式进行。技术资料一般是产品设计、加工技术、开发技术、工程设计技术和市场销售技术的主要载体；为此，在合同中，对技术资料也要进行

---

① 我国司法解释将“实施专利或者使用技术秘密的范围”定性为“实施专利或者使用技术秘密的期限、地域、方式以及接触技术秘密的人员等”，与本章讨论的范围无实质区别，只是本章讨论的客体范围不仅仅限于专利和专有技术。参见《最高人民法院关于审理技术合同纠纷案件适用法律若干问题的解释 》第 28 条。

② 《最高人民法院关于审理技术合同纠纷案件适用法律若干问题的解释 》第 22 条。

③ 白映福，黄瑞. 国际技术转让法. 武汉：武汉大学出版社，1995：74.

界定。“技术资料”要明确相关技术的广度、深度和表现形式。广度（即范围）指反映转让的技术所涉及的资料覆盖面，技术类型不同，其范围就会不同，如涉及产品制造的，需有产品设计图纸、产品加工图、加工工艺，制造设备的技术规格、维护手册，厂房设计的条件、空气流通、湿度及品质的要求等，此外还需有相关环境保护的标准、生产用的原材料的技术规格、消耗量及设备的加工图纸、化学材料配方等。深度指转让技术所处的阶段，即其设计思路、运用原理和方法及可能的发展趋势等。表现形式主要包括介质形式如纸张、磁带、磁盘、胶卷或其他形式，描述语言、采用的度量衡单位及交付的份数等。[①] 但是，随着技术的发展及环保节俭的需要，互联网语境下，用电子介质方式来交付技术内容的形式越来越多。在这种情况下，还强调这些技术资料以特定有形的介质交付形式，可能过于机械。交付的关键在于获得技术内容，以何种方式或何种介质交付似乎不再重要。当然，以任何纸质或其他有形的可感知形式交付，在将来发生纠纷时，举证方面可能更为便利，因而，这些方式也不要轻易否定。

当然，一般技术转让均涉及技术培训、指导和技术服务，为此，有关培训、指导和服务涉及的材料也要详细列于移交的材料中。

类比于知识产权的形象权（公开权，主要是公众人物或名人）、专有技术之外的商业秘密、信息和数据、多媒体产品等也可以作为贸易的客体。[②]

二、技术转让的权利范围

技术转让的权利范围是指供方允许受方使用其技术的权利空间或限度及受方使用技术的方式，在合同中常体现在“授权”条款中，它解决“供方授予受方以何种权利”之问题。[③] 对于权利范围的约定是任何一个转让合同都必不可少的，且在起草合同文本、谈判时双方当事人对该条款都必须加倍注意，因为约定范围的不同不仅仅关系到价格，还涉及侵权与否。比如在合同中只说授予受方“独占或排他”（exclusive）权利，“exclusive”一词本身是模糊不清的，对于供方不再转让给其他人这一点是明确的，但供方本身是否还具有使用该技术的权利，这就取决于合同中的约定了，尽管进一步描述的语言显得多余，但使其意义明了、是否排除供方的使用权是非常重要的。

权利范围条款还应考虑到每一种知识产权个体的实质内容和特点，如涉及专利时，由于其各权利形态如制造、使用等是彼此可以分开而独立存在的，在合同中需要约定其权利范围是指使用，还是指制造生产、使用、销售，许诺销售、租赁、进口、处分乃至进行分许可等权利中的一个或若干个组合或全部（双方当事人也可以明确约定哪些专利的权利排除在许可之外）。例如，对于独占许可中分许可的权利，合同中必须明确约定，因为独占许可常被人们理解为内含有“分许可权”的默示同意[④]；甚至在有些国家，通常情况下，

---

① 白映福，黄瑞. 国际技术转让法. 武汉：武汉大学出版社，1995：74－75.

② Robert W. Gomulkiewicz，etc. Licensing Intellectual Property：Law and Application. Wolters Kluwer，2008：137－142，373－383，415－421.

③ Kenneth L. Port，etc. Licensing Intellectual Property in the Information Age. 2nd edition. Carolina Academic Press，2005：292.

④ 同③293.

双方未明确约定的，就意味着受方被允许进行分许可。[1] 因为，一般来说，被授予专利的上述权利内容是彼此可分并能独立转让的单独权利，如许可他人制造和使用专利，并不意味着受方可以销售专利产品。[2] 但有人认为“制造权”（the right to make）通常意味着使用或销售，或兼具二者。[3] 对此，为了明确起见，当事人最好在合同中加以约定。简而言之，双方当事人必须在合同中明确权利范围，如有的合同当事人规定，对于受方经许可有权销售或处理的被许可技术产品，本协议的任何内容不能被推定为供方有权阻止受方出口或出口销售该类产品之行为，但是对于本协议当事人或任何第三方的外国专利下的该类进口产品，受方没有被授予任何权利。[4] 此外，被许可权利使用的特定行业领域有时也需要在合同中作出明确约定，这样权利人在某一个领域放弃了一些权利，但在其他领域仍然可以享有一定的权利。[5]

根据转让的种类不同，权利范围也会不同。如果是所有权转让合同，则转让的权利范围应是涉及该技术的所有权利；如果是许可，则根据受方获取权利范围大小的不同，分为独占许可、独家许可和普通许可等；如果是与设备、投资、工程承包、特许经营或 OEM 等形式结合在一起，则其权利范围依赖于具体合同的约定。有关后两者的内容，参见本指南第四章第五、六节。[6]

由于不同的知识产权其特点不同，一般在合同中约定时，将不同的知识产权分开约定，即对专利、专有技术、计算机软件或集成电路布图设计的转让权利范围分别给予描述。如下例是某一合同关于权利范围的约定：

供方在此

（1）授予受方独占许可（供方及与其关联的公司同样被排除在使用该技术之外）使用该专利技术在欧共体内生产、使用和销售专利产品；供方在遵守该合同情况下，有权许可受方对专利技术进行分许可，但受方须将其从分许可中的收益的 60%转让给供方。

（2）授予受方在许可的地域范围内对供方所有的专有技术享有非独占的使用权利，授予任何分许可方在根据本协议承担保密义务的前提下使用上述专有技术。

（3）授予受方在许可区域使用相关软件的非独占的使用权，未经供方书面同意，受方不能复制。

（4）授予受方就与专利产品有关的商标在许可区域非独占的使用权，但受方必须保证其产品的质量和性能与由供方提供的产品标准、具体指标和说明相一致。

供方有权利在适当的时间检查受方及受方的分许可方的生产条件，有权利要求受方根据供受双方达成的合理的时间表提供产品样本。

---

① 如德国，参见 Jochen Pagenberg，etc. License Agreements. 5th edition. Carl Heymanns Verlag KG，2003：103。

② Brian G. Brunsvold，etc. Drafting Patent License Agreements. 5th Edition. Washington，D. C.：The Bureau of National Affairs，Inc.，2004：86.

③ Kenneth L. Port，etc. Licensing Intellectual Property in the Information Age. 2nd edition. Carolina Academic Press，2005：292.

④ 同②357.

⑤ 同①93 - 95.

⑥ 前几种涉及技术转让的内容可参考国内相关方面的专著与论文。

受方同意根据供方的提醒或通知及时纠正专利产品和生产过程中的任何缺陷。

（5）授予受方在本协议范围内对相关著作权的非独占的使用权并可进行分许可。

有的合同在定义中对 exclusive right 进行界定，如规定它指“专利技术供方在特定的地域范围内授予受方排除所有人（包括供方）使用被许可技术的权利并禁止供方将该技术再许可给第三方，否则供方将侵犯受方的权利”；也即除了受方之外，供方不能再在该区域内许可他人使用该技术，而且他自己也不能实施该技术，该区域内只有受方一人可以实施。[①] 除此之外，还专门有“授权范围”之条款。

该内容通常还和合同的地域范围联系在一起，即在合同中约定受方利用许可技术生产的产品或提供的服务只能在合同约定的特定区域销售或提供。

对于分许可，通常受方希望获得该方面的权利，因为这样可以灵活发展自己的业务；而对于供方而言，他们不希望失去“控制权”，进而不同意在合同中授予受方的分许可权。一般合同（转让所有权的技术合同除外）会明确约定受方对授权其使用的技术能否再转让。如果约定可以，则在合同中要有详细的描述，即再转让在什么条件下进行、再许可费的分配与支付等。通常认为，在独占许可中，如果没有约定，则受方可以进行再许可，因为“独占”似乎暗含了受方获得了供方除了对技术所有权之外所应享有的一切权利，包括再许可权等；但对于非独占许可，则除非明示，一般推定受方没有再许可之权利。[②]

使用领域限制条款是指许可方对被许可方就专利使用的领域加以限制，如某一许可只能用于特定用途的产品制造等，这一内容在合同中也会被约定下来。若合同约定利用专利技术加工制造的零部件只能用于汽车制造领域，则技术不准用于飞机制造领域；技术只被许可用来制造人用药品的，就不能用来制造动物药品。[③]

此外，授予的受方是否包括其子公司或分支机构、附属机构和其控制的公司，这也间接地涉及权利范围。如果同意授予，则在合同中应将各概念进行定义。

供方为了保持其未来竞争优势和专利使用费收入的最大化，通常会在专利许可证合同中充分使用权利范围（限制）条款；对受方而言，因这种限制条款多少会影响自己企业的发展，所以应持谨慎的态度。受方应当对技术的有效性提出要求，如是专利，则不仅仅要求供方是合法所有人，还应要求专利权利是完整（即不存在权利瑕疵如质押担保或侵权等现象，如果是国际专利，还需提供有关国家的授权证明）、有效（在保护期内且在该期内权利人能拥有和控制）的；对所有涉及专利的内容也需明确，如规定许可的专利应包括专利及所有的专利申请，专利申请的任何子部分、后续部分，由前述申请获得的任何专利等。[④]

---

① Jochen Pagenberg, etc. License Agreements. 5th edition. Carl Heymanns Verlag KG, 2003: 73.

② Kenneth L. Port, etc. Licensing Intellectual Property in the Information Age. 2nd edition. Carolina Academic Press, 2005: 293.

③ WIPO. WIPO Intellectual Property Handbook: Policy, Law and Use. WIPO Publication No. 489 (E), 2001: 173.

④ Brian G. Brunsvold, etc. Drafting Patent License Agreements. 5th Edition. Washington, D.C.: The Bureau of National Affairs, Inc., 2004: 81.

广义的权利范围还应当包括转让的客体范围，如是专利技术、专有技术还是诸类技术的混合[①]，技术仅限于方法或产品还是都包括，是否有权使用供方改进的技术等。[②]

三、技术贸易的地域范围

技术转让的地域范围是技术转让协议中必须明确的，特别是对于许可协议而言：在全球范围内还是特定区域？一般而言，供方希望受方在其所在地这一范围内享有合同约定的权利[③]，这样可以发挥受方的地缘优势。

技术转让的地域范围含义是指受方在多大空间范围内可以使用技术制造、生产、销售或从事其他经营行为，在合同中可将其视为受方使用技术的国家和地区之限制条款，即供方对受方就专利等实施的国家和地区（通常是受方本国范围或地区内）以及专利产品的出口国家和地区加以限制。特别是在专利许可合同中，供方为维护自身利益或维护其他被许可方利益，对其传统的销售国家和地区、对已颁发独家许可证或独占许可证的国家和地区等使用该限制条款被认为是正当的。

技术转让的地域范围与知识产权的地域性特征密切相关，该内容在协议中必须予以明确规定。[④] 知识产权只有在一国或地区注册或得到认可后才可以得到保护。在技术许可谈判过程中，有关受方有权利使用受保护技术的地域范围或规模及在该领域范围内是独家还是非独家的谈判结果取决于下列几个因素：谈判各方讨价还价的实力、正在谈论的或供方已许可第三方使用的许可情况、未来受方的制造和营销能力及一个很有效率的受方获取收入来分期清偿针对特定市场研发技术所需的投入的能力。[⑤]

对于技术许可，不论是什么样性质的（如独家许可、排他或一般许可），都会对地域范围作出界定，即许可转让的技术的使用仅限于特定的地区，除非双方有意在全球范围内进行转让[⑥]，如有的合同约定，“供方在此同意授予受方在全球范围内、独占地进行制造生产、使用和销售技术产品的权利”，这样的规定在国际技术转让实务中非常少，因为这不仅涉及产品销售的市场范围，还涉及技术权利是否在全球各国履行了保护手续。这是由知识产权的地域性所决定的。实务中，当事人多非常谨慎地通过定义明确界定受方就所得技术进行经营、生产的地域范围。对于其他交易而言，如果限定地域，可能会产生反竞争效果进而违反有关国家的反垄断法，但对技术交易，特别是涉及专利时，出于有效、正当的商业目的时，各国一般允许作出这样的限制，如美国和加拿大几乎对当事人双方约定的地域范围规模没有法律上的禁止或限制。[⑦] 但双方就此谈判需要谨慎，当要限制另一方活动

---

① 具体内容参见前文。

② WIPO. WIPO Intellectual Property Handbook：Policy，Law and Use. WIPO Publication No. 489（E），2001：179－180.

③ Kenneth L. Port，etc. Licensing Intellectual Property in the Information Age. 2nd edition. Carolina Academic Press，2005：293.

④ 同②182.

⑤ Noel Byrne，Amanda McBratney. Licensing Technology. Jordans，2005：217.

⑥ Robert Goldsheider. Companion to Licensing Negotiations：Licensing Law Handbook 1993－1994 edition. Thomson Legal Publishing Inc.，1993：52.

⑦ John T. Ramsay. Ramsay on Technology Transfers and Licensing. 2nd edition. Butterworths Canada Ltd.，2002：173.

尤其是涉及销售在特定的地理范围内时，一定要有合法的依据，且双方达成了一致意见。除此之外，实务中，当事人还通过合同附件的形式，详细规定许可的地域范围，如规定“本合同许可的地域意指本合同附件1所列的国家或地区”；但不论是定义、专门的地域范围条款还是附件，在合同中均须使它们所指的概念统一、明确、具体。

地域范围，通常并不是只以国家或特定的法域为单位，它可以大于或小于国家或法域的范围，为世界的一个特定地区或一个经济的或政治的国家联盟；如当事人可以约定技术许可的范围即受方生产产品销售的市场可为东南亚、南亚或东北亚地区（这种情况下，由于这些地区所含国家数量较多，最好列举出它们到底包括哪些国家。但在有些情况下，当地理范围十分确定时，就未必要列举；如某个合同中界定的地理范围是“产品在整个北美地区销售”[①] 就是一例，因为北美就美国、加拿大和墨西哥三个国家）；当事人也可以约定许可的范围为某国内的某一特定地区，如德国的鲁尔地区，或中国的华东地区或东北地区等。对中国而言，由于是一国四域，在实践中需要在合同中明确中国在经济上的含义，以免产生纠纷（如通常认为中国的概念无论在政治上还是商务上就是指中国所有的领土，包括香港、澳门和台湾地区，但有些不友好的厂商认为就是指中国大陆。实务中可能会出现这样的问题：由于涉及的地域范围不一样，价格就不同，供方在转让技术谈判时，它不明确指出，以抬高要价，但等到产品要销往台湾、香港和澳门地区时，它才指出受方无权销售，因为许可仅限于中国大陆。对此，面对现实，无须将商事活动政治化，与其可能留下纷争，不如就在合同中言明，许可范围是中国大陆还是包括了港澳台地区）。

对于地域范围的限制，当事人可以灵活处理，如给予受方一定区域的独占许可，而其他区域则给予排他或普通许可，并非要千篇一律，也就是说，供方可以根据自己的具体情况决定不同区域的许可形式。比如，在它认为不可能或没必要自己生产、销售其产品或市场狭小的地方，它可以采取独家许可；对于市场规模大、利润高，不想培养太多的竞争对手的地区，它可以采取排他许可；对于一般地区则可采用普通许可。而且，供方还可以根据情况约定在特定地区允许受方生产和销售，而在另外一些地区，只允许受方使用而不能生产或销售。这些区域范围的限制在专利技术、经销协议或生产许可、特许经营中特别有意义。这些地域限制在欧共体（今天的欧盟）内部进行转让技术时，受方尤其要慎重并要反复审查，因为其内部的市场是没有明确界线的。[②] 如在1993年之前，有专家推荐涉及欧共体的区域范围时可作如下界定：本协议所称的“许可地域”系指欧共体全体成员国的所有地区，并且它随着该组织不时变化而调整，外加瑞士、瑞典、挪威和芬兰。[③]

地域的限制与知识产权的“权利用尽原则”存在着一定的联系。根据权利用尽原则，一旦某个项目的技术转让经受方使用后，其生产并销售了该产品，则供方不可能再去限制购买者进行再销售的行为，这样就有可能出现在限制的地区有受方生产产品销售的情况，

---

① Kenneth L. Port，etc. Licensing Intellectual Property in the Information Age. 2nd edition. Carolina Academic Press，2005：290.

② Robert Goldsheider. Licensing Law Handbook 2000－2001 edition. Thomson Legal Publishing Inc.，2000：74－75.

③ Robert Goldsheider. Companion to Licensing Negotiations：Licensing Law Handbook 1993－1994 edition. Thomson Legal Publishing Inc.，1993：52.

这无疑使供方原先限制受方在一定区域内生产或销售该技术产品的目的不能实现。供方一般在确定地域范围时会考虑到自己有无能力控制类似情况的发生，然后再决定地域范围。

如果转让技术具体到某一个特定的地点或工厂，该工厂可能的更新或替代地址也需在合同中言明。该限制的意图在于限制受方办厂的地点数，以避免受方乱开厂，用许可得到的技术随意活动，构成潜在侵权威胁。

在约定地域范围时，使用的语言、文字或概念一定要明确，例如在一个许可他人生产、使用和销售专利产品技术时用“许可的地理范围必须在被许可专利或一揽子专利的范围之内”并不必然意味着与给予保护的专利范围即专利申请保护的地域范围一致。

在约定地域范围时，针对每一权限也要有约定。鲍恩诉哈默和公司案①能说明一定的问题。在该案中，专利权人授予一家自行车厂商使用专利发明于其生产的自行车轮子的销售，或由受方或其雇佣的人员使用，同时约定许可并不能被解释成授予除了上述人员之外的其他人可以制造或出售在其生产的轮子上使用专利轴承。许可协议还进一步规定：上述授予的发明之使用仅限于上面所提到的受方及相关人员在彼斯顿地区进行商务活动。受方后来成立了一个公司，主张在该许可下，受方有权利在其从事商业活动的任何地方生产制造专利轴承，并将专利轴承应用到其在彼斯顿或其他地方生产的自行车中。但供方认为许可只授权受方在彼斯顿地区生产与其商务活动有关的轴承，且只能应用到与在彼斯顿地区由受方生产的自行车上。法院在解释许可后，支持了受方的观点；因为当事人约定的地理范围，只对“使用”权限作了明确的规定，对于生产和销售等均未提及。

美国还有其他案例涉及解释“地理范围”问题，如协议中涉及某一地名时，美国法院认为对其解释应当放在双方当事人先前在该州的有关类似交易活动中去理解，如对“该发明允许在加利福尼亚和路易斯安那州使用”中的“加利福尼亚”的理解就是如此。再如，在另外一个案件中，“本专利仅许可受方在全美国有制造、使用、销售之权利”应解释为排除了出于从美国出口之目的而将专利产品销售出去的权利。②

四、技术贸易的期限

简单地说，技术转让的时间范围就是合同的期限，主要指受方可以使用技术的时间，一般它与合同终止的内容放在一起。在所有合同中约定合同的期限或寿命通常是必不可少的，有的还约定合同终止的情况；但在少数情况下，也可能约定不明或不约定，因为尽管出于实用之目的，合同按正常程序其效力已趋于零，但合同可能不会“彻底终止”。对于一个到期的合同，与其相关的不同权利义务终结时间是有先有后的（很少会同时终结），除非在一特定的时候（如能明确确定的话，即为“终止”）不能发现任何权利或义务还持续。

但在实务中，由于种种原因，如期履约并真正按照合同期限、各自履行自己的义务后圆满结束合同的并不多，多数合同是在合同未到期时因合同约定触发终止条款情形的出现或由于其他客观原因导致合同终止，所以合同终止条款的约定也是合同期限范围的一种表

---

① Noel Byrne，Amanda McBratney. Licensing Technology. Jordans，2005：217－218.

② 同①218.

现形式；甚至有些合同直接规定：本合同至某年某月某日终止，而不写具体的时间跨度（如5年或10年等）。在合同中，期限与终止通常是作为一个条款出现的。

双方在合同中必须将期限约定清楚，否则会带来巨大风险和昂贵的诉讼费用。在美国，1932年RCA公司和威斯汀豪斯&通用电气公司签订了一个合同，约定双方相互交换权利（包括分许可权利）；时间条款为："合同至1954年12月31日终止"；同时，另一条款明确约定，基于终止前发明的基础上获得的专利之许可，在1954年终止期后应继续有效，但合同没有明确约定在终止期后，RCA是否有权继续对获得许可的威斯汀豪斯&通用电气公司的专利进行分许可。该权利颇有价值，由于约定不明，RCA就继续进行分许可，导致威斯汀豪斯&通用电气公司将其告上法庭，美国政府认为该分许可权利在协议的"终止日期"就已经结束了。但法院则认为：根据前后背景来看，尽管表面看来，"终止期"的定义是明确的，但该定义的唯一目的是建立合同期的一个截止点，即新发明成为协议的对象（标的）；分许可权应视为此后授予的"许可"的组成部分并与它们同期存在，故RCA有权进行分许可。[①] 此案可以看出，模糊语言带来的风险，作为技术转让合同的起草者，应当能准确辨别"终止"一词可能存在的多重歧义，并加以防范。

对专利技术和专有技术，合同约定的时间范围是不同的，因为专利有法定的期限问题，即自专利申请之日起20年，而专有技术无时间的规定。所以，关于前者，时间一般会较为明确，如有的协议规定：本协议的时间效力为被许可专利寿命周期的最后一刻（一般理解为专利有效期结束之日的午夜时分）[②]，届时协议将终止。在专利技术转让合同中，终止和到期常互换使用。如果当事人没有约定合同时间或约定时间超过了专利的有效期，则一般情况下，当事人（受方）向法院主张在有效期外的合同权利义务之约定无效应能得到支持。

对于专有技术而言，合同多会约定期限；但与专利不同的是，它还会要求合同期满后受方对有关技术的保密义务，如有的会约定受方在合同终止后的3年或5年内不能向任何他人泄露有关专有技术的信息。

在合同中，期限的约定表现形式可多样，如要写明起止时间，或自双方签字后的一段时间如一年或两年等；可作为详细条款写入主合同中，也可主合同提到但具体描述放在附件中，后者一般是针对所有可能的被许可方而制定的标准合同；还可以约定延续内容（自动延续或非自动延续，即本协议只有在各方书面同意后才可延续）等。

第二节 技术定价及其支付方式

一、概述

国际技术转让是当今最为重要和普遍的国际贸易形式之一，而作为其交易对象的技术

① Brian G. Brunsvold, etc. Drafting Patent License Agreements. 5th Edition. Washington, D. C.: The Bureau of National Affairs, Inc., 2004: 210.

② 同①83.

是一种无形资产，需要具备可识别性、可确认的获取方式、确定或不确定的生命周期及可转让性等特征。[①] 这几个方面与有形财产有所不同又有所相同：可识别性方面，技术一般有特定的名称如专利技术、专有技术或公知技术等；有形财产除了名称之外，可见或可感知性更为重要。获取方式方面，技术有购买或内部研发等多种；它可以由权利人自己单独获得，也可以通过团队或商业合作等获得；有形财产一般通过制造或购买、赠与等方式获得。生命周期方面，发明专利技术一般自申请之日起 20 年，专有技术没有规定期限，只要采取的保密措施一直使之有效即可，公知技术无时间限制；而一般有形财产除了物品自身的自然寿命外，常无时间限制。可转让性方面，技术与一般有形财产相同。这些特征对技术价格无疑会产生或多或少的影响。

技术价格在技术转让合同中的地位与一般商品价格在交易中的地位几乎相同，都是合同条款的核心和重点之所在，它是转让双方的当事人（企业、自然人）和各自政府部门首要考虑的问题[②]，是当事人运用不同的方法或经验规则在谈判中集中解决的核心内容[③]；技术估价的差异往往是技术转让协议谈判最常见的障碍之一。[④] 但由于国际技术转让市场不是一个完整的、自由竞争的市场，结合国际技术转让客体（技术）的特殊性，人们很难像对一般的商品价格那样按市场规律来决定技术价格，且其价格的确定目前还没有一个通行的、可供参考的标准方法。[⑤] 为此，技术价格自 20 世纪 60 年代以来一直是很多学者研究的对象，特别是在人类社会进入知识经济时代以后，技术转让频繁发生，对技术价格的研究更显重要，其中对国际技术转让价格影响因素的研究又是研究技术转让价格的前提和基础。本章在论述技术价值和价格的基础上，先试图对影响技术转让价格的微观因素进行探讨，然后分析技术价格的构成及其定价方法，最后讨论技术价格的支付方式。

二、技术价值和技术价格

商品是用来交换的劳动产品[⑥]，它具有价值和使用价值的二重性。价值是指凝结在商品中的一般的、无差别的人类劳动，决定商品价值量的是社会必要劳动时间，即“在现有的社会正常的生产条件下，在社会平均的劳动熟练程度和劳动强度下制造某种使用价值所需要的劳动时间”[⑦]；按照“物的有用性就是物的使用价值”[⑧] 推论，商品的使用价值就是商品的有用性，它构成了社会物质财富的内容，而价格是指商品的单位价值量，它受市场供需之影响，围绕价值上下波动。

技术带来的经济优势有：减少材料成本，减少所用材料的数量，减少用来生产、检

---

① Gordon V. Smith, etc. Valuation of Intellectual Property and Intangible Assets. John Wiley & Sons, Inc., 1989: 56-57.

② *United Nations Industrial Development Organization*, *Guidelines for Evaluation of Transfer of Technology Agreement*, Development and Transfer of Technology Series, No. 12, 1979: 39.

③ Noel Byrne. Amanda McBratney: *Licensing Technology*. Jordans, 2005: 43.

④ Kenneth L. Port, etc: Licensing Intellectual Property in the Information Age. 2nd edition. Carolina Academic Press, 2005: 143.

⑤ WIPO. *Licensing Guide For Developing Countries*. WIPO Publication, No. 62, 1977: 20.

⑥ 蒋学模. 政治经济学教材. 上海：上海人民出版社，1993：20.

⑦ 马克思. 资本论：第1卷. 北京：人民出版社，1975：52.

⑧ 同⑦48.

测、包装等的劳动力，减少运输成本，提高生产速度或效率，减少废物或边角料，减少能源的使用，消除或减少环境危险或提高安全条件等。[①]

以上是有关商品价值与价格的一般原理。技术作为商品，既要符合上述的一般要求，又有自己的特殊性。我们在分析技术价值时，无疑也要以劳动创造价值为基础，需考虑到它的有用性；分析技术价格时，离不开价值，也离不开市场中该技术的供求关系。然而，马克思在自己的时代给商品下定义及考察商品价值量时，主要基于物化的有形商品，至于今天的无形财产如专利技术、专有技术等并没有进入他考量的范围。虽然他强调科学技术与劳动者结合起来[②]，提高了劳动者的素质，使他们过去只能从事较简单的劳动变为可以从事较复杂的劳动，提高劳动效率，创造出更多的物质财富，因为少量的复杂劳动等于多量的或多倍的简单劳动[③]，但他没有把技术独立出来作为一种商品。在技术作为商品的时代，如果简单套用社会必要劳动时间来衡量技术价值，进而决定其价格，则有可能误入歧途。因为技术研发从来就没有像钢铁、电信、轻工、纺织等行业那样，形成自己的独立行业；技术的个性化特征也不可能让它同一般商品那样可以规模化生产，如通过生产流水线产出产品那样；因此，套用社会必要劳动时间是难以得出科学结论的。结合技术的无形性、信息性、易复制性等特点，决定了技术价值与技术价格不能根据一般商品的价值与价格原理来推断。再考虑到技术交易形式的多样性、技术供方利用其优势地位对技术价格造成的影响及技术转让涉及法律的广泛性，决定了技术转让价格的复杂性、易变性和成本的高昂性。

由于技术的单一性和垄断性，技术供方常利用技术信息的不对称性和其优势地位，对技术价格施加种种有利于自己的限制，很难确定技术交易是否为等价交换，因为技术价格常不取决于它的价值（如创造该技术的社会必要劳动时间，其量化形式表现为科研投入），而取决于双方对它所能带来的利润的预期，即双方对受方实施该技术所能取得的未来利润的判断，因此，它有较强的主观因素和心理表征。技术价格本质就是受方将所取得的一定收益按一定的比例支付给供方的利益分成关系；而且在不同的区域，供方可以将技术提供给不同的受方，并按一定比例同时收取利益。所以通常技术价格远远高于技术价值，而不像一般的商品交换遵循着等价交换原则。

为此，我们可以给技术价格下一定义，即可认为它是供受双方签订的技术转让合同所规定的技术受方向技术供方所支付的全部费用，即受方为取得技术特定权利所愿支付的、供方可以接受的技术价值的货币表现。对供方而言，它是一项特定技术的售价或技术投入的回报；对受方而言，它是引进一项技术所付出的代价或成本。技术转让中的技术价格与技术价值并不直接相关，它只是双方约定的转让技术一方向另一方所应支付的对价或货币补偿或酬金，很多场合由主观因素控制，因为一项技术的价值缺少客观的判断标准，由此导致价格由双方对技术的心理预期来决定。

一项技术产品可以有多个买主，其价格与其生产出的产品相比是十分高昂的，且多不

---

① Gordon V. Smith, etc. Valuation of Intellectual Property and Intangible Assets. John Wiley & Sons, Inc., 1989: 93.

② 如马克思所讲的社会必要劳动时间中的“现有的社会正常的生产条件”“社会平均的劳动熟练程度”均含有技术的因素。

③ 马克思. 资本论：第1卷. 北京：人民出版社，1975：58.

是一次性支付；由于影响技术转让的因素很多，技术价格受需求变化影响的弹性较小，即降低价格并不能吸引更多受方，产品价格降低可能有很多人购买，但技术降低价格很少会激励厂家来购进技术。比如，可乐饮料降低20%价格，消费者会争相购买，但制造可乐的技术降价20%未必会有如此效果。

技术价格缺乏完整的市场性，即缺乏技术价格的可比性，尤其是领先技术或市场上仅有该技术时，拥有技术的公司极易对价格进行垄断。即使有同样技术的厂家，它们在向潜在的客户提供技术资料时也多是提供不全面、不详细的信息，受方无法对各可能的技术供方的技术作充分的比较，引进技术时不能做到“货比三家”，受方处于信息不对称地位，在不充分了解、把握信息的情况下签下合同，显然会处于不利的地位。

概言之，技术价格的高低以双方判断的、利用该技术所能带来的经济效益大小为转移；而且同样一个技术转让给不同的受方，价格也会不同，甚至会出现巨大的差额，因为它取决于双方谈判的实力比较、受方对技术信息的了解程度、不同受方的市场情况、获取利润的多寡、各国的情况等，具体内容参见下文分析的影响因素。一句话，技术价格最终取决于谈判的结果。因此谈判时将各种因素尽可能全面地考虑进去，会使自己在谈判中居于主动地位，对受方而言，意义尤其更大。

三、影响国际技术转让价格的因素

合同中的价格条款写起来很容易，如：本合同总价款为100万美元的固定价格（受方应当在合同生效之日支付给供方50万美元，供方接受受方生产出产品质量的通知发出后5天内支付50万美金），外加以下依赖被许可专利技术生产的产品的提成费：（1）10 000台以内总销售价的1%提成费；（2）10 001～25 000台之间总销售价的2%提成费；（3）25 001台以上总销售价的3%提成费①，但是在确定这一个数字之前，需要做大量的工作。作为技术转让合同最核心的条款，它直接确定了合同双方当事人的合作基础、意向和未来关系，甚至直接决定合同最终是否能够真正得到实施：因为一个不公平的价格条款，会带来潜在的合同纠纷与难以有效实施的后果。

实务中，关于影响技术价格的因素，学者历来众说纷纭，多者列举出100个因素②，少者只列出3个因素。③ 但使用较广的是佐治亚—太平洋公司诉美国合板公司案中确立的影响提成率的15个因素④，它们是：（1）在诉讼中，专利权人收到的许可他人的提成率证明或试图证明一个已经建立的提成率。（2）受方支付给予涉讼专利具有可比性的其他专利的提成率。（3）许可的性质和范围，如是独占还是非独占的；对许可产品的销售地域范围或销售对象有无限制。（4）供方通过没有许可他人使用发明或在旨在保有垄断权的特定条件下授予许可来建立的以维护其专利的垄断权政策和营销项目。（5）供受双方的商业关

---

① Robert Goldsheider. Licensing Law Handbook 2000 - 2001 edition. Thomson Legal Publishing Inc.，2000：67.

② Arnold，White & Durkee. 100 *Factors Involved in Pricing Technology License*，1988 *Licensing Law Handbook*. Clark Boardman Company，Ltd.，1988：295 - 317.

③ Stephen A. Degnan. *The Use of Conjoint Analysis to Establish the Most Important Evaluation Factors in Technology Transfer and Patent Licensing Negotiations*. ProQuest Information and Learning Company，2002：42 - 43.

④ *Georgia-Pacific Corp. v. US Plywood Corp.*，318 F. Supp. 1116 [S. D. N. Y. 1970].

系，如是否互为发明人和改进者。(6) 许可的专利销售促进了受方销售其他产品之效果；发明的现存价值促进供方销售其非专利产品的力度；类似衍生产品项目或被带动销售(conveyed sales) 的范围。(7) 专利的寿命及许可的时间。(8) 该专利产品已证实的可获利润的情况，其商业成功的情况及目前的流行情况。(9) 与过去的技术或模式相比，专利技术的性能和优势，如果已使用，其实际效果如何。(10) 专利发明的性质，供方自己拥有该发明和生产产品时，其商业载体的特征；对已使用该发明的人带来的好处。(11) 侵权者已使用该发明的范围；该用途价值的任何经验证的证据。(12) 在特定行业或具有可比性的行业允许使用该发明或类似发明，形成的惯例性的所占利润或销售价的比例。(13) 可归因于该发明而区别于非专利因素的已实现利润的部分及生产过程、商业风险或重要特征或有侵权者附加的改进。(14) 有资格的专家的意见证词。(15) 受方（如侵权人）和供方（专利权人）在发生侵权时已达成的一致意见的数额，如果双方自愿而又理性地试图达成协议；或是一个谨慎的受方——作为一个商人希望获得许可来生产和销售特定含有专利发明的特定商品——愿意作为提成费支付同时还能获取合理的利润的数额，而对于谨慎的专利权人而言又可以接受并同意授予许可。

本书认为影响技术转让价格的因素可以分为以下几个方面。①

1. 被转让技术发明本身的内在性质。其详细内容包括：(1) 技术受保护的范围和技术性质，即它是专利、专有技术、集成电路布图设计、计算机软件还是商业秘密；该技术与其他同类技术相比其效用优势即竞争优势之所在，如解决问题的性质、其新颖性和创造性的程度、与以前技术相比其进步的程度及其可信赖度，是领先的技术发明还是微小的技术改进，是研发的主要成果还是附带产品（虽然对价值本身不造成影响，但在心理上会影响价格②）。(2) 技术研发所处的阶段，即处于研发起步、试验、成长、成熟还是衰退期的哪一阶段；如果尚处研发起步和试验阶段，完成研发还需的时间和成本，离可产业化和进入市场尚需的时间等。(3) 使技术发挥作用需要的其他条件，如厂房、设备、技术人员、管理、生产制造环境甚至运输条件等。(4) 技术商业化的性质，包括商业价值（如是将兴起的市场产品还是夕阳产业产品)、创造的竞争优势、降低成本的幅度、技术的生命周期（商业寿命）及排除或限制其他发明的能力即是否具有可替代性等。(5) 对受方的价值及其员工技术水平提高的作用。

2. 转让的性质。该方面的具体内容包括：(1) 转让的类型，即供受双方的安排：是建立合资企业或战略联盟，还是共同开发，或进行独占许可、独家许可、普通许可或交叉许可。(2) 转让的是专利、专有技术还是二者的结合或与商标、版权等的结合。(3) 专利的状态（即是正在申请，还是尚未授予或已授予)、范围（即专利、专有技术等的授权地域范围、排他性的范围——独占许可由于剥夺了供方向其他公司转让该项技术的机会，它会提高价格，一般在 20%～50%)、期限以及在许可使用过程中受保护的程度。

3. 供方的特征。它包括：(1) 供方的规模、所处的行业及组织类型，如是政府性质

① Stephen A. Degnan. The Use of Conjoint Analysis to Establish the Most Important Evaluation Factors in Technology Transfer and Patent Licensing Negotiations. UMI Microform 3051442，2002：45 - 47.

② Arnold，White & Durkee. 100 *Factors Involved in Pricing Technology License*，1988 *Licensing Law Handbook*. Clark Boardman Company，Ltd.，1988：310.

的还是私营的或合营的等。(2) 供方转让的政策和策略，即是为了获取许可费收入，还是获得交叉许可或建立联盟，或制定自己的技术标准、进军或拓展国外市场等。(3) 与技术有关的特点，如可以预见的供方技术熟练程度，提供的技术支持、专有技术和培训，对后续研发的承诺，获取技术所应支付的费用及技术改进的回授等。(4) 供方良好声誉带来的获利的可能性。

4. 受方的特点。该方面包括：(1) 受方的规模、所处的行业及组织类型，如是政府性质的还是私营的或合营的等。(2) 受方接受转让技术的政策和策略，即是为了本企业不研发该技术，还是为了阻止竞争而进行防御性的引进，或为了增加技术熟练程度或使自己的利润最大化等。(3) 与技术有关的特点，如可以预测的受方成功的程度，产品生产条件准备及竞争力、对后续技术支持、专有技术和培训及技术服务的需求以及所需的可得资本和其他资源，获取技术所应支付的费用，针对许可技术受方可以用其他技术替代或自己设计出技术的能力及技术改进的回授等及受方经营活动中对供方技术需要的程度。(4) 市场方面，供方是否不向受方许可的地域范围内直接出售产品或是否允许受方返销产品到供方市场，这关系到受方市场的覆盖率，价格也会因之变化。供方如不想让受方在特定市场销售的话，往往会通过提高提成率让受方难以接受而作罢，如只在中国市场销售提成率为4%，但在国际市场销售为10%；当然双方还可通过其他条款约定受方的销售范围。

5. 政治、经济与法律因素。政治方面主要涉及政局的稳定与否，现在或将来的政治环境是否有利于技术转让目的的实现。经济方面涉及产品或方法技术能获取可期待商业成功的可能性，包括潜在的市场规模或销售量、受方期待的利润及可得的销售额和利润，潜在的市场、受方期待的增值利润、供受双方间的商业关系（供方可能失去的利润）、供方预计的研发和维护成本及损失的利润，受方调整净现值及投资回报的风险（含商业化所需的成本、成功的可能性和程度等），支付条款包括保证和利益最小要求（在先支付还是使用技术过程中保证或最小化）等。[1] 此外还涉及汇率风险，因结算货币和支付的选择与之相关，受方希望用本国的货币结算为好；一般选择硬通货如欧元、美元等。技术供方一般在报价时会将5%～10%汇率风险系数考虑进去。

法律方面涉及受方国法律是否健全，该国提供保护的性质和质量，如相关的法律保护制度是否完善，如法律不健全也会导致供方提价。而且政府的干预对价格会有一定的影响：出口国一般考虑的是国家安全和利益及税收等宏观问题，对具体的价格、支付等不关心；但引进国则多考虑价格是否合理，支付方式是否公平，并通过法律给予规定，甚至还限定提成率不能超过一定的比例（但实务中难以奏效，因为支付的手段、途径、渠道和方式等很多，政府难以有效监督，双方也可延长合同期限变相地让供方实现目的）；引进国审查技术转让合同，限制多家同时引进或取消限制性条款等，也会导致供方提高价格。引进国根据自己的行业发展和导向，对进口的技术或设备可以用不同的税收或其他政策，提高或降低买方的支付能力，进而影响技术转让中买方谈判价格的能力。

---

① John T. Ramsay. *Ramsay on Technology Transfers and Licensing*. 2nd edition. Butterworths Canada Ltd., 2002: 239.

一般规律是，如果风险较大，供方通常会提高要价及坚持一次总付方式付款；项目较大时，供方还会向国际上的风险评估公司咨询，作为其决定技术价格和转让谈判策略的参考。

6. 已存在或可预见的行业标准。这对技术转让价格有一定的影响和参考意义，它意指可比较的行业转让费率，包括同类技术的平均提成费率和利润分成比率以及提供的平均保护水平等。每个产业都有自己的技术转让行业规范标准，且它主要表现在提成率上，一般高新科技领域的提成率较高（以销售额为基数），如互联网、计算机软件的平均提成率分别为 11.7%和 10.5%，生物、医药 6%～10%[①]，计算机硬件或数据处理 3%～5%，造纸和木材业 4%～6%，日用消费 2%，石化产业 1%，汽车技术 0.25%～5%。但上述标准仅供参考，谈判者多不会以产业提成率的平均值为依据，最终的价格主要取决于谈判结果。

7. 双方谈判技巧。一项技术价格是通过双方一系列谈判来确定的。如果双方谈判地位相当（如竞争能力、相互需要对方的程度、信息掌握和渠道来源等），最终确定的价格可能会接近较为公平的市场价格；如果地位不对等，价格显然会趋向于强势一方而偏离公平价格。技巧性强、团队合作好、准备充分、能较好利用技术转让机制的团队在谈判中越有可能取得成功，实现己方预期的目标。由于受资金、接受与消化技术能力的限制及政府政策和税务法规的影响，一国企业引进某项技术通常只有一两家，受方如何充分利用在谈判中这种较强的谈判地位是一个很值得研究的问题。而且，谈判者的经验、心理素质、性格取向、文化背景、相互信任程度等很重要。

双方谈判的内容除技术价格外，主要还有：支付方式以及各方承担的义务、责任和相关的限制条件（协议的内容）等，它们与价格是密切相关的，可以说合同或协议的每一条都可以转化成相应的影响价格的因素，提高或降低价格；在协议中没有一个条款不具有经济价值，只不过价格条款是一个集中的表现形式而已。其中尤其要注意支付方式对价格的影响：总付可使供方迅速收回许可使用费，同时避免协议执行过程中受方利用技术效果好坏的风险；而提成常易鼓励双方合作，对双方相对有利。总付方式，价格一般会低于提成方式，如果考虑到现金贴现等，二者间的最终数额可能会一致。

谈判中，受方应尽力剔除如下不公平条款：(1) 供方要求受方定点（或厂家）购买与技术产品相关的元器件或材料。该条利于供方实现其以技促销之目的，通常供方从此类活动中获得的利润远比技术许可使用费高。(2) 供方限制受方进行海外销售或销售必须通过其销售网络。通过这些方法，供方可赚取超额利润。(3) 供方因意识到对担保、索赔、罚款等违约责任的承诺意味着自己将承担一定的风险，且担保的内容越多、违约责任越大，其风险也越大，因而会不合理抬高价格；受方对此应予注意，以避免供方通过价格条款将法定责任变相地转移到自己身上。

最后，谈判中还需注意专有技术或专利技术越老越不值钱。还有，不要将技术转让与商标转让混在一起，除非对方是驰名商标，能带来很好的市场效益；因为将技术与商标捆绑在一起时，通常价格会较高，而对于受方而言，关键是得到核心技术，然后打自己的品牌。

---

① Poltorak, Alexander. *Essentials of Licensing Intellectual Property*. John Wiley and Sons, Inc., 2004: 133.

此外，由于谈判涉及许多法律问题，而与技术转让有关的法律又多种多样，所以谈判中对技术转让涉及的法律服务成本在价格上无疑要给予充分的考虑。

总之，影响国际技术转让价格的因素很多，但它们最为集中的体现就是在谈判中各方对各因素的掌握、分析、权衡和博弈，谈判将直接决定国际技术转让价格。因此，在诸多影响因素探索和综合考虑基础上，掌握谈判技巧，将有助于国际技术转让公平价格的诞生。

四、技术的价格构成及其定价方法

国际技术转让价格是指技术受方为取得技术使用权或所有权所愿支付的、供方可以接受的、以一定货币量表现出来的费用或对价。[①] 它在多数场合下被认为是供方对受方使用技术所得收益的分享，故技术价格的高低以利用该技术所能带来的经济效益大小为主要参考依据。实际上，这种理解有失偏颇，我们从定义上看，技术价格通常与“谈判技巧相关，在某些情况下，和公司战略相关”[②]，本质上它是双方谈判的结果，更多地受谈判双方心理因素的影响，因为在就技术转让进行谈判时，经济收益的大小还不是现实，它只是一个心理预期，双方对该预期结果常会采取利于自己的方法进行计算，这样往往很难达成一个统一的认识，为此，双方还必须在经济收益之外寻求一定的客观数据来试图让双方达成共识，从而完成交易，实现双方共赢的结局。因此，先了解技术转让的价格构成，再去决定定价方法，是实务中较为合乎逻辑的做法。本书就试图在已有学者研究的基础上，对技术价格进行一点探索。

（一）技术价格的构成

技术转让只有在能给双方带来净收益即收益大于成本的情况下才可能进行，因此，双方都会估算各自的成本和收益。

1. 价格构成的具体考虑因素

作为供方通常会从以下四个具体方面考虑其价格构成。

（1）完成技术转让交易的成本，或称转让交易成本，即转让技术过程中所消耗的可转化为各种费用的物化劳动和活劳动的价值[③]，包括提供的技术服务如派专家指导安装、调试、技术培训和市场开拓等所花的费用，谈判过程的准备及相关的差旅费和管理费等，如广告宣传费、准备资料所花的时间及实物成本、谈判人员和管理人员的食宿和交通费（人员投入费用）等，有关法律服务的成本如合同的起草、有关条款的法律专家咨询、审查和注册等费用，其他与执行技术合同有关的费用，如邀请买方来访或培训的招待费、礼品费、中介佣金（市场费用）以及交易税费和各种手续费等。该部分成本通常是企业容易忽略的，实际上根据项目的大小、复杂程度、谈判及执行时间的长短等，这一部分往往在总成本中所占比例并不小。[④]

---

① Noel Byrne，Amanda McBratney. *Licensing Technology*. Jordans，2005：47.

② John T. Ramsay. *Ramsay on Technology Transfers and Licensing*. 2nd edition. Butterworths Canada Ltd.，2002：9.

③ 郑成思，主编. 知识产权价值评估中的法律问题. 北京：法律出版社，1999：89.

④ 有研究表明：转让成本平均占一个生产技术项目转让总成本的19%，在抽样调查中，少者占2%，多者占59%。尹尊声. 国际技术转让价格. 上海：上海人民出版社，1993：46.

（2）研发成本或沉没成本（sunk cost，又称“沉入成本”），指研发该项目技术所花的成本。它可以分为直接研发和间接研发成本；前者包括直接投入该项目的全部财力、物力、人力，如研发人员的工资、调研费用、材料能源消耗费用、试验试制和产业化研制费用等，后者指与项目技术有关的设备购置成本、厂房及其他基础设施的折旧摊销费用和相关的管理费用等。由于种种原因（例如，作为生产性的企业，通常在研发时首先考虑到的是研发成果如何为自己所用，以提高产品竞争力，它不会为了转让技术而专门投入某项技术的开发，在技术成果为自己带来丰厚的利润、成本早已回收的情况下，自己又有了新技术但旧技术对同一领域的某些厂家仍有价值且专利期尚未失效时，它会考虑转让技术，此时研发成本如何计算？公司为了自己的利益仍会将成本计算在价格里），计算某一项技术的研发成本通常是十分困难的。跨国公司在计算该部分时通常是只要与研发技术有关的都算入沉入成本，实际上有关设备或厂房等不仅仅用于该技术的研发，还用于其他技术开发或有其他用途，而对它们进行分解和明确几乎不可能；如果公司在技术研发费用使用方面无准确、完整的记录，则多采取估算的方法确认数值；再有，供方往往并不只是把技术转让给一个受方，对不同受方之间是否分摊、如何分摊等都具有很大的不确定性；有些厂家还会考虑到投入研发成本的资金成本，即自开始投入研发时至技术成果可商业化间的所有资金的银行贷款利息。由此可知该部分计算的弹性空间有多大。笔者在实务中曾亲身经历过一个外商如何计算该成本的案例。一中外合资企业生产一大型设备，根据设计急需要一批（2 000 片）某种固化某一软件技术程序的专用固体芯片，且必须从外方指定的供应商处采购。根据调查，芯片未固化软件技术前其市场价是每片 13 元人民币，但固化后供应商所报价格为 3 300 元，外方称增加的值是其知识产权的价值，原因在于开发出这样的技术他们投入的费用如下：100 个人花了近 10 年的时间，平均每年每人的工资是 15 万美元，还没有算他们投入的仪器设备、厂房、研发所需的资料及研发该技术所需从他人处引进技术作为准备所花的费用等。[①]

较为理性的商业公司，多通过技术转让的年限、对象的多少来计算分摊研发成本，因为它当初投入诸多研发费用的目的不在于转让和出售技术，在已收回成本的情况下，能转嫁一部分就转嫁，以获取可得利益。对于专业的研发机构、高校研究部门如开发技术专门为了转让，且转让的对象仅限于一家，则有可能将技术的沉入成本全部转给对方。

（3）机会成本，即供方因转让技术而失去在受方国或地区的全部或部分产品投资或销售机会导致市场份额减少而造成的可能损失，甚至失去该国或地区的市场，更甚者培育了国际市场上潜在的竞争对手。供方会将此看作自己的成本而希望在技术转让价格中得到补偿。比如国内某知名电信企业在 20 世纪 90 年代初，从欧洲某国引进一电信设备制造技术，就使该国的制造厂商从中国丧失掉大部分市场，进而失去了一定的利润，在谈判价格时，对方就明确提出要考虑这一点。因此，供方通常会将这一部分损失转移到技术价格中，以从中得到补偿。这一部分也是估算，无法得出精确数据；当然，对于一国限制他国某技术产品直接进入该国销售，或该技术在某国没有申请专利，或技术供方对受方国的市场根本没有兴趣也没考虑过进入该国市场且受方也无力在国际市场上与供方竞争，或供方

---

① 该案后来的处理方法参见马忠法，等. 经济全球化下跨国公司技术转让的新策略. 上海企业，2004（10）.

已不从事该技术产品的生产或销售，则作为专利技术转让的机会成本可能为零。总之，这一部分成本也是主观性甚强的项目，谈判技巧和受方获取相关信息的多寡往往起决定作用。

(4) 预期增值，指使用一项技术可能给受方带来一定的新增加值或利润（假定其他因素都不变），它表现为因降低生产成本而获得的相对价值量的增加，或因提高产品质量或性能而提高产品销售单位价格进而获得的新增价值量，或因提高生产能力而绝对提高销售额进而获取新增价值量等。对于预期收益的计算，多采用的是估算，其具体计算方法可以参见尹尊声著的《国际技术转让价格》。[①]

(5) 供方技术使用费的计算公式。供方在计算技术价格时，综合考虑上述四个方面因素（收回全部或部分直接成本、收回全部或部分沉入成本、机会成本及获取对技术新增价值的提成）后，其用的公式可表述为：

P（技术转让价）$=x_1\times$转让成本$+x_2\times$研发投入等$+x_3\times$机会成本$+x_4\times$预期收益，其中 x_1、x_2 与 x_3、x_4 分别代表征收系数、分摊系数和提成率，且它们都在 0 和 1 之间，一般情况下 x_1 为 1，x_2 与 x_3 供方的主动权较大，它可以根据自己的需要在 0~1 之间作出选择，如果选择零，意味着它放弃对这两项的考虑，x_2 有可能为 1，受方也许会接受，但 x_3 选 1 时，受方一般都会拒绝。双方最有可能在 x_4 方面容易达成共识，通常它随着后面的基数不同（如是销售额、净销售额还是利润等）而不同。

由此供方可以确定其价格的上限和下限，其上限或最高价为其他各项系数为 1，下限为其他系数为 0，这都是不可能的，所以供方应在两个极限之间寻求既于自己最为有利又能被受方所接受的价格。其遵守的原则如下。

——最高价如果超过受方预期收益，意味着受方从引进技术中获取不到任何利益，交易可能谈不成。

——如果有竞争对手，其最高价高于竞争对手的价格，则对手会获得受方的青睐而得到该笔交易。

——转让价如超过受方进行自我研发的成本，则受方不会选择引进该技术。

所以，供方通常会在谈判前确定一个合理的价格范围，即在其估算的受方预期收益与受方开发该技术的成本之间。

2. 受方对转让价格构成的认同原则

通常情况下，由于受方对供方提出的上述四个因素中的研发成本和机会成本之信息难以完全知晓，它只可能对转让成本及预期收益的信息较有把握，所以它不会首先开价。在获悉对方提出的有关成本信息及技术转让价格后，它一般需要在先前调研的基础上，进一步调查、了解真正可信的信息及欲引进技术的市场潜在价值，以确定自己可以接受的价格范围（即底价和最高价），并拟定好谈判策略。在这一系列过程中，它会考虑技术转让价格是否低于自我研发所需投入的成本，如果不低于，它可能就不会考虑引进；引进技术能否带来预期收益，即引进技术能否创造新价值，如果不能，也不会考虑；对于同类技术（先进性、创造性、新颖性相似）有两家以上者，供方提供的是否是所有可提供技术者中

---

① 以下主要参照了尹尊声．国际技术转让价格．上海：上海人民出版社，1993：37－45.

最低的，如不是也不予考虑。

受方在认真估算引进价格和开发成本，预测引进技术后的净收益，了解市场信息后，如果上面三条件同时满足，就可以进入谈判。当然出于策略考虑，如为了开发自己的后进技术，积累技术实力，尽管上述条件都不满足，也引进，则另当别论。

受方考虑自己有无实力开发；如有，需投入多少成本，以便作出引进还是自主研发的决策；如引进价格低于研发成本在一定可接受的范围内，则会考虑引进。[①] 自我研发成本包括准备投入的全部资源，包括人力、物力和财力及与合作伙伴合作的费用等。此外还要考虑技术开发的时间及相应的动态机会成本，如某项技术开发需两年时间，开发费用约500万元人民币，开发出来后每年盈利400万；但如引进技术当年就可受益，开发两年的时间意味着损失800万利润；如果竞争对手引进了该技术并在此基础上改进，则不仅对方在市场份额上抢得先机，在技术上也会取得优势地位，如此就要慎重考虑。另外，受方还需考虑到万一两年后开发失败，或虽开发成功了，但有更新的技术取代了它，则损失的不仅是研发成本，还有机会成本。

受方理论上可以接受的技术价格范围：上限为其预期收益的全部，下限为0（即供方免费无偿转让），这一般不可能，实务中它通常为供方的转让技术成本，即供方至少要收回其就技术转让谈判所花的费用。受方的预期收益为：预期的增加销售收入减去相关成本之差额，相关成本包括为获取技术所做的准备、谈判等费用，生产成本——包含为消化吸收技术所支付的成本如对与引进技术相配套的技术改进和设备更新、员工技术培训及岗前需具备的教育程度和生产管理成本等（单位技术更新的越多、设备替换的越多及员工培训水平越高，相应的成本就会越高）——及营销成本等。计算新增利润时由于供受双方的地位不同，计算的方法等会有很大差别，受方应当灵活把握这一点，以免落入供方的圈套。

当然，这里的预期收益是引进技术可见的直接预期的效益，引进技术还可能带来其他收益。这是受方应当全面、长远考虑的根本原因，如短期看，技术引进带来的预期收益不理想，但它可以带动技术的发展（如培训了更多的企业员工掌握较为先进的技术）和相关产品销售；从外部看，它还可以提供较多的就业机会、使资源配置更为合理、提高社会生产率、对政府税收有较大贡献、利于国际收支平衡以及对生态环境、能源使用产生影响（这一方面更要慎重，它可能会带来消极影响）等。

受方在考虑预期收益时，要考虑到引进技术对预期收益的正确理解，即公司新增利润部分有多少是技术贡献的，不能把新增的利润全部算在引进技术的头上，如有关管理人员、销售人员、生产人员等的贡献也不容忽视。

在有两家以上的供方提供技术时，受方要充分利用它们之间的竞争心态，获取最利于自己的价格。无论如何，技术价格通常不应高于自己研发该技术的成本，或高于新增利润。

根据前面的公式，供方一般都会高估自己的各项成本，从而提出较高的要价；受方也会根据自己的需要，尽量压低价格。但双方确立价格范围的一个原则是：受方愿出的最高价应当高于供方的最低价，即双方愿接受的价格有重叠，该重叠的部分越多，双方的回旋

---

① 引进技术可节省的成本参见 John T. Ramsay. *Ramsay on Technology Transfers and Licensing*. 2nd edition. Butterworths Canada Ltd.，2002：15－16。

余地就越大，谈判就易于成功，重叠部分越小，成功的概率就越小；如无重叠，则双方不可能谈交易，即使谈也会以失败告终。一方一般难以知道对方的可接受的价格范围（但供方的最高价即所有技术转让成本、研发成本、机会成本和受方预期收益之总和及受方的最低价即零或供方技术转让成本是公开的，而供方的底价和受方可接受的最高价是需严格保密的）。谈判是一场心理战，在守住自己底线的同时，应善于揣测对方可能接受的价格限度，当然如能通过正当渠道获取相关信息则会较为有利。双方谈判的最终选择就是在价格重叠部分讨价还价并达成妥协，该妥协价即为技术价格。值得注意的是：双方的价格范围不是一成不变的，随着客观情况的发展、双方期望值的变化、协议内容及技术成分和交易环境的变迁，价格也会随时而变。谈判者要善于把握市场变化和对方的心理，以赢取利益。有时为了获取技术，受方可能会忽略价格而从战略高度达成协议，此时不受价格影响。

（二）技术定价方法

传统的技术价值的确定方法有：成本法、折旧法、收入法、市场法等。[①] 在讨论技术定价之前，我们需注意引进技术的新增利润与受方预期收益之间的关系，新增利润是引进技术后增加的可见价值量，它等于增加的净销售额与相关成本间的差额；经济学上的预期收益也可叫作经济租金（economic rent），即指从某一经济资源中可得的除维持其运作的最低成本之上的收益[②]，对技术转让而言是指供受双方都预期它们能从该转让活动中获取一定的经济收益；用公式计算是：受方销售收入减去其总成本与供方转让成本之和所剩下的价值量。[③] 因此，技术转让谈判的本质就是解决双方对经济租金如何分割的问题，或说供方从受方因使用技术而带来的收益中分得一部分。[④] 这一部分还相对容易，谈判中最为麻烦的部分是沉入成本的分摊及机会成本的判断，这两部分的主观性太大，尤其是供方，其主动性较强；受方可在这部分利用自己掌握的信息及自己的理解，与供方周旋，获取于己有利的结果；技术供方也会根据具体情况灵活处理。技术价格最终都是谈判的结果，不存在所谓的客观公正的市场价，双方都想在利润分成中获取最大份额。为此，在现实中，人们常常用较为笼统的方法来决定技术价格。尽管供受双方可能会用一些它们认为的诸如现金折现率、财务记录等客观的数据或根据来评估技术价值，但最终它们还是根据各种客观数据或工具的重要性，对它们进行排序，然后再进行主观评估[⑤]；即技术定价主要取决于主观判断。

20 世纪 60—70 年代以来，人们常用的定价方法有：

（1）25％规则。又叫经验法则，指按企业使用许可技术所创造的税前毛利润的 25％来

---

① Gordon V. Smith，etc. Valuation of Intellectual Property and Intangible Assets. John Wiley & Sons，Inc.，1989：137－147.

② Bryan A. Garner. Black's Law Dictionary. 8th Edition. West Publishing Co.，2004：552.

③ 从技术转让交易及受方从事生产经营创造增加的价值而言，供受双方应当是一个相对独立的经济活动单元。该单元创造的增值部分是供方的技术和受方的经营活动共同作用的结果，因此对该增值部分的利润核算，必须考虑双方各自支付的直接成本，即受方生产经营的成本和供方进行技术转让的成本。

④ United Nations Industrial Development Organization. Guidelines for Evaluation of Transfer of Technology Agreement. Development and Transfer of Technology Series No. 12，1979：39.

⑤ John T. Ramsay. Ramsay on Technology Transfers and Licensing. 2nd edition. Butterworths Canada Ltd.，2002：8.

计算许可使用费；但是该比例可以根据具体情况上下微调，如知识产权的重要性及主要风险的分配等。[①] 它是一个曾经最被广泛应用的、带来非议最多的技术转让定价之工具。[②] 因为这种方法过于粗糙，难以把握：毛利润无论在法律上还是在财务上从来就没有进行严格、准确地界定过，计算利润点时根据什么来确定收入和成本、花费的关系一直是个难题。基于普遍接受的会计原则定义的毛利润包含直接生产成本，有原材料成本、直接劳动力成本、制造费用及设备折旧费用，它囊括了将原材料转化为最终产品或服务的所有费用和成本。但它没有考虑到企业销售、行政及其他一般管理的费用。因而，许可技术最终能创造多大价值或说对企业最终利润的贡献率，是难以料定的，用其来考虑许可费的收取，显然不合理。此外，技术转让中，较高的风险通常意味着较低的投资价值，而较低的投资价值意味着较低的使用费率。基于毛利润的计算方法，甚至根本就没考虑技术及与技术使用相关的业务的风险以及被许可技术的贡献率等。所以，该方法在实务中已被淘汰。

（2）行业标准。该方法以其他供方在同一行业的被许可技术的许可使用费率为标准。这里的行业标准是指从基于先前足够数量的交易而累积的数据中得出的一个参考价，供受双方参照它而可能达成一致意见的公平交易价格。[③] 标准化的价格通常指一定的价值范围，与其不一致的例外情况经常发生。标准可在大量可得的、类似交易数据基础上形成的市场中得出；标准一旦形成，只要根据两个简单的因素——类别和质量——就可将交易的客体价格与标准相对照。[④] 该方法比前面的更为不可行。因为投资风险、净利润、市场规模、成长潜力、补充性的资产要求等诸多因素都没有考虑到。该方法完全依赖于他人对影响使用费的诸多因素考虑和解释的是否正确和周密的能力上；任何在刚开始定下行业使用费过程中的错误都会延续下去。此外，在使用该方法时，随着不断变化的投资回报率要求而变动的经济条件也没有考虑到。几年前制定下来的标准可能不足以反映许可技术变化了的价值及投资市场发生的变化；即使当初设定的标准是公平的，今天却未必如此。价值、经济条件、回报率以及其他可能产生公平使用费率的因素都是动态的，它们常变，则决定费率的分析方法也要随之变化。因此，实务中这种方法通常只能作为一个参考，难以成为合同中的真正条款；否则，在实施中会带来很多争议，不利于合同目的的实现。

（3）研发成本回收法。简称成本法，以技术所有人开发、替换或再创新某技术或其性能、效用所投入的全部必要成本进行现价折算而得出的费用为技术转让的价格，其替代方法是以新的开发条件为依据，假设重新开发或购买同一技术，以现行市场价计算所得的值。[⑤]

---

① John T. Ramsay. Ramsay on Technology Transfers and Licensing. 2nd edition. Butterworths Canada Ltd.，2002：22.

② 同①20.

③ Richard Razgaitis. Valuation and Pricing Technology-based Intellectual Property. John Wiley and Sons，Inc.，2003：55.

④ Noel Byrne，Amanda McBratney. *Licensing Technology*. Jordans，2005：55－56.

⑤ Manny D. Pokotilow，Eaq..，etc. Valuation of Intellectual Property for Litigation//The Pennsylvania Bar Institute etc. Valuation of Intellectual Property for Litigation. Business & Tax Purposes，PBI No. 2005－3991. 郑成思. 知识产权价值评估中的法律问题. 北京：法律出版社，1999：87.

这种方法不足取，因为供方应当站在受方的角度来评估技术转让的价值，它不该考虑该技术研发花了它多少成本，而该想到该技术转让能给受方带来什么样的期盼。[①] 研发所花的费用几乎难于与技术的价值等同。适当的许可使用费应当能提供对于技术价值的公平回报，而与研发中花的费用无关。技术的潜在价值是建立在其未来的经济利益总量基础上，本质上，技术的价值最终是由市场来决定的[②]；许可关系的未来利益必须建立在对其潜在收益数量、该收益量实现的风险、获取其的成本及它可能的存续期间等考虑的基础上；研发成本反映不了这些。故该方法不是一种可取的方法。

（4）销售额的回报（净利润分配）法。即以受方获取的净利润为基数，双方约定一个分配比率，以此作为供方的技术价格。在仅有的少数实务中，该比率在30％～40％。理论上说它较为公平和合理，因为只有将受方实际上从许可技术中获得的利润作为双方分配的基数，才能真正体现风险共担的原则。但将许可费建立在作为收入一定百分比的净利润基础上，有以下几大不足：一是在供受双方间分配合理的利润（即确定分配比）非常困难；二是它既没有考虑到投入到企业中的知识产权价值，也没有考虑到投入的配套资金和其他有形资产的价值，更没有考虑到受方经营管理的水平和能力；三是这种方法没有考虑到与技术相关的投资风险；四是受方如何计算出利润一般是公司的商业秘密，不可能让供方知晓，如此供方对真实值难以掌握；五是企业所赢利润通常是各种因素综合的结果，所得技术在整个营利活动中所作的贡献到底有多大即其贡献率如何通过该法是难以体现的；六是供方难以知晓受方计算利润的方法及相关数据。当然，这种分配方式的积极一面是，可以促进技术供方对受方给予更多实质性的技术支持和帮助，以助于合同目的的实现。

可以看出，所有上述确定使用费的方法面临的问题是没有考虑到投资风险及回报的动态性；而且，为使技术商业化而进行配套的资产总量也没有权衡。故在现实中鲜能见到该方法的使用。

（5）净销售额提成方法。[③] 早期，技术贸易的双方当事人在发现上述诸法皆有欠缺时，它们将目光投向按销售额来计算许可费；但在使用过程中，其弊端日渐显露：它不能客观公正地反映出所得技术在销售额中的贡献。因此，也许是出于公正考虑，并利于操作，决定许可使用费的一个最为流行、渐被大家普遍接受的方法（按受方净销售额一定比例的提成作为许可费的计算标准）诞生了。因为它避开了上述四种方法的种种不足，又易于操作，不会涉及受方的商业秘密。净销售额是指双方经过谈判剔除与转让技术无关的销售收入部分而得出的销售额，可扣除的部分有：技术供方提供的原材料及相关器件的价格支出，各种商业折扣和退货，保险成本，包装成本，其他技术改进所发生的成本或创造的价值，运输成本，各种税费等，不过这些需在谈判中明确确定，根据产品的特点、技术效益范围和有关国家技术转让方面的法律规定作具体分析。实务中，绝大部分技术转让使用了该方法，许多研究者也以此方法为研究、归纳技术转让费规律的基本依据[④]；它在不同的

① Noel Byrne, Amanda McBratney. Licensing Technology. Jordans, 2005: 50.

② Stephen J. Driscoll, Eaq.., Valuation of Intellectual Property//The Pennsylvania Bar Institute etc. Valuation of Intellectual Property for Litigation, Business & Tax Purposes, PBI No. 2005-3991.

③ 净销售额的变换方式有多种，具体内容参见下目。

④ Alexander Poltorak, Paul Lerner. Essentials of Licensing IP. John Wiley and Sons, Inc., 2004: 133.

行业均有体现，如食品、工业设备、电子、建筑及医疗器械等行业；一般情况下，该方法的提成率在5%左右。

实际计算时，此法通常被转换成按销售价来提成，即按技术相关产品销售单价的一定的百分比来提取许可费。该法计算的提成率（ROS）公式为：ROS=供方分得的利润比例（LSLP）×受方单位产品的销售利润率（POS）[①]，它由（供方分得的利润/受方总利润）×（受方总利润/总净销售额）转化而来。例如，供方期望获取受方利润的20%作为转让技术的对价，他估计产品的销售价为10美元，而受方从中获利可能在3美元，则按上述公式算：ROS=20%×3/10=6%。如果受方或受方国政府对此提成率持反对意见，认为过高，应将利润比率分成定为10%，则提成率就会是3%。此外，受方的实际单位利润率在公式中起决定作用，如果谈判时约定好提成率不变，但利润率估计不准，如供方估计高于受方的实际利润率，则受方可能获得的利润大部分被供方拿走。如上例中受方实际单位利润为1.5美元，那么假定双方以20%为供方获取利润比例计算出提成率6%在合同中固定不变，则供方实际分得利润远远不止20%，而为40%：LSLP=ROS/POS=6%÷(1.5/10)=40%；就是说，如果受方获取的实际利润越低，供方获取的比例就越大，如果利润是1美元，则供方获得了60%。

不过，该方法，它忽略了利润、资本投资、收入增长、运营费用、投资风险乃至研发成本，一般适用于正在形成的技术；该方法也不是一个十全十美的方法。[②]

虽然，上述方法都不能准确反映出技术转让过程中价格的真正内涵，因为许多涉及技术价格的重要因素不能用简单的规则予以体现。但是在实务中，必须找到解决办法，根据上面提到的技术转让的价格构成及便于双方在谈判中找到利益平衡点，5%净销售额提成法成为使用最为广泛的定价法，是有其合理因素的，因为它综合考虑到了成本构成的四个要素，在没有更好的定价方法之前，它也许还会持续地被使用下去。

技术价格的公平合理总是相对的，有市场就会有价格波动。如股票市场中某一股票的价格，在某一天某一时刻是合理的，但放在另外一天可能就有失公平；技术的价格一样，在谈判或签约的那一时刻，该技术的转让价对某一供方可能是公平合理的，此后在另一场合用同样的价格，就可能不合理；或者是此价格对特定的受方是合理的，而对其他人可能就不合理。[③] 双方在约定技术价格时，对这一点必须要有充分的认识。

当然，就该方法而言，供方如何知道受方的销售额是双方面临的一个问题。如果看受方公司的财务报表，会涉及公司的商业秘密；何况安然公司、世通集团等财务虚假丑闻已使技术供方对此不太信任。现在较为现实的做法是：看受方就使用有关技术产品的相关纳税情况，由此推知受方的销售额，或统计受方就有关产品的销售合同数量及其销售额，然后按一般方法计算出净销售额。通常，完成此类使命的是通过双方约定的独立的第三方

---

① ROS是royalty rate on sales的简写，LSLP是licensor's share of licensee's profit的简写，它等于供方分得的利润除以受方使用技术获取的利润；POS是licensee's profit on sales的简写，它等于受方所获得的单位产品利润除以单位产品价格。United Nations Industrial Development Organization. Guidelines for Evaluation of Transfer of Technology Agreement. Development and Transfer of Technology Series，No. 12，1979：40-41.

② Gregory J. Battersby，Charles W. Grimes. Licensing Desk Book. Aspen Law & Business，1999：303.

③ Ethan Horwitz，Mark S. Holmes. Patent & High Technology Licensing. Practising Law Institute，2004：296.

(如会计或审计事务所)。

这里只是对提成法做一个原则性的介绍，对于具体的提成分类及方法的论述，参见“支付方式”中的分析。

五、支付方式

国际技术转让交易的支付方式根据转让对象的不同基本分为两类：对于转让的专利、专有技术，通常使用总算支付或提成费支付或入门费与提成费结合方式；对于技术专家的服务或技术协助，通常按提供服务的每人或每一单元时间支付固定的金额。各种支付方式可以单独使用，也可以适当结合。本书重点放在前一类的讨论上，并根据是否以货币形式支付将其分为货币形式的支付和非货币形式的支付两种。

(一) 货币形式的支付方式

货币形式的支付方式意指将技术转让价格通过一定的货币价值量予以体现，并依此作为受方支付获取技术对价的依据，受方以现金货币形式支付。在实务中，其具体体现就是总算支付、提成费支付或入门费与提成费结合等三种。本书根据利于供方的程度之大小来论述。

1. 总算支付

总算支付（下称总付）指技术供方与技术受方谈妥一项转让技术的价格固定金额后，由技术受方一次或分期按价格的现值付清；它是相对提成而言的，后者随着双方商定计算提成基数的不同而呈可变状态。我国技术合同法将其分为“一次总算、一次总付”与“一次总算、分期支付”两种情形①（本书合称“总付”）。总算金额是双方达成协议时商妥的，不随技术受方收益多寡而变动，不论其利用引进技术的效果如何，规定的金额都得照付。如是一次付清，支付时间可确定为协议达成时或其后的某个时间内进行，如分期（期限很短)，则按协议约定的执行进程确定支付份额，但它们均与受方引进技术的效果无关。因此，技术受方承担了引进技术是否适用的全部风险。而技术供方收益有较确定的保证，还避免了货币贬值、银行利率和汇率变动影响实际价值贬损的风险，使用费收入较为稳定，不会出现因受方收益不好而少付甚至不付的可能，同时它也无必要调查、了解、跟踪受方生产和销售情况及进行审查、核算相关账目、财务报表等情况。总付价值是一个固定值，它依赖于受方对预期利益合理准确的推断及引进技术后所面临的时间和风险因素的综合考量②，也受供方对技术能带来的潜在收入多少之判断及在什么价格范围内愿意转让技术的影响；如果供受双方各自的期望值间无交叉部分，即供方希望的最低值大于受方愿意支付的最高值，则不可能有任何交易。③ 通常情况下，要得出一个公平合理、为双方所接受的数值，是十分困难的。④

---

① 《民法典》第846条。

② John T. Ramsay. Ramsay on Technology Transfers and Licensing. 2nd edition. Butterworths Canada Ltd., 2002：233-234.

③ Richard Razgaitis. Early Stage Technologies, Valuation and Pricing. John Wiley & Sons, Inc., 1999：201-202.

④ 同②234.

有人认为其对供方不利之处是它失去分享受方由于收入的增加而带来的超出预料的收益的机会[①]，理论上这种看法是有道理的。但实际上对于技术自用的生产性企业而言，按这种方式计算许可费转让的技术基本上是接近淘汰或已过成熟期的技术，受方能生产出出乎预期的超额收入的现象很少出现；而对于专门的研发机构或企业而言，则有可能丧失更多获利的机会。

这种方式对受方不利的方面主要有：它失去了与供方分担风险的机会，如技术运用后没有产生预期的效益则损失完全由受方承担，技术交付后受方很难能继续从供方处得到技术上的支持和协助（即使对后合同义务有约定，因受方的经营状况与供方已无任何联系，难以尽力），供方更不会有动力对技术进行任何改进[②]；一项技术引进大多是投资的一部分，在受方取得经济效益之前就支付大量技术使用费，影响到其资金的周转，如经贷款而支付该费用，则还需支付利息和其他融资费用。当然，对受方可能有利的是：它阻止了供方审查其财务报表的行为，一次总付的价格通常低于其他方式，由于产品价格的上涨而带来的收益供方不能分享等[③]；而且，技术转让的成本对受方而言，它可以预先知晓确切的数值。[④]

鉴于此，国际上认为使用总付方式一般是针对以下情况。

（1）当技术是一个独立的、自成系统的整体且可以立即全部转移，并能为技术受方立即全部予以吸收的。

（2）用在非尖端技术或专有技术的转让方面，技术受方不需要技术供方不断提供有关技术进步或产品推销方面的技术情报，也不需要不断提供技术服务与协助；或者提供的技术情报、咨询或服务等无须等待观察其经济效益就可知晓结果的。

（3）技术受方有较充足的资金，或自身拥有强大的技术实力，并打算尽快摆脱对技术供方的依赖。

（4）受方不希望向供方披露自己的销售或其他财务信息，或供方无相关人员来收集和跟踪按提成费付费所需了解的相关信息和材料。[⑤]

（5）为使用主业务的副产品，权利人也研发了一种技术，许可他人使用这种技术或将技术所有权转让他人，可能会吸引有些公司来购买该副产品的。[⑥] 比如，一个制糖厂商发明了一种方法，可以把甘蔗渣变成一种发动机的燃料，它将此技术转让给收购甘蔗渣的燃料加工商，则会使公司的甘蔗渣变成有价值的原料，那么在转让技术时，对技术可采用一次性支付方式。

（6）交易金额相对较小或技术转让后的收益易于确定、具有稳定性。

（7）供方急需资金来进一步继续开发该转让的技术或开发其需要商业化的其他技术。

---

① 尹尊声. 国际技术转让价格. 上海：上海人民出版社，1993：80.

② Noel Byrne，Amanda McBratney. Licensing Technology. Jordans，2005：55.

③ United Nations Industrial Development Organization. Guidelines for Evaluation of Transfer of Technology Agreement，Development and Transfer of Technology Series，No. 12，1979：47.

④ 同②.

⑤ John T. Ramsay. Ramsay on Technology Transfers and Licensing. 2nd edition. Butterworths Canada Ltd.，2002：233.

⑥ Gregory J. Battersby，Charles W. Grimes. Licensing Desk Book. Aspen Law & Business，1999：12.

对于上述支付方式，各国有时加以限制，如金额、支付条件、范围等，有些国家规定只有对技术服务和专利使用权的转让可以一次总付，而专有技术及长期投资的设备与技术等不允许。

一次总付的变化形式可以是在总付价格确定好后，双方约定在固定期限内受方分期支付，但应约定好分期支付的日程表。在如此约定时应考虑到如下问题。

(1) 付款的时间不能太长，每期付款之间的时间间隔需合理；如果受方有一期未能如期支付，则应约定对剩下款项加速支付的方法。

(2) 延期或逾期支付的利息及违约金。

(3) 即使在延期付款期间，专利被宣布为无效，未付部分仍需支付（这一点与提成支付不同，一般情况下一旦专利被确定为无效，则自宣布无效之日起，受方有权不再支付提成费）。[①]

2. 入门费加提成

入门费加提成意指订约后若干天内或收到第一批资料后若干天内或开始执行合同时，先支付一笔约定的金额作为使用费总额的一部分，如15%，这笔金额称为入门费或初付费(initial payment)，剩余的部分再按合同约定的提成办法支付。显然它将使用费分为两部分：一部分在合同生效后约定的期限内按固定值支付；另一部分为浮动价格，或非固定价格，它是在项目投产后按产品的销售价或生产数量逐年提成支付。它是总付和提成支付的折中办法。既可以减少总付给受方带来的风险，又可减少全部提成支付给供方可能带来的风险。一般情况下，入门费占合同总额的10%～20%，提成费占80%～90%；供方要求支付入门费的多少取决于技术市场竞争的状况和供方对其利益的其他保护手段。这种支付方式是目前使用最多的一种支付方法。[②] 入门费与总付是根本不同的概念，总付是支付技术使用费的全部金额，而入门费仅为技术使用费的一小部分。技术供方要求支付入门费且也能为受方接受的情况主要有：

(1) 供方希望尽快收回在进行技术转让交易整个过程中（包括准备、谈判、签约等）所支出的直接费用。

(2) 补偿应技术受方要求提供的某些特殊或专门技术协助如专门（个性化）设计、专门技术协作或专购试验材料、仪器等所垫支的费用。

(3) “披露费”或称“技术公开费”，技术受方决定引进技术之前，需要技术供方对技术的有关情况进行介绍，或到技术供方工厂进行考察，这样会在一定程度上泄露技术秘密，技术供方为弥补可能的损失，要求技术受方给予一定的经济补偿。

(4) 技术受方吸收消化技术的能力较差，估计在协议初期收益没有确实保证的情况下，技术供方一般要求较高的入门费。

这种方法的好处在于：易于被双方接受，既能保证供方投入的回报，又让双方风险共担，促使双方合作，提高供方继续支持、帮助、指导受方利用引进技术生产产品和扩大销

---

① 根据美国的里尔规则，专利被宣布无效时，有关其许可费的条款也将无效。Lear Inc. v. Adkins, 395 U.S. 653., 89 S. Ct. 1902, 23 L. Ed. 2d 610, 162 U. S. P. Q. (BNA) 1, 1969.

② 江前良. 国际技术转让法律与实务. 北京：法律出版社，1995：40.

售的积极性与主动性。

上述两种方式通常是技术供方所倾向于选择的支付方式。①

3. 提成

提成费支付方式是指技术受方利用引进技术开始生产之后，以经济上的使用或效果（产量、销售额、利润等）作为函数予以确定，按期连续支付；简言之，它是供受双方同意的供方分享受方一定收入的权利。这种支付方式的特点是：双方在签订技术转让合同时，只规定提成的比例和提成的基础（基数），不固定合同期间技术受方应支付的技术使用费总额，只有当技术受方利用技术供方技术取得实际经济效果时，才根据合同规定计算提成费，在合同期内，按期（年、季度或月）支付给技术供方。当双方预测技术的潜在商业运作会否成功较为困难，或对技术的估价或贴现率达不成一致意见或受方支付不起适当的总付费用时，提成是一个经常用的方法。②

供方在计算提成比率时，可以将技术研发的各项成本及自己预期的利润折合成现值，按照一次总付的方式，推算自己应该确认的提成率，以说服对方。通常它们会按照如下公式计算：$R=P_0\times(1+r)^n/S$，其中：R 为提成率，P_0 为一次总付的费用，r 为贴现率，S 为合同期内的总销售额。③

具体计算方法：

（1）按产品的单位或数量（如件数、重量、功率、时间等）计算，其特点是规定每单位产品付给一定金额的提成费，不受成本、价格、利润、汇率等变化的影响，供方只需了解受方的产量即可，手续简捷；受方产量越大，供方收益越高，故供方对协助受方扩大生产、改进技术等较为主动、积极。它对以单位计量较为明确的领域或作为受方卖向市场的产品的组成部分（如元器件）的技术或受方不愿披露其销售收入等较为适合④，如机顶盒、电视机、电话程控交换机、DVD 等成熟产品或其中的某一部件等是按“件”提取；而美国某公司向委内瑞拉一企业提供石油开采技术和相应设备，约定按每桶 0.25 美元支付提成费，澳大利亚一公司向中国某铁矿企业提供采矿石的技术和设备，约定每吨铁矿石按 2 美元提成等，是按数量或重量来提取的。其难度在于每件或每一单位数量确定多少提成费合理。

对供方而言，该方法较为有利，其风险较小，因为在产品价值实现链中，其费用在初期（生产阶段）就已得到了支付。故它只关心生产，而不受产品价格和市场销售情况的影响，只要受方将技术投入生产，有产量，其任务即告完成。与其他的提成支付方法相比，这一方法受到供方的普遍欢迎。

受方在确定单位提成金额时要特别慎重，须对生产成本和销售价格的变化可能带来的结果作充分的考虑，尤其在涉及用到按供方提供的零部件、元器件或其他材料成本计算数

---

① United Nations Industrial Development Organization. Guidelines for Evaluation of Transfer of Technology Agreement. Development and Transfer of Technology，Series No. 12，1979：45.

② John T. Ramsay. Ramsay on Technology Transfers and Licensing. 2nd edition. Butterworths Canada Ltd.，2002：235.

③ 同①.

④ 同②236.

量时，如价格上涨，则可能使受方极度亏损。为此在合同中，应有相应的条款，如发生变化后，可协商降低提成费率。

(2) 按销售价提成，按技术相关产品销售总价额的一定的百分比来提取许可费。其特点是：待许可技术生产出的产品实际售出且受方将物品变成现金（这种现金分为现实的和应收的，在受方从客户处收回全部应收账款前，它还是承担较大风险的，所以以销售额计算时，受方要考虑到应收账款事宜）后，才开始进行支付；该费用与有无利润无关，只与销售价额有关。通常其费率在5%左右；当然为了保证转让的利益和鼓励受方积极销售，可在合同中约定随着销售额的增加，费率相应递减。该总额可按受方实际产品销售发票为依据。该法较为常见。所以受方企业或其政府对此法约定的提成率一定要做到心中有数，否则赚取的利润全部被供方拿走。

一项产品收入，作出贡献的因素很多，技术只是边际贡献因素中的一个，销售额不是只依靠技术而创造出的价值，如果仅以此计算，有高估技术实际价值的嫌疑，有不合理之处。为此我们需找另外一个概念——净销售额，即双方经过谈判剔除与转让技术无关的销售收入部分而得出的销售额，可扣除的部分有：受方的管理费用、生产费用、技术供方提供的原材料及相关器件的价格支出，各种商业折扣和退货，保险成本，包装成本，其他技术改进所发生的成本或创造的价值，运输成本，各种税费等。不过这些需在谈判中明确确定，根据产品的特点、技术效益范围和有关国家技术转让方面的法律规定作具体分析。例如：某保健品厂引进外方技术生产后，在包装方面引进方为产品配置精美包装，使产品经包装后，价格从每盒80元（假定其他相关费用为零，产品价格主要由所使用的技术决定）提高到100元，一年共销售500万盒，如提成率为4%，则计算许可费时，基数应是4亿元人民币而非5亿元，许可费为1 600万元而非2 000万元，因为包装费与引进的技术无关。

(3) 按利润计算提成费，即按照受方利用引进技术生产产品所获取的新增利润的百分比计算提成费。理论上说它较为合理，真正体现风险共担的原则；但实际中它可能是执行最为困难的方法，因为难以决定哪些成本或费用应当从收入中减去。① 一般情况下，受方希望用此方法，因为销售收入提成法没有考虑到技术的可获利性②；但供方不会同意此方法，一是利润难以保障，在无利润时，供方会一无所得，而且受方亏损或无利润，可能不是技术因素导致，而是受方对技术吸收消化能力不强，未能很快把握技术要点，或因管理、生产环境、气候、人员素质等导致产品质量不高或因受方销售人员销售不力导致市场萎缩等。要供方分担这些方面的风险，是供方难以接受的。二是计算较为困难，因为销售额比较公开且有据可查，而利润是一种计算结果，取决于进入成本的项目和金额，具有较大的主观随意性，利润方面的财务数据一般是公司的重点保密内容，供、受双方就获取计算利润相关信息处于不对称状态，计算利润的数据多由受方控制。因此，供方对受方计算的利润额是无法确认其是否是真正的数值，其利益得不到保障，它处于一种危险的不利状态。

基于上述原因，实务中，除了极少数的特殊案例之外，它很少被使用。③

---

①② John T. Ramsay. Ramsay on Technology Transfers and Licensing. 2nd edition. Butterworths Canada Ltd., 2002: 237.

③ Richard Razgaitis. Early-Stage Technologies, Valuation and Pricing. John Wiley&Sons, Inc., 1999: 203.

(4) 规定最低提成费法。该法要求双方虽约定某一技术转让按照年产量、售价或利润计算提成费，但必须保证供方的最低获益额，即约定一个最低限度的年提成费金额。如计算的提成费金额大于最低获益额时，则按约定计算方法计算；如小于最低获益额，则按最低限额支付。每年的最低提成费额，双方可以视情况不同而加以规定。它是供方担心其技术不能得到充分应用时的一种求得最佳利益保障的方法。[①]

该方法通常是供方为了保障其在一定时间内的收益而提出的，特别是在独占使用许可时供方只能依赖受方的生产和销售能力来获取利益，如受方不积极使用技术，或搁置引进的技术，供方可能会遭受损失；故约定最低提成费可以促使技术受方积极生产，扩大销售，以发挥技术的作用。当然有些场合，不排除供方滥用优势地位，确保自己利益而不给受方以必要的协助之嫌疑。

(5) 规定最高提成费法。该法要求双方虽约定某一技术转让按照产量、售价或利润计算提成费，但又约定供方的最高获益额（使用费提成达到了一定的现额），即如果计算的提成费金额小于最高获益额时，则按约定计算方法计算；如多于最高获益额，则按最高限额支付，超过部分不再支付。通常情况下，它是受方针对上条提出的对等条件，基于其对生产和市场较为乐观或对生产能力、产品质量或市场开发有额外投资时，希望限制供方分享不该分享的超额部分，即考虑到供方转让的技术对产品商业化成功的贡献率，应不让其获取过多的利益[②]，以保护自己利益，享受销售不断扩张而产生的超额利润或经济效益。

(6) 递减或累进提成法。前者根据生产或销售数量计算提成费时，提成率随生产或销售数量的增加而逐渐降低。它会鼓励受方引进技术，并积极生产、开拓市场；对供方而言，也较容易接受，尽管随着量的增加，提成率降低，但供方的绝对收益在增加。后者与前者相反，意指当生产产品增加到一定的数量后，提成费率增加；这样的规定看似对受方不利，但实际上可以激励供方对受方提供技术支持，因为销售量越大，供方受益就越多。

(7) 浮动提成法。为了鼓励销售额的增长，许可费率可以根据销售额达到不同的数额指标而呈下降趋势，或考虑到受方将产品打入市场时，因为营销成本较高而采取低提成率，但随着市场规模的扩大达到一个较高水平时，其成本将被分摊，供方可以要求逐渐提高提成率[③]；或是为了防止受方国家通货膨胀的影响而使提成实际收入减少，供方在约定按提成计算费率时，可要求按签订合同的工资、原材料物价指数的变动调整提成费率，以保证其预期的收益。总之，浮动提成率取决于双方在合同中的约定。

对于约定提成支付的，供方一般都会要求受方提供必要的信息渠道以准确把握核算提成的基数。为此，双方当事人应当对此有明确约定，既要保证供方知晓相关财务信息，同时受方又要寻求确保其有关商业秘密安全的途径。

我国民法典对上述方法均有提及，它规定：“约定提成支付的，可以按照产品价格、

---

①② John T. Ramsay. Ramsay on Technology Transfers and Licensing. 2nd edition. Butterworths Canada Ltd., 2002：237.

③ Richard Razgaitis. Early-Stage Technologies, Valuation and Pricing. John Wiley & Sons, Inc., 1999：235-236.

实施专利和使用技术秘密后新增的产值、利润或者产品销售额的一定比例提成，也可以按照约定的其他方式计算。提成支付的比例可以采取固定比例、逐年递增比例或者逐年递减比例”[①]，其中的“其他方式”较为灵活，由当事人自由把握。

(二) 非货币形式的支付方式

非货币支付方式意指双方不以支付货币为转让技术的条件，而以其他的对价支付方式来完成交易的一种表现形式。该方式在我国企业实务中，除技术作为股权出资外，其他方式运用不多，而且，合同法只对以货币形式支付技术价格作了规定，而未涉及非货币形式[②]，因此，讨论这一形式，对我国企业在国际技术转让实务中有一定的现实意义。

1. 技术作为受方给予的股权由供方以投资的方式转让

该方式是供方将技术价值折换成一定股份投入到受方企业中。它通常是在供受双方有长期的合作关系或供方看好受方及相应的市场情况下发生的。它是合资经营的一种方式，通常与资本投资一道，单纯的技术投资不多见。其好处在于：技术受方免受支付外汇换技术的压力，供方作为企业的股东，与技术的使用、消化、吸收直接相关，对有关的生产、销售、建立客户关系、提供技术支持等经营活动更为关注，因为它们关系到合资项目的成功与否；更重要的是，对供方而言，合资能给其带来按比例分享红利的好处，而这比许可费更有价值，因为许可费不能充分反映技术给受方带来的价值和良好声誉。[③] 但即便如此，就新技术而言，供方一般不愿意以这种方式转让，因为参股如没达到控股程度，意味着它无决策权，从经营利润中获取报酬也很困难，产权清算时评估技术价值缺少客观依据，会带来损失；另外，容易造成技术外流等。对双方而言，技术定价换算成股份是最为困难的问题。

在实务中，供方除了将技术作为股权出资可以分得红利外，往往还要求合资企业（注意不是受方）支付一定的技术使用费作为技术使用的补偿；这一要求严格说来是不合理的，因为该技术既分得利润，又提取许可使用费，一种资源双份获利，且后一种旱涝保收，没有太大风险。就此而言，它与合资建立企业、共担风险的原则是不相符合的；在与外商合资谈判中，该问题应引起注意。

按照我国法律规定，当事人以技术入股方式订立联营合同，但技术入股人不参与联营体的经营管理，并且以保底条款形式约定联营体或者联营对方支付其技术价款或者使用费的，视为技术转让合同。[④] 这一规定较为合理，它注意区分技术作为投资的方式与转让交易方式的不同，潜在之意就是权利人不能既获得投资收益又收取技术许可费。

2. 以产品或服务支付

这是在合同中约定受方以该技术生产的产品来抵偿所应支付的许可费，换言之，供方以收购受方产品来抵消使用费。在提成费合理的情况下，对受方有一定的好处，它减轻了受方营销的压力，为受方减少了外汇支付的负担；有时供方正是利用这一点抬高提成费，

---

① 《民法典》第 846 条第 2、3 款。

② 《民法典》第 846 条。

③ John T. Ramsay. Ramsay on Technology Transfers and Licensing. 2nd edition. Butterworths Canada Ltd., 2002: 238.

④ 《最高人民法院关于审理技术合同纠纷案件适用法律若干问题的解释》第 22 条。

压低受方产品价格，获取暴利。这种情况下，供方通常有自己的销售渠道，或与需要该产品的公司有业务合作关系，或有能力进入某个产品市场，或受方提供的产品能够满足供方商业活动之需要，如提供研发测试或设备检修需要的产品或专家意见与专有技术或是供方产品中一个组成部分如部件等[①]；供方要考虑营销成本和关税等。在合理公平的前提下，该方式往往为双方进一步合作或在其他领域合作打下基础。

3. 其他非货币形式[②]

以其他非货币形式支付技术转让对价的，有多种，只要双方通过合同约定即可。本书列举几种典型的方式。

（1）建立继续研发基金，即供方要求受方签约时提供一笔费用建立研发基金，或以后在技术使用过程中每年提取一定的费用作为供方研发基金来源，供方不再要求受方支付许可费；这种情况一般对政府投资支持的高校或科研机构较为适用，因为在政府紧缩研发资金时，对高校或研发机构而言，建立基金从长远的角度看，对它们而言比收取许可费更为有意义。

（2）任命发明人为顾问委员会委员，这样发明人可以继续从事相关产品或技术的开发或营销，同时也为自己赢得声誉；或者反过来说，也许因为发明人的名声和权威影响，给受方带来声誉。它主要适用于发明人为自然人或研究机构的情况。

（3）供方可以从受方处获取其授予的一定首次权利（first rights）作为对价，如对受方进行的所有技术改进或革新的首次权利，对技术研发成功后首次拒绝营销技术的权利，研发、制造、使用或销售技术改进的最先权利等。

（4）作为“技术改进俱乐部”的一员，将改进技术回授给供方进入“技术改进池”，让所有受方彼此来分享改进的技术和相关的专有技术。

（5）通过对抗式交易[③]，即转让涉及的双方当事人是不自愿地进行技术转让，由此而发生的支付对价的问题，通常是在发生诉讼或破产时使用，如通过对专利权益的主张让侵权者支付一定对价，或破产时债权人通过对其他权益的主张来完成技术转让等。在实务中，不少公司正是通过积极寻找侵权者进而找到潜在的许可方来实现技术转让的；因为侵权者显然是最需要该类技术的，而一般情况下，潜在的受方不会轻易接受技术所有人提出的解决方案，所有人只好通过诉讼来实现技术转让之目的。

六、我国的法律规定

我国对技术价格的确定及其支付方式的法律规定主要体现在民法典及相关的司法解释中，但合同法对价格确定的具体方法未作单独的强行规定，只是将其与支付方式结合在一起进行规定：技术合同价款、报酬或者使用费的支付方式由当事人约定，可以采取一次总

---

① John T. Ramsay. Ramsay on Technology Transfers and Licensing. 2nd edition. Butterworths Canada Ltd.，2002：238.

② 同①238 - 239.

③ 英文为 adversarial transactions，具体内容参见 Manny D. Pokotilow，Eaq.，etc. Valuation of Intellectual Property for Litigation//The Pennsylvania Bar Institute etc. Valuation of Intellectual Property for Litigation. Business &Tax Purposes，PBI No. 2005 - 3991.

算、一次总付或者一次总算、分期支付，也可以采取提成支付或者提成支付附加预付入门费的方式。约定提成支付的，可以按照产品价格、实施专利和使用技术秘密后新增的产值、利润或者产品销售额的一定比例提成，也可以按照约定的其他方式计算。提成支付的比例可以采取固定比例、逐年递增比例或者逐年递减比例。约定提成支付的，当事人应当在合同中约定查阅有关会计账目的办法。[①] 至于具体如何操作，可由当事人在合同中约定。

如果当事人对技术合同的价款、报酬和使用费未约定或约定不明的，根据司法解释，人民法院可以按照以下原则处理：(1) 对于技术开发合同和技术转让合同，根据有关技术成果的研究开发成本、先进性、实施转化和应用的程度，当事人享有的权益和承担的责任，以及技术成果的经济效益等合理确定；(2) 对于技术咨询合同和技术服务合同，根据有关咨询服务工作的技术含量、质量和数量，以及已经产生和预期产生的经济效益等合理确定。技术合同价款、报酬、使用费中包含非技术性款项的，应当分项计算。[②]

由此可见，我国对技术转让价格的规定还是十分原则和笼统的，法院在确定具体数额时，仍会遇到很多问题，如如何确定研发成本及相应的分摊问题，先进性、实施转化和应用的程度如何界定，技术成果的经济效益如何计算才算合理等都是未决的课题。本章的上述讨论，特别是涉及影响技术价格因素的通盘考虑，对法官裁判案件也许有一定的参考意义。

第三节　限制性条款

一、概述

"限制性条款"是限制性商业惯例[③]订入技术转让合同后之称谓，目前国际上尚无统一、明确的定义。本章将其定义为"在国际技术转让合同中，由技术供方对技术受方施加的，为相关法律所禁止、存在着不合理限制的合同条款"。其产生的原因是源于知识产权的专有性和垄断性，国际技术贸易中供受双方的不平等地位让供方处于支配地位（滥用信息不对称性）、供受双方利益的分配（培养竞争对手、失去一定的市场）[④] 等。其危害是阻碍技术流动，不利于技术的传播，造成社会财富的浪费，影响社会经济的发展，对发达国家和发展中国家的技术发展都形成了障碍。妨碍自由竞争，易导致垄断。即这些条款直接影响市场的公平竞争，尤其是对出于合同谈判中弱势的发展中国家企业而言，这些条款的出现及对其经济发展造成不利影响是较为明显的。

限制性条款是技术转让合同中经常出现的问题，它是一个带有普遍性的国际贸易问题。在国际层面和各个具体国家对此条款的规制都曾进行过不断的努力，以尽量减少不公

① 《民法典》第 846 条。

② 《最高人民法院关于审理技术合同纠纷案件适用法律若干问题的解释》第 13、14 条。

③ 由英文 Restrictive Business Practice 翻译而来，也被译作"限制性贸易做法"或"限制商业行为"。

④ 李虹，主编. 国家技术贸易. 大连：东北财经大学出版社，2005：271.

平条款的出现，但不同国家对国内、国际不同范围内的技术转让合同涉及的限制性条款的态度是不一致的。发达国家通过竞争法来规制，列举的较少，认为其是权利人滥用自己技术权利的一种；而发展中国家由于多无竞争法，常通过专门的法律加以制约。

国际社会从 20 世纪 30 年代起就为解决国际贸易中的限制性条款问题进行过积极努力，当时的技术弱国为保证国外技术所有人向其企业转让权利时不损害受方国自身的技术发展，就提出在当时的具体国际制度下应当对技术供方的权利滥用作出规制，以弥补其带来的不利影响①；到 20 世纪 60—70 年代，限制性惯例问题引起国际社会的普遍关注，大概背景参见前文。本章只对具体的条款进行讨论。

根据前述定义可以看出，国际技术转让合同中的限制性条款有以下特征。

1. 它们仅限于国际技术转让合同中，且表现得较为隐蔽。在国际市场中，各种贸易行为中存在诸如固定价格、集体抵制、瓜分市场、规定转售价格等多种旨在减少或消灭竞争的做法，它们多通过合同条款加以体现和落实，构成广义的不公平竞争条款。故技术贸易合同中的限制性条款只是各类国际贸易合同中各种限制性条款的一种形式。本章讨论的是在技术贸易中涉及知识产权等权利的使用，或伴随着它们在转让过程中而出现的一系列限制性条款。由于国际技术转让法律关系比通常的国际贸易法律关系复杂，其涉及的客体是智力成果，为一种无形商品，其表现形式为信息形态，受方企业在获取信息方面与供方处于不对称状态，在技术获取方面显然处于劣势，有求于供方。因此，供方有条件采用限制性商业做法，且表现手法比较隐蔽，受方往往难以识别，难以控制。

2. 它们必须是法律所明文禁止的。目前国际上并无统一的限制性条款，但各国的有关法律会作出限制性条款规定，由此导致其内容各不相同，即在国际层面限制性条款缺乏统一的规范性。一般而言，限制性条款都不合理，但并非转让合同中所有不合理的限制都属于限制性条款，有的限制虽不合理，但如法律并未明文规定予以禁止，则不属本章讨论的限制性条款之内容。如基于知识产权给予权利人的正当合法垄断权利，国际技术转让中的某些限制性内容，许多国家的国内法并未明文禁止，它们或多或少地会在转让合同中表现为一定的带有垄断性或限制性的条款，这可被视为合理限制。因此，限制性商业惯例必须是法律明文禁止的；法律不禁止的，即使不合理也不为本章的限制性条款。

3. 它们必须存在不合理的内容。在技术贸易中，限制性条款往往伴随着专利、商标等独占权的转让。这些依法受到保护的独占权的行使，或多或少地会在许可合同中表现为一定的带有垄断或限制性内容的条款。一般说来，这是一种基于正当权利的合理限制。而不合理的限制性贸易做法或条款则相反，它们中有的超越了工业产权等权利保护的范围，构成了这些权利的滥用；有的则没有任何正当权利的根据。它们通常是滥用权利的一种表现。当然，合理或不合理不是法律概念，而是一种主观判断，目前各国并无一致的认识。实务中经常以法律赋予权利人的权利范围为参照。

4. 它们是指单向的限制性条款，即主要指由供方施加于受方的限制。在技术贸易中，限制和反限制的斗争十分复杂，有时候，由于谈判双方力量对比有利于受方，因而也会出

① Debra L. Miller and Joel Davidow. *Antitrust at the United Nations*: *A Tale of Two Codese*//Surendra J. Patel, Pedro Roffe, Abdulqawi Yusuf (ed.). *International Technology Transfer*. Kluwer Law International, 2001: 87.

现一些技术受方对供方进行限制的情况。此外，一国政府依据国家主权对技术转让的双方当事人进行管理，这也是一种限制。但是，所有这些限制中，技术供方向技术受方施加的限制为数最多，危害最大，因而也就理所当然地成为许多国家法律明文禁止或严格控制的对象。这种限制性贸易做法的手段主要表现为技术转让方对技术受让方进行各种限制，如通过直接影响市场，削弱竞争，或通过要价过高，强求参与管理等方法。

可见，国际技术转让合同中的限制性惯例，实质上就是以行使法律保护的专利、商标等权利为借口，以获取高额利润为目的，通过不同的方法，滥用市场力量的支配地位，直接影响市场，削弱或限制竞争，或通过诸如要价过高，强求参与经营管理等方法来限制技术接受方，向其潜在竞争对手提出的一种单向权利限制，从而给国际技术贸易，尤其是对发展中国家的技术引进及其经济发展造成不利影响。

二、限制性条款的种类

（一）有关国际技术转让文本草案或条约的规定

1. 普格沃什文本草案的规定

最早在普格沃什会议上，技术转让行动守则起草小组起草的文本共列举了20种情况，另外还列举了技术转让涉及商标使用时的5种情况。它规定：不论在发达国家还是发展中国家，在技术转让安排中，下列可视为限制性的商业条款和/或惯例可能会带来重大的负面效果，故不应使用。[①]

（1）禁止或限制受方出口以任何方式用引进技术生产的产品，包括限制对特定市场的出口、允许只出口到特定的市场或要求出口前事先得到供方的同意[②]；（2）限制供方原材料、配件、中间产品和资本货物等的来源；（3）供方以质量控制或产品标准作为手段对技术受方施加无必要的要求；（4）要求受方接受其不需要的，而又须支付费用的附加技术作为其获得技术的条件，如一揽子许可等；（5）对技术生产的产品，用于出口的，须支付的技术费用高于用于国内的；（6）在有关竞争性产品的销售或制造方面，限制受方从其他供方的专利或专有技术中获取竞争性或补充性技术；（7）限制受方生产产量、范围、领域（程度）或活动领域；（8）供方保留有生产产品的销售或再售价格决定权；（9）要求受方与供方签订独家销售或代理协议；（10）限制受方公司的研发决策和活动；（11）确立单向的技术信息和改进的回授规定，即受方必须回授给供方而供方却无此义务；（12）要求受方将技术费用转化为资本股票；（13）除管理合同外，供方要求参与受方企业的管理决策；（14）要求受方使用供方指定的工作人员或雇员；（15）没有具体时间规定地要求受方在产品生产的整个过程或涉及方法的使用过程中支付许可费；（16）在合同期满或终止后禁止或限制技术使用；（17）对不使用或未使用的技术继续收费；（18）受方不应当对供方技术的合法性、有效性提出质疑；（19）在专利期满后，限制受方使用过期的“专利”技术和与此类“专利”有关的任何被许可的专有技术；（20）专利期满后，要求受方继续支付许

① the Pugwash Conferences on Science and World Affairs Working Group Code of Conduct on Transfer of Technology Draft Code of Conduct on Transfer of Technology//Surendra J. Patel, Pedro Roffe, Abdulqawi Yusuf (ed.). *International Technology Transfer*. Kluwer Law International, 2001: 410-411.

② 草案对此给出注解：认为在特定的情况下，可以给予适当的限制，但对哪些情况是特定的，没有给出或举例。

可费。

上述条款多数是发展中国家在技术转让中碰到的，故它们反映了一定的现实，具有一定的合理性和科学性。贸发会希望在此基础上进行谈判。但后来在其组织的有关技术转让守则制定过程中，由于不同国家对上述整个协议的分歧很大，发达国家、发展中国家及社会主义国家分别提出了不同的草案，其中关于限制性惯例不同集团作出了不同规定，是守则草案谈判的矛盾焦点之一。

2. 发达国家草案的规定

发达国家认为，在不影响公平竞争的原则下，技术转让应听由转让的双方当事人自己决定，故其提交的谈判文本采取“少列举，多概括”的做法。其草案在该方面的规定如下。①

考虑到所有国家的需要和愿望，特别是考虑到在进行技术转让时所出现的限制性商业行为对经济和社会发展目标的实现可能产生的不利影响，参加技术转让交易的各方应该避免下列涉及专利和/或专有技术许可的使用以及包括专利和/或技术诀窍的商标许可证的使用等方面的限制性商业行为：

(1) 对专利和技术许可证的限制，不应当妨碍非专利产品和部件的出口，或无理由地限制受方将其按引进技术进行生产的产品出口至供方未获专利权的国家；(2) 在技术转让协议中，不合理地制止或限制竞争；(3) 限制或牵制销售的条款，如强迫受方接受其并不想要的技术，或向供方或其指定的卖方购买受方并不想要的商品或服务设施；(4) 没有理由限制受方在对相似的或竞争的技术或产品进行销售或代销协议方面的自由；(5) 在专利期满后，预防对所许可的加工项目或产品方面的开发限制，或者在到期后要求继续支付专利许可费；(6) 限制受方对专利权的许可范围或有效性提出质疑或限制它对其他专利权的合法性进行质询；(7) 要求受方给予供方专卖权或代理权；(8) 要求受方向供方保证同意收回对供方的主要地位有诋毁性的行为。上述8条，其核心任务是将限制性条款界定为对竞争造成妨碍的条款。

由于发达国家主张行动守则为指导性的准则，是自发的，没有法律约束力，不改变也不替代各国的法律及国际法，且供、受双方都应遵守双方一致同意的协议，因此，上述限制性条款，不应是国家或国际法之强行规定的内容，而是当事人任意选择的对象。

3. 发展中国家有关草案中的规定

发展中国家基于是否对本国经济发展造成消极影响之原则，在其草案中详细列举了40个条款，除了普格沃什文本中的20条外②，其他内容如下。③

技术转让的协议和安排不得给需方国家的民族经济强加直接或间接地带来或可能带来

---

① 周子亚，主编. 国际法与技术转让. 上海：上海翻译出版公司，1987：24-25.

② 虽然这20项条款未必完全相同，有的可能被分解，但大同小异，无本质区别，如“要求技术需方给供方以独家销售权或代理权”之规定，只是增加了“与此同时还要适当考虑转包协定”之内容；有的只是加了一些限定，如“要求需方接受他们还没有提出的或需方国家并不需要的附加技术，为此作为获得所需要技术的先决条件”在发展中国家文本中加了“在咨询服务、国际转包、关键性工业技术项目和其他各种形式的一揽子协定中”之限定。故这些内容可以完全参照普格沃什文本的规定。

③ 同①36-39.

的不利影响的限制性条款或行为。

特别是以下条款或行为，不论它们是否构成书面协定的一部分，都将被视作限制性的行为。

(1) 对已进口的技术的推广和/或进一步应用加以限制，导致为同一技术的重复使用还须另外付款；(2) 利用商标制度所给予的特权不正当地限制受方的（商业）活动；(3) 要求需方承担义务，使用特定的商标或商号名称，或者在获得的技术（成果）上显示出供方的名称；(4) 在带有商标或商号名称的产品的销售或制造方面限制从其他供方取得竞争性或补充性技术；(5) 限制需方就有关相同的技术或产品自由达成销售或代理协议；(6) 要求禁止或限制需方出口商标协定所涉及的商品；(7) 限定只能由商标所有人供给带特定商标的进口产品从而禁止由第三者或另一持许可证者提供进口产品；(8) 限制需方进行（有关技术的）宣传或推广活动，或者规定这种宣传或推广活动需征得供方的同意；(9) 限定只能由特定的外部渠道提供进口物资、设备和备件以及输入技术和管理人员，从而有可能使受方为此支付高于正常水平的价格；(10) 要求需方企业为该企业根据早先的协定所进口的或已在国内使用的技术而付款；(11) 技术供方就与内销相对的指定出口的产品向技术需方征收支付差价，除非这种差价有利于需方国家；(12) 不顾生产成果如何，一概收取固定的最低限度技术许可费和/或随生产的扩大而不断提高许可费；(13) 对零件以及最终产品按累加方法收取技术或技术援助专利许可费，从而使全部费用实际上超过在净价相加的基础上按同一个百分率所计算出来的价格；(14) 在需方人员受训期满后，继续要求由技术供方指派（企业）人员，或对需方国家的人员使用作出限制；(15) 要求需方承担从原始技术的供方那里继续购买今后在该项技术上的发明和改进成果的义务；(16) 限制需方取得有关已获得技术方面的新发展和新改进技术的渠道；(17) 限制需方根据当地情况改造已进口的技术和对已获得的技术进行革新；(18) 技术供方要求需方承担引进不必要的改进设计和新的材料规格的义务；(19) 免除供方对由需方在引进技术帮助下所生产出来的商品的缺陷所应承担的各种义务；(20) 其他作为取得所需技术的先决条件而强加给需方的并对其有不利影响的限制。此外还规定：合同、协议或协定的期限长得不合理；对于尚未在需方国内登记的专利和其他工业产权收取许可使用费，等等，均为限制性条款。

可以看出上述20个条款中，涉及商标的有5条，涉及技术价格和费用的7条，涉及技术培训、改进和研发的有5条，而这些恰恰就是发展中国家在引进技术过程中碰到的最为严重和敏感的问题。

发展中国家还要求上述限制性条款由国家加以禁止或控制，其规定可以包括各种控制方法和手段以及根据国家利益所制定出来的总的或特殊的豁免条款。发展中国家强调国家可以干预技术转让中的限制性惯例，而非完全由当事人自己决定。

4.《联合国国际技术转让行动守则》（草案）中的规定

双方后来经过多轮谈判，在综合各种文本的基础上，形成了双方协商讨论的基础文本——1985年草案文本，虽然它没有被通过，但对实务中的国际技术转让还是起到了一定的示范或参考作用。

1985年草案文本中，限制性条款共有14条；但该部分的名称却并列了三个：涉及技术转让的惯例和安排的规制、限制性商业惯例及政治性歧视和限制性商业惯例的排除等，这反映了不同国家对该方面内容的分歧依然严重。其具体内容如下。①

(1)〔排他的〕回授条款。要求受方在排他基础上，〔或者〕在无供方补偿或互惠的条件下，而将源于受让技术的改进技术转让给或回授给供方，或供方指定的任何其他企业；或者当这种做法构成供方对其支配市场地位的滥用时。(2) 质疑技术的有效性。〔不合理地〕要求受方不能对转让中包含的专利及其他形式的发明保护的有效性或者对供方声明或取得的其他这类转让标的的有效性提出异议，承认任何因这样的异议引起的涉及当事人双方权利和义务的问题应由适当的适用法律以及与此法律一致的协议条款来确定。(3) 排他交易。非为保证合法利益的获得，特别是非为保证转让技术的保密性或者保证全力帮助或促进的义务所必需，而限制受让方就有关相似或竞争性技术或产品签订销售、代理或制造协议或者取得竞争技术的自由。(4) 对研究的限制。〔不合理地〕限制受方从事旨在吸收和修改转让技术以使其适于当地条件的研究和发展工作或者制定实施与新产品、新工艺或新设备有关的研究和开发方案。(5) 对人员使用的限制。在为保证技术转让的效率及使技术投入使用所必需的期限外，或者在此期限后当充分培训的当地人员可以找到或当地人员已被培训的情况下，或者对技术受让国人员的使用不利的情况下，〔不合理地〕要求受方雇用供方指派的人员。(6) 限定价格。〔不公平地〕强迫受方在技术转让所及的相应市场内就使用供方技术制造的产品或提供的服务遵守价格规则。(7) 对技术改进的限制。〔不合理地〕阻止受方修改进口技术以使其本地化或对之进行革新，或者当受方基于自己的责任并且在没有使用技术供方的名字、商标、服务标记或商名情况下进行修改时，强迫受方采用其不愿采用或不必要的设计或规格变动，除非这种修改不适当地影响到提供给供方、供方指定的人或其他被许可人的产品或制造产品的工艺，或者被用作供应供方客户的产品的零部件。(8) 独占销售或代理协议。要求受方授与供方或其指定的任何人以专卖权或独家代理权，除非在合同或制造协议中当事人各方同意由供方或供方指定的任何人来分配技术转让协定下的全部或部分产品。(9) 附带条件的安排。〔不当地〕迫使受方接受其不愿接受的额外技术、将来发明及改进、货物或服务，或者〔不当地〕限制技术、货物或服务的来源，以此作为购买供方要求提供的技术的条件，而该技术并不是当受方使用供方的商标或服务标记或其他标记时为保持产品或服务的质量所必需的，也不是当充分达到部件的规格有困难或涉及公开非包含在协议中的额外技术时为完成某项已被担保的特殊性能义务所要求的。(10) 出口限制。(11) 共享专利或交叉许可协议及其他协议。以技术供方之间的共享专利或交叉许可协议或其他国际技术转让交流协议中对地域、数量、价格、客户或市场的限制，不当地减少受方接近新的技术进步的机会，或者导致滥用某一行业或市场的支配力量，从而造成对技术转让的不利影响。附于合作协议的适当限制，如合作研究安排，不在此列。(12) 对广告宣传的限制。〔不合理地〕规定对受方进行广告宣传的限制。但是，当广告宣传利用了供方的名字、商标或服务标记、商名或其他标记时而为防止损害供方的商誉或信誉所必需的，或者供方当可能由其承担产品责任时基于避免此责任的合法理由所要求的，或者适当情况下为了安全的目的或为了保护消费者的利益或者为了保证转

① Chapter 4 of Draft International Code of Conduct on the Transfer of Technology 1985 Version.

让技术的保密性所必需的对广告宣传的限制，不在此列。（13）工业产权权利有效期届满后的付款义务和其他义务。因继续使用业已失效、被撤销或有效期届满的工业产权而要求付款或强加其他义务。承认对任何其他问题，包括就技术的其他付款义务，应依照适当的适用法以及与该法一致的协议条款来解决。（14）协议有效期届满后的限制。协议期满或终止后，限制受方继续使用该技术。

5. TRIPs 协议的规定

WTO 框架下的 TRIPs 协议只列举了三种情况，即限制受方对知识产权的有效性提出质疑、进行强制性一揽子许可、在许可合同中规定排他性返授条件。[①] 但因为它是 WTO 一揽子协议中的重要组成部分，它与前面的《联合国国际技术转让行动守则》（草案）文本等不同，它对成员方有约束力，而非任意性选择的内容。

总之，除了 TRIPs 协议的规定外，前面 4 个草案文本的规定，对技术转让的双方当事人都有参考意义，当事人可以在合同中约定哪些条款为具体合同的限制性条款，并将它们排除出去。当然，在技术转让合同中，一般当事人甚至对国家立法中有关限制性惯例也采取灵活的做法，为了吸引技术和投资，它们可能“两害相权取其轻”，对合同中的限制性条款按其利弊大小区别对待，对实际损害大的予以禁止，对实际损害不大的则不予禁止，并非是在任何情况下、任何时候对限制性惯例都采取一概排斥的态度。

（二）我国的有关法律规定

我国民法典法规定，非法垄断技术、妨碍技术进步或者侵害他人技术成果的技术合同无效。[②] 这一条虽没有直接出现限制性惯例的字眼，但其本质和内容却反映了含有限制性惯例的合同所可能面临的命运，因此我们可以将其看作是我国法律关于该方面的原则性或概括性的规定。后来最高人民法院有关司法解释对该条给出了界定，列出以下六种行为属于“非法垄断技术、妨碍技术进步”：（1）限制当事人一方在合同标的技术基础上进行新的研究开发或者限制其使用所改进的技术，或者双方交换改进技术的条件不对等，包括要求一方将其自行改进的技术无偿提供给对方、非互惠性转让给对方、无偿独占或者共享该改进技术的知识产权；（2）与《技术进出口管理条例》列出的限制性条款的第 4 条相同的条款；（3）阻碍当事人一方根据市场需求，按照合理方式充分实施合同标的技术，包括明显不合理地限制技术接受方实施合同标的技术生产产品或者提供服务的数量、品种、价格、销售渠道和出口市场；（4）要求技术接受方接受并非实施技术必不可少的附带条件，包括购买非必需的技术、原材料、产品、设备、服务以及接收非必需的人员；（5）与《技术进出口管理条例》列出的限制性条款第 5 条相同的条款；（6）禁止技术接受方对合同标的技术知识产权的有效性提出异议或者对提出异议附加条件。[③]

民法典涉及限制性条款的具体内容有：专利实施许可合同只在该专利权的存续期间内有效。专利权有效期限届满或者专利权被宣布无效的，专利权人不得就该专利与他人订立

---

① Article 40 of TRIPs Agreement.

② 《民法典》第 850 条。

③ 《最高人民法院关于审理技术合同纠纷案件适用法律若干问题的解释》第 10 条。

专利实施许可合同。[①]

我国《对外贸易法》规定[②]：知识产权权利人有阻止被许可人对许可合同中的知识产权的有效性提出质疑、进行强制性一揽子许可、在许可合同中规定排他性返授条件等行为之一，并危害对外贸易公平竞争秩序的，国务院对外贸易主管部门可以采取必要的措施消除危害。显然它参照了 TRIPs 协议的规定。

我国 2011 年修订的《技术进出口管理条例》列举出了具体的类型。它规定[③]，技术进口合同中，不得含有下列限制性条款：（1）要求受让人接受并非技术进口必不可少的附带条件，包括购买非必需的技术、原材料、产品、设备或者服务；（2）要求受让人为专利权有效期限届满或者专利权被宣布无效的技术支付使用费或者承担相关义务；（3）限制受让人改进让与人提供的技术或者限制受让人使用所改进的技术；（4）限制受让人从其他来源获得与让与人提供的技术类似的技术或者与其竞争的技术；（5）不合理地限制受让人购买原材料、零部件、产品或者设备的渠道或者来源；（6）不合理地限制受让人产品的生产数量、品种或者销售价格；（7）不合理地限制受让人利用进口的技术生产产品的出口渠道。

根据 1985 年的《技术引进合同管理条例》（已经失效）第 9 条及其实施细则第 14 条、第 15 条的规定，供方不得迫使受方接受不合理的限制性要求；未经审批机关特殊批准，合同不得含有第 9 条限制性条款。其列举的内容与 2011 年修订的《技术进出口管理条例》相比，显得更为严格，但在现实中具体执行或操作较为困难，故后者在继承原有规定的基础上，在某些条款前加上“不合理地”一词，如在“限制受方自由选择从不同来源购买原材料、零部件或设备”前加上，使现有规定具有一定的灵活性，而非绝对。对“双方交换改进技术的条件不对等”及“禁止受方在合同期满后，继续使用引进的技术”两条，《技术进出口管理条例》作出了舍弃的选择，意味着它们不再是法律的强行规定，而由当事人自己去决定；但如果是合资经营中的技术转让，则应按相关的法律规定处理。2019 年 3 月修订的《技术进出口管理条例》将第 29 条删除，这就意味着在将来的技术转移合同中，有关限制性条款的内容将完全由合同双方当事人来自由约定，这对于受方来说将是一个巨大的挑战。然而，2019 年修订的《技术进出口管理条例》第 29 条及《联合国国际技术转让行动守则》（草案）有关限制性条款的规定仍有重大的参考意义。

因为技术转让与投资多是相伴而生，故我国的合资、合作经营企业法对技术转让也有规定。2014 年 2 月第 5 次修订的《中外合资经营企业法实施条例》对该条例制定以来规定的内容未作任何改动[④]，它要求合营企业订立的技术转让协议，除报审批机构批准外，还必须符合以下条件：（1）技术使用费应公平合理[⑤]；（2）除双方另有协议外，技术输出方不得限制技术输入方出口其产品的地区、数量和价格；（3）技术转让协议的期限一般不超过十年；（4）技术转让协议期满后，技术输入方有权继续使用该项技术；（5）订立技术转

---

① 《民法典》第 865 条。

② 《对外贸易法》第 30 条。

③ 《技术进出口管理条例》（2019 年修订）第 29 条。

④ 《中外合资经营企业法实施条例》（2014 年修订）第 43 条。

⑤ 实务中，一般采取提成方式支付。采取提成方式支付技术使用费时，提成率不得高于国际上通常的水平。提成费应按由该技术所生产产品的净销售额或双方协议的其他方式计算。

让协议双方，相互交换改进技术的条件应对等；（6）技术输入方有权按自己认为合适的来源购买需要的机器设备、零部件和原材料；（7）不得含有为中国的法律、法规所禁止的不合理的限制性条款。上述诸条多涉及限制性惯例。2019 年 3 月修订的《中外合作经营企业法实施条例》对前述规定进行了修改，删除了第 3 项和第 4 项的内容。2020 年 1 月 1 日《外商投资法》正式实施后，这些限制性条款的内容将由双方当事人在合同中自由约定，法律不再强行规定。

另外，《反不正当竞争法》第 6 条、第 11 条、第 12 条、第 15 条规定了不正当竞争行为的几种表现形式，如规定经营者销售商品，不得违背购买方的意愿搭售商品或者附加其他不合理的条件；投标者不得串通报标，抬高标价或者压低标价；投标者和招标者不得相互勾结，以排挤竞争对手的公平竞争等，也可以适用于技术转让。

限制性条款是由技术转让本身的性质、特点而派生的一个复杂问题。根据我国上述法律、法规的规定，可以看出我们现在对其采取了有原则的灵活态度，并渐呈开放之势，即我们不全盘接受，也非全部拒绝，而是根据实际情况，具体分析，区别对待。既不认为限制性贸易做法当然有效，也不认为它们当然无效，而是基于“合理原则”的效力加以确定。但“合理”是个无统一标准的抽象概念，何为“合理”或“不合理”，在法律解释上很难达成一致意见，它在很大程度上依赖于法官的解释。当然，一般而言，如果供方的限制超越了其受法律保护的权利范围，使受方承担了不该承担的义务，这种结果的不公平不利于受方的发展进而影响受方国经济的发展，显然是不合理的。但对那些没有实质危害、利多于弊、能提升受方技术能力的条款，可认为是合理的。在具体实践中，凡法律规定合同中不得含有的限制性条款，未经有关机关的特别批准，就不得写入合同中；凡法律未明确禁止的限制性条款，可由当事人根据技术交易的具体情况和利弊关系，全面权衡后，自己决定：如有些技术贸易，短期看，未必有利，但为了长远利益必须引进的，就需要作出必要、合理的让步来获取技术。

第四节　陈述、保证条款

在技术转让合同谈判期间，双方对将谈判的问题都会作出陈述或提出意见，其中一方向另外一方提出后并被对方接受的话，表意人应当对此通过生效的合同或其他法律途径来承担法律义务。合同中，保证、补偿和相关承诺条款一般是必不可少的内容，而陈述或表意条款属于可能的条款。[1] 所以后文主要分析保证及与其相关的内容。

一、陈述、保证、补偿与承诺概述

陈述（representation）条款是对事情状况存在与否的声明，尽管它未必是合同的当然条款，但一旦陈述作出后，对表意人而言，如果对方能证明是基于表意人的诱导签下合同的，则相对人可以要求表意人承担一定的责任。即使该陈述是虚假的且表意人并未意识

① Noel Byrne，Amanda McBratney. *Licensing Technology*. Jordans，2005：199.

到，相对人由于误解而签订了合同，它也有权解除合同；如果该陈述条款成为合同的重要条款（英美合同法中所说的“条件”），它有权终止合同，并对对方的违约行为提起赔偿诉讼。

保证[①]是指对事情的状态或性能存在、已经存在或将来会继续存在所作的有约束力陈述（例如，供方在此声明并保证它对知识产权拥有完全的所有权，在使用中不会遇到任何障碍或权益之争）。保证的内容一般由供方作出，包括所有权（即没有任何权利瑕疵）、有效性、商业效用、可售性（merchantability）、充分使用权和适于合同目的等。[②]

陈述与保证不是同义词，它是合同的一个担保（collateral），是诱导另一方签订合同所作的事实陈述，如果所作的事实陈述是虚假的，它可能构成合同缔约过程或初期的欺诈行为，会导致合同的撤销。而保证是合同的一部分，它必须是真实的且根据其条款必须保持真实状况。[③] 保证条款的违背，意味着违约，要承担相应的法律责任，即一般意义上的补救，包括赔偿，如构成实质违约，将导致合同的终止。当然，同样一个事实，既可是保证的对象也可是陈述的对象，由此如是虚假则带来的后果是有显著区别的；但尽管有区别，现实合同中还是将它们合在一起称为“陈述和保证条款”。不过，严格说来，陈述不是合同的组成部分，有关的合同条款基本上被说成保证似更为恰当。

关于补偿，通常含有三部分，即一方同意补偿、辩护和使另一方免于受到损害。补偿是与技术转让合同中的保证条款相伴而生的；补偿条款与担保（法律规定或当事人约定的、在特定情形下不能履行义务的债务人以约定的财产作为补偿以确保债权人的利益得以实现的法律措施）相似，但与担保在法律意义上有很大的不同，它是指一方同意赔偿另一方因诉讼、仲裁或其他解决纠纷方式而带来的损失。辩护意指一方同意补偿另一方在因第三方提起诉讼中的辩护而支付的诉讼费用。使对方免于受到损害意指一方同意采取措施对对方因第三方或自己所涉及的诉讼中免于受到损害。

可以看出，补偿不同于保证，因为补偿中所述的情况可能构成违约也可能不构成违约；被补偿一方只需表明补偿涉及的情况或前提条件出现了，且它所主张的的损失在约定的补偿范围内，它就有权主张获得赔偿。因补偿而提起的赔偿之诉不是一个债务纠纷，也非完全为损害赔偿之诉。保证是一个合同条款，违约者将根据一般损害赔偿诉因求偿，而补偿条款根据其语义，可能或可能未排除损害赔偿之诉因。由于许可并不能使受方免于侵犯其他人知识产权或面对其他侵权责任的可能，补偿条款允许双方平衡风险和收益。一方责任的范围可以明确约定为一定数额，双方也可约定分担诉讼费用等。[④]

承诺是一个从事或不从事特定行为的合同诺言，例如，受方承诺它将尽最大努力在许

---

① 在技术转让合同中，“保证”（warranty）不同于“担保”（guarantee），现实中可惜的是，许多人将二者混用。保证是供方对受方就其提供的产品或技术作出的承诺，而担保是第三人对权利人作出的承诺，即对义务人不履行义务时它将履行。科学技术部国际合作司中国技术市场管理促进中心. 国际技术转让指南. 北京：中国政法大学出版社，2000：154－155.

② 根据《美国统一商法典》第2—312（3）款之规定，“任何销售者都应当保证所卖之物免于第三者以侵权为由提起权利之争之诉讼”。Martin J. Adelman，etc. Patent Law. 2nd Edition. Thomson & West，2003：1060.

③ Brian G. Brunsvold，etc. Drafting Patent License Agreements. 5th Edition. Washington，D. C.：The Bureau of National Affairs，Inc.，2004：173.

④ Martin J. Adelman，etc. Patent Law. 2nd Edition. Thomson & West，2003：1060.

可区域范围内营销被许可的产品……它承诺在许可的地理范围之外，对被许可的产品不从事任何营销活动……对承诺的违反一般也要承担一定的法律责任。

除了双方明确同意的条款之外，技术转让合同也会包含一些法院将支持的默示或推定条款，例如在合同中，通常都会有一个默示的条款，即供方有权授予协议本身所含有的符合合同目的转让于受方的权利。诸如合同目的适用性等条款根据法规或民法典也可推定出来，除非一方放弃（在法律允许的情况下）。机敏、老练的协议起草者都会毫不犹豫地尽量使合同的条款及其语义明确，以利于他的当事人，避免模糊不清带来的争议；但出于心理上的效果或模糊会利于本方当事人之情形除外。而且为受方起草协议者应当把所有重要的事实写进合同条款中，以防在发生争议时，对方用“整个协议”或“完整统一”等条款将它们排除在外。技术转让的箴言是：受方需自行当心，“货物”出门（协议一旦签署生效）概不负责。这句话的意思是指受方在签订技术转让合同时，务必谨慎，一旦协议签下，后果多由自己来承担，其中保证条款将起到关键作用。

二、合同中保证的内容

在技术转让中，由于供受双方地位的不对等和信息的不对称性，供方处于有利地位，受方一般需要将有关的内容予以明确，在合同中确定下来。下列条款明确与否对供方可能无任何损害，但对受方来说就有一定的意义。

1. 供方对授权技术权利的保证

通常规定：就转让的技术而言，供方陈述并保证在合同期内它都将拥有法律上的权利，受方经过授权获得的权利不会受到影响，它没有也不会对任何其他人作出有损于转让权利或与行使该权利不一致的承诺；即作为所有权人或经所有权人的合法授权，它能够将转让协议中具体约定的权利授予受方；且在作出该承诺时，它保证的是所有权，而非可以营销的权利。潜在的受方应当检查一下专利的有效性、有效期和登记情况及其他有效的法律文件，以确认供方的权利或授权情况是否如其所保证的那样，从没有合法注册的一方获取的让与、许可或分许可可能会被随后的交易所撤销，变得无效。

有效性的保证是指对转让权利的实体和实质的保证；技术转让中对专利、专有技术的有效性，一般均须作出保证。供方对有效性承诺的违反，意味着受方可以拒绝承认合同的有效性并可借此向供方索赔。因此，受方必须确认：与其进行技术转让的一方必须是适当的人①，即为拥有有效技术和相关权利的人。

在英国纳德尔诉马丁案②中，几项专利权的所有人纳德尔同意将有效期未满的专利卖给受方，许可费部分以现金方式支付，部分以受方将组建的公司的股份形式支付。供方担保专利的有效性，受方以本票形式支付现金部分。后来受方发现供方的专利是无效专利。供方所持本票在银行兑付时遭到拒绝并起诉受方，受方认为因为供方承诺的专利有效性是合同很重要的条款，因对方违约，它可以拒绝承认合同的有效性。初审法官在对合同解释后认为，担保不构成合同的条件条款，只是一个保证，故受方无权撤销/解除合同。但上

① Noel Byrne, Amanda McBratney. *Licensing Technology*. Jordans, 2005: 202.

② 同①202－203.

诉法院认为：专利的有效性是该合同签订生效的基础；因此，即使合同已经履行，被告也无义务支付已到期的款项，而且被告还可以向原告追偿它已支付的款项。

在比赤姆诉乌兰案[①]中，专利所有人将用在蒸汽发动机中的自动排水阀技术作为整个公司出售的一部分转让给受方，供方保证专利是有效的，且还在专利期内。后来，专利被发现是无效的。受方拒绝付款，要求解除合同，为此，它被告上法庭。法院认为：尽管被告不能解除合同，但它有权对供方保证责任之违反提起赔偿之诉；合同应当约定受方可基于保证条款之无效解除合同，但合同无此约定。支付许可费是有条件的，即供方要确保受方根据合同获得垄断权。要获得如此有效的垄断权，首先专利必须有效，并要保证该专利不受到第三方的侵权；一般在技术转让合同中，专利的有效性构成了合同成立的基础要件和前提条件。如果专利无效，任何人都可以使用该专利制造或销售产品，或专利被侵权，他人也可以制造或销售，则受方的垄断权受到了严重影响，其预期目的就不能实现。

尽管知识产权的有效性可以通过注册获得，但供方在转让技术时不能以绝对的语气来保证专利的有效性；不过作为受方，对技术的有效性应当坚持，要求供方不应从事任何行为使专利无效或在其所知的范围内没有理由知道专利无效（如申请专利时对新颖性认知的缺乏）。但无论如何，受方都应当对供方提供专利的有效性进行充分的调查。至于专有技术，受方应当要求供方保证对受方的披露不会导致对第三方保密义务的违反，而且就供方所知，该专有技术尚未进入公有领域，同时该技术在行业里有优势和巨大价值。

2. 与将来权利授权转让相关的保证

就一个公司雇员或其他商业团体将来发明的转让而对受方作出的承诺而言，或从受方立场看得到这些发明是主要的对价时，受方尤其要谨慎考虑如下条款的明确表述，除非供方的商业行为及信誉很好并能得到完全的确认。

（1）供方有义务保证对其员工将来开发的技术拥有完整的所有权。供方保证：在合同期间，它有权从其所雇用的或其子公司或分支机构雇用的、从事的研究、开发或其他创造性的工作员工处获取与同意转让给受方技术相关的各项发明的权利，根据本合同，在合同有关价款规定的条款之外，受方不需支付任何费用将从供方获取上述权利。

（2）供方保证它将尽到谨慎义务确保对其员工开发的未来技术拥有所有权。在整个合同期内，根据合理可行的商业习惯，供方将使其雇用的、从事研究、开发或其他创造性的工作的员工，就本合同范围内的技术发明向其披露，并将相应的发明技术的权利转让给供方，以便于受方根据本协议获取供方同意授权的相应的权利；但双方理解，如果供方尽到最大谨慎义务，由于疏忽未能履行本合同该部分约定之内容，将不构成违约。

（3）根据供方的商业惯例，如与政府有关机构签订合同时的做法，该类承诺的限定条件是必须具备的话，相应的补充条款应予明确表述，如：供方确保未来技术授权权利之义务的限定条件。双方认识到由于供方直接或间接地已与或此后将与政府机构或其他实体签订合同，进行由上述机构或实体资助的研发工作，上述合同要求供方将由此研发的技术之权利转让于它们或限制供方将上述发明技术的任何权利转让于第三人，双方同意由此导致

---

① Noel Byrne，Amanda McBratney. *Licensing Technology*. Jordans，2005：203.

的供方不能将已同意转让的上述技术转让给受方之行为，不构成违约。

显然，如果希望将有些义务排除在外，也可将上述条款的内容扩展至其他条款。供方对自己将来权利需要一个保护性的规定也是很常见的，比如：有时它为得到一个专利或许可权利，需付出较高的价格，如果在许可协议中包含了这样的专利或权利，则它会要求受方增加对价，否则对它而言是很不经济的。

（4）从许可授权范围支付中获取专利权利的消除。如果供方从其雇员之外的其他人处以金钱支付获取专利或专利中的许可权利，则除非双方在合同生效期间内明确同意外，本合同不适用于上述专利或权利。

如果受方希望就获取现有技术转让后的其他技术之要求能比合同现有规定得到更大保障，下面的约定可以考虑。

（5）受方有权选择获取转让后的技术。如果供方在合同生效期间内从其雇员之外的其他人处以金钱支付或其他对价方式获取专利或专利中的许可权利，则上述权利也包含在本合同转让之中，除非受方明确同意支付该对价相应合理的份额。

此外，受方不应当仅仅要求在签协议或协议生效时，供方保证其权利的行使不受任何阻碍，它应要求供方承诺：在协议履行期内，供方要始终如一地保证其被许可的权利的行使不受任何阻碍，如将技术所有权让与他人，尤其是受方希望从供方不断得到改进了的技术时。合同中应明确，如果要转让、让与或发生其他变化，供方应书面通知受方；如果约定发生上述行为需经受方同意的，供方不应无理由地撤销。

3. 与技术或技术权利相关商事活动的销售总额相联系的保证

当一项专利或其相关的权利单独售出或与其他财产一道售出后，受方可能要求供方对其所有权作出保证，或如无上述事实，受方基于默示的担保而与供方完成了交易。如果交易涉及含有一定技术内容的业务的获取，那么，无论技术是单独出售还是与其他财产结合起来，受方可能需要下面的保证。

（1）对受方业务相关的技术保证。在本合同生效之日，供方保证它没有涉及任何技术侵权之诉或遭受与转让技术相关的权利归属或侵权之争；除非双方在合同中明确约定，供方在合同生效之日，对与转让有关的技术许可或技术信息没有通过与转让业务相关的协议来运营或向他人支付许可费的方式来使用该技术，且承诺无论如何它也不会签订类似的协议。

（2）专利所有人在授予一个非独占的许可后可能会授予一个独占许可，而先前的协议可能与独占许可的权利不相一致，则供方会希望作出如下陈述：供方在此声明，它没有授予任何人在本合同生效之日依然有效的、该转让专利项下的任何权利。

4. 保证受方不受干扰地使用许可技术（quiet enjoyment）

该款内容通常不会是格式条款，它必须经过谈判并在合同中予以明示。供方违背其承诺的方式多种多样，例如在合同期它没有继续缴纳专利年费或其他法律规定的费用导致专利不受保护，或者未能有效阻止第三者侵权等。在英国弥尔斯诉卡尔森案中，供方诺特洛通过契约授予卡尔森和德甫里斯一项专利技术在剩下时间内的独占许可，受方可以制造、使用、销售，并且还有权利进行分许可；供方还承诺，如果受方认真履行自己的义务，“它们将在整个合同期内，和平而又不受干扰地使用通过许可获得的技术，有权利将技术分许可于他人并授权其他人不受供方及其执行官员、管理人员或任何其他人的任何法律上的干扰使用前文所述的发明”。受方的义务是支付许可使用费。供方还进一步许诺：如果发生侵权行为或受方使用权利受到威胁，应受方之请求或出于受方利益所需，供方将自己支付成本来启动侵权诉讼。同时还规定：如果供方不起诉，或如果专利因为供方没有诉讼或发明不具新颖性或侵犯其他人专利权而变得无效时，许可费将停止支付。诺特洛将自己在专利中的权益转让给了弥尔斯，受方将自己承诺的费用支付给弥尔斯。第四年末，由于权利人没有续付专利年费而使专利失效。受方基于此拒付使用费，弥尔斯就未付许可费提起诉讼。受方主张：供方有一明确的默示责任即续交年费，而原告由于没有缴纳年费导致供方违背合同约定的“受方不受干扰地使用技术”之义务。法院认为：供方具有缴纳年费之责任，由于原告之过错没有续交年费而导致合法权益中断；换句话说，原告违背了自己“让受方不受干扰地使用技术”之承诺，由此对被告应当承担法律责任。但是，该义务的违反，并不意味着受方可以拒付使用费；因为该义务的承诺并不是支付许可使用费承诺的前提条件。

适于合同目的方面，供方应当知道其将转让的技术对受方而言，出于特定的目的，是否可以应用或有商业优势。① 因此，如果供方出于特定目的或应受方要求之目的而研发了一项技术，在受方根据供方的说明利用这些技术时，供方应当保证该技术适于这样的目的。这一点在合同中最好予以明示。

5. 不侵权保证

潜在的受方可能对侵权问题存在两个方面的担心，一是第三方对许可于它的知识产权进行侵权；二是对源于第三方使用和利用许可于它的知识产权而构成的侵权。② 如果因第三方侵权而提起的诉讼正在审理中，将来的受方希望得到保护，以避免知识产权无效之风险。至于知识产权第三方的侵权，供方并非全能，没有一个供方会以绝对的语气保证：未经授权的盗用不会发生。供方会表示：他并不知晓第三方在许可时可能侵犯了其知识产权或盗用了他的专有技术。如果有关告供方侵权的诉讼正在进行，则受方应要求供方先解决该纠纷并对受方在使用和利用许可技术时因第三方提起侵权之诉造成的损失给予适当补偿。供方不该保证其提供技术的使用没有侵犯第三方权利，但条件是他没有理由知道此事；比如，供方应当知道，许可技术的使用方式是否侵犯了独占许可于他人的利用同样技术的权利。

除非明确约定，供方一般无默示的义务保证受方免于第三方侵权；相反，如果它愿意，他可能会容忍尽可能多的侵权者。③ 如此，他可以通过侵权之诉获取许可之外的收入，同时可将侵权人变成自己的受方。因为侵权者一般都是需要该技术的，将技术非法使用者变成合法使用者是技术所有人经常采取的策略。正如同人们普遍接受的那样，不受控制或无保证的侵权可能使许可变得毫无意义，受方经常要求许可协议中包括第三方侵权条款，专门约定供方此方面的义务，供方的技术权利应能足以对抗任何第三方的侵权行为；该条

---

① Noel Byrne，Amanda McBratney. *Licensing Technology*. Jordans，2005：206.

② 同①205 - 206.

③ Water Technologies Corp. v. Calco Ltd. 576 F. Supp. 767，220 U. S. P. Q. 603（N. D. Ill. 1983）.

款对于非独占受方而言非常重要，因为对于独占许可的受方而言，它有以技术所有人的名义对侵权人提起诉讼的资格[①]，而通常情况下，非独占方并无此诉权。

三、我国的有关法律规定

我国对上述保证的规定主要见于民法典。民法典及相关法律规定：技术转让合同的让与人与技术许可合同的许可人应当保证自己是所提供的技术的合法拥有者，并保证所提供的技术完整、无误、有效，能够达到约定的目标[②]；专利实施许可合同让与人负有在合同有效期内维持专利权有效的义务，包括依法缴纳专利年费和积极应对他人提出宣告专利权无效的请求，但当事人另有约定的除外[③]；技术秘密转让合同的让与人应当按照约定提供技术资料，进行技术指导，保证技术的实用性、可靠性，承担保密义务[④]；专利实施许可合同的让与人应当按照约定许可受让人实施专利，交付实施专利有关的技术资料，提供必要的技术指导。[⑤] 可以看出，首先，我国法律将供方保证拥有其所转让的技术之专有权或依法、依合同有转让权作为供方最基本的、首要的义务，它关注的是合法性问题，无此将导致合同无效。其次，法律将供方保证技术的实用性和可靠性或“完整、无误、有效，能够达到约定的目标”作为供方的核心义务提出，强调了供方在技术质量和合同目标实现方面所应承担的保证责任。再次，供方保证按合同约定向技术受方提供技术资料并进行必要的技术指导，同时还保证履行保密义务。

民法典还规定：受让人按照约定实施专利、使用技术秘密侵害他人合法权益的，由让与人承担责任，但当事人另有约定的除外。[⑥] 这是从承担责任的角度强调供方对其技术合法性的保证义务，即该义务是由合法性义务自然引申出的合理规定；当然，当事人另有约定则从约定。

在我国技术转让合同实务中，当事人往往对保证条款重视不够。前文介绍的发达国家的不少做法值得我们借鉴。作为受方的我国企业在技术转让中，可要求供方保证以下内容。

(1) 保证是技术的合法持有人，且有权进行技术转让。对于共有技术而言，转让需经全体共有人同意方可转让；对于从属专利而言，它是以基础专利为基础而产生的，其实施以基础专利为前提和条件，故其所有人转让技术时需征得基本专利权人的同意，否则可能会受到后者的侵权指控，影响受方顺利实施转让的技术。故要区分持有人与有权转让的概念。

(2) 保证专利的可实施性。实施是指专利产品的制造或专利方法在工业上的应用；转让技术应可以制造专利产品或在工业实践中得以运用。否则，技术转让无意义，可要求退回费用，承担损失，终止合同。

---

① Martin J. Adelman, etc. Patent Law. 2nd Edition. Thomson & West, 2003: 1061.

② 《民法典》第 870 条。

③ 《最高人民法院关于审理技术合同纠纷案件适用法律若干问题的解释》第 26 条。

④ 《民法典》第 868 条。

⑤ 《民法典》第 866 条。

⑥ 《民法典》第 874 条。

（3）保证专利的有效性，并在专利期内按时缴纳年费。

对于专有技术，供方要保证：技术的可实施性、有用性、先进性及技术产品应达到的标准；权利方面要保证无瑕疵；资料方面要保证技术资料的真实性、全面性和准确性及交付资料的及时性，对缺失或缺陷资料及时补充更新；对于改进和革新的资料，如约定保证交付的也应交付。当然，供方保证的内容还有：技术服务和培训的质量，培训的师资、内容、方法、时间、教材等；服务时间、人员及产品质量保证（正确使用技术的条件下，保证达到规定的技术性能指标）和对受方商业秘密（经营信息、生产等）的保密。当然受方也要作出如下保证：合理和按合同约定使用技术的保证，充分、及时、正确地使用技术的保证，以尽早尽快商业化；保密保证和支付保证等。

第五节　技术改进条款

改革开放 40 多年来，我国意图通过技术转让来提升自己自主创新能力的目标总体上说不太令人满意[①]，造成这种结果的原因很多，我们认为与技术转让合同中的改进条款有很大的关系，下文试图对技术转让合同中的改进条款进行探讨，并希望引起我国企业和有关部门的高度关注，以期有利于我国的技术创新。

一、技术转让中涉及技术改进的一般问题

转让技术时，各方都会考虑到合同期内他方改进或提升技术的可能性；如果一方有能力或资源来开发技术，他方就会自然理性地想到在现在许可的技术将来被开发或提升的技术取代时，如何保护自己的利益。特别是就受方的利益而言，其风险更大，因为如果技术供方在不断研发或改进技术，在这一动态的过程中，改进的技术或新技术总会出现，并有替代新技术的可能性，一旦升级的技术出现并生产出产品在市场上销售，则受方原先受让的技术生产的产品可能面临被淘汰的危险；这样一来，对受方而言，受让技术的目的无法实现。当然，对供方而言，受方有可能在其转让的技术基础上进行改进、提升，将来可能成为自己强有力的竞争对手，对此供方也需要约定如何处理。因此，在技术转让合同中，对原先转让的技术，当事人在谈判时就必须决定如何分享及谁拥有合同期内作出的技术改进权利，不少国家法律并没规定当事人间必须分享改进，它是合同约定的内容。[②] 在德国，一般认为，技术受方在获得他人技术基础上的改进常视为他与供方为共同发明人，受方成为专利的共同申请人；在合同中约定由供方无偿使用受方改进了的技术或受方承担转让其改进成果于供方之义务被视为无法接受的限制。[③] 我们认为这种做法过于绝对，还是英国、美国的经验值得借鉴，即受方改进后之成果应该由双方当事人在合同中加以约定。

---

① 具体原因和分析参见马忠法，宋永华. 改革开放三十年中国技术引进后续研发问题及完善. 知识产权，2008（6）.

② John T. Ramsay. *Ramsay on Technology Transfers and Licensing*. 2nd edition. Butterworths Canada Ltd.，2002：189.

③ Jochen Pagenberg，etc. License Agreements. 5th edition. Carl Heymanns Verlag KG，2003：151－153.

改进意指与被许可技术相关的任何技术进步，具体操作可以以原先技术没有包括的内容为标准，也可以以原先技术已包括的内容为标准来定义[1]；其表现形式是反映在发明、设计、对软件的修正或是可保护的专有技术或被专利法保护的技术等，它们都是在协议生效后作出来的。这一广泛的定义可能带来以下几个结果：使产品的性能更好，提升了产品耐力或增强了产品的可销售性等；或降低了制造该产品所需材料的成本或加工生产过程中的其他投入；或扩大了许可技术使用的范围。当然，从狭义的角度看，技术改进可仅限于产品或方法的性能或效能的提升，且如果没有许可，该改进可能会造成侵权。而技术转让合同中的技术改进条款不是指技术本身如何改进的问题，而是指合同各方在改进了原有技术、因而取得了新的专有权后，该如何处理的有关约定，多数情况下，对方会要求向其优惠转让。这是一个十分复杂的问题，发达国家与发展中国家对此分歧很大。[2] 对供方而言，其与受方分享其改进，可称为"继续授权条款"（grant forward），它不存在所有权归属问题。对于受方而言，它与竞争条款或说限制性竞争条款密切相关，常被称为回授条款（grant back）等；该方面问题集中于受方对引进技术改进后是否可取得所有权。一般而言，受方所有依引进技术开发的新技术、专利和改进应当是受方的财产，受方对此必须在合同中加以强调。对受方而言的另外一个问题是：在普通许可中，供方会否要求受方将将来的改进让渡出去或是在"改进俱乐部内交流共享"（即一个受方必须将其改进的部分让供方及供方的其他受方来分享、交流，形成一个技术改进池，每一个受方都能从其他受方的改进之处受益）。[3] 在独占或排他的许可中，供受双方还可以约定相互自由无偿使用对方的改进技术，形成交叉许可。但无论如何，在多数场合下，具体的处理办法取决于合同的约定。

关于改进技术问题谈判的结果通常是一方承诺对其在合同期内，就有关受让技术的将来发明、设计、修改和专有技术等权利可授予另一方。通常在非独占许可中，对技术改进的获得可能会反映到许可费中，如果此部分受方不缴纳许可费，则仅限于许可协议的起步和入门阶段（就是说，自协议生效之日起 2 年内）。反过来，如果受方将与供方甚至供方的其他受方分享技术改进成果，许可费可能会降低。

供方可能出于以下原因愿意与受方分享改进：（1）保持产品的竞争力、维持客户的忠诚度继而保证持续活动许可费；（2）维持制定或参与制定行业标准之地位；（3）通过其分销链扩大技术改进的采用以增加收入；（4）延长产品或方法的经济寿命，延展收入来源的时间；（5）通过技术的不断更新，减少受方的产品责任。受方愿意接受供方的改进在于：（1）维持和提高销售额；（2）提高产品的产量；（3）维持从分许可方获取的持续收入；（4）与供方及其其他受方分享改进成果。而供方愿意分享受方的改进是基于以下商务原因：（1）能够继续提供本方产品的支持，提升本方技术[4]；（2）与供方的其他受方分享技

---

① B. G. Brunsvold and D. P. O' Reilley. *Drafting Patent License Agreement*. 4th edition. Washington，D. C.：BNA Books，1998：85.

② 郑成思，编著. 国际技术转让法通论. 北京：中国展望出版社，1987：53.

③ John T. Ramsay. *Ramsay on Technology Transfers and Licensing*. 2nd edition. Butterworths Canada Ltd.，2002：190.

④ 技术支持通常是供方收入的重要来源；如果受方不与其分享技术改进成果，则它可能面临着失去该方面的收入或增加支持成本。John T. Ramsay. Ramsay on Technology Transfers and Licensing. 2nd edition. Butterworths Canada Ltd.，2002：190.

术改进；(3) 维持其基本产品作为行业标准的地位；(4) 从不披露其商业秘密的技术改进中获取利润。[①]

当然，双方也可能不愿意与对方分享改进，如供方认为：(1) 其改进可以独立地进入市场，或 (2) 受方不可能让改进的技术完全商业化，反而成为可将其进行独占许可的“死结或障碍”；或受方认为：(1) 改进的部分可以独立使用，(2) 改进的部分比被转让的技术更有价值，(3) 合同期即将结束或 (4) 披露义务过于宽泛或繁重等，则他们都可能不愿分享改进的成果。[②]

二、技术转让合同对技术改进的约定

双方当事人在合同中可以约定，有些改进双方可以分享，而有些改进则只能由一方独占持有；对此双方必须在合同中约定清楚，并根据具体情况适当加以强调，而不能只依赖于一个定义来说明一切。此外，对回授条款、技术改进的披露、双方拒绝接受改进授予之权利[③]等在合同中也需约定明确。[④] 下文主要围绕合同中改进的定义与范围展开讨论。

1. 改进定义之界定

协议中双方可以约定：在专利有效期内，只要在双方合同同意及出于双方共同利益考虑的条件下，双方就所转让技术的任何改进一方应与另一方进行沟通和解释，任何改进或升级内容应当被认为包含在本协议之中，除非双方通过书面协议另行安排。但是任何可能的定义都趋向于模糊不清，由此容易带来争议，最终双方将其留与法官去解决。一个具体的特征或特定方面的微小变化是否属于改进？如果是，该改进是否在转让或许可改进的义务范围内？上述问题在实务中经常引起争议。因为法律，不论是英美法系国家的判例法、成文法，还是大陆法系国家的制定法，都无法找到“改进”的确切定义，业内也没有建立约定俗成、被大家接受的通识，它既不是“修正”，也不是简单地“增加内容”。

在谈到回授义务时，改进不是一个有固定含义的专业术语，它必须依据协议的上下文和双方签订合同的意图来解释。在加拿大戴福姆工程公司诉伊塔泊·好莱考公司案中，麦克金农法官认为：对改进的解释不能从技术的角度进行，而应当根据合同的上下文及合同双方当事人的意图，从通常的意义角度进行解释。[⑤] 在美国产业公司诉卡姆库公司案中，许可协议排除了双方当事人就任何技术改进授予对方的约定，上诉法院拒绝就“改进”一词是否含有专利所要求的一切含义并由此要求“改进”是否需具备与先前技术相比的新颖性特征作出裁定。是否需有这样的限制无关紧要，很清楚，本案中的“改进”用以指可以认为是原技术的改变、改善、修改或调整，它们是在许可协议许可专利之外被披露出来的，包括在其他专利或实务中涵盖的结构或设计。[⑥]

---

① John T. Ramsay. *Ramsay on Technology Transfers and Licensing*. 2nd edition. Butterworths Canada Ltd., 2002: 189-190.

② 同①191.

③ 特别是针对那些供方被授予专利的改进之授权，可能会延长许可合同期限，对此，受方出于自身利益考虑，可以拒绝。

④ 同①196-198.

⑤ Dyform Engineering Ltd. V. Ittup Hollowcore Ltd., 71 CPR (2d) 72, British Columbia Supreme Court, 1982.

⑥ U. S. Industries Inc. v. Camco Inc., 125 USPQ 216, US Court of Appeals, Fifth Court, 1960.

在英国也有诸多案例涉及“改进”的含义。其中典型的一个案例是布鲁齐国家机械公司诉丘吉尔传动设备有限公司案；该案中由于合同对“改进”一词无明确的约定，最终导致了双方的分歧。该案中原告（一美国传动切割设备制造商）通过技术转让合同将有关专利和专有技术转让给英国的受方（被告）。合同的第10条约定：受方应对与传动切割设备有关的任何技术改进的所有详细信息及时与供方交流，如果供方要求且在其支付相关费用的情况下，该改进应当可以在供方欲申请的国家申请获取专利。如此获得的专利应为供方的财产，但受方可以在大不列颠及北爱尔兰联合王国以及爱尔兰无偿获取独占许可。如果供方不要求受方申请专利，则受方可以在任何国家或区域自行申请专利，由此获得的专利只归受方独有。后因供方认为受方没能履行该义务而将其起诉。原因是：受方在合同终止期满前6个月通知供方合同将如期结束。在这6个月内，受方决定生产一种它自己设计的切割机以取代通过许可而生产的设备。在协议结束后的几天内，它申请了专利，该专利申请涵盖了它新设计的设备中的一些改进。供方认为它对这些专利享有所有权，而受方认为申请专利的发明不在第10条中所说的改进范围之内，因为在合同到期时，它还没有充分研发好。受方列举出研发该技术的连续之步骤：创意；将创意变为书面草图；设计形式；将设计形式细化为可以操作的图纸；制造机器模型，直至最后如果认为合适并将其进行商业化制造。受方认为：只有到原型机被设计好且经过测试才可根据第10条与供方进行沟通；或者，如果等到那时太迟的话，该义务的履行也应当在详细、可以运作的图纸完成后。审理法官没有采信这一观点，认为它不仅牵强附会，而且与第10条约定无任何关系；他没有对“改进”和“开发”的词义做任何解释，只说必须通过一个精通相关工程技术的理性人的眼光来解释它们。第10条表达的意义明确、完整、通俗，它无须法院来作进一步解释。既然受方在合同结束前就已经申请专利了，这些发明无疑构成了第10条所言的改进。[①] 法官只是根据上下文推定受方所做的技术上的进步应当属于改进之列。在英国的另一个案例中，法官将机器改进解释为：机器的任何实质、特色的组成部分依然维持，只是增加、简略或变更以取得更好效果的变化，至于改进是否侵犯了专利范围内的权利在所不问。[②] 由此可见，在英国，如果合同对“改进”定义无明确约定的话，争议发生后法官也是根据合同的上下文作出界定。

可见，在英美法系国家，法官在合同约定的“改进”含义不明确的情形下，可依据上下文对改进作出自己的解释。

2. 改进条款之范围

改进条款的合同范围[③]：从技术或一般的观点来看，一项发明或设计或修改可能是一个改进，然而它并不当然构成供方或受方授予相关权利的义务之“改进”。该改进可能是在协议期限范围之外的改进；或是如果在合同期限内，该义务可能被限制在技术的特定程度或方面。在我国，由于该方面的研究相对较少，下文主要以英美法系中的一些案例来探讨双方当事人就技术改进范围应当注意的事项。[④]

---

① RPC 99 (House of Lords), 1967.

② Noel Byrne, Amanda McBratney. *Licensing Technology*. Jordans, 2005: 269.

③ 同②271-278.

④ 有些学者在讨论改进范围时，从更广泛的范围展开讨论，如涉及版权、计算机软件、生物技术等方面。John T. Ramsay. Ramsay on Technology Transfers and Licensing. 2nd edition. Butterworths Canada Ltd., 2002: 194-196.

（1）与程序有关的发明。

在美国里基纳玻璃纤维有限公司诉舒乐一案中，合同规定，在合同期内，供方应继续研发，但应当与受方就改进或研发的内容进行交流沟通，如哪些它可以开发，或哪些它可以拥有权利；供方也可以约定受方对改进的技术享有无偿独占许可使用权；还可以约定，受方在此期间内，可以研发并将改进的技术与供方交流，并授予供方在许可的区域范围之外无偿的独占许可使用权。合同在 1968 年到期。后来，受方认为：在合同期内由供方进行的技术改进，它享有的无偿独占许可使用权应无时间的限制。其中涉及的一个问题是对“改进”词义之理解，合同中的解释是“与玻璃纤维制造技艺有关的任何发明”，而“玻璃纤维”在合同中的定义是：玻璃纤维及根据生产方法由玻璃纤维制造出的成熟产品；就是说，制造玻璃纤维许可的是方法；根据协议，该方法是建立在对玻璃棒使用的基础上，不论是切割成一段一段还是继续维持拉长的玻璃棒状态。舒乐否认被称为“玻璃球”的专利发明是合同范围内的改进。它认为，合同中的改进只涉及玻璃丝初步成形后的后续步骤，而不涉及实际形状本身。涉讼的专利只涉及将熔化的玻璃球（不是玻璃棒）拉成丝，而非初步成形后将其作成丝。法官后来没有采信上述观点，认为：协议提到从玻璃棒中拉丝，但也可能从其他来源中抽丝，这只是作为生产方法中的一步，最终能拉出协议范围内的玻璃丝最终产品即可。他判决：改进条款涵盖了使用授予技术生产最终产品玻璃丝领域的所有发明。

（2）与专利申请有关的改进。

这部分内容主要涉及受方进行的改进。在合同中双方应当约定清楚：受方改进技术的范围、权限、与供方的沟通及相关权利的处理等；如果约定受方可以申请专利，则在何种情况下可以。

在美国布查南诉埃尔巴案①中，供方（布查南）转让以下权利给弥尔斯先生：专利及其申请中过去、现在和将来的整个权利、所有权和利益及与所有人有关的所有权利、权力、特权和其他权益及完全排他的利益和所有的改进、延伸及相关的专有技术等。转让不到一年，1993 年 12 月，供方因破产被接管，弥尔斯随后将其权利转让给埃尔巴。后来埃尔巴在受让技术的基础上，进行改进并申请专利，结果供方认为埃尔巴侵犯了其专利权，因为被告的改进解决的问题实际上在其专利中已经解决了。埃尔巴认为，原告将其相关权利转让给弥尔斯，而弥尔斯又将该权利转让给自己，自己在该专利基础上研发、改进后获得的技术权利，根据协议应当归自己所有，原告根本无权提出任何诉讼。被告申请专利的发明是否是合同中约定的“改进”对案件判决十分重要，法官认为：根据协议的上下文判定一个发明是否是改进，没有必要表明其是否在制造产品或方法技术上有明显的重大变化，而是看两者之间的差异，使用该技术制造出的产品如果在特征上确实存在明显的不同，则技术就被改进了。法官判定该案中的改进是成立的。

（3）与专利主题（可专利客体）相关的改进。

在改进条款下，一方是否拥有权利可能依赖于对专利的解释。在英国维斯洛克公司诉彼得案②中，防松螺母专利的所有人在合同中承诺受方可以使用供方作出的、与已转让技

① Noel Byrne，Amanda McBratney. *Licensing Technology*. Jordans，2005：271 - 272.

② 同①273 - 274.

术有关的、所有的改进和将来的发明或它们之中的任何一个。但如何界定“与已转让的专利技术有关”的改进是一个非常复杂的问题：受方认为与之有关而供方认为与之无关。案中，供方后来否认受方享有其某些发明的权利，因为它们与合同中所说的发明无关，而受方认为有关；为此，受方将供方告上法庭。法官认为，由于“与已转让专利技术有关”这句话范围过于宽泛，它需要界定。界定的根据通常是专利申请书记载的权利范围，而且只要一般技术人员可以看出两者间的联系，即可认定为“与已转让专利技术有关”。法官后来根据新发明与专利技术之间的关系，判定原告胜诉。

基于已被授予专利的发明的改进，如果合同约定：在协议签订时供方转让的专利及其相关的所有权利及其后对发明的任何改进的权利，受方均可分享。这一约定同样过于笼统。

在已被授予的专利技术上或对其附加技术进行改进，如双方在合同中约定：在许可合同持续期间内，只要所说的专利在本协议下出于共同利益继续发挥作用，双方应当对已被授予的专利技术或对其附加部分的改进在彼此知晓的情况下进行交流和解释……所有这样的改进和附加内容都被认为包括在本协议范围内，除非双方书面明示有相反规定。例如，在戴维斯诉柯蒂思·哈维公司案[①]中，供方（戴维斯）将一种引爆新火药的专利技术转让给受方。受方在此基础上研制出一种新技术，其使用的原材料构成等是原技术的，但点火引爆装置不是原技术中的褐煤而是以普通木炭作为引子。供方认为这是技术改进，因此双方应当根据合同缴纳许可费，而受方认为这是一项新发明，可申请专利，与原技术是不同的专利。法院认为：受方的技术既不是在已被授予的专利技术上或对该专利附加改进，也不是略有变化的模仿，因为原告的引爆材料用的是褐煤，而受方用普通木炭取代了褐煤。

针对上述情况，最好的方法就是在合同中具体约定清楚在什么程度（如约定若达到独立申请专利的水平，可以拒绝）或范围（仅限于已授权技术使用方式或领域）内的改进受方或供方可以分享，条件是什么（无偿还是有偿），以免将来纷争的发生。

（4）对许可的仪器或方法的改进。

在合同中有如下约定：在合同期内，受方或其员工对许可专利技术的任何仪器或方法的改进，或受方得到或受其控制的与转让技术有关的改进应当成为供方的财产，受方同意将其及与其有关的一切权利转让给供方，受方出于制造和销售给供方的其他受方之目的也将同样无偿地排他获取供方的有关改进。如果合同终止，受方有权独占地使用他已转让给供方的有关制造、销售的任何改进。对此如何界定是对仪器或方法的改进，在现实中也会带来很多问题。用“对许可的仪器或方法的改进”来限制回授条款的范围。

（5）对许可产品制造的改进。

合同中会有如下规定（回授）：受方在合同期内做出、发明或获取的任何新的公式或配方、方法、程序、发明、改进、应用和制造、销售许可产品的专利等，都应该适时地向供方披露，并且如同它们自始就是供方拥有和控制的那样，立刻成为供方的财产且供方无须向受方支付任何补偿费；而且，受方应当应供方之要求，在没有补偿的情况下申请专

① Noel Byrne, Amanda McBratney. *Licensing Technology*. Jordans, 2005: 275-276.

利、办理转让和其他文件；在供方为了投资而可能对上述公式或配方、方法、程序、发明、改进要求获取法律权利和权益时，受方在得到合理的价款下，也应予以同意。[①]

双方当事人可以约定，出于双方最佳利益之考虑，他们可以就改进的技术信息进行交换，一方可以自由免费、无偿地使用对方改进的技术，这也是一种交叉许可。双方也可以约定：如果一方将改进了的技术许可第三方有偿使用，另外一方有权在双方同意的基础上以一定的方式分享该部分收益；他们还可以约定：改进方应就改进的部分申请专利保护，如果不申请，另外一方可以以任何一方的名义申请。[②]

总之，改进条款的内容很多，它与竞争条款、回授等有着密切联系。双方当事人必须在合同中加以详细约定。

三、我国的相关规定

在我国，技术转让合同中禁止受方改进技术是法律不允许的。民法典规定，非法垄断技术、妨碍技术进步或者侵害他人技术成果的技术合同无效[③]，而《最高人民法院关于审理技术合同纠纷案件适用法律若干问题的解释》在罗列出的、属于合同法所称的“非法垄断技术、妨碍技术进步”的六种情形中，“限制当事人一方在合同标的技术基础上进行新的研究开发或者限制其使用所改进的技术，或者双方交换改进技术的条件不对等，包括要求一方将其自行改进的技术无偿提供给对方、非互惠性转让给对方、无偿独占或者共享该改进技术的知识产权”被列在首位。[④] 可见，在技术转让合同中，限制受方改进技术在我国是违法行为；而其他几种不对等的技术改进成果的转让或交易情况也是法律所禁止的。因此，在立法上，这方面的内容已相对完善，但也存在一些问题，如对到底什么是“改进”或改进后的成果归属于谁等重要问题，我国法律并没有规定；这些问题的解决在实际操作中更多的是通过合同来加以明确。

由于我国受大陆法系影响较大，法官运用自由裁量权的解释通常不能够构成法律，所以对何为“改进”不能过多依赖法官的诠释，而应当由合同双方当事人根据不同的领域在合同中明确约定，以免带来不必要的纠纷。

至于成果归属，一般而言，后续改进的技术成果应当属于改进方，除非合同中有特殊规定，如考虑到技术供方转让技术的特殊性及其价值，双方同意对于改进之成果可由供方所有或由双方共同所有。我国民法典规定：当事人可以按照互利、互惠原则，在合同中约定实施专利、使用技术秘密后续改进的技术成果的分享办法；没有约定或者约定不明确，双方协商仍不能确定的，一方后续改进的技术成果，其他各方无权分享。[⑤] 可以看出，我国法律对技术改进分享和利用问题，尊重当事人意思自治选择的结果，如果没有约定，则推定各方无权分享对方的改进。

约定分享时，双方应遵循以下原则：互惠分享是未违背意思自治原则的行为，通过欺

---

① Noel Byrne, Amanda McBratney. *Licensing Technology*. Jordans, 2005: 277－278.

② *WIPO Intellectual Property Handbook: Policy, Law and Use*. WIPO Publication No. 489 (E), 2001: 181.

③ 《民法典》第 850 条。

④ 《最高人民法院关于审理技术合同纠纷案件适用法律若干问题的解释》第 10 条。

⑤ 《民法典》第 875 条。

诈、胁迫手段设定分享后续改进成果条款一般是可撤销或变更的；因为这种场合下损害国家利益难以判定，而根据合同法规定只有带来损害国家利益后果的欺诈、胁迫订立的合同才算无效。约定必须是相互的，而非单方面的，在同等条件下双方互享对方的改进的信息和成果，不能约定单方面回授。供方不能约定：受方无偿向其提供在转让技术基础上的任何改进成果，受方在使用转让技术过程中与其相关的任何发明或改进及其他技术成果的使用权、所有权归供方，而它却不承担任何对等义务。约定后续成果的分享应当是有偿的，但给付对价的形式可以多种多样，改进方可按商业条件取得一定的回报。如有可能，使用后续技术改进成果，双方可另签技术转让合同，因是一项新的技术转让，应当独立。

在实务中，外国的技术供方一般会提出不对等的要求，如对自己的后续改进无义务与受方共享，但却要求受方应将其技术改进成果与其分享，更有甚者要求受方将其改进转让（assign）而非许可给供方。这是我国企业应当注意的，国外企业之所以这么做主要是因为它们认为我们急需其技术，提出类似要求我国企业不会拒绝；另外，我们不少企业自身对技术转让合同中改进条款的重要性缺乏深刻的认识也是一个原因。现实中的确有些企业认为：自己可能不需要对方改进的技术，也不会在引进技术的基础上进行改进，便允诺对方。实际上这是一种十分危险的做法。表面上看似乎关系不大，实质上我们放弃了利用对方技术进行自主研发的机会，将技术贸易看作了商品货物贸易，没有看到二者的本质区别：货物贸易的客体自身是消耗性的，而技术贸易的客体是生产性的，引进技术就是为了提高自身的技术能力，不在引进技术的基础上研发、改进、提升，永远都不会在技术创新上有巨大突破。日本、韩国及其他后进的发达国家或地区，都经历过引进技术提升国家技术竞争力进而提高国家核心竞争力的阶段，而它们无不是在引进技术的基础上实现了技术飞跃和突破，其起点就是具体企业的技术转让合同及其中的技术改进条款的约定。因此，作为技术受方的我国企业，应当对技术转让合同中的改进条款不能有丝毫放松，该主张的权益还应当主张，不该让步的不能让步，而且千万不能将技术买卖看作商品买卖。此外，如果不对供方改进后的技术提出要求或限制，将会使自己引进技术生产的产品因供方更先进技术的出现而失去竞争力乃至市场，导致引进技术的最初目标也无法实现。这些是本书专门对技术改进加以论述的一个主要原因。

在前文分析的美国、英国和加拿大诸多案例中，合同当事人对技术改进条款十分关注应引起我们企业的关注。虽然我国目前就技术转让合同中改进条款发生纠纷的案例并不多，但发达国家企业走过的或正在经历的事情目前是或将是我国企业所要经历的，我国企业如能在技术转让合同中对改进条款做出详细而合理的规定，将对我国企业技术自主创新能力起到积极的推动作用。

第六节　法律适用及争端解决条款

技术转让合同由于其特殊性，如主体多样化，技术转让合同中的技术交付并非一次性的，涉及资料交付外，还会有人员培训、专家指导或现场演示（showhow）等，转让活动需多次进行，在很多场合下双方关系是一种合作关系，而不像一般的国际商务合同中当事人的权利义务关系那样简单；故技术转让中的法律关系通常较为复杂，解决其法律适用问题更为困难。[①] 目前在国际技术转让中，由于缺乏统一的国际实体规范和冲突规范，使得国际技术转让合同的法律适用问题成为制约国际技术交流与合作顺利发展的重要因素，故深入研究该问题具有较强的现实意义。本节试图对国际技术转让合同的法律适用（包括合同文本和争议解决应适用的法律）这一世界贸易中新起点上的老话题作一探讨。

一、国际技术转让合同法律适用的复杂性

谈到国际技术转让，我们往往认为它是一个平等主体间的私法性活动，因而其法律适用应当与一般的国际贸易合同一样，以意思自治原则为主、最密切联系原则为辅的方法来确定。实际上，尽管本质上说国际技术转让是私人交易，但由于技术的特质（无形性、使用价值在使用过程中增值及其多重性等）和在信息时代的重要性，其涉及的关系并不像其他国际贸易那样简单；如果我们透过私人交易的表象，会发现任何一个技术转让均会涉及私人交易、国家管理管制和反垄断等方面的法律法规；由于其多关系到国家的重大利益，对与其相关的管制和反垄断方面的规定显得十分突出，这是其他贸易领域所少见的。因此，在讨论国际技术转让合同的法律适用时，不能简单地用一般国际贸易合同法律适用的规则来套用，而需综合考虑各方面相关规定：既要考虑私法方面的自治性，又要考虑公法方面的强行性；既要考虑整个合同适用法律的情况，又要考虑不同合同条款适用法律的情况。

为此，我们一般可把国际技术转让合同的法律适用分为两个层面[②]：私法层面（以合同交易为基础）和公法（管理管制和反垄断）层面，然后在此基础上探讨它们所应遵循的规则。

二、国际技术转让合同法律适用的国际立法

正是由于国际技术转让合同法律适用的复杂性，20 世纪六七十年代联合国贸易发展会议（贸发会）曾试图制定的《联合国国际技术转让行动守则》（草案）（简称“守则草案”）的根本分歧之一就是法律适用和争端解决问题。后来虽经多次谈判，终因各方在守则的法律性质、法律适用和争端解决等方面的根本分歧，形成未有定论的 1985 年文本。至 1995 年虽然贸发会组织会议及专家仍在继续讨论，但一直未有突破，后由于美国成功地将知识产权纳入 GATT 框架下谈判范围之内，贸发会在与之相关的技术转让方面已难有作为，1985 年文本草案成了该方面努力的历史结局。

1985 年文本主要以 A 草案（主要由巴西、印度等发展中国家提出的文本草案）为蓝本，多体现了以促进发展为核心的南方国家要求，但它对“法律适用和争端解决”未作规定，只是建议参照有关文本，而其他三个有争议的内容，文本进行了详尽规定，说明双方在该问题上的分歧不可调和。

---

① 赵承璧，编著. 国际技术转让——技术贸易法律与实务. 沈阳：辽宁人民出版社，1988：235 - 236.

② 这与合同法律适用方面曾经讨论的分割论和整体论有本质区别，后两者是对当事人可就自由选择的、有关合同的事项是否可分别选择适用不同的法律还是一个合同的所有事项作为一个整体只能适用双方共同选择的一个法律；其前提是双方可自由选择，而这里谈到的涉及强行法的合同条款是当事人无权选择的。

更早的加拿大普格沃什会议上的草案对法律适用和争端解决的规定与A草案基本一致。① 它们明确提出：有关技术转让协定的合法性、实施方法及解释说明应适用的法律为技术引进国的法律，并且引进国就有关当事方之间因技术转让协议而产生的争端解决可行使司法审判权，但如应适用的法律不排斥仲裁途径且有关当事方同意将其可能发生的争端提交仲裁，则应尊重当事人选择。②

而B草案（主要由发达国家构成的集团提出的草案）认为，首先应尊重双方当事人的意思自治，由当事人来选定适用的法律，但该选定应有适当的基础，如与技术转让方有牢固的关系等，而且允许争议方在法院受理案件前可协商解决纠纷。在未选定准据法时，应考虑协议的履约地点、缔约地、谈判场所及户籍、住所、国籍和公司地点等因素，即按密切联系原则来处理。③ 这一观点被D草案国家（由苏联及其领导下的东欧社会主义国家构成）所接受。④

后来发展中国家对"法律适用"的态度有所转变。它们认为对涉及国家公共利益或秩序或国家主权的技术转让合同，必须适用受方国家的法律，除此之外的技术转让合同，当事人可以选择准据法；但该选择必须与守则草案规定的冲突法规则"准据法与交易有着直接、有效和持久的联系"相一致，而且对准据法的适用与解释必须与守则适用的标准相符合。同样，对争端解决机构的选择，对涉及国家安全或主权的也由受方国的法院管辖，其他可自由选择的，则需与守则规定的标准相吻合。⑤ 这一修改将法律适用与另一争议"守则的性质"紧密结合了起来，即其前提是承认守则是一个有法律约束力的条约，而这是发达国家根本不愿接受的。显然，发展中国家仍着眼于整个合同的性质，而非合同可能涉及的国家强行法规定的具体条款。

1994年结束的乌拉圭谈判以TRIPs协议为成员方接受为标志，宣告发达国家在技术转让领域取得优势，将有关技术转让原先争议的四个问题中的实质内容之一——限制性条款——明确写在条约中，且为发达国家的观点；而对于法律适用问题未再提及。如果进一步分析，可知TRIPs协议的态度是：除了限制性条款以外，技术转让合同是一个私人交易合同，其法律适用无须条约来规定，而放任由相关当事人自主决定。在实践中，技术转让方面的问题主要还是依当事人意思自治原则或国际私法上其他冲突法规则来解决。而这正是发达国家在其文本中所主张的。

三、作为私人交易时法律适用的确定

尽管发展中国家起初坚持自己在A草案中的主张，随后又做了一点让步，即根据合同是否涉及国家公共利益或主权而采取不同的规定。但后来随着形势的发展及彼此的分离，各国迫于现实和自身利益的需要，逐步接受以意思自治原则为主、最密切联系原则为辅的

① 周子亚，编著. 国际法与技术转让. 上海：上海翻译出版公司，1987：13-14.

② Surendra J. Patel, Pedro Roffe, Abdulqawi Yusuf (ed.). *International Technology Transfer*. Kluwer Law International, 2001: 413.

③ 同①28-29.

④ Appendix D (3) Ⅱ to United Nations Doc. TD/CODE TOT/33.

⑤ 同②118-119.

做法。原因如下：(1) 本国经济发展迫切需要引进国外技术，而坚持技术转让合同必须适用受方法律，将导致技术供方拒绝进行交易①，或供方大大提高价格，使受方在经济上得不偿失。(2) 随着发展中国家技术交流经验的日益积累及本国市场、经济的发展，其相关法律、法规日趋完善及国内法律人才的成长，加强了它们对“意思自治”的理解，提高了谈判能力，认识到该原则也能服务于自己。(3) 国际技术转让市场上技术的供求不平衡及发达国家向发展中国家转让技术的无足轻重②使各发展中国家均想引进于己发展有利的技术，20 世纪 80 年代后竞相出台各种优惠政策。对它们而言，接受“意思自治原则”，对于促进技术引进，发展本国经济是有益的。

当然，发展中国家的“意思自治原则”也并非毫无限制。与发达国家一样，它们规定，即使可选择适用的法律，也应考虑准据法与合同有一定的联系，同时还不能损害本国的公共利益或秩序；至于何为“损害本国的公共利益”，由谁来确定等涉及实际可操作的问题由国家强行法规定。

可见，技术转让合同准据法的确定上，发达国家和发展中国家虽有分歧，但基本上接受了“意思自治原则”为法律适用的首要原则；同时，以此原则确定法律适用时，各国均会以公共秩序保留原则（英美国家称“公共政策”）这一难以也无须明确约定的弹性条款，本着维护本国利益之目的给予限制。

如果当事人由于疏忽等各种原因而未能在合同中订立选择适用法律条款，或虽有相关条款，但被认定无效，且直到争端要解决前也未约定适用的法律时，各国立法及《联合国国际技术转让行动守则》（草案）规定，应依最密切联系原则来确定合同的准据法。而如何确定“最密切联系的法律”又是一个颇有争议的论题。目前，绝大多数发展中国家认为技术受方国法律与合同有密切联系，如中国、墨西哥、秘鲁、哥伦比亚、泰国等。这样认为的理由如下：(1) 受让国是技术转让合同义务的主要履行地；(2) 受让国是受方的住所地或营业地所在国；(3) 与一般的货物买卖合同不同，国际技术转让合同的履行期限一般都较长，少则 5 年、10 年，多则 20 年或以上，这种长期合作关系主要在受方国进行，这对合同目的的实现产生重大影响。(4) 国际技术转让合同通常与投资或设备供应结合在一起，一般要经历一个较长的复杂过程，受方要完成对技术资料的翻译及相关设备的验收、安装、试用和终验等程序，供方要在受让方所在地完成各项相关的技术服务工作。此外，报酬的支付、转让技术生产的产品验收及后契约义务等也须在受方所在地履行。因此，技术受方国家法律与合同关系最密切。有学者引用西方学者观点，根据特征履行说，认为技术供方与合同有着更为紧密的联系，认为受方的义务主要是支付许可费，而供方要交付资料。③ 实际上，分析该观点时，我们可以看看持类似观点人所在的国家，他们基本在发达

---

① 如安第斯集团国家，最早对技术转让条件要求十分苛刻，包括必须适用技术受方国法律，导致外国人不去投资，也不转让技术；在 20 世纪八九十年代被迫放宽自己的政策。

② 技术出口方面，从国际技术市场来看，发达国家是主要的技术供方和输出国，20 世纪 90 年代，美、英等七国技术出口占世界总额的 90%（陈忠培，齐景升，王翰铭，编著. 国际技术贸易实务教程. 北京：中国海关出版社，2003：47）；同时，发达国家间技术转让约占全球的 90%，而向发展中国家转让技术及发展中国家间的转让技术等总和还不到全球的 10%。

③ 蒋新苗，邱润根. 国际技术转让合同适用最密切联系地法的依据. 湖南师范大学社会科学学报，2004，33 (6).

国家、技术供方所在国，其立场和维护谁的利益是有所倾向的。根据技术转让合同的特点、履行的期限、支付费用的连续性和可能性，受方的义务应更多体现了技术转让合同的本质特征，作为供方主要交付资料和进行技术服务、指导。而且，技术转让合同目的实现与否及其履行主要都在受方国，如果从履行特征的角度看，受方国与合同有更紧密的联系。

在东道国无相关法律规定的情形下，适用两国加入的相关国际条约；如仍无，则比照适用相关的国际条约或惯例，或双方另行约定适用的法律。

上述结论可以从《解决国家与他国国民间投资争议公约》(以下简称《公约》)的有关规定中找到依据。《公约》第42条第1款规定，仲裁庭应当根据当事方同意的法律规则来裁决争议。如果双方就此没有达成一致意见，仲裁庭应当适用缔约国家一方（即东道国）的法律（包括其冲突规则）以及可能适用的国际法规则。[①]

在有些技术转让合同中，当事人约定了争端解决机构，而没有选择适用的法律。根据“选择了法院就选择了法院地的法律”这一古老的法律冲突规则，应当推定当事人选择了法院或仲裁庭所在地的法律。这一做法可以视为对最密切联系原则的补充。此外，即使当事人选择了适用的法律，但因无法查明或得到，根据许多国家的规定，也是适用法院地法。

四、国际技术转让合同涉及公法内容时法律适用的确定

不论我们承认与否，国家管制管理和反垄断方面的内容已成为国际技术转让协调的当然内容，它们对技术转让的法律适用不可避免地会带来重大影响。

在国际技术转让合同的法律适用领域中，随着各国技术转让实践的发展，我们会看到许多体现国家公共权力意志的规定，如“关于技术进出口管理和管制的规定”“关于国际技术转让中外汇管制规定”“关于国际技术转让中的税收规定”“关于国际技术转让中的限制性条款或违反反垄断法的规定”等。美国的技术转让活动受到其出口管制法、反垄断法的规制，1995年它还出台了专门针对知识产权贸易（主要内容之一是技术转让）的不公平竞争行为的《知识产权许可反托拉斯指南》。日本规定限制性条款的法律主要有《禁止私人垄断法》、《反垄断法适用于许可证协议的施行准则》及《反垄断法下专利、专有技术许可协议指南》[②] 等，《外汇管理法》《外国投资法》也有些补充规定。这些常被称为“强制性规则”，发达国家与发展中国家都制定了类似的规则。根据各国有关规定，有些技术转让合同若未经有关国家的主管机关审批则不能生效；技术转让合同中含有限制性条款或违反反垄断法规定的条款，则这些条款甚至整个合同无效；税收和外汇方面如违反各国的强行规定，则相关条款无效。显然，这类强制性规定无条件地适用于转让合同，包括技术

---

① Convention on the Settlement of Investment Disputes between States and Nationals of Other States, International Centre for Settlement of Investment Disputes, Washington, 1965. http://www.jus.uio.no/lm/icsid.settlement.of.disputes.between.states.and.nationals.of.other.states.convention.washington.1965/doc # 162. 技术转让与投资之间有许多共同之处，但由于发达国家担心发展中国家采取过多的国内强制性规定损害本国投资者利益，对《公约》及其下的争端解决中心容易与发展中国家达成一致意见；对于强调所谓平等主体企业之间进行的技术转让则认为是私法活动，留由当事人协商，而不顾企业间实力差别导致的不平等地位（实际上有利于技术供方）带来的不公平结果。所以，在技术转让领域难以达成所谓的条约，法律适用的约定也就无从谈起。

② 三者分别于1947年、1968年和1999年颁布。

受方和供方各自国家的规定，这已经成为国际技术转让合同法律适用领域公认的惯例。即使当事人对合同的准据法作出有效选择，这些“强制性规定”也应优先适用。

许多国家对技术进出口采取分类管制的办法，将技术分为自由进出口、限制进出口和禁止进出口等三类技术。对自由类的，只需登记即可；对限制进出口技术，有关部门进行审查，发放许可证。对此法律的适用是否是其审查的部分呢？会否要求适用本国法律？显然这些问题取决于各国的政策。

有关这些方面的法律适用无非涉及供方和受方国的法律。显然，出口技术方在出口技术时适用自己的法律，而进口技术方则适用自己的法律，如果该问题不解决，就可能导致技术转让不能完成。除非一方无条件接受另一方的要求，那么就会出现：技术出口方为了出口技术被迫接受受方国的法律管辖，哪怕它感到极不公平；同样，进口方为得到技术，也许会被迫接受出口方国的法律，如此会使技术转让遭受挫折。所以，不少国家通过双边技术合作条约或建立区域贸易区来解决法律适用问题，为技术转让开了绿灯。但要在全球范围内解决该方面的法律适用，仍是一个较为严峻的问题。20 世纪 80 年代许多学者认为《守则》的通过是解决此类法律适用问题的理想办法①，但其最终的失败使该问题依然悬而未决。

对此，笔者认为，就具体合同而言，涉及国家强行法规定的条款，应当适用强行规定，对此当事人无权约定适用的法律，而对于强行法涉及条款以外的其他条款应尊重当事人意志，或按最密切联系原则确定。鉴于技术供方（多为发达国家的跨国公司）的强者地位，它们可能会利用自己的优势地位，而技术受方往往又以单个力量无法与对手抗衡，发展中国家在强制性规定方面可根据自己的国情在追求公平、互利的原则下制定出较多的规定，也应是可以接受的。根据国家法律规定，整个合同必须适用本国法的，毫无疑问，根本就无选择的余地。②

就总体而言，发达国家的企业及其政府趋向于以“意思自治”为技术转让合同法律适用的根本原则，因为它们的企业经过几百年市场经济的洗礼，制定并熟悉了相关的游戏规则，结合它们在技术、资金、人力资源等方面的优势及发展中国家对它们的需求，使该原则的运用无疑将成为本质上是它们单方面意志的体现。而发展中国家的政府及其企业由于自身实力、技术、资金及市场经验的不足，以“意思自治”为原则，会使它们丧失诸多权利，因而多主张政府的适当干预，尤其是涉及国家重大利益的行业。这也许就是技术转让的法律适用最终不能在国际层面通过条约来解决的根本原因，本节的上述分析是试图在现实的困境下找到一个相对容易的路径，以促进全球的技术流动。

就这一问题，笔者欲做点引申。国际贸易规则来自商业实践，而各国学者的研究对其形成能起到一定的作用。西方的游戏规则源于西方的学者之观点，如同美国学者 John Jackson 对 WTO 的影响，代表了美国利益，这无可厚非。作为中国的学者，也能在国际社会上发出声音，制定出利于我国国家利益的规则，则是中国学者的价值之所在。我们不

---

① Surendra J. Patel，Pedro Roffe，Abdulqawi Yusuf (ed.). International Technology Transfer. Kluwer Law International，2001：120－123.

② 但这并不影响有关当事人对合同其他内容的平等约定。

能因为西方学者如是说，就认为是权威观点，而当基于国情、基于一般的原理看能否演绎出利于我们的原则和规定让西方人接受。当然，国际政治的任何话语权都须有强大的实力作后盾，但就思想和学者的观点而言，似乎不是如此。学者的观点也许暂时不会变为现实，但真理的声音迟早会发挥影响。东方学者的价值不在于提出多少观点或建议，而在于提出的真正利于本国和本民族的建议之质量。

五、争端解决条款

(一) 现行争端解决的方式

对一般贸易的当事人而言，传统的争议解决方法——仲裁、诉讼——他们十分熟悉；其中诉讼在其他民商事纠纷中使用最为广泛，其优点很多：有一套相对成熟的审判制度和证据质证规则和原则；判决容易得到执行；与国际仲裁相比，由于其场地、书记人员及法官等的费用由政府承担，其成本较低等。但其缺点也有不少：因国际贸易涉及多个国家，哪一个国家的法院（即是任何一方所在国还是第三国法院）有管辖权不易确定；审判过程中的律师费、证人出庭费用等需要支付；花费人力、时间，影响商业的正常运营；法官水平及陪审团对案件裁决的影响等。现在，对国际贸易中的争端，人们越来越倾向于采用更为灵活的方法来解决，不再仅仅限于诉讼，如《北美自由贸易协议》规定成员方应当最大限度地鼓励自由贸易区内的私人间的国际和商务争端用仲裁和其他可替换方式来解决。①但不论采取何种方式解决争端，目前多以国内法的规定为主要依据。

对于国际技术转让而言，由于它是一个需长期合作的合同，用诉讼来解决纠纷，未必是一条最佳途径。所以，诉讼的可替代争端解决方法（ADR）如协商、调解、仲裁等方式在该领域显得十分活跃。目前实务中，该领域的争端多由双方当事人约定仲裁来解决；也有一部分由当事人约定的有关法院来解决；此外还有一部分涉及技术引进国的强行法规定的，则须由引进国法院管辖。由于通过仲裁、诉讼方式解决技术转让的纠纷与解决其他贸易形式的纠纷无本质区别，本节不作论述。下文简要介绍技术转让领域的协商、调解等方法。

1. 协商

如果当事人双方的管理架构较为近似，考虑到技术转让双方间的合作关系，一般在提交仲裁或诉讼前，双方管理层不同级别管理人员可以在相应的时间内先进行沟通和协商，以友好解决问题。美国律师协会起草的《软件协议示范文本》设计了三个级别管理人员在规定的时间内解决纠纷的模式，即一般级别管理人员在规定时间（10 天）内不能解决问题时，由高一级别的管理人员（公司副总）在规定时间（10 天）内去解决；如还不能解决，则由更高一级的管理人员（执行总裁）在 30 天内去解决；还不能解决的，则可提交仲裁或诉讼。② 如果上述方法不适合，双方可以在合同中约定，在提交仲裁或法院裁决前，基于诚实信用原则进行沟通和谈判，如果不能解决或一方认为对方缺乏诚信，可以采取下一步行动。

---

① Article 2202 of the North American Free Trade Agreement.

② John T. Ramsay. Ramsay on Technology Transfers and Licensing. 2nd edition. Butterworths Canada Ltd., 2002：302－303.

2. 调解

调解是一种双方愿意继续合作、将交易完成而同时自愿选择通过他人来解决争议的非裁决的争端解决模式。由双方选定或认可的调解者扮演来回穿针引线、促成谈判、促进双方交流并达成共识的角色；调解者组织的谈判通常是在友好、非正式的气氛中进行。作出裁决不是调解者的主要目标，促进双方之间形成意图解决纷争、找到相互接受的解决方法的交流才是各方的共同目的。调解是一种安全的程序，能产生及时和节省成本之效果。但是，调解并不是在任何场合下都可适用，如以下情况就不适用：（1）双方之间的实力严重的不平衡；（2）一方强烈要求步入法律程序；（3）一方负责处理纠纷解决的个人想逃避最终责任，因此他个人需要一个来自共同第三方的监督；（4）双方彼此不信任或没有继续合作的需要等。[①]

（二）国际技术转让有关文本的规定

国际条约对国际技术转让的合同纠纷没有达成任何协议。在守则草案制定、讨论过程中，普格沃什文本对争端解决的管辖权作了如下规定：供受双方就技术转让出现分歧之后，解决争端的管辖法院应为技术受方国的法院；如果适用于技术转让协议的法律没有排除该领域诉诸仲裁解决方法，且有关当事人在合同中同意将可能的争端交由仲裁来解决，则争端应由合同中约定的程序来解决；为了便于在早期解决技术争端并尽量减少法律仲裁或司法解决争端之需求，当事人可以在仲裁程序中插入相关约定，即在出现技术性质争端后，尽快将该争端提交给由各方通过它们可接受的方式指定的公正的技术专家来解决。[②]发达国家文本建议：争端解决应允许各方自由地选择法院解决（除非该选择无正当基础或一方提出过高要求），也允许各方通过仲裁或第三方调解来解决；同时要求各国政府尽一切可能促使有关技术转让协议争端得到公正解决，包括在合适的地方，坚持或利用国际投资争端调解中心进行调解，及为执行由第三方调解争端作出的协议，各国应在司法系统内建立或加强有关的专门机构等。[③] 发展中国家文本建议：技术引进国对因技术转让协议而生的争端享有司法裁判权；如果适用的法律不排除仲裁手段且双方当事人同意由仲裁机构来仲裁的，则依仲裁来解决。[④] 可以看出普格沃什文本的内容与发展中国家较为接近，但后者文本并未将可能的技术专家解决方案吸纳进来；而发达国家与它们的规定有着本质的、巨大差距，这反映了供方国与受方国在保护本国当事人利益立场上的严重分歧。1985年的“守则”文本对于争端解决作出如下规定：技术转让各方应通过直接谈判或诉诸调解程序，以友好方式设法解决它们之间在交易方面可能发生的争端或分歧；在可以根据当事各方的有关法律对争端进行仲裁时，当事各方经一致同意，可诉诸仲裁以解决技术转让交易引起的争端；应鼓励当事各方使用国际上承认的仲裁规则，如联合国国际贸易法委员会仲裁规则；各国应按照其本国法规和它们已加入的有关国际协定，承认和执行仲裁裁决。[⑤] 因此，

---

① John T. Ramsay. Ramsay on Technology Transfers and Licensing. 2nd edition. Butterworths Canada Ltd., 2002：303-305.

② Surendra J. Patel，Pedro Roffe，Abdulqawi Yusuf (ed.). International Technology Transfer. Kluwer Law International，2001：413-414.

③ 周子亚，编著. 国际法与技术转让. 上海：上海翻译出版公司，1987：28-29.

④ 同③45.

⑤ 《联合国国际技术转让行动守则》（草案），http://law.lawtime.cn/d555361560455_1_p1.html.

它关于技术转让争端解决的规定共有四方面内容：首选是自行协商解决；然后是“根据当事方国家法律允许有仲裁时”，经当事方意见一致，可以选择仲裁；再次是鼓励适用国际仲裁规则；最后是裁决的承认与执行。上述规定是发达国家与发展中国家意见的妥协，但第二方面是发达国家无法接受的。最终 1985 年文本最终未被通过，“争端解决”的分歧是根本原因之一。不过，实务表明，与其他国际贸易合同相似，基于仲裁裁决为各国通过相关国际条约所承认，将争议提交给有关国际贸易的仲裁机构进行仲裁解决往往是当事方的首要选择。①

六、我国的有关法律规定

我国现行法律对国际技术转让合同相关纠纷的法律适用与争端解决没有作出专门的法律规定。1987 年颁布但现已废止的技术合同法规定：发生技术合同争议的，当事人可以通过协商或者调解解决。当事人不愿通过协商、调解解决或者协商、调解不成的，可以依据合同中的仲裁条款或者事后达成的书面仲裁协议，向国家规定的仲裁机构申请仲裁。当事人一方在规定的期限内不履行仲裁机构的仲裁决定的，另一方可以申请人民法院强制执行。当事人没有在合同中订立仲裁条款，事后又没有达成书面仲裁协议的，可以向人民法院起诉。② 这些规定主要是针对国内技术转让行为的。当时对于涉外合同（包括国际技术转让合同）的法律适用及争端解决适用当时的涉外经济合同法（1985 年）。该法规定：合同当事人可以选择处理合同争议所适用的法律。当事人没有选择的，适用与合同有最密切联系的国家的法律。但在中华人民共和国境内履行的中外合资经营企业合同、中外合作经营企业合同、中外合作勘探开发自然资源合同，适用中华人民共和国法律。中华人民共和国法律未作规定的，可以适用国际惯例。③ 但对于这里的“国际惯例”，我们认为没有明确的界定，似乎有所不妥。上述规定在 1999 年 10 月 1 日实施的合同法中对前面的两款内容全部照搬了过来，但“中华人民共和国法律未作规定的，可以适用国际惯例”这句话合同法没有采纳④，我们认为是合理的：随着我国市场经济的不断成熟及当事人风险防范意识的提高，“国际惯例”应当纳入当事人自主选择的范围内，法律不应再有所涉及。对于条约与国内法发生冲突的，涉外经济合同法规定：中国缔结或者参加的与合同有关的国际条约同其法律有不同规定的，适用国际条约的规定。但是，中华人民共和国声明保留的条款除外。⑤ 对于这一规定，1999 年《合同法》没有吸纳。

2010 年 10 月通过的《涉外民事法律关系适用法》，明确规定了“当事人可以协议选择知识产权转让和许可使用（技术转移是其中重要的类型——作者注）适用的法律。当事人没有选择的，适用本法对合同的有关规定”⑥。而该法对涉外合同的法律适用规定如下：“当事人可以协议选择合同适用的法律。当事人没有选择的，适用履行义务最能体现该合同特征的一方当事人经常居所地法律或者其他与该合同有最密切联系的法律。”⑦ 基于《涉

---

① Jochen Pagenberg，etc. License Agreements. 5th edition. Carl Heymanns Verlag KG，2003：187 - 189.
② 《技术合同法》第 51 条。
③ 《涉外经济合同法》第 5 条。
④ 《合同法》第 126 条。
⑤ 《涉外经济合同法》第 6 条。
⑥ 《涉外民事法律关系适用法》第 41 条。
⑦ 《涉外民事法律关系适用法》第 49 条。

外民事法律关系适用法》已有涉外技术转移合同的法律适用规定，2020年通过的《民法典》对此没有再作出规定。关于争端解决，涉外经济合同法规定的内容与技术合同法规定一致。[①] 而1999年合同法对原技术合同法和涉外经济合同法的内容给出了更为简要、准确的规定：当事人不愿和解、调解或者和解、调解不成的，可以根据仲裁协议向仲裁机构申请仲裁。涉外合同的当事人可以根据仲裁协议向中国仲裁机构或者其他仲裁机构申请仲裁。当事人没有订立仲裁协议或者仲裁协议无效的，可以向人民法院起诉。当事人应当履行发生法律效力的判决、仲裁裁决、调解书；拒不履行的，对方可以请求人民法院执行。[②]

由于《民事诉讼法》《仲裁法》等对于合同的争议解决等已经作出规定，民法典对合同争议解决的方法没有再作出规定。虽然民法典没有对技术合同的争端解决作出专门规定，但其有关法律适用和争端解决的规定同样适用它们，即技术合同的法律适用“意思自治为主、最密切联系为补充”之原则，而争端解决以当事人和解或第三人调解为先，如果当事人不愿或通过此手段难以解决的，可以通过仲裁，也可以通过诉讼来解决。

这里需要提一下的是，根据民法典，在我国因技术进出口合同引起的纠纷，当事人提起的诉讼或者申请仲裁的期限为4年，自当事人知道或者应当知道其权利受到侵害之日起计算。[③] 但对于国内技术转让合同的诉讼时效，按现行法律规定应该为3年。

第七节　其他须引起注意的条款

以下条款是我们在技术转让实务合同中易于疏忽的内容，本节提出意在引起关注。

一、最惠条款

最惠条款（Most Favored Licensee Provision 或 Most Favorable Term）意指在技术转让合同中，在同等条件下，供方给予某一受方的任何待遇或交换条件，特别是许可使用费，将不低于现在或将来它给予任何一个其他受方的待遇或条件；该条类似于内涵为国际贸易中的国家给予某国国民的待遇不低于给予任何一个他国国民待遇的最惠国待遇。从定义可以看出，它主要适用于普通许可，为了在各受方之间平衡利益，让它们受到相对公平的待遇，即其交易条件至少与其他受方一样；由于没有一个通用的法律规则要求技术供方必须一视同仁地将许可条件适用于所有受方，或禁止供方不能厚此薄彼[④]；所以，受方一般希望在合同中写下此条款，但供方却希望规避此条款。[⑤]

一项最优惠条款的主要目标是作为仔细判定后续许可交易的条件是否比本协议更加优惠的比较根据。就是说，最优惠条款都是在一定条件下给予的，如下面的示范条款中，允

---

① 《涉外经济合同法》第37、38条。

② 《合同法》第128条。

③ 《民法典》第594条。

④ John T. Ramsay. Ramsay on Technology Transfers and Licensing. 2nd edition. Butterworths Canada Ltd.，2002：173.

⑤ Gordon V. Smith，etc. Intellectual Property. John Wiley & Sons，Inc.，1998：358.

许受方在后续许可中仅选择那些更加优惠的财务性条款。但是一项许可证中的每一项义务、保证和条约都对整个交易产生一定的价值。例如，供方在后续的许可证中也许会接受一个较低的许可使用费率来获得享有免费使用受方后续改进技术的权利。如果允许前一受方享有后续许可证中更加优惠的费率而不承担反向授权改进技术的义务条款，对供方来说将是不公平的。因此，如果前一受方希望享有后续许可证中更加优惠的费率条款，那么要求其接受后续许可证中的其他相应条款才更为恰当。①

一般该类条款中规定由供方来决定后续许可证是否更加优惠。在这种安排下，供方承担着正确决定这一问题的责任和发生错误的风险，同时受方可能担心供方会利用信息不对称性让其无法知晓其后续或先前的许可交易条件。为此，有一种替代方法就是要求供方向受方公开其所有的其他许可交易合同（或至少是其中的财务性条款），由受方来决定某一后续许可证是否更加优惠，但受方必须承担保密义务。不过，针对千差万别的受方及其所处的不同市场背景，交易条件肯定会各不相同，如何在无统一参考系下衡量"最惠待遇"，不是件容易的事情。②

协议中，该条款的约定通常如下。③

除许可人的全资或部分所有的子公司、分公司、政府部门或其代理机构或是上述各企事业组织的相关部门外，许可人今后如果授权任何与被许可人有竞争关系的第三方实施被许可专利，并为其在制造、使用、允诺销售和进口被许可专利产品方面提供更加优惠的使用费率，那么被许可人有权享有这一更加优惠的费率。

本合同规定的专利使用费率为被许可专利产品净销售价的 5%。为本款的目的而规定的使用费率同本许可证及今后授权的任何许可证中的补偿费用、授权许可技术、付款日期、义务或条件条款无关。如果今后授权的任何一个许可证中存在向许可人提供除上述使用费率外的其他任何货币补偿或向被许可人授权附加技术，该货币补偿将不能视为使后续许可证使用费率降低的正当理由，该被许可的附加技术也不能视为降低本许可证使用费率的正当理由。

如果后续许可证中只规定了一次总付的款项而没有包括上述的使用费率，则被许可人有权接受这种一次总付的支付方式，而且以前所付的所有使用费率都应计入这一总付的款项中。因此被许可人只需支付一次总付的款项与已付使用费总额之间的差额即可。

许可人有义务自任一后续许可证生效之日起 30 日内向被许可人公布这一许可证的全部内容；被许可人自收到通知之日起 60 日内以书面方式作出是否接受后续许可证的选择。被许可人如果没有及时作出选择将视为放弃这项权利。任何有关协议中本条款的争议将依照第 5 条争议解决条款提交仲裁。

许可人自收到被许可人上述所要求的书面通知后，即将本协议修改为具有更加优惠条款的协议，修改后的协议与另一许可证同时生效。如果被许可人选择接受一项较低的使用

---

① Brian G. Brunsvold, etc. Drafting Patent License Agreements. 5th Edition. Washington, D. C.: The Bureau of National Affairs, Inc., 2004: 145.

② John T. Ramsay. Ramsay on Technology Transfers and Licensing. 2nd edition. Butterworths Canada Ltd., 2002: 174 - 175.

③ 同①146 - 147.

费率或以一次总付的方式支付使用费，那么被许可人也必须接受后续许可证中被许可人能够接受的其他所有条款和条件。

本条款不适用于为解决过去侵权行为案件或解决因被许可专利而在许可人与第三方之间产生的争议而达成的谅解。但是，除此之外，本条款适用于任何为将来使用而授权给第三方的许可证，无论这一许可是为了解决争议还是前面所说的限制适用范围以外的其他情况。

二、尽最大努力条款

尽最大努力条款（Best Efforts Term）要求受方有义务尽最大努力在指定的时间内，使技术商业化，并进行广告和促销活动，使产品进入市场①，特别是供方的经济利益或成功只依赖于受方经济活动时。尽管专家没有建议该条款，但许多供方都要求在协议中明确写上这一条；不过，常见的情况是：由于“尽最大努力”的不确定性和模糊性，如果合同没有详细、具体约定努力的内容及努力的方式，由此导致争端，法院判案时多依赖于其对正义公平的感觉和理解，体现了较多的自由裁量成分。② 在美国，司法判例没有对该词给出一个明确的含义，该词的使用几乎起不到任何指导作用，实际上，“没有任何直接的参考……来告诉你在什么范围、什么方向来作出努力”③。在加拿大，法院通过一个案例对该词给出了解释，即它不是指“次于最佳的努力……或不惜代价地超越理性去行事，而是指千方百计、想方设法”④；但实际上这种解释仍然弹性极大，何为“千方百计”也无标准。所以，一般建议在合同中，双方对受方所需付出的努力进行详细的描述、列举，尽量使其量化，包括对项目预算、人员安排、投入的其他资源及时间进度等用相对具体的数字体现出来。

三、破产条款

技术市场经常性的不稳定特征使破产对供受双方的利益产生影响；大部分技术许可是待执行合同，双方义务的履行是持续不断的。破产并不自动终止许可协议；且破产托管人会将公司的许可协议看作一项有价值的财产⑤，并可能承担或拒绝履行转让合同项下的义务。美国破产法典规定了一个例外：即使供方申请破产，受方仍可以继续使用被许可的知识产权。⑥ 此外，在受方破产时，供方通常希望终止转让合同，而破产托管人可能希望将转让合同转让给其他人，但一般而言，在美国，除非双方在合同中明确约定，就专利技术许可协议可转让性而言，长久确立的联邦法律规则规定：技术转让协议是受方私人性质的东西，不具可转让性。⑦ 因此，供方在起草转让合同时，拥有重大利益，应与受方在合同中对破产情形涉及有关技术及相关权利义务进行尽可能具体详细的约定，并谨慎尽力避免

① Gordon V. Smith, etc. Intellectual Property. John Wiley & Sons, Inc., 1998: 357.

② Perma Research & Dev. v. Singer Co., 542F. 2d 111 (2nd Cir. 1976).

③ Western Geophysical Co. of America v. Bolt Associates, 285 F. Supp. 815, 157 U. S. P. Q. 129 (D. Conn. 1968).

④ John T. Ramsay. Ramsay on Technology Transfers and Licensing. 2nd edition. Butterworths Canada Ltd., 2002: 180.

⑤ 同①358.

⑥ 11U. S. C. A. § 365 (n).

⑦ Unarco Industries, Inc. v. Kelley Co., 465, F. 2d 1303, 175 U. S. P. Q. 2d 199 (7th Fed. Cir. 1972).

在整个合同中有诸如“受方及其转让”之类语言的出现。

四、可转让条款

该条款主要涉及技术许可问题，因为原则上供方将技术所有权转让给受方后，受方应该获得该技术的处分权，他可以根据自己的需要将技术再转让或许可给他人使用。德国法规定，被许可方的权利自由转让是例外，即通常情形下是不允许的；一般实践是同意转让的义务涉及对工厂许可或个人许可产生的影响。同意转让的要求也与向共同所有的公司的转让相关，然而在合法承继或并购情形下是不需要经过同意的，因为这些情形下的转让是由法律规定的。[①] 但我们认为，如果供方与受方在合同中形成一致意见，此种情形下须经各方同意，则双方约定应该优先于法定。德国法还规定：如果由于被许可方的公司合作使供方的重要竞争对手将获得专利的使用权，则必须经过供方的同意。在独占许可或排他许可中，供方拒绝受方进行类似合作的权利常被否认，否则类似合作将变成不必要的包袱。一般情形下，不转让许可之义务是得到多数国家法律认可的。但对于供方而言，如果独占许可人的法律地位不受转让或销售影响的话，他可以自由转让。[②] 我们认为，这些可以借鉴，但作为技术受方，可以在技术转让合同中对供方的上述权利进行必要的制约。

对于可转让条款的另一种情形，在本书第三章中已经有所论述，本章不再赘述。

五、保密条款

受方需对供方的专有技术等保密。供方总会要求保密条款约定得尽量缜密，且在正式进行合同谈判前先谈保密问题，签下保密协议，再进行合同内容的谈判和有关资料的交流。因为如果谈判不成，没有有效的合同约束受方在技术谈判过程中不将获取的有关技术信息泄露出去。供方要求受方采取必要的措施为商业秘密或技术秘密保密。合同中有保密条款，在合同因故解除或终止后若干时间内，要求受方继续保密；正常履行完毕后，如果有关秘密尚未进入公有领域，受方仍需保密。[③] 但是，在将技术转让给受方后，供方也需承担对自己技术的保密义务，特别是在独家许可的情况下，因为它直接关系到受方的利益，如果供方泄露给第三方，有可能导致受方利益受损。此外，也应当约定双方需共同保密的内容，如获取的对方的经营状况、经营信息、客户、账目财务报表、商业秘密及相关需保密的技术信息等，各方都有义务替对方保密。

六、会计和报告条款

根据笔者的实务经验，会计和报告条款在技术转让合同条款中十分重要，它直接关系到供方利益能否实现。在许可合同中，技术许可费主要依赖于受方销售的情况，或基于件(如卖出一件支付费用多少)，或基于净销售额，因此对相关数据的准确统计和把握十分重要；而这些数据主要来自受方的会计报表和相关报告。对于供方来说，如何准确掌握这些

---

① Jochen Pagenberg, etc. License Agreements. 5th edition. Carl Heymanns Verlag KG, 2003: 101-103.

② 同①103.

③ 同①113.

数据，他可能会在合同中要求以特定条款表述出来。如按件计算，供方可能会要求受方提供特定账簿，记载销售数量、销售客户名单、装运日期、产品项目流水号或其他能够显示数据的信息；如果是基于销售额，则相关发票的信息如价格、开票时间、客户名单等。通常情况下，没有合同条款的明示，供方无权审阅监督受方的相关账簿；当然双方可以在合同中约定，一旦发现受方弄虚作假，少报或错报相关数据，要承担惩罚性赔偿，如承担相当于许可费若干倍的赔偿等。[①] 当然，最好的方法是，受方应当按合同约定时间（如一个月或一个季度）将所有发票的复印件发送给供方。通常上述数据也会在受方的会计报表中得以体现，为了保证供方利益，供方可以要求双方约定一个中立的会计师事务所对受方的销售状况进行查阅和监督，这样既保护了受方的商业秘密，又消除了供方的疑虑。如果合同涉及分许可，则供方对分许可的相关情况也应该有权进行相关约定，情形与许可中的情况相似。

七、侵权责任条款

该条款是指未经权利人许可，第三方就实施专利，或专利权人（或受方）被第三方指控侵犯其专利权时所引起有关责任之约定的条款。它分三种情况：受方未经权利人同意而将技术转让给第三人，即进行了分许可，或未按合同约定使用技术；受方的合法权益受到第三方的侵犯，受方可单独或与供方一道共同交涉；许可的专利受到第三方的侵权指控，供方应负责交涉并承担相应的法律责任，受方可协助，同时受方在诉讼期间还应继续支付许可费。[②] 由于专利权人对合同专利的享有具有合法性，若受方在合同有效期内因使用专利技术制造、销售产品和进口产品，受到任何第三方关于合同专利侵权的指控时，应由供方与第三方交涉，受方协助供方解决有关纠纷；其损失及相关的法律责任由供方承担。我国技术进出口管理条例有类似规定，即供方应当保证自己是所提供技术的合法拥有者或者有权转让、许可者；受让人按照合同约定使用让与人提供的技术，被第三方指控侵权的，受让人应当立即通知让与人；让与人接到通知后，应当协助受让人排除妨碍。[③] 2011 年修订的《技术进出口管理条例》第 24 条第 3 款规定的“受让人按照合同约定使用让与人提供的技术，侵害他人合法权益的，由让与人承担责任”之内容在 2019 年修订时被删除。

至于受方对知识产权侵权行为有无起诉权，取决于技术转让的类型，如是所有权转让，受方应当有起诉权；如是许可，则决定于当事人的约定。

【思考题】

1. 简述技术转移合同中技术价格的影响因素及其确定。

2. 简述技术改进条款的内容及其意义并分析技术供方为何对技术改进条款给予高度关注。

3. 简述限制性条款的含义及其主要类型。

---

① Jochen Pagenberg，etc. License Agreements. 5th edition. Carl Heymanns Verlag KG，2003：145.

② Gordon V. Smith，etc. Intellectual Property. John Wiley & Sons，Inc.，1998：358.

③ 《技术进出口管理条例》（2019 年修订）第 24 条。

4. 简述技术合同中最惠条款的含义及其意义。

5. 试述国际技术转移合同中的法律适用条款。

6. 试述技术合同中保证条款的意义。

7. 案例：ABC 公司软件许可的软件定价问题

2017 年 4 月，一中外合资企业欲生产一批电信设备，根据外方设计急需要 2 000 片某种固化某一软件技术程序的专用芯片；外方建议，该批芯片必须从其指定的供应商处采购。

根据调查，未固化软件前的通用芯片的市场价是每片 13 元人民币，但固化软件程序后其价格为 3 300 元，外方称增加的值是其知识产权的价值。合作的中方感到无法接受，便试图寻找替代产品，但由于设计上受制于外方，设备使用的芯片为专用芯片，市场上难以找到可以替代的芯片。虽然企业试用了其他类似芯片，但发现它们与整套设备的相关部分不兼容，后不得已双方再次进行艰难的谈判，将价格从 3 300 元降到 2 900 元，外方还要另收软件服务及其他固件费用 300 万元左右。仅此一项生产成本就需 880 多万元，而该企业与用户所签的整个合同标的额不过 7 000 万元左右。

问题：该案涉及知识产权许可中的定价问题，请结合本章有关技术定价的分析，谈谈你对该案中外方要价的看法及可能的应对策略。

【经典参考文献】

1. 袁嘉. 技术转让协议的反垄断规制. 北京：中国政法大学出版社，2017

2. Michael Z. Brooke and John M. Skilbeck. Licensing—The International Sale of Patents and Technical Knowhow. Gower Publishing Limited，1994

3. Noel Byrne，Amanda McBratney. *Licensing Technology*. Jordans，2005

第七章　技术转移协议谈判

【导言】

技术转移谈判是指双方当事人通过正式的协商或交流就特定技术转移努力达成一致意见的过程，它是技术转移活动得以完成的关键。它具有如下两个重要特点：从他人处获得技术或向外转让技术的动力是产业向合作安排发展的一种形式；技术转让不仅仅是交易，还是一种关系的建立。其过程含准备、合同文本起草、谈判、达成协议、履行协议及后续相关活动等。其准备活动首先是技术供方和受方的明晰。技术转移谈判集中于可行性研究，对比评估潜在供方、受方情况等，核心任务是：通过资料搜集，寻求技术来源，分析对比评估潜在的合作方与做好谈判计划，形成可行性报告，为谈判、签订合同及合同履行跟踪等提供坚实的基础。谈判前的准备包括如下内容：组建一个优秀的谈判团队，确定商业目标，评估谈判能力和可替代方案，核实和加强知识产权，确定谈判时间进度表，搜集相关文件，准备内部条款清单，考虑和准备临时协议、保密协议，使用并对照已经披露的相关信息，设定辅助条款，拟定法律适用和争议解决方式与地点等条款、原型（产品）开发和评估协议、相关附件及合同协议文本草案等。谈判涉及四个方面的内容，即与技术转让相关的法律、技术、市场信息及许可的商务因素等。为此，各方需做到：组建良好的谈判队伍；拟定谈判方案与确定谈判思路：包括确立目标、拟好计划、落实可选择方案和安排日程、地点；通过谈判形成公平合理的合同文本。成功的谈判原则有：确定的目标，拟定最佳的备选方案，谋划谈判策略，组建优良的谈判团队，精心安排好日程表和地点，建立友好对话关系，明确双方同意的观点或地方，相信谈判是一种妥协，是双方让步的结果，化消极为积极的措施，抓住关键人物，保持灵活性及牢记技术转移谈判永远都是一种合作等。谈判中的禁忌有：避免信誉的丧失，避免谈判尾声带来出人意料的信息，不要与对方争论或威胁对方，不要低估你的谈判对手，不要出尔反尔或自己跟自己谈判、不断降价，不要强词夺理，而要尽量表现出自信，避免使用激起人愤怒或让人感到你“义正词严”的语言，对谈判各点的顺序不要过于僵硬，不要忽略观察对方肢体语言，作出让步时，不要太大，而要循序渐进，不要仓促作出表示同意对方要求或建议的决定及不要滥用自己的优势等。以上分析对企业进行技术转让谈判具有较强的参考意义和借鉴价值，以帮助他们在谈判合同时能够抓住要害，服务于自己的经营目标。

谈判是有关方面在一起相互通报或协商以便对某重大问题找出解决办法，或通过讨论对某事取得某种程度的一致或妥协的行为或过程。技术转移谈判是指双方当事人通过正式的协商或交流就特定技术转移努力达成一致意见的过程，它是技术转移活动得以完成的关键。它是一个系统工程，成功的谈判都要经过充分准备、寻求合作伙伴、在开始谈判之前设定目标、研究替代方案（因为他们预设了可接受的最小谈判结果）、制定一个谈判策略等准备性活动。在整个谈判中需注意以下事项：提防失去信誉、避免与对手争吵或威胁他们、避免在最后时刻出现意外（早该说而不说的问题或现象）、低估对手、与对方讨价还价、与自己讨价还价等对谈判进程有害或无效等行为。组织优秀的谈判团队，是成功的基本前提，通过在谈判小组中包括适当的人员（特别是有决策权的人）并为谈判会议编制议程，可以增加谈判成功的可能性。建立对话，加强沟通，争取在早期成功的基础上再接再厉，形成良性循环，有助于谈判目标的实现。保存已完成工作的记录，并确保所有各方同意已经达成的共识及其准确性，有助于大家攻克最艰难的谈判障碍。本章就技术转移协议谈判从四个方面进行介绍和分析。先就技术转移协议谈判的一般步骤进行概述，然后就技术转移协议谈判的准备、技术转移协议谈判及协议文本的形成与履行以及技术转移协议谈判中的注意事项进行分析和论证。

第一节 技术转移协议谈判概述

一、技术转移协议谈判的意义

在经济全球化和信息技术时代，技术转让已经成为创新的核心内容[①]，也成为国际技术贸易谈判中的主要代表性内容，本书以其为代表，对国际技术贸易协议谈判的准备、谈判过程、注意事项等作为基本的分析内容，其他形式的技术贸易的谈判如技术咨询、技术服务、技术开发等协议可以参照本章和下章的分析和论述。

商业战略的技术转让已是经济发展须臾不可分离的组成部分。当谈及技术转让时，我们要明白它所具有的如下两个重要特点：一是从他人处获得技术或向外转让技术的动力不是一个孤立的现象或一时兴起（一次性交易），而是在全球竞争日益激烈和技术创新步伐日渐加速领域，产业向合作安排——合资、战略伙伴、联盟及其他商业组织模式——发展的一种形式。建立在合作（合伙）而非所有权基础上的联合之趋势是当今公司结构及商业运营方式中的最大变化。二是技术转让不仅仅是一次交易，还是一种关系的建立。如果代理人让客户丧失一次通过技术转让获得市场份额机会的话，将对客户造成巨大损害。而协议要达成，谈判是其必不可少的步骤。当协议还在谈判时，一切都是未知数，合作能够给客户带来多少市场及存在什么风险不得而知。

---

① 马忠法．创新型国家建设背景下的科技成果转化法律制度研究．上海：上海人民出版社，2013：43－45.

谈判是一门艺术——一门实现可能的艺术。成功的谈判使每一方都能得到他所希望得到的尽可能多的东西。请注意这里的重点是"每一方"，即人们常说的"双赢"局面。如果把谈判过程比作蛋糕分割的过程，则最成功的谈判者——那些最终得到最大蛋糕的人——就是那些首先开始合作，并在试图分割蛋糕之前努力扩大蛋糕的尺寸的人。① 所以，最好的协议是能够将双方当事人可以分享且互补的利益最大化，并为双方带来充分的互利结果即双赢；如此则双方都会对商业成功作出积极努力，贡献出自己的力量。②

对谈判普遍和更传统的看法是，谈判是一个过程，尽力以任何可能的方式为自己一方争取尽可能多的东西。这种态度和方法的明显问题是它具有对抗性，容易使谈判双方对立起来。他们没有想法或打算把蛋糕做得更大，反而在还不知道蛋糕是多大时就先争抢起来，结果很可能是饥肠辘辘又沮丧的两个人在皱巴巴、数量有限的碎蛋糕上怒目而视。所以，要使谈判取得成功，不仅需要良好的意愿和合作精神，而且还要抛开陈词滥调不谈，把双方争取最大可能的市场份额作为谈判的主要目标；因为技术贸易与一般的货物贸易不同，它不是一次性交易，仅限于双方交易时的可见物品，而是可以通过良好的长期合作，创造出更多的商品和市场。

为此，我们需要明了一个完整的国际技术转让谈判过程和一般步骤：从准备到合同文本起草、谈判、达成协议、履行协议及后续相关活动（如培训）等。

二、技术转移协议谈判的过程和一般步骤

有人将技术转让的步骤分为：确定战略、识别许可前景、确定许可形式、决定是否特许经营、不同领域技术许可安排的许可前步骤、了解客户、受方了解和核查供方信息、订立保密协议、确定保密例外、公有领域例外、界定独立开发、交易相关披露及最惠被许可方等。③ 这一思路不无道理，但步骤没有固定模式，根据实际情况，步骤可以千差万别，只要有助于合同当事人达成公平合理的协议即可。对于一个从事技术转让的代理人而言，一个完整的技术转让交易包括识别和接触可能的合作伙伴，协助评估技术价值，谈判合同条款及起草协议④，并最终促成公平条件下各方当事人双赢的技术转让。本章论述的是主要将读者视为为客户提供服务的代理律师，当然也不排除将自己视为供方或受方的角色，因为我们认为公平合理的技术文本应当对谁都是一样的。本章部分采纳前面的观点，但又有所不同，具体见下文分析。

技术转让首先碰到的问题是双方当事人的确定，即技术供方和受方的明晰。通常情况下，技术受方一般是营利性的企业，比较了解自己的市场及技术需求。而技术供方可能是自然人、大学、政府机构、非营利性基金或研发机构及公司、企业等，它们比较清楚自己所拥有的知识产权，但对市场或需求可能不甚了解。如何通过恰当的渠道，让技术供、受双方进行成功合作往往是问题的关键。

供方转让技术的动机有：回收研发成本、最大程度获得研发回报；或必须完成法律赋予的使命与义务，尤其对那些由政府资助的研发。有时技术供方为了避免诉讼成本，也可

---

① Poltorak, Alexander. *Essentials of Licensing Intellectual Property*. John Wiley and Sons, Inc., 2004: 115.

② Kenneth L. Port. Licensing Intellectual Property in the Information Age. Carolina Academic Press, 2005: 125.

③ Roger M. Milgrim. Milcrim's Guide to IP Licensing. First Edition. Wolters Kluwer, 2012: 25-37.

④ 同②.

能与侵权人达成协议，将侵权人变成自己的技术受方[1]；然而，在有些场合，技术供方有意通过“放水养鱼”的方式，先让侵权人使用自己的技术，等到技术产品有了市场且带来利润时，权利人以诉讼为名，逼迫侵权人成为技术受方。这种情况就是人们常说的“专利钓饵”（patent troll）。技术受方获得技术的动机可能在于减少研发成本、通过技术转让带动技术水平的升级、解决技术难题、提高生产效率、降低成本、增加新产品和产品线，或是为了保持领先的竞争力。许多受方多将高校和科研院所作为技术供方，让后者提供技术源。

对于供方而言，他可能会对业内需要技术的人（如与对方的技术互补或领先地方等）发出信息或请求，也可能通过公司的年度报告、专利公告出版的科技文章，或发明人与某些公司员工之间的简单交流等来发布技术供给信息。对于技术受方，转让技术的首要步骤是发现满足自己需求的技术并识别出与之相配的许可前景（愿景）：主要涉及何种类型的企业可以从供方提供的技术中获益以及通过何种方式——独占许可、排他许可和非独占许可等——转让技术最为有效。[2] 这里的非独占许可包括普通许可、交叉许可等。如果双方有意进行合作，下一步就是较为重要的一步，即进入谈判前期的接触阶段。该阶段可能需要签订保密协议，因为对双方（尤其是供方）来说，万一将来不能达成许可协议，不仅在谈判或接触期间通过该协议可以较好地保护自己的知识产权，而且在谈判结束后的特定时间里，各方仍应履行在谈判过程中从对方处获取的信息之保密义务。这是跨国公司在与他人合作中经常迈出的第一步：它不仅仅在技术转让领域，就是在一般涉及知识产权的物品交易中也会要求先签下保密协议，然后才正式开始双方之间的商务谈判。笔者在上海贝尔阿尔卡特服务期间，签保密协议是一件司空见惯的事情，而这一点在国内企业与他人合作中常常容易被忽略掉。

谈判的成功是数月准备和数年战略实施的顶峰。[3] 技术转让的步骤首先当然是有关当事方决定是否需要进行技术转让，而这依赖于公司的整体战略决策和发展规划。本节对公司内部为何进行技术转让等不作探讨，因为它更多涉及公司经营管理问题，仅讨论公司作出技术转让决定后的有关事项，它集中于可行性研究，对比评估潜在供方、受方情况，谈判，签订合同及合同履行跟踪等。

第二节 技术转移协议谈判的准备

对于技术转移协议谈判的准备，不同人有不同的观点，本章将技术谈判的准备主要分为可行性研究和对比评估潜在合作方的情况两个方面。

一、可行性研究[4]

缺乏准备，包括调查和计划，是最常见和最致命的谈判错误。谈判前的准备包括如下

① Kenneth L. Port. Licensing Intellectual Property in the Information Age. Carolina Academic Press，2005：126.

② Roger M. Milgrim. Milcrim's Guide to IP Licensing. First Edition. Wolters Kluwer，2012：25.

③ Cythia Cannady. Technology Licensing and Development Agreements. Oxford University Press，2013：456.

④ 该部分内容参考了白映福，黄瑞. 国际技术转让法. 武汉：武汉大学出版社，1995：42－54；科学技术部国际合作司中国技术市场管理促进中心. 国际技术转让指南. 北京：中国政法大学出版社，2000：89－96.

内容：组建一个谈判优良团队，确定商业目标，评估谈判能力和可替代方案，核实和加强知识产权，确定谈判时间进度表，搜集相关文件，准备内部条款清单，考虑和准备临时协议、保密协议，使用并对照已经披露的相关信息，设定辅助条款，拟定法律适用和争议解决方式与地点等条款、原型（产品）开发和评估协议、相关附件及合同协议文本草案等。① 这些只是一个参考，在准备谈判时，可以根据具体的谈判情形，进行相应的调整：缩减、增加或补充等。

技术受方或供方一旦通过公司内部决策层作出决定要引进或转让适宜的技术项目后，有关当事人需考虑确定目标、考量企业与国家利益、收集资料的渠道与可得性、拟定各种方案、技术可行性、选择满意适合的技术及决策检查实施等事项。每一个技术转让项目会涉及供方、受方、供方国和受方国的法律政策及技术本身等因素，供受双方对涉及技术转让的每一个内容均要进行现实、可行的分析，然后得出与何国的何公司进行交易符合自己的战略发展需求之结论；在技术转让交易中，确定合同的双方当事人是首先值得关注的问题之一。② 为此，在技术转让决策作出后，首要的问题是尽可能广泛地搜集相关资料；其次是寻找技术来源或技术需求市场，确定可以进行合作的对象范围；再次是分析和计划，以为可行性报告的完成准备好条件。

（一）资料搜集

资料搜集除涉及技术本身和潜在交易对手情况的资料外，还要关注有关技术交易对方国的政治、法律环境和该国经济、本行业技术发展水平、带来的市场效应、竞争对手已有或可能的产品状况及税收与产业政策等，即政府的干预程度、对有关技术的态度或基本政策和其他宏观方面的内容。对于技术供方而言，它需要了解受方国的政治与经济走向、法律环境尤其是知识产权保护水平、该国本行业技术发展水平、该国对技术转让管制和干预水平等。对受方而言，关键是了解供方国有关技术的进出口管制方面的法律与政策，供方国会否控制或限制该技术转让出去。这方面资料的搜集直接关系到技术转让最终走向和成功与否，如果此方面的材料搜集不到或搜集不全，则技术转让将难以进行下去或无法得到保障。

然后是了解和消化涉及本方和对方条件的资料，做到知己知彼。不少受方引进技术前，只关注对方的情况，而对自己的家底、经济实力、技术及管理水平和人力资源等了解不充分，结果引进技术超越本方的消化、吸收能力，导致所有引进活动的徒劳和资源的极大浪费。比如，受方应当准备好是否具备接受该技术的条件的资料，如技术人员、员工素质、引进技术所需的生产设备、厂房、管理水平（有相关经验、经过培训的管理人员），是否具备吸收该技术的思想准备和理念，本公司的技术实力和水平、掌握的专有技术等，能否获得引进技术后所需的原材料，具备支付技术价格的能力（经济实力）；如果无，有无其他渠道融到资金来支持技术引进的完整过程、准备好生产条件（如仓储、运输、水电气条件、交通、气候条件等）。另外，自己的市场潜力如何（有无强有力的销售渠道如经

---

① Cythia Cannady. Technology Licensing and Development Agreements. Oxford University Press，2013：88－104.

② WIPO. *WIPO Intellectual Property Handbook*：*Policy*，*Law and Use*. WIPO Publication No. 489 (E)，2001：179.

销商、代理商等)、是否有足够的市场营销能力占领市场、是否具备售后技术服务能力等数据的准备也十分重要。通过这些信息的积累，为找到自己需要的技术（即找对技术）打下基础。总之，准备这方面资料时，从引进到与其相关的采购、生产、销售、售后服务这一完整的商业活动的每一个环节的资料均需准备。很多发展中国家企业引进技术失败的很大因素在于没能做到知己，以致找错了技术（不适合自己的技术），既造成巨大浪费，影响了发展，又带来很多后遗症，如环境问题、就业问题、机会成本问题等。对受方而言，关键是找准适合自己需求并与自己水平发展相适应的技术，而并非所谓的“高精尖”技术。

受方了解自己所需的技术后，接着就是寻找有相关技术转让的厂商，即能否获得技术和及时的技术援助和服务；如能，有哪些厂家可以提供技术，它们各自的情况如何：该方面需搜集的资料应包括厂商的资信情况（如其发展历史、组织机构、技术状况、销售渠道、资金和信誉、技术转让的历史、合作伙伴和其他数据)、在本行业的技术水平及优势特长所在、有可能采取的合作方式、在本国有无合作伙伴、它转让技术的可能性或理由（如利用本国的劳动力成本低廉、靠近市场、原材料充裕且价格低）等。

供方如考虑转让技术，则需搜集如下资料：对方是否需要该技术、对方市场有多大、受方引进技术后可否收到预期效果创造利润、具不具备引进和生产条件、针对受方的条件转让什么样的技术、以何种方式转让（成套设备、投资还是单纯技术)、当地民众的消费习惯和文化传统适不适合引进该技术、法律保护是否充分等。技术供方通常通过贸易出版物、直接邮件或专利在线交换网站等方式发布技术和商标信息。在信息技术帮助下，借助互联网使技术信息较为容易传播。供方与大洋彼岸的潜在受方的谈判变得如同国内两个不同小镇上的人之间谈判一样。[①]

上述资料的准备对受方而言更重要，因为其掌握的资料或情报越多、越充分，进行可行性分析后拟定的方案越接近实际，谈判中的主动权会越大。如此，他才有可能了解技术来源、有几家竞争者、计划向几家询价等。

(二) 寻求技术来源

寻求技术的途径可以说多种多样，有时带有一定的偶然性，如有些最佳技术交易可能始于乘飞机或其他场合的非正式交谈，而有些最不成功的又通常源自政府的规划和代理商的专业服务。通常技术来源信息的获取有以下一些途径，这些途径可以是单独的，也可以是全部或部分的结合。

1. 非正式渠道。获取新技术的愿望常来自所见的使用中的技术，如从参观访问车间、出席会议、阅读相关文献、客户或销售人员访问或建议、出外旅游、与朋友聊天、聚餐、参加有关聚会或晚会等交流中因受新产品、新技术的触动而形成自己的良好思路，或得到启发，同时也获取了相关的信息。有了获取技术的计划后，一般要派商务人员做正式的跟踪调查和查找有效信息渠道，为可行性研究做好准备。

2. 通过各种各样的展览会如世界博览会、产品展销会或演示会、产品或技术交易会

---

① Kenneth L. Port. Licensing Intellectual Property in the Information Age. Carolina Academic Press, 2005: 126-127.

和拍卖会、技术交流会等来获取所需技术的信息，甚至某些学术会议也可以提供一些机会。展览会是获取技术信息的最好平台，技术供方均会将自己的最好产品或技术概要进行宣传，以使自己区别于同类产品，显示出竞争优势。问题在于如何获取举办有关展览会的信息，如何时何地由何人何行业举办。联合国工业发展组织会定期发布会议、博览会、展览会等日程信息，国家有关部门及国内外的有关报纸的广告宣传、行业协会等均会提供相关信息。所有这些都有助于受方了解相关技术、设备信息。如在上海举办的三次技术交易会（技交会)，就大大促进了有关技术转让的进行。据报道，第三届“上交会”继续推进线下线上结合的技术交易平台建设；据不完全统计，截至2015年4月25日，技术进出口促进交易平台累计发布项目信息3 211条，同步发布到“技术交易汇”手机客户端。[①] 组织技术交流指邀请有关供方到受方介绍它们的技术、设备、工艺和产品等。

3. 通过出版物或国际性咨询机构查询。在国际上有这样的专门机构，我国商务部或科技部在这方面应该可以给国内企业作些贡献。

4. 通过竞争性投标查询。尤其是政府在全球的投标项目。受方可以利用同样技术所有权归属于全球不同厂家之状况，让它们彼此竞争，压低技术转让价，以便于受方获取一个相对公平的技术价格。

5. 借助互联网，寻求合作伙伴。在信息技术较为发达的今天，互联网网站的积极作用不容忽视。互联网技术已经使知识产权的营销发生革命性变化，它使技术和商业信息能够快捷地为对技术感兴趣的人获知。很多高新技术企业均有自己的网站，有关公司和技术的信息资源可通过可检索的网上数据库及公司网站查找。[②] 这为技术供受双方各取所需提供了便利条件。技术需方可以通过搜索引擎如百度、Google等网络寻求自己所需的技术，而技术供方也可以通过互联网寻求到技术需方。

6. 通过其他渠道，如通过国际代理、政府的信息系统、外国银行、商行、国家驻外机构、商会或同业协会和外贸公司等来获取相关的技术信息。

（三）分析与计划

要使一项技术转让成功，技术供受双方均须对自身及技术进行详细分析。[③] 技术需方获取技术的原因各异，如对于新设立的公司而言，它可能受到解决技术难题的需求之驱使；对于已经成立的公司，它们因提高生产力、降低生产成本、增加新产品和新的生产线或继续保持竞争优势等压力而引进技术。[④] 理论上，这些在作出决策前就已经解决，但这里主要是强调针对不同情况，技术需方可能要采取不同策略与措施。比如，如果是一个新创公司，自身又无太雄厚的技术基础，则它必须通过转让获得自己可以使用的技术，或在转让活动中，需要对方技术人员的一定支持，否则技术转让难以收到预期效果。如果有一定技术基础，是为了提升技术水平和生产能力，则它可以就具体的技术内容提出明确要

① 第三届中国（上海）国际技术进出口交易会圆满闭幕，http://www.csitf.cn/cn/EnewsTRLetter.aspx?id=18&cid=573.

② Kenneth L. Port. Licensing Intellectual Property in the Information Age. Carolina Academic Press，2005：126-127.

③ 下文主要以技术受方为立足点进行论述。

④ 同②127.

求，对于技术人员未必需要。

供受双方在策略上可先行一步，供方可能想扩张或占领一定的市场，而受方希望无须花费研发成本就可获得开辟自己事业所需的技术。对发展中国家而言，技术转让是其大企业借助先进技术进入国际市场的唯一路径。但这种企业单纯靠引进技术是无法在国际市场上站稳脚跟的，它们必须借助于引进的非核心技术（通常供方不可能将核心技术转让给受方）及进入公有领域的技术进行后续研发再创新，才能提升技术能力。这是技术受方在技术转让活动中必须清醒认识到的地方。中国的华为技术有限公司与中兴通讯股份有限公司之所以能够在信息技术行业占有一席之位，主要取决于引进技术基础上的再创新。而与之形成鲜明对比的是，中外合资企业及一些国有企业在技术转让方面鲜有成功的案例，导致这些现象的原因很多，但其中两点是明确的：一是它们创新的内在动力不足，二是技术转让被当作一般的商品交易了。国有企业创新动力不足是因为企业运行机制①及外部竞争压力甚小所致。而中外合资企业中，外方不可能将核心技术与中方共享，它们只是把中国合作方当作在中国市场实现其技术价值的手段或道具而已；其策略很清楚，国外相关市场不允许合资企业去占有，因为这会影响其全球战略。了解这些，就不难理解华为和上海贝尔股份有限公司在今天经营业绩为何差距那么大②，也可以接受为何一汽和通用或大众不允许在中国制造的汽车在国际市场上销售。

因此，技术转让双方在谈判之前应当对利益进行准确的识别和定位，对相关市场进行较为准确的细分，对各自的需求要清楚；基于这些，再制定策略和目标。

1. 技术受方的自我分析

对技术受方而言，技术转让通常意味着从一方获得其较先进的技术成果，用于自己的再创新。为此，它必须分析、了解自己是否具备了条件，如转让前，受方在思想及心理上是否做好了积极准备；然后考虑技术人力资源准备、管理人员准备、厂房或使用技术的硬件是否准备，即受方是否拥有掌握转让技术所需的有技能、有经验、能在技术使用过程中掌握技术诀窍的技术人员，如果没有，可否通过其他渠道以最少的成本获得这些人。无文化、看不懂说明书、不具备某些最基础的专业知识的员工，无法明白操作过程说明书，无法理解技术运作的基本原理，这些均会带来致命的后果。不合格、无能力的经理同样会使引进技术所花的代价化为乌有；发展中国家的许多实例证明了这一点。关于使用技术需要的一些客观硬件，受方也要做好充分的准备，比如生产高新技术产品，芯片、集成电路板块等需要清洁、干燥、无灰尘的物理环境，生产某些饮料需要特定的水质、原材料等，如果不具备条件，则技术引进的效果可能会大打折扣；再如厂房，会否有足够的空间来放置生产设备或流水线，水电气等的供应是否能得到保障等。另外，该产品有无国际市场、市

---

① 马忠法. 国际技术转让法律制度理论与实务研究. 北京：法律出版社，2007：218－219.

② 华为2014年的年销售额为465.15亿美元，营业利润是55.21亿美元（华为投资控股有限公司2014年年度报告，http://www.huawei.com/cn/about-huawei/corporate-info/annual-report/2014/img/huawei_annual_report_2014_cn.pdf），2014年上海贝尔股份有限公司的财务数据无法得知，但其与华为的差距是巨大的（笔者于1999—2003年在上海贝尔工作期间，两家公司的年销售额十分接近，均在15亿～20亿美元）。从工信部网站上可以得知在全国百强电子企业中，华为名列第一，而上海贝尔股份有限公司名列第21位（2014年（第二十八届）中国电子信息百强企业发布，http://www.miit.gov.cn/n11293472/n11293832/n11293907/n11368223/16067347.html）。

场需求有多大、受方能得到多大份额；市场的营销能力、营销技巧和智谋支持等同样非常重要。产品产出后，若一定时间内销售不出去，能否有足够的空间储存，也需考虑。

如果具备上述条件，那么根据技术使用的要求，受方可否获得根据技术进行生产所需的原材料和配套材料（如工业气体、溶剂和其他通用的材料供应），获得这些材料花费的成本是否高昂，交通是否便利；相关原材料在国际市场上可否得到持续、稳定的供应，是紧接着必须考虑的问题。

此外，自身的经济实力、有无足够的资金来支撑自己完成技术引进、生产、销售、回收资金、再创新等一系列过程，以及如果无，能否通过融资得到支付技术、设备、厂房建设及市场开拓计划所需的资金，都是必须考虑的问题。

通过上述努力后，下一个关键就是受方须确定适合自己、为自己所需的技术，不能找错了技术，否则，最终实现不了自己的商业目的。为此，受方可以自己采取倒推法，即市场目标是什么、需要什么产品或方法、如何制造或提供、自己具备的技术条件和需要引进的技术。接着，可将技术进行分解，直至把技术分解到它的组成部分；在解决以下问题后，就可确定引进的目标技术：真正需要的是什么？是成套设备产品、最先进的技术，还是一种可提高自己生产效率的技术或商业秘密？

2. 对可能的技术供方的分析

技术受方要考虑该技术在国际市场上可否获得、有多少家公司可以提供该技术及它们为何愿意转让技术。一般情况下，发达国家不愿意向发展中国家转让所有技术，尤其是涉及高新、前沿的重大技术；而发展中国家能够在技术上自力更生之前，必须在国际市场上获得适合自己发展所需的技术，这就是其引进技术的价值所在。有研究表明，随着自动化技术如机器、机器人的大量出现及使用，在规模生产和流水线生产的大工业或新兴技术领域，劳动力成本优势正在逐渐丧失。发达国家只会愿意将技术含量低、需要大量廉价劳动力、盈利低、靠近市场及难以自动化的产品技术转移给发展中国家并在当地生产，即对于难以大规模自动化的产业如衣帽服装、皮革加工、家具和陶瓷生产等留给发展中国家。

当然技术常愿意流向市场需求量大、有潜力的市场，如大国对小国而言就具有较大的市场吸引力，这是中国为何能吸引外商投资、局部转让技术的根本原因之一。就产品而言，百姓生活的日常用品如家电、食品、饮料等因市场需求巨大且持续稳定，许多跨国公司愿意将技术在一定范围内转让给有市场吸引力的国家。

传统规模生产的缺陷在于单调和统一，现在随着人们生活的需求不断提高和观念的变化，个性化、多边性和差异化在产品供应中越来越重要。随着零库存的要求越来越高，根据客户需求提供满足它们需要的产品是厂家追求的目标之一。技术含量高的产品多是由不同部分组装而成的，而每一部分的不同是个性化、差异化得以存在的基础。为此，部件的生产为受方提供了获得技术的机会，跨国公司为靠近客户、了解客户需求，必须将有关生产或成品制造放在客户信息容易获取的地方。

所以受方必须根据市场来获取自己可能获得的技术。

3. 对技术本身的分析

首先对来自不同供方的技术在先进性、适用性、可行性与效益、价格等方面进行比较。引进技术的先进性是一方面，还要看它是否能满足受方的需要（适用性）及受方是否具备条件（可行性），以使效益最大化（效益性）。比如技术引进后能否产生预期的效果、会否带来利润。实际上，技术先进的程度不是最重要的，关键在于适合自己。一项最好、最优的技术，如没有足够的基础设施与技术环境的支撑，它仍然发挥不了作用。比如以大米、谷物馒头为主食的国家，旅游业又不发达，引进先进的面包技术可能就意味着失败。大多数先进技术是在发达国家发明、开发出来的，它们多结合本国情况，有较高的发展程度，有不同的经济规模，常常还有不同的技术要求。技术是一个完整的系统，它未必适用于受方，但其中某一个部分可能对受方有用，故受方必须学会分解技术，将技术结合本国的情况进行技术本地化。

其次，确定好供方后，要了解以下问题：供方是否是技术的真正所有人，有无供方之外的他人技术及供方是否取得了所有权人的合法许可或转让；技术的可靠性与成熟性；供方技术发展的前途（单一还是多元）；在东道国适用性及经济价值如何；技术的性质及供方国的法律是否准许转让。

（四）可行性报告

完成上述步骤后，受方必须根据获取的新信息重新进行自我分析和技术分析，判断在现有条件下引进该技术是否可行，考虑评估过程中的特别事情，最后再决定引进与否。这就是完成可行性研究报告的过程。其主要任务是进行技术、人员和资本等方面条件的论证、经济效益的分析比较和核算及方案规划的提出，以为项目决策提供可靠的依据及建议，减少技术转让风险，获取最佳效益。

可行性报告的完成可由企业个体成立由各方面专家如经济专家、营销专家、技术专家、建筑工程师、管理专家、法律专家等及相关的工作人员构成的项目小组来完成，也可委托国内外专门的咨询机构来完成，或将上述二者结合起来。可行性研究的主要内容包括：市场需求及定位、产品价格的分析和预测，生产规模的拟定，地理因素及厂址选择、生产工艺、设备类型与配套系统、原材料来源、能源供应、运输方式、生产协作与合作、技术力量和环境保护等全方位的分析与安排；政治、经济、法律环境的分析；投入成本与投资回报的估算及资金来源；技术因素的分析和评价等。[①] 核心是技术先进性、经济效益与生产、市场的可行性。

可行性报告的结论要体现以下问题：技术是否是真正需要的技术及哪些供方可以提供；政府对技术可否进行日常或灵活的控制，会否给予鼓励；受方是否具备消化、吸收技术及创新的能力；评估技术创造利润的空间；技术可否被本地化，若本地化需花多大代价及对受方实行自主创新的意义。

二、对比评估潜在合作方的情况

根据可行性报告的结论，确定可选择的合作伙伴是那些技术价格相对适中，与自己吸收、掌握技术的能力相适应，且政府会支持或给予一定资助的企业。此外，就是潜在合作伙伴的商誉等。评估潜在合作者，不仅仅看商业条件等，还需看将来是否容易建立信任关系、有无灵活空间、企业文化是否勤勉健康积极向上、可信赖度及谨慎守法等方面。[②] 因

① 白映福，黄瑞. 国际技术转让法. 武汉：武汉大学出版社，1995：45－46.

② Kenneth L. Port. Licensing Intellectual Property in the Information Age. Carolina Academic Press，2005：125－126.

为技术转让合作的期限可以远超过专利的有效保护期，因为双方合作可以进行后续研发，这样带来的双赢效果可以更为持久。

对进入选择范围的供方，受方需考虑以下问题：供方国家政府是否禁止与特定国家进行贸易，如美国禁止任何与它进行贸易的国家和它认为的流氓国家进行任何涉及其技术转让的贸易；供方是否有非常不良的经验报告；供方是否有财务问题的记录，技术会否带来严重的环境问题等；供方政府会否提供财务资助、供方转让技术成功的记载及供方与受方高级官员间是否有良好的个人关系等。

如果上述答案是肯定的，则受方可进行价格分析，一般方法是对技术或与其相关的设备等进行拆分分析，如产业化过程中需要的技术秘密、机器、建筑物、知识产权、技术协助、培训、技术文件资料、财务和市场开拓研究等，每一部分都要给予适当价格量化。

技术价格问题，是技术转让的核心，为此要进行询价和比价。通常，通过招标的形式完成这两步较为容易，因为投标方都会在标书中给出价格；通过个别询价或其他市场手段完成询价、比价，难度相对大些。比较理想的情况是：尽量让较多的公司卷入到竞价中，让它们打价格战，在甚多的竞争者中使价格趋于合理，因为对公司而言把生意做成而不蚀钱，它们均会做。但无论如何，获取公平价格是受方期望的结果，与价格相关的重要问题双方需考虑进去，如本地化、利润、价格构成等。在上述问题明确肯定的基础上，与对方谈谈具体分配方案和价格的确定办法。①

价格比较除看不同供方的报价外，还可就同一供方的历史价格、地区价格（同一厂商在不同国家或地区的价格差异）、同期价格（同期在同一国家或地区的不同报价）进行比较，在比较的基础上获得最优价格。

如果接触厂家中有报价最优、符合自己要求的厂家（一家或以上），或虽不最优但符合自己的预计范围，或虽无一家在预计的价格范围之内但值得洽谈的，可以开始进入启动谈判准备阶段，在排除政府禁止、对方不良经验及财务问题、环境污染等否定因素存在后，再看有无政府的财务支持、对方有无成功的技术转让经验、与有关政府机构有无良好的人际关系等，如为肯定，则进一步深入下去，作出可以进行谈判的决策，当然在价格中需考虑上述因素；如不全部具备或一个肯定的条件也没有，则需评估一下风险，再做选择。

如果没有合适的厂家可以进入合作的视野，则需进一步搜索信息，直至有厂家可以洽谈，再进入下一步。

对于供方而言，其选择的潜在受方之身份必须要十分明确，以免将来身份之认定成为争议的焦点；因为技术转让可能会在一方为一个实体或一人以上的当事人间进行，也可能会在不同国家当事人之间进行。例如，谈判一方为某一集团公司，它在不同国家或地区有若干个分支机构或子公司，若它通过许可合同获得了某项技术，而合同中对使用的主体约定不明，则它可能会允许其位于不同国家的分支机构或子公司使用，如此就会引起纷争。②

---

① 详细内容可参见本书第三章。

② WIPO. *WIPO Intellectual Property Handbook*: *Policy*, *Law and Use*. WIPO Publication No. 489 (E), 2001: 179.

第三节 技术转移协议谈判及协议文本的形成与履行

一、谈判过程及协议文本形成概述

谈判是技术转让合作关系能否建立的关键步骤，其障碍有很多，本书前文所论及的关键条款几乎每个都可能构成谈判障碍，尤其是技术估价。对于技术受方而言，他们所面对的困难更多，如对单个技术对最终产品的贡献不很清晰，产品开发的成本难以知晓，不同的风险容忍度及误解的或定义不明的使命等[①]，都可能给受方带来不利影响。下文就几个主要问题进行简要说明或论证。

谈判是技术转让进入实质阶段的表现。它意指一方与另一方就不固定事项，特别是有关价值部分，通过交流达成一致意见的过程。[②] 它也是一种“博弈”，谈判各方通过一定的计策来实现自己的目标——制造有利于自己一方的条件，如时间和地点、谈判人数和构成、草稿文本的控制、决策者的出现、“红白脸（好警察、坏警察）”的扮演、威胁手段的使用、临时协议的拒绝等，以尽量达到利于自己的结果。[③] 成功谈判的形式多种多样，但最为常见的形态是双赢，可以将其描述为“结果使各方能共赢，然而虽然满意但也伴随有因向对方作出必要的、合理的让步而带来些许遗憾”之感觉。实际上，谈判过程中，双方彼此间越了解，就越能够做好商业和谈判评估，尤其是了解双方之间的内在需求及契合点[④]，从而有助于合作的成功。

技术转让谈判比货物买卖谈判要复杂，因为双方不仅要讨论交易本身，还要讨论将会持续多年的合作关系[⑤]；合同有许多重要条款，而每一重要条款又有许多可能可以采取的态度和选择，从最优位置至最不利的状况，谈判者始终要将那些关键条款和处于不同位置的条款牢记于心，并不断评估不同状况的搭配对技术转让目的可能带来的影响。不同交易类型的谈判可能会有较大差别：一次性交易，也可称为“立场谈判”[⑥]，双方会基于不信任对方的立场进行讨价还价，成功与否与可接受价格达成与否密切相关，它是一种对抗性的谈判；而对于长期的、涉及知识产权的连续性交易，则基于合作可能建立伙伴关系，上面的方法就不适合，它应根据双方对各自利益的陈述，基于促成交易的愿望，共同澄清事实，加强沟通，寻找满足双方利益的解决条件和办法，如找到并达成协议，则双方签订合同；如没有，则停止交易。为此，双方应首先坐下来观察了解对方，增强对对方的感性认识，将满足个人和集体需求变成谈判的焦点：了解对方的谈判者，和缓谈判气氛，寻找谈

---

① Kenneth L. Port. Licensing Intellectual Property in the Information Age. Carolina Academic Press，2005：143.

② Robert Goldscheider，Licensing Law Handbook（2000－2001）：The New Companion to Licensing Negotiations，p. 105.

③ 同①143.

④ Roger M. Milgrim. Milcrim's Guide to IP Licensing. First Edition. Wolters Kluwer，2012：26.

⑤ 科学技术部国际合作司中国技术市场管理促进中心. 国际技术转让指南. 北京：中国政法大学出版社，2000：242.

⑥ 同②106.

判的中心问题；估测各方可以平等交换的要点并以此建立和谐关系；决策在理性原则而非情绪化或出于挽回面子等基础上作出。技术转让显然是连续性交易，因此，双方必须从合作的角度展开谈判，寻求到共同利益，并在协议中约定实现双方利益的解决条件与利益分享的具体办法。

二、谈判的任务与主要内容

谈判的任务主要是通过交流，双方就技术转让达成一致意见，并签下协议；围绕该任务，谈判涉及四个方面的内容，即与技术转让相关的法律，技术（包括专利、专有技术等），市场信息（包括竞争者情况）及许可的商务因素等。为了完成上述使命，各方需做到以下几点。

1. 组建谈判队伍

根据不同的谈判内容、难易程度和谈判对象，组成不同的谈判团队。好的谈判团队应当为谈判负责人提供有力的支持和帮助。谈判团队成员相互之间应容易合作、善于沟通，具有团队意识，并力争做到：（1）进行充分的准备，了解所涉技术的优劣点，相关专利和其他知识产权的意义，周围的市场及经济条件；（2）评估自己的合法目标，特别是在对方或其他可能参与方的合理目标条件下的预期；（3）尽管不确定，要考虑到双方互让程序的灵活性及互让的运用在任何谈判中都是不可避免的；（4）控制情绪、表现出耐心及倾听对方的能力；（5）理解、尊重和欣赏对方文化的背景，此举可产生积极效果，促进双方的互相信任和善意，拉近距离；6）注重语言技巧，用自己的母语能清晰流畅地表达自己的观点，如果娴熟掌握了对方的语言或英语，则不妨用之进行交流，使彼此间避开翻译可能造成的误解；（7）有所准备的幽默感，以缓解有时出现的紧张气氛；（8）准备好应急预案。

谈判队伍通常由以下人员组成：（1）项目负责人，即能作出决策的人，通常但并不总是主发言人，常为企业负责人或经企业法定代表人授权的负责人，对谈判全面负责；有些情况下，项目负责人即是项目经理，多数公司多以某一产品或某一技术为核心形成项目，然后由项目经理根据产品开发的需要决定一切，包括技术引进或转让，他通常对项目的盈亏负责。（2）技术负责人，由有关技术方面专家组成，他们负责技术条款，常为掌握先进技术，在设计、工艺等理论和实践方面有经验的综合性技术人才。（3）商务负责人，即财务、营销专家，他们应掌握财务管理、营销心理和技巧、法律知识、翻译能力；某些情况下也可以没有；如需要，应为有工程技术背景和国际贸易知识、外语水平较高的人。总之，谈判队伍的组成人员必须在知识、经验、技巧和能力方面互补。有人将谈判分为技术谈判、商务谈判和法律谈判等①，按谈判的内容来分无可厚非，但在实务中，这些问题都是同时解决的，不可能细分为若干个子谈判；三方面问题相互影响、浑然一体，不可能分开。这也是为何组织谈判团队时需要兼顾到各方面人才的主要原因。

2. 拟定谈判方案与确定谈判思路

这一过程包括确立目标、拟好计划、落实可选择方案和安排日程、地点。

确立目标时，不能只有一个静态的点，它必须具有一定的范围，根据重要性和优先顺

① 饶有玲，编著. 国际技术贸易. 2版. 天津：南开大学出版社，2003：192-194.

序可将其分为根本目标、重要目标、次要目标和一般目标等；目标不仅定性还需定量，通过一定的数字化的东西将其反映出来。谈判团队应当意识到那些谈判的敏感话题，诸如反映公司政策的战略性或历史性成因；如果对技术经济价值如可比较成本有一个评估，或对目标市场有一个分析，就更有意义；经验丰富的谈判者强调对方的目标也很有用，如果一方能早一点把握对方的目标，则会很有价值，因为它有助于早一些寻求到成功谈判的最好方法。如果一方拥有利于目标的准确数据，与对方分享会很有益处，有助于双方更好地理解目标，获取对方认同的态度，让提供信息的一方得分多些，有助于双方相互信任关系的建立。

确立目标后，要有一个总体设想，来安排谈判内容的主次和先后顺序、谈判的最高目标和底线、时间地点安排等。大家对同一个问题可能从不同的角度有不同的看法，但如果双方能从对方的角度来考虑问题，则谈判有可能进行下去。为此，双方应首先观察对方不同的观点、了解对方的观点并通过对话让对方在无意识中解释其观点，是谈判的关键。如：对穷国而言，质量好、制造技术复杂的产品，虽能解决很多问题，但价格昂贵，运用需要较多的培训；且经较多培训的受方人员，一旦掌握技术，会移民发达国家，造成受方的人才流失。对富国而言，技术好、质量高的产品，总是要付出较高价格的，且它们解决的问题类型较多；较多的培训可提高受方国技术人员的技术水平等。

对应于双方的目标优先顺序，并在实现己方目标可能花费的成本和己方期望实现利益之间寻求平衡点，可以考虑各自目标实现的计划和方案。此时，可以设计具体的观点和对方可能的观点，进一步阐述本方方案及化解对方可能提出不同方案的应对策略。经验表明，事前对谈判进行预演或排练，即将谈判团队成员分成我方和对方进行模拟谈判，有助于澄清谈判桌上的相关问题，提高现场表现能力。该阶段应当找到双方可能的共同点和分歧点，对这些的把握很有用，老练的谈判者常利用这一点来推动谈判朝积极结果方向发展，即以共同点为出发点，并倾注很多精力，营造一个利于协议达成的氛围，并最终用双方皆可接受的方式解决初期可能存在分歧的问题。

关于时间和地点的安排，一般以利于人们形成愉快、良好的心境为前提，天气晴好、温度适宜的时间谈判，多会产生积极效果；在自己的办公场所或在环境优美的地方谈判同样也会利于自己目标的实现。

3. 谈判前供受各方相互了解，做到知己知彼

供方谈判人员应了解：己方的技术优势所在；潜在受方拥有的相关技术及已获得的相关他人许可的技术及许可费用；受方营销产品的方式；受方应当付出的努力；受方整体上可能获得的利益；受方面临的竞争；市场规模及可能的受方的市场份额；行业的可获利性及潜在受方的竞争者及其情况；潜在受让方使用技术的方法及获利的空间；受方市场份额的变化趋势；受方在使用技术过程中在销售、营利、市场份额、股票价格、用户接受程度和产品质量方面带来的改进等。[①] 因为这些直接关系到供方技术转让目标能否实现。

受方谈判人员应了解：供方技术的优势及是否是自己所需的技术；供方许可他人的情况；技术可商业化情况；供方可能提供的技术支持和服务；供方后续研发能力，会否同意

① Gordon V. Smith, etc. Intellectual Property. John Wiley & Sons, Inc., 1998: 346-347.

让受方分享改进成果，在何条件下让其分享，等等。

谈判人员还需了解对方谈判人员的有关情况，对谈判对手的了解及相互间的信任关系的建立，有助于沟通和谈判的成功。事前搜集有关人员的资料，如主要人员的教育、工作背景和经历、性格、喜好、习惯等，很有意义。在以后的谈判中，可以从这些信息中营造良好的谈判氛围，或打破僵局。

三、谈判过程

（一）谈判之初及注意事项

技术转让谈判的过程实际上就是：发现某一领域合作的潜在利益（包括己方与对方），用合同文本形式来陈述己方利益，提出充分的证据证明己方的方案更具说服力，如投资与回报数据，技术能力、条件和支付支持，原材料供应情况，已接触掌握类似技术的厂家等，发现双方的共同利益，制定满足双方利益需求的选择方案。尽管谈判结果让双方从中所得利益可能有所差异，但对双方而言都是赢家。如技术供方在技术转让中的利益：尽快获得收入，拓宽了海外市场，增加技术许可和交流的机会，实现生产向低成本国家转移之战略目标。技术受方的获益：获得技术和未来的长期利益，获得了外国资金和技术投入，以更低的生产成本生产产品等。

谈判中，双方应寻求解决利益冲突的方法：谈判陷入僵局，双方可以局外人的身份审视问题，客观地找出差距背后的原因，再行谈判；打破垄断的方法，同时与多家潜在的合作伙伴谈判，并采用最佳选择方案法服务谈判：收集多家报价，找出提供最有吸引力报价的公司，以其报价为参考，与其他公司进行谈判，对最佳公司的报价进一步改进，如无可能，可与最先报价较优的公司谈。

面对不公平谈判可以采取的对策有：认清对方的手段，然后揭露出来并提出自己的方案：（1）对于对方意将自己置于身体不适境地时，可提出与对方交换位置或变更谈判地点、时间等建议；对于人身攻击（让人感到地位低下、处于守势），最好的方法是置之不理，只讨论合同的法律问题。（2）面对强硬者立场的压力，坦然自若，合同谈判中不接受任何先决条件；如有，自己也可提出先决条件；不接受任何连锁要求。面对谎言（数据事实谎言和意图谎言），最好的方法是制定严密的合同条款（如 what-if 条款），合同是客观的权利、义务约定的法律文件，不是关于信任的记载；按商业惯例谈判、核实所有重要的事实和数据并起草各种假定情况的合同条款。

在谈判现场，不能忽视谈判的一些外在特征，如谈判场所的物理空间及谈判会场的布置。宽敞、明亮和轻松的谈判场所有利于谈判。例如：双方若面对面地各自坐在长方形桌一边，如同战场上对阵的敌我双方那样，气氛可能会紧张；若围绕圆桌坐下进行谈判可能更好一些，它除让人感到轻松外，还能引起双方谈判代表的兴趣。首期会议过后用这种策略可能预示着双方间早期的不确定性烟消云散。

谈判中，将整体问题化解为具体的小问题，如将谈判内容分解为许可的技术或工程细节问题，专利问题，生产成本要素问题等，由不同的小组进行谈判，采用各个击破战略，会有助于双方分歧的消除。

谈判之初，负责人简要陈述本方的观点和态度，提提认为值得重视的具体问题，介绍本方谈判团队的成员构成及其专长或负责的领域及谈判中的位置，以利于谈判桌下的沟通。

（二）合同文本谈判

接下来便是谈判合同文本问题。一般谈判各方都希望以自己的文本为基础，因为这样易将对方纳入自己的思路中；所以，我们在谈判时应力争使用我方草拟的文本。当然，如果对方强烈反对，可以以第三方类似文本为基础；如果对方文本不是很苛刻，问题也不大，关键是我们自己的目标、方案在谈判中能否贯彻，并将它们化为具体要求写入合同文本中；即只要抓住“万变不离其宗”这一内核，形式是次要的，本质的利益能控制住就能达到目标。但不论如何，选择文本时，应该看它是否含有以下重要条款：技术转让的范围（含客体范围即是产品发明还是方法发明，地域范围）、专有技术描述、保密、技术改进分享、限制性条款、允许使用领域、具体使用方法、价格及其支付、货币类型、汇率变动、合同期限、争端解决和法律适用等。①

在确定的文本基础上的谈判，教科书式的做法是逐条进行，没有异议的快速通过，分歧较大的双方可能要进行多回合的谈判；文本中没有的，一方认为应当加上去的，双方也会进行谈判。这样做的逻辑顺序较为清楚，问题是如果机械地逐条进行，有时碰到分歧较大的问题是合同文本中较靠前的条款，则可能使谈判难以进行下去。现实中，谈判者多采用灵活的做法，先易后难，对容易达成一致意见的条款，先通过；然后讨论分歧小一点的条款，达成一致意见的基础上，再攻克较难的条款，直至最后解决问题。这种方式值得借鉴，它有利于双方合同的签订，从寻找共同点出发，逐步消灭分歧；而且，随着双方共同点及花费的时间、精力等成本越来越多，双方不会轻易选择放弃。

一个阶段的谈判后，列出已同意的点和未同意的点，特别是关键条款的谈判状况，很有意义；它可以作为进一步谈判的基础和获取自己利益的筹码，是一个前进的航标。最终谈判结束时，至少双方在关键条款上没有分歧，且语义明确，这样可以避免将来冲突的发生。谈判的结果要让双方确信它们在不同地方都是赢家。

双方经过努力对文本草案达成一致意见，意味着谈判的成功，合同签订只是时间和形式上的问题了。就某种意义上说，合同文本草案甚为重要，它是未来合同文本的基础。为此，下面就谈判中合同文本的起草做较为详细的介绍。

起草协议文本既难又易：难在于写出一份专业性较强的协议需要较高的专业水平，这需要大量的实务及专业知识和法律知识的储备；易在于不需要从头起草，可供参考的较为成熟的文本很多。好的法律文本应当能够体现出公平原则、保证双方互利共赢，条文较为明确，同时为可能的争议留下灵活空间，包括将来可能发生的偶发事件和非同寻常情况下的合同解释②等。对交易有所知悉，对合同双方当事人应该能够了解，了解他们交易的目的及期待从中获得的价值，对起草合同文本有重大意义。

最为经济的路径是参考现有的类似文本，这样既可以节省时间，又可以集中精力起草具体许可协议所要关注的重点。适当时候也可以从头起草，尽管参照现有合同有其好处，

---

① WIPO. *WIPO Intellectual Property Handbook*: *Policy*, *Law and Use*. WIPO Publication No. 489 (E), 2001: 179-189.

② Kenneth L. Port. Licensing Intellectual Property in the Information Age. Carolina Academic Press, 2005: 143.

但模糊、笼统、缺乏针对性的语句也会充斥在合同文本中。自己起草的好处在于突出重点和特殊性，然后结合现有可参考的文本可以使合同完善。一般起草要有针对性、专业性和严密性。具体来说，有以下几个原则需要遵守。

对技术许可的行业背景和环境要有所了解，如生物、医药、信息技术和机械制造等，不同领域技术的特点等各不相同，此时在合同中的技术性条款等可能就会有所区别。国际商会提供的“国际技术转让合同示范文本”共20条，具体如下：(1) 定义；(2) 诚实信用与公平交易；(3) 生效；(4) 授权与许可内容（独占、排他还是普通许可及不包括商标等）；(5) 地域范围与竞争（主要指不竞争义务）；(6) 许可方义务（含专有技术、技术文档、培训与技术援助、专利费支付及制造设备等）；(7) 受方相关产品制造义务（含产品制造与集成、质量标准、审计、产品标签等）；(8) 支付（含总付、许可费、最低许可费、许可费陈述、供方权利的确认、支付时间等）；(9) 双方之间的部件、元器件与产品供应；(10) 供方保证（被许可技术保证、其他保证的免责声明）；(11) 赔偿责任限制；(12) 被许可技术的所有权、第三方侵权及受方的赔偿；(13) 法定事情（如法律规定需要政府批准的事宜等）与产品责任；(14) 后续开发、改进及升级产品（分由供方与受方完成的情形）；(15) 保密信息——不可抗力——困难；(16) 期限与终止（含违约及重要原因的终止，破产或控制变化的终止，终止的效果及冷静期）；(17) 争端解决；(18) 法律适用；(19) 税务；(20) 其他。① 该示范文本主合同有以上20条，但很多条的具体内容都是在正文中提示，由附件来加以体现，其后有11个附件。② 这种示范文本本身也是可商榷的：如供方和受方的义务之规定与其他条款有冲突和逻辑不一致的地方，但是在起草相关技术领域的转让文本时，有些规定是值得参考的。

起草文本时，需注意各个条款之间的相互作用和关系，以使合同成为内在逻辑关系紧密一致的完整的合同文本。各个部分要能够保持一致，不互相冲突，某一个词的不谨慎或变化，可能就会使合同实施变得艰难，或给双方带来争端。要知道文本草案文字语言背后的法律来源及法律原则，甚或更为宽泛的法律理论等。要洞悉每一个条文所欲达到的目标，这样每一个条款中的字、词都会有明确的用途和含义。

合同没有千篇一律的模式，只要双方当事人同意，任何变化了的条款都应该是合法的。完整的合同文本之形成要经历起草、讨论、修改、再斟酌等一系列过程。

合同文本的风格要具有可读性，即它不仅仅是合同双方当事人之间的事，还需要面向社会公众，甚至将来有纠纷时，法官、仲裁员也需要阅读；更主要的是，实施合同的当事人应该能够理解和执行，而他们并没有参与到合同的谈判中。双方当事人也可以从各自用词中推断对方是否值得信任和易于合作。例如，如果文本由供方提供，供方用一些冗长、烦琐的表述且法律专业术语使用过多等，易让受方怀疑供方意图掩盖一些事实，且难以共事。而简洁明了的协议会让对方产生不同的印象。一句话，不好的起草既影响双方的谈判，也会影响双方将来的合作与合同的实施。③

---

① ICC. ICC Model of International Technology Transfer Contract. ICC Publication No. 674，2009：17-38.

② 同①39-52.

③ Robert Goldscheider. Licensing Law Handbook (2000-2001)：The New Companion to Licensing Negotiations：85-87.

合同文本的起草可能由律师完成，由供方提供作为双方谈判的基础。对此，受方及其代理律师或法律顾问要对文本进行很好的研究，并在谈判时给出相应的建议或对策，以避免陷入只指出问题而没有对策的境地。当然，从公平、有效促进技术转让交易完成的角度看，供方提供的文本应尽量做到相对合理，以减少谈判中的时间耗费和彼此合作的诚意，要知道一旦谈判中留下不公平印象，产生不信任感，即使将来合同签订和生效，也会给合同的全面、真实履行带来障碍；特别是受方如果最终感到合同是在不平等、欺骗等情势下签订的，则无疑最终会导致合同无法实施。其实，一旦进入谈判并最终谈判成功的话，双方应不再是对手，而应该是合作伙伴，这是商场上铁定的规律。中国人的“和气生财”是长期商务经验的积累，是最为精辟的总结。

四、签订合同

签订合同是对谈判成功的书面表达，是谈判成果的最终法律形式上的记载和承认。通常情况下，合同的确定意味着各自义务履行的开始。为引起双方公司、股东及其雇员的重视，一般对重大工程或技术转让项目可举行隆重的签字仪式，特别是邀请那些在合同履行中承担责任或起到作用的人员，如双方各自将履行合同义务的管理人员和一般雇员代表、有关政府部门的负责人、合作伙伴或相关企业代表等出席，意义十分重大。

根据惯例，合同中都会约定其生效的条件，除非有特别说明，一般合同自双方授权代表签字或盖章时生效，万不可认为就书面合同文本达成一致意见后就万事大吉，双方代表还必须在上面签字或盖章，以作为有效的证据证明合同效力的产生。① 实务中，除了双方法定代表人或合法授权人在合同文本签字处正式签字外，还可以要求双方代表或具体项目负责人在合同的每一页上进行签字（俗称“小签”），以避免当事人换掉其中的一页或几页，引起不必要的纠纷。在某些国家，涉及特定技术转让的，往往是在有关政府部门审批之后才能生效，这是合同有关当事人务必注意的。

至于合同自身的逻辑性、严密性、条款的明确性与完整性等，与一般合同无实质性差别，此处不述。

1. 技术转移合同的主体

通常，在我国技术转移中，技术转移合同的主体是中华人民共和国境内的公司、企业、团体和个人（简称受方）和中华人民共和国境外的公司、企业、团体或个人（简称供方）。但是，在国际上对供方和受方的称呼根据合同的性质而有所不同。具体的称呼有以下几种。

（1）许可方（licensor）和被许可方（licensee），这种提法多适用于工业产权技术的许可合同。

（2）供方（supplier）和受方（recipient），这种提法一般适用于专有技术转让合同。

（3）买方（buyer）和卖方（seller）。

（4）出口方（exporter）和引进方（importer）。

以上提法或称呼都是以其在合同中所起的作用提出的，并不是合同语言，合同当事人

---

① Dr. Monzur Ahmed. Successful Technology Licensing. WIPO Publication，2004：46.

在合同中出现时，必须使用当事人的法定名称——合同中一般简称为甲方（party A）和乙方（party B），这样简单而明确。

2. 技术转移合同的类型

技术转移合同基本上分为两种类型：单纯的技术转移合同；与其他合同结合在一起的混合型合同。

（1）单纯的技术转移合同。

单纯的技术转移合同是以软件——技术本身——为主要标的的合同。这类合同主要有：1）专利许可合同；2）专有技术许可合同；3）计算机软件许可合同；4）商业秘密许可合同；5）技术服务与咨询合同。

（2）与其他合同结合在一起的混合型合同。

1）与产品一道进行技术转移的合同，通常在购买商品的同时引进制造商品的技术，或在引进技术的同时购买一部分设备和商品。

2）与加工贸易（来料加工、来件加工、来样加工）结合进行的技术转移合同。

3）与出资方式（直接投资、合资、合作）结合进行的技术转移合同。

4）与工程承包、交钥匙相结合进行的技术转移合同。

混合型合同就是在以其他方式为主的合同中包括有单独技术转移的任何一项或一项以上内容的合同。换言之，如果一项其他形式的合同中不包括任何一项单纯技术转移的内容，就不属于技术转移合同的范畴。

3. 对技术转移合同的基本要求

技术转移合同属于经济合同的一种，其基本要求应与各有关国家合同法的要求相一致，同时又应符合各有关国家的技术转让法规；否则，合同将不被批准。

（1）技术转移合同必须以书面形式订立。

技术转移合同是当事人权利、义务、责任的具体规定，是履行和解决争端的依据。因此，各国技术转移法中都要求技术转移合同应以书面形式订立。

（2）技术转移合同的内容应当完整、明确。

技术转移合同中的条款很多，当事人可以根据需要独立拟定，但一些基本内容是不能遗漏的，也不能模棱两可，含混不清，否则在合同履行过程中会带来诸多争议。如就技术引进合同而言，下列内容必不可少：

1）引进技术的内容、范围和必要说明，其中涉及专利和商标的应当附具清单；2）预计达到的技术目标，以及实现各项目标的期限和措施；3）报酬、报酬的构成和支付方式。

这些内容如果遗漏或不明确，将会给双方争议埋下伏笔。

（3）合同必须在平等互利的基础上签订。

技术转移合同不仅是当事人双方就转让某项技术使用权所作的各项权利、义务的具体规定，也体现着当事人双方的地位和关系。合同的签订、履行只有在双方相互信任、友好合作的条件下，才能实现预期的目标。因此，合同必须在平等互利的基础上签订，防止一方凭借其在技术上的优势地位把一些不平等的限制性商业做法强加于另一方。

（4）合同使用文字应该准确，条款之间应严格一致。

技术转移合同条款涉及一系列数据、指标和计算方法，软件内容和硬件供应，以及人员培训和技术指导等，应该尽可能措辞清楚、准确达意，防止误解。条款之间应严格一致，互相呼应。合同中条款很多，保持条款之间、合同主体与附件之间的一致性极为重要，绝不能互相矛盾，否则将给合同履行带来困难。

五、合同的履行

合同签订既意味着双方基于技术基础的商务合作关系的开始，又意味着义务履行的启动。合同履行是技术转让合同订立目的能否实现的关键步骤，合同签订后，不要把合同锁入保险箱中，然后把钥匙扔在一边。由于技术转让合同约定的权利义务较为复杂，且期限较长，其履行也较为复杂，如果违约，不仅带来法律责任，还会让双方的信任关系荡然无存。[①]

履行中，以下几点尤其值得注意。

(一) 相关人员对合同义务履行内容的准确把握和制定履行日程表

合同生效后，所有参与谈判的行政执行官和经理必须充分理解和掌握合同约定的内容，并将内容告知那些从事具体义务的公司雇员，使他们充分了解自己在履行合同过程中所处的位置和在何时何地该完成的事情。比如，在引进的一个技术或许可的协议中，一方同意不对其做任何修改，则管理人员应确保使用该技术或软件的人员知道该点；如果合同约定一方不能再进行分许可，则管理人员应使业务开发人员了解这一点，以免无意识地违反了合同的约定。

合同履行与时间、地点密切相关，当事人应当根据不同合同制定不同的项目管理进度表，将履行过程中的关键时间点及最后的截止日期列出，同时还需列出具体负责人员，以此作为不时进行检查和监督的依据。

(二) 技术资料和相关软件的交付

根据前面提到的时间表，供方应当按照合同约定，在双方同意的时间、地点并以双方约定的方式向受方交付技术资料和相关软件。技术资料交付不同于设备等硬件的交付，其形式较为灵活，可由供方直接交付给受方，或通过空运交付给受方，或通过电子邮件等方式交付。对交付过程中的风险承担、费用、交付的是原件还是复印件、技术材料包装及材料在途损坏后的处理方式等均依据合同规定来执行。一般而言，材料本身不是技术价值的内涵所在，关键是材料所载内容，由于内容的可复制性，一般材料损坏不影响供方继续提供材料，但对于原件需谨慎处理。

(三) 许可费支付问题

作为供方，它应根据履约时间表跟踪受方支付履行情况；作为受方，应当如期付款，并保管好相关文件、票据。至于支付方式，是汇付、托收还是信用证，是一次总付、提成还是入门费加提成等，应依据合同约定在适当的时间内支付。

(四) 技术培训和技术服务工作的安排

这一条款的执行对技术转让合同而言，意义重大。这一点往往是中国企业容易忽略的。技术培训对于受方而言十分重要。引进技术后，技术实施的状况及其效果如何很大程

---

① Dr. Monzur Ahmed. Successful Technology Licensing. WIPO Publication，2004：47.

度上取决于受方本身的技术水平与能力；在其实施技术能力没有达到应有的要求时，供方的培训非常重要。合同中一般会有详细规定，而受方一定要让供方如实履行自己的义务。至于技术服务，通常是受方遇到无法解决的技术难题时，要求供方提供的技术援助或指导；它可以分为有偿和无偿，但一般无偿是有条件的，如合同实施一定时间内，超出该时间便是有偿服务。[①]

最后一点是双方履行技术合同时的附随义务[②]，也不应该被忽视。再完整或完美的合同，也不可能把涉及合同事项的所有义务全部包括。此种情况下，当事人之间履行合同过程中合同没有规定的通知、协助和保密义务，各方出于诚实信用原则，也应履行。在履行合同义务时，各方也要给予对方相应的便利，以有助于合同目的实现。

第四节　技术转移协议谈判中的注意事项

国际技术转让是一个十分复杂、涉及面广、周期性长、政策性强、风险高的交易活动。对受方、供方及其所在国而言，均是一个重大事项，会引起各方的重视。而谈判是十分关键的环节，它将决定交易的成功与否。经验表明，最好的许可合同是那些由双方都很满意的、经过谈判形成的条款构成的合同。[③] 此语道出谈判对于合同成功达成的重要意义。

基于技术转让的特殊性，即寻求双赢的合作关系，双方都希望在轻松、乐观、愉快的环境下进行，计划利用对方的资源，在比较优势中建立长期合作的关系，它与诉讼必须有输赢不同，其结果是互利双赢，即一个自愿的技术转让只有在双赢的基础上才是成功的[④]；律师式的严肃与唇枪舌剑在此场合未必适宜。为此，我们可以从正反两面来了解谈判中的注意事项。

一、成功的谈判原则

成功的谈判原则有如下几点。

1. 确定目标。设定明确、可以实现的目标是谈判的第一步，也是谈判的价值与追求之所在，故在开始谈判前必须先确立下来；通常目标是基于一定合理基础而在最理想的状态下欲达到的乐观但又非不合理的结果，不过它也包括在最差状态下可以接受的最底线（最坏情况下可以接受的最低目标），低于此，都将被拒绝。[⑤] 目标不能太小，因为谈判者如果一开始期望得到的少，他肯定得到的会更少，没有任何一个谈判者得到的东西会多于

---

① Kenneth L. Port. Licensing Intellectual Property in the Information Age. Carolina Academic Press，2005：161－162.

② 合同的附随义务之规定可以参照《民法典》第 509 条第 2 款之规定：当事人应当遵循诚实信用原则，根据合同的性质、目的和交易习惯履行通知、协助、保密等义务。

③ Jochen Pagenberg，etc. License Agreements. 5th edition. Carl Heymanns Verlag KG，2003：Foreword.

④ Dr. Monzur Ahmed. Successful Technology Licensing. WIPO Publication，2004：Preface.

⑤ Poltorak，Alexander. *Essentials of Licensing Intellectual Property*. John Wiley and Sons，Inc.，2004：118.

他一开始就提出的内容。一般而言，目标可以分为最高目标、中间目标（适宜目标）和最低目标等，结合不同的目标，可以采取不同的谈判策略和路径。

2. 拟定最佳的备选方案。谈判者可以为目标的实现准备充分的最理想方案，但也要考虑到谈判中的重重困难，预备一些备选方案，根据优劣进行排序，直至有可接受的实现最低目标的方案，做到不打无准备之仗。准备充分能够增强团队的信心和提高谈判能力。设定目标时，要把对方的目标记在心里。在抓住最大的一块之前，先努力把馅饼做大。决定或设定最低可接受的结果，反过来，涉及确定下一个最佳选择，或第二好的选择。如果谈判不成功，还有其他选择吗？替代方案的存在为最坏的情况设定了一个基础。不需要也不应该接受任何谈判结果比现有的备选方案更不可取的。这一原则强调了了解存在哪些替代方案的重要性。在开始谈判之前，仔细研究备选方案并确定下一个最佳方案。①

3. 谋划谈判策略。目标确立后，由于技术转让的复杂性、长期性等，其实现不是靠偶然因素或幸运、巧合等就能做到的，它依赖于可靠、科学的策略与扎实牢固的努力；即使退让（与最佳情况相比），也要做到有序，且每个退让都要有一个合理的理由支持（给出合理的理由来支撑所期望的报价不是一项容易的任务）②，以避免随意出价，或在激烈的谈判争论中进行。每一步需理性、有数据或事实支持，提前准备和计划，同时在每一个环节，依赖数据和材料，作出相应的策略，服务于目标的实现。可将主要条款写在一张纸上，让自己的成员明白；同时了解双方在这些条款方面的态度和位置以及对相应制衡点的评估③，以为制定策略打下基础。

4. 组建优良的谈判团队。如同组织晚会，相处融洽的人参加是很重要的，它关系到晚会的质量和成功，故关系较好的才会被邀请，谈判也一样。技术转让谈判的第一步是试图与对方建立一种工作关系，故如果可能的话，在自己的团队中应有与对方谈判团队中成员打过交道或与对方谈判人员关系好的人（如校友、以前同事过），这种关系可能来自社会接触或以前的谈判（或诉讼），或者个人可能曾为同一雇主工作或在同一所学校学习。不要有与对方团队成员充满敌意的人存在。团队中要包括具有解决问题所必需的最终决策权的人，否则，对方可能拒绝谈判。在谈判采取调解形式的情况下，调解员很可能坚持要求双方包括具有完全解决权力的个人。④

5. 精心安排好日程表和地点。没有舵的船不能载着乘客和船员去他们想去的地方。日程表类似于船舵，指引着谈判的方向和想达到的目标。它可以将谈判所涉及的事情一一列出，并按照逻辑关系和重要性排序，以确保所有问题都得到处理。例如，技术转让最核心的内容是：供方会专注于许可费及其安全的支付方式，希望得到理想的许可使用费，受方希望探讨所提供技术的优点并得到理想的技术；被控侵权者希望解决与专利有效性和侵权有关的问题等。⑤ 为此，可围绕这些核心问题安排谈判的议程，按照重要性将技术交付、

---

① Poltorak, Alexander. *Essentials of Licensing Intellectual Property*. John Wiley and Sons, Inc., 2004: 118－119.

② 同①119.

③ Dr. Monzur Ahmed. Successful Technology Licensing. WIPO Publication, 2004: 42.

④ 同①119－120.

⑤ 同①120.

费用及其支付等列在讨论的显著位置；其他内容依次列出。日程表设定了解决问题的顺序，还有助于避免将不该出现的或应该禁止的问题列出，以引起警觉或避免意外事情（No-No）的发生。

谈判始自一次预备会议很有帮助，此次会议完全是程序方面的会议，讨论并决定谈判的议程和时间表，该表应当合理而又不能轻易变更。① 这相当于正式比赛前的“热身运动”。它既有助于各方的相互理解，又有利于发现事先没有考虑到的问题。谈判最好不受他人的干扰顺畅地进行下去，双方在时间进度和截止日期达成一致意见基础上的谈判最有效率。谈判的地点虽不关键，但如找到舒适、便于自己团队随时找到资料的场所会较为有利。

6. 建立友好对话关系。只有各方建立对话，谈判才能成功，甚至取得进展。对话早，谈判就可早开始。通过正式的或非正式的交流，会有助于分歧的减少和消除。开始任何谈判会议时，处理一个或几个相对无害的问题往往是有利的。这样做可以创造一种非对抗性的气氛，在这种气氛中更容易建立对话。② 对话友好轻松而又不失原则，利于谈判的进行。沟通是谈判成功的钥匙，谈判不成常由于误解或沟通不畅所致，所以在任何时候强调谈判者之间的交流、对话都不为过。所以要记住，要想实现谈判目标，就是多对话。而且对话时，由易到难，一步步地成功，会产生一种普遍的亲善感和促进对进一步成功的期望，形成良性循环，最终达成谈判的目标。

7. 明确双方同意的观点或地方，不能一厢情愿地坚持自己的理解，对已达成的一致意见记录下来。随着谈判的进展，对已达成协议和仍待解决的问题保持记录是非常重要的。通常，经过多次谈判，各方都认为他们已经就某一问题达成了协议。然而，各方的谅解是否相同仍有待证实。太多时候，每一方只听到了他们想听的，或者没有听到他们不想听的。③ 当双方认为已达成协议时，其中一名参与者应陈述协议的条款，并确保各方同意。如果有部分因理解不同，或某一问题被证明特别麻烦，可提议双方暂时将其搁置一边，以不影响已达成的主要方面。当这种情况发生时，达成的共识越来越多，最终必将有利于就该问题的解决达成一致。

8. 相信谈判是一种妥协，是双方让步的结果。进入谈判时，假想对方谈判团队与你的水平势均力敌：同样坚决和掌握同样的技巧。④ 不懂得妥协的人，可能与他人难以达成协议；但妥协不是无原则的妥协，必须是有底线和自己标准的妥协。实质上，技术转让协议就是各方妥协的结果。具有彻底的不妥协精神的人，适合于革命与战场，但无疑会给生意和商场带来灾难性后果。

9. 事先列出一张表，将自己在关键条款中处于的可能位置的评估一一列出，并能分析条款与企业经营目标实现的关系，以做到心中有数，增强信心。

10. 化消极为积极的措施。通常技术所有人与潜在受方的接触都是受到他发现某人未经同意而在使用其技术之行为而引发的，这一阶段的行为还不能叫侵权，尽管与侵权潜伏

---

① Gordon V. Smith, etc. Intellectual Property. John Wiley & Sons, Inc., 1998: 353.

② Poltorak, Alexander. *Essentials of Licensing Intellectual Property*. John Wiley and Sons, Inc., 2004: 120.

③ 同②121.

④ Dr. Monzur Ahmed. Successful Technology Licensing. WIPO Publication, 2004: 41.

着某种关系；此时可较为容易地发现真正需要技术许可的公司。[①] 技术所有人可以通过谈判及一系列策略将该公司变成自己的现实技术受方。[②]

11. 谈判中，抓住关键人物。如果能识别出对方的关键人员（未必是主发言人），集中关注该人关心的问题和观点，有助于目标的实现。在这里使用"擒贼先擒王"可能不是最准确的，但其本质的确是这样：抓住关键人物，获得他的认可或同意，就意味着技术转让合同谈判将大功告成。

12. 保持灵活性，因为重新设置解决特定问题的方案利于打破僵局。不要害怕出现僵局，它会有助于双方冷静地思考，第二天可以重新走回谈判桌。如果你意识到有些非关键点显然无法从对手那里得到，不要徒费精力地坚持；在无谓事情上的坚持，会失去对手的尊重，降低在将来谈判过程中的影响和作用。

13. 记住一点，商业谈判（包括技术转让）永远都是一种合作，不论结果如何，友善、宽容及善于合作的态度都是不可或缺的。即使此次因为种种原因谈判未能成功，但如果彼此留下较好的印象，实际上也在为下次可能的成功准备条件。恰如我们的先人常说的"生意不在人情在"就是这个道理。它实际上是一种智慧的结晶：此次谈判成功与否，你都付出了巨大的精力和投入，如果此次不成，又留下不好的印象，意味着就是一个彻底的失败：花去的精力和投入的时间可能永远得不到回报。"风物长宜放眼量"是谈判者必须具有的品格，尤其在技术转让谈判之中。

此外，谈判最终决策责任者不能冲在第一线，万一把谈判逼入僵局，可能会使谈判无以为继；通常由辅助人员或其他人员表达己方观点，最终成熟时方表态，比较主动。在有些时候，万一处于被动，谈判负责人可以授权其他谈判团队成员在某些方面代为行使决策权。

二、谈判之禁忌

"细节决定成败"，这在商务谈判中已经被无数事例所证明。笔者有位在一家跨国公司做法律顾问的朋友，在其入职不久代表公司出差到美国就技术许可协议与技术供方谈判时就曾经遭遇过这样一个细节问题。在美国时间下午一点左右的谈判中，他为了压低对方对技术许可费的过高要求（产品销售额的6%），以要向自己的上司请示为由，说晚上六点左右大家晚宴时可以给对方回复。实际上，他没有给上司打电话，但晚上晚宴时与对方负责谈判的公司副总裁说下午（美国时间）四点多打电话了，上司希望许可费为产品销售额的3.5%，否则难以接受。对方副总只是轻轻地问一句话："您的上司是早起呢还是熬夜到四点多尚未睡觉?"因为美国的下午四点多是北京时间的凌晨四点多。虽然这位朋友随机应变地回答道：因为那天有重大项目，自己的上司一直在熬夜。这表面上让自己下了个台阶，但他能够感觉到对方对他产生了深深的怀疑，后来的谈判，对方一直对他的话不太相信。最终谈判以失败而告终，虽然原因很多，但他认为自己那个不明智的"撒谎"（没有注意到时差）可能是"罪魁祸首"。因此在谈判中，任何可能带来消极结果的禁忌均需要

---

① Gordon V. Smith, etc. Intellectual Property. John Wiley & Sons, Inc., 1998: 346.

② 同①345-348.

尽力避免。

1. 避免信誉的丧失。没有什么比认为对方在撒谎更能破坏谈判进程了，因为与一个言语靠不住的当事人谈判是没有意义的。[①] 技术转让是一个长期合作的过程，如果在谈判之初就有某种不信任，无疑会给后面的一切活动埋下隐患；甚至即使技术转让合同最终签下来，将来该合同也将很难得到有效实施；当然，一旦有这种不信任的感觉，根据笔者的经验，基本上是以失败而告终。谈判过程中，一方认为另外一方在撒谎，则对双方的谈判而言是毁灭性的[②]，因为谎言阻碍了双方真实意思的表达，它难以让双方在公平、合理的基础上达成一致意见。因此，谈判中，自始至终、一丝不苟的诚实是最起码的要求，连搪塞或敷衍的样子也要避免。通过证据、数字、事实等消除彼此间的猜疑；如果一项陈述或数据，虽然是真实的，但可能被对方怀疑或认为不可信，我们就真诚地提供文件或其他方面的资料支持，以减轻任何怀疑。不要作出任何难以兑现或夸大事实的承诺，因为夸张的好处（如果有的话）是短暂的，其所带来的利益会很快消失，但其损害却会经久长存，对双方的合作贻害无穷。

2. 避免谈判尾声带来出人意料的信息。不要在最后关头宣布实际上早已存在的问题或阻碍谈判达成一致意见的事实，这样会被对方认为你很有城府、极不诚信且要弄他人。如果有坏消息、可能的问题或障碍，应尽早提出，以利于问题的解决和产生积极的效果。发现可能成为绊脚石的事情，早一点提出，让双方坦诚相待，想出对策，远比遮遮掩掩甚至故意秘而不宣，效果要好得多；因为在对方期待的轨迹上突然出现与其期待相悖的意外之事，往往都会造成你是蓄谋已久、没有诚意来达成协议的。在谈判中越早处理一个问题，为解决这个问题所作的努力就越有创造性，成功地解决这个问题的可能性就越大。拖延只会增加困难。而且，在最后时刻发表声明，可能会被认为是一个故意“引诱（对手）上钩”的当事人不守信用的表现，在商界将会极不利于该当事人良好商誉的建立。

3. 不要与对方争论或威胁对方。如果谈判变成了争论，则应停止谈判，直到双方恢复冷静为止。争论难免会带来威胁；成功的谈判要求双方至少建立和维持最低限度的工作关系；争论不可避免地带来威胁，而威胁会使谈判难以延续。不要立刻作出针对对方建议的相反建议，可以对对方提出直率的疑问，并建议双方再认真思考一下他的建议。

4. 不要低估你的谈判对手。表象可能具有欺骗性，不要以貌或其他外在因素取人，万万不可通过外表认为你的对手像他看起来的样子那么笨。如果对方发现遭到蔑视或被愚弄，则信任难以建立。出于同样的原因，不要试图智胜你的对手，这种努力可能不会成功。如果对方发现你有这种企图（侮辱我的智商），将导致你完全丧失信誉。而且，最重要的是，就算你由此获得了成功，“智胜了他”，但由此带来的任何好处都可能是暂时的；受害者迟早会意识到他被骗了，就会试图摆脱协议，或者寻找某种方式来实现报复，或者两者兼而有之。[③] 因此，平等对待谈判对手，就是对对手最大的尊重，也易赢得信任；技术转让就是建立在互相信任基础上的协议与合作[④]；与对手关系的融洽，相互交往的深入，

①② Poltorak，Alexander. *Essentials of Licensing Intellectual Property*. John Wiley and Sons，Inc.，2004：116.

③ 同①116－117.

④ 饶有玲，编著. 国际技术贸易. 2版. 天津：南开大学出版社，2003：194.

利于消除隔阂，为谈判的顺利进行创造条件。

5. 不要讨价还价或争论价格。技术转让谈判不同于一般市场无根据的砍价，它会利于强势地位的一方。在一般贸易中，讨价还价是一种常见的谈判形式，其中最著名的是在中东集市上进行的，即卖方起价过高，买方起价过低，然后双方讨价还价，直到精疲力竭。这在摩洛哥的集市上可能行得通，但在许可谈判中却行不通。因为这种"地位不等的谈判"的性质是对抗性的，往往有利于意志较强的一方。而强势一方的这些要求和提议可能是任意的，且其交易对象是不特定的，有些时候卖方可能只是为了炫耀。出现买方过于压低价格的情形时，没有任何机制或基础来弥合各方立场之间的差距。要约（它实际上与需求是一回事，但听起来更好）和反要约应当建立在理性的基础上，其基本原理或事实、公式和数据应当与谈判相伴，一并传达；通过提供其报价的理由，以数字说话，可以避免出现任意性或武断现象——即使报价被拒绝，因为双方的分歧往往可以在事实和数据的基础上通过合理的调整而得以弥补。

6. 不要出尔反尔或自己跟自己谈判、不断降价。[①] 例如己方发出要约（开价）后对方拒绝，但没有给出反要约（还价）。此时，双方都保持沉默，空气中弥漫着沉重的寂静。于是，开价方为了避免尴尬，提出一个新的、更低的价格来征求对方意见；如果对方还是沉默，则继续降价。这种类似的越来越低的系列降价行为可能会持续下去，直至降低到了自己的底价。这种行为叫作与自己谈判。应当避免这么做，因为你开价后在没有接到对方的还价时，就自动降价，会怂恿对方坐而等待看到底你会让步到何种程度。沉默时不要为了打破尴尬而强迫自己主动地以这种让步的方式打破沉默，它只会让你在谈判中失去更多。

7. 不要缺乏准备。最常见的谈判过错就是缺乏必要和充分的准备，它也是最具破坏性的，因为它会导致有过错之人在错误的道路上进一步犯更大的错误。没有做好充分准备，仓促上阵，会带来更多的不利后果。没有研究过事实的一方很可能会歪曲事实。一个没有计划有序地表达立场的当事人很可能会带来迟来的、令人不快的意外。如果一个当事人没有制定出一系列的理由来支持它的各种立场，它将别无选择，只能进行讨价还价。准备工作包括调查。要准备，必须调查，了解自己和对手；不了解和理解对手的目标和目的，就很难花最少成本实现谈判目标，以满足自己的需求。同时，谈判是建立在有其他选择的前提下进行的。要根据具体情况和不同的目标层次（如最理想的目标、一般目标和最低目标等），至少准备两套以上的替代方案，如无替代方案，只能被动接受对方的提案，只能投降。永远不要在不知道下一个最佳选择的情况下就试图谈判；如果对谈判的结果无法预见，或明知道不如另一种选择好，还不如礼貌地站起来，先离开。[②] 总之，谈判是一个长久、系统的活动，不能仓促上阵。

8. 谈判中，不要强词夺理，而要尽量表现出自信——强而理性；如果本方有些不足或缺陷，不要担心适时披露出来，特别是在对方眼中，坦诚能够增加信任，如果无意中被

---

① Poltorak, Alexander. *Essentials of Licensing Intellectual Property*. John Wiley and Sons, Inc., 2004: 117-118.

② 同①118.

它知晓或由第三方告知它，则会产生极强的副作用；为最终达成协议，对对方欲得到的重大内容要特别尽力敏感地认识把握，如果谈判者能准确知道对手的观点，将有助于自己运用谈判策略实现自己的目标。

9. 避免使用激起人愤怒或让人感到你“义正词严”的语言。商务谈判不是辩论赛，也不是战场上或外交场合的谈判，它基本上是一种温和的、寻求合作和双赢的共同创造财富的过程。研究表明，谈判中用“慷慨的出价”“公平、合理”等含有肯定价值的词进行自我标榜时，是不具说服力的，容易引起对方的反感，因为它们潜含着对方不慷慨、不公平、不合理之意。更不要存在驳倒对方某些观点以证明本方观点正确的行为。如果发生了未预料的事情，或谈判成员有了新观点，不要在谈判中或对方在场时成立一个小团体。此法很危险，如果出于冲动将某些观点表露出来，又未经谈判团长的事先同意，可能结果是该观点与谈判的整体战略不相容。

10. 对谈判各点的顺序不要过于僵硬，应根据揭示潜在协议达成步骤的讨论流程，谈判者进行灵活调整，以适应谈判的自然发展路程来签订协议。

11. 不要忽略观察对方的肢体语言。手臂或腿部交叉叠放，避免眼光正面接触，半遮半掩的表达或生理上的烦躁反映了对方的抵触情绪，为此需要转换话题或转移重点，或通过幽默的话语改善一下气氛。绝对不要给对方形成自己将不惜代价签下协议的印象。可能的、短期的挫折会有助于清醒的现实主义氛围的形成。

12. 作出让步时，不要太大，而要循序渐进，一小步一小步地进行；让步太多，会弄巧成拙，引起对方怀疑你早期提出谈判建议时认真诚实的态度。

13. 不要仓促作出表示同意对方要求或建议的决定，即使你知道你的主要目标已经达到；对方如果注意到你“不情愿地”接受最新方案，尽管你内心欣喜若狂，他会舒服些，否则，他会认为在此次交易中他可能失去了很多，而你得到了很多。

14. 不要担心中止谈判，如果有证据或有把握表明你的目标无法实现；与不利结果的交易相比，无任何交易也许更好些。如果认为你方所有的基本点都已解决，把它们再向对手解释一遍，以绝对确信双方就上述各点确实达成了一致意见。

15. 不要滥用自己的优势，迫使对方接受一个相对不公平的合同。因为尽管此类合同成立、生效了，一旦对方发现在合同履行中给自己带来不公平的结果，他可能会想尽各种理由，让合同履行遭遇障碍，直至无法履行，结果就是“两败俱伤”。

此外，要尽量避免与不能作出交易决策的人谈判，也不要奢望所谓的“意向书”来推动谈判成功，通常情况是意向书会让谈判延缓下来；适当时（如双方僵持不下时）请第三方介入，也可以起到积极效果，尤其对于东方文化背景下，日本二战后的技术转让成功谈判案例便是一例。[①]

三、律师在谈判中的作用

律师在谈判中的作用是协助、支持、咨询性的，起到类似于政府的智库或参谋的作用：用自己的智慧、专业知识及温和、艺术性的方法，帮助构建合理的双方沟通和接触的

① William L. Respess. Strategies for Exploiting Property Rights in Technology, 1995: 204 - 209.

框架，为保证谈判在正确的方向上进行提供意见；在发生困难事情时，给客户提供必要的帮助，出谋划策，以在保护其正当权益下，让谈判得以继续；在谈判或合同履行发生偏差时，能提供具体的方案使当事人从该合作中以最少损失退出。简单一点说：律师不是整个谈判的决策者，而是一个建议者、风险预测的分析者及决策者的“智囊”（相当于中国古代军事集团中的“军师”）；律师对自己的这一定位必须牢记在心。

律师如果试图控制谈判并越俎代庖将会对其客户造成损害，因为他们对交易的经济情况的了解远逊于公司的管理人员，也超越了自己本身在谈判中的定位。律师应当在谈判最有争议、谈判人员压力最大时保持清醒的头脑，尤其是在那些漫长、艰难、耗时、极度困难的谈判中；他应当利用自己的经验、专业知识来打开谈判者的视野，提供灵活的可供参考的方案，使自己的客户保持沉着、镇静。

律师的长处在于经历的谈判多，经验丰富，会比较理性、冷静地看待问题和处理关系，他可以设计一个灵活的法律框架，有助于双方关系的发展及对潜在业务的扩张。但他须时刻提醒自己：在谈判中，法律问题常居于商务和技术问题之后；如果谈判中律师说出技术转让价格、技术性能、特征或优势，对方会认为其可信度很低，因为该行为侵犯了谈判团队负责人的职责。律师对其谈判团队的同事或第三人的敏感及话语辞令是否越权，应时时警醒：说适当的话、做适当的事，绝不能把自己看作无所不能的人。

四、谈判中应把握的技巧

好的谈判结果取决于好的沟通，其中关键是如何找到使沟通顺畅的实用办法。一般而言，谈判人员要掌握以下技巧。[①]

1. 长期的准备与精心的安排

谈判不可能一蹴而就，它需要前期的长时间准备，正如前文所提到的需要在可行性报告之后寻求到合适的合作伙伴，潜在的合作伙伴需要有所了解及一些非正式的沟通（如电话、邮件或其他方式的简要沟通）等，以让对方有一个心理或其他方面的准备。

具体到谈判过程，它需要一个预热活动（warming-up exercise），不能不做任何铺垫就匆匆忙忙进入实质性问题的谈判，谈论价格、交付、支付和担保等；因为在没有任何了解时，常常容易发生误解。因此，谈判前，除了做好信息搜集和了解对方的书面材料外，第一次会议要安排成非商务性的，给双方一定的时间直接接触和了解，如安排非正式的社交活动，游览某旅游景点或安排一次适当的体育运动；或邀请对方相关人员共进午餐或晚餐；或东道主主要谈判人员到机场或宾馆将客人接到谈判现场，途中可以交流；或陪客人参观工厂或自己的办公室等。这样双方都有一个通过直接接触对对方建立初步形象的过程，消除陌生感，为互相信任创造宽松的环境，进而为谈判打下较好的基础。

总之，有效的谈判起始于双方都诚恳地认为“我”能与对方进行交易这一想法，并且作为东道主在谈判内容之外能为对方考虑并解决一些生活或适应环境问题等，客观上非常利于谈判或更为长久合作关系的建立。

---

① 下面内容参见科学技术部国际合作司中国技术市场管理促进中心. 国际技术转让指南. 北京：中国政法大学出版社，2000：249-252.

2. 善于倾听

商务谈判是一种交往，而在人际交往中，学会并善于倾听是取得成功十分关键的要素。倾听的外在表现有：一是专注于对方表达，有目与目的交流，及对对方观点认同时的肢体语言回应，如点头或简单的语言回应。二是认真做笔记，将他人讲述的内容记录下来，这样既可以使自己集中注意力，又可以表示对对方的尊重和倾听对方观点的诚意。三是提出不明白的问题，可以是具体事实方面的，也可以是目的和动机方面的，提问等于在告诉对方你在倾听并对他谈的内容很感兴趣。四是对对方提出的问题可以做些简单的回答，表达自己的初步观点，以为进一步交流提供契机。倾听者最大的目的在于表明态度——尊重对方，以获得对方的肯定；同时对对方所要表达的观点有个全面、完整的了解。

此外，在对对方作出回应前，可以先对其所言作一个简单的总结，问对方你是否较为完整准确地掌握和理解了其意思，这将有助于下一步的有效沟通和交流。原则上每一个谈判者都应当是一个好的倾听者和沟通者。

3. 私下沟通或非正式会谈

有用的谈判很少在公开场合进行。① 私下沟通是面对个人和少数听众进行非正式私人交流的艺术。谈判不是辩论，它不是证明你的谈判对手言语不合逻辑、呆板、愚蠢和不忠实的辩驳过程，不是力图击倒对方、揭露对方无知或缺乏诚意和实力的非胜即败的胜负比赛。技术转让谈判也不是“立场”谈判，它是纯“利益”的谈判。在面对公众谈判时，立场问题会超过利益问题：谈判方须表明是支持还是反对；如将此运用于技术谈判，则必败无疑。

对于技术转让这种长期合作关系，利益远比立场重要，无数历史事实证明了这一点。“在国际关系中，没有永恒的朋友，也没有永恒的敌人，只有永恒的利益”。这句话同样适用于国际商务关系。在众多预备的选择方案中，找出那些符合双方利益的实用方案，并通过不保留会议记录的非正式讨论，达成富有成效的初步意见，为最终的结果打下基础。技术转让谈判的结果必须使双方都感到它们是胜利者，感觉到能够从合同履行中获益，如此达成共识后，双方才有可能签约。

为此，在私下沟通时注意：力避给对方以情绪上的压力，因为技术转让是一项双方能共同获益的长期合作关系，如果一方是迫于情绪上的短期压力而签下合同，等回归正常状态时，他意识到自己遭受的损失，就会从合同中竭力寻找于他不利的条款，并利用合同文字与语言的不确定和模糊性，终止履行自己的义务，即不是发自内心的自愿行为将动摇长期合作的基础。因为再完美的语言都是有缺点的，它不像自然科学领域所谓规律、客观现象那样易于给出精确的描述，或数学领域中类似于 1＋1＝2 那样，同样的文字或语言在不同场合其被理解的含义可能截然不同。因此，合同的履行很多场合就是彼此的合作；一旦一方失去合作的诚意，合同履行的效果就难逃失败的厄运。在感到疲劳或火气冲天时，千万要克制，可找些替代方法，如礼貌地离开谈判桌到室外静静心，或岔口话题，分散注意力②，

① 科学技术部国际合作司中国技术市场管理促进中心. 国际技术转让指南. 北京：中国政法大学出版社，2000：252.

② Dr. Monzur Ahmed. Successful Technology Licensing. WIPO Publication，2004：41.

避免冲突。如感到对方受到“伤害”，应采取圆润、温和的手段和措施及时补救。

4. 在表态时，谈论自己的观点而不要揣测或强加义务于对方

这是一个语言表达习惯问题，技巧性很强，如在外交场合，国家元首、政府首脑及外交官只谈各种建议、观点及本方对此的反应，如一般外交官在谈到朝核试验时，不会说：“朝鲜必须遵守联合国宪章有关维护世界和平和安全的规定，停止本国任何给本地区带来安全威胁的核武器试验”，而会说“我们认为，停止任何给本地区带来安全威胁的核试验都是遵守联合国宪章有关维护世界和平和安全规定的表现”。习近平主席在 2014 年 3 月第三届核安全峰会上说：在强调各国履行有关国际义务的同时，也要尊重各国根据本国国情采取最适合自己的核安全政策和举措的权利。这一表达强调了权利与义务的并重，但这是表达一种观点，而非强加义务于他方。再如，2015 年 6 月，中国外交部发言人针对记者提出“美方领导人称，不应通过将他国排挤出去的方式宣示主权，也不应通过非国际法手段进行主权声索”，中方有何评论时，发言人说：“近期个别国家在南海问题上不断提及国际法。如果他们仔细研究过相关国际法，那么请告诉我们，哪条国际法禁止中国在自己拥有主权的岛礁上进行合理建设？哪条国际法允许一国舰机对其他国家岛礁进行抵近侦察？哪条国际法允许一国以航行自由为名损害其他国家主权和正当合法权益？我们反对对国际法进行随意曲解，这样做如果不是‘双重标准’，只能是另有所图。我再次重申，中方有关活动合法、合情、合理，中国是国际法和国际规则的维护者和建设者。中国不做违反国际法、损人利己的事，同时坚定依法维护国家的主权、安全和发展利益。希望有关国家客观、公正看待有关问题，真正为亚太和平稳定与繁荣发挥建设性作用。”① 这一回答有理有利有节，同时也善意提出解决问题的正确思路。

我们应当善于从积极、谨慎看待事物的角度来评价一个观点而不是相反从消极、否定的角度讨论问题。这样会为双方进一步谈判留下空间。谈判中遇到特殊问题或超越底线，但的确合同签下仍会有利于己方，此时，谈判负责人可以灵活一些，提出因事关重大要经董事会或股东会同意，以此作为缓冲，同时给双方更充分的时间来考量该笔交易；切忌因机械的做法而错失良机。合同谈判中，双方解释各自的反应、态度和利益，避免冲突，最大可能地保持谈判余地，就有可能签订一个公平协议。

5. 注意不同文化背景下的谈判者可能具备的不同风格与特点

如东方人注重集体主义、团队精神和历史传统，而西方人则注重人的个性、创造力的价值，崇尚变化和创新；如此体现在公司管理团队人员构成中，东方公司的管理人员中老年男性较多，而西方公司的年轻人居多，也有不少女性。这样在谈判中，各人的行为和思维的差异化程度就会较高；但不论如何，符合各自利益应是谈判的出发点和终结点。再如，东方人一般对公司较为忠诚，对合同谈判的结果力求达成一个满意的协议，并认为合同签订后可以在一定的条件下进行修改；此外，东方人含蓄内敛、重视面子，表达有时较为委婉和灵活，讲究服从集体观念，注重集体的评价，时间观念上，讲求实效和弹性。而西方人通常较为注重个人利益与个性，比较注重个人信用和信誉，多数情况下表达意见直抒胸臆，较为直白，喜欢制定严格的时间表并会设一个“最后期限”，合同一旦签订下来

① 回应南海争议外交部罕见使用排比句式.（2015－06－04）. http://www.xizhengw.com/thread-21930-1.html.

就必须严格遵守，即使有不公平条款；他们在情感上外向、喜欢自由表达，胜负都会握手致意。上述差异也会给谈判带来一些意想不到的难度或困扰；因此谈判时要适当注意这些文化方面的差异，并事先做点功课，以备应急之需。

【思考题】

1. 有人认为技术转移谈判实际上是一种合作，你如何评价这种观点？

2. 技术转移谈判的主要内容有哪些？如何准备？

3. 你如何理解成功谈判的原则？

4. 案例：

自 2010 年 1 月中国与东盟自由贸易区建立后，给中国经济带来一个巨大的发展契机，同时也给中国与马来西亚经贸合作带来了无限的商机。2018 年 9 月，中国桂林某汽车零部件有限责任公司（桂林公司）邀请马来西亚吉隆坡一家汽车装配厂（吉隆坡厂）洽谈一笔国际技术转移业务，双方约定于 26 日上午 10 点在桂林榕湖饭店进行洽谈。当日，桂林公司派车按事先约定时间去接吉隆坡厂代表来榕湖饭店进行谈判。由于吉隆坡厂代表是第一次到桂林，对桂林的美景流连忘返，以致路上耽搁了时间，比约定见面的时间晚到了一个小时。到饭店后，双方谈判中，在商讨价格时，因双方提出的交易条件与价格相差较大，中方副代表有点不悦，失去耐心，情绪失控，说话声音过高，且在条件与价格方面不肯做出任何让步。对方代表年纪较大，认为中方副代表的言语举动对他们不够尊重，有失谈判中应该遵守的起码的礼仪。在享用午宴过程中，桂林公司首要谈判代表为了缓和双方关系，增进双方感情，拿出接待贵宾专用酒茅台并极力劝说马方代表饮用；同时在菜肴方面，由于中方忽略了吉隆坡厂代表团中有伊斯兰教徒，在点青菜、藕片等传统中国菜时忘记嘱咐饭店不要用猪油，被对方认为桂林公司没有诚意进行合作。最终谈判无果而终。

问题：该案中暴露出双方当事人在谈判中的哪些问题？请谈谈你认为谈判成功的要素有哪些？

【经典参考文献】

1. 郑中人. 技术移转合约签订技巧. 台北：五南图书出版公司，1987

2. WIPO. *Licensing Guide For Developing Countries*. WIPO Publication，No. 62，1977

3. 科学技术部国际合作司中国技术市场管理促进中心. 国际技术转让指南. 北京：中国政法大学出版社，2000

4. Roger M. Milgrim. Milcrim's Guide to IP Licensing. First Edition. Wolters Kluwer，2012

第八章　技术转移争议解决

【导言】

技术转移争议不同于一般贸易争议。技术转移合同本身兼具“契约性”和“行政性”，而且争议主体复杂、争议内容多样。本章主要介绍技术转移争议解决的两种方式：仲裁与诉讼。采用仲裁方式解决技术转移争议具有以下优点：用时短、法律适用灵活、当事人高度自治。若技术转移争议需提交仲裁，争议事项需具备可仲裁性，且当事人需达成仲裁协议。仲裁协议效力不仅约束当事人，也对法院和仲裁机构产生一定的作用。如果当事人没有约定仲裁适用的法律或者约定不明，可根据冲突法、仲裁地法或最密切联系原则确定合适的法律。同时，为保障仲裁裁决的公正性，法院会依据当事人申请或出于公共利益考量，通过撤销仲裁裁决或不予执行仲裁裁决，对仲裁裁决进行监督和审查。采用诉讼方式解决技术转移争议具有客观公正、救济手段多样等特点。在知识产权司法审判改革的背景下，技术转移相关诉讼的法院管辖比较复杂，尤其是与知识产权相关的技术转让纠纷，需要遵循特定的专属管辖和级别管辖的规定。技术转让诉讼中的法律适用，一般根据最密切联系原则或法院地法进行确定。此外，为全面了解技术转移争议的司法实践，本章梳理了与技术转移相关的诉讼程序，并对技术转移典型案例进行分析和研究。

第一节　技术转移争议解决概述

技术转移合同是一种非常特殊的协议，它具有特殊的标的、多样化的内容以及复杂的主体，因而其争议解决方式也与一般的商品贸易不同。

一、技术转移合同的“契约性”

技术转移合同本身是一种民事合同，属于私法领域的活动。简单地讲，技术转移是将个人、企业或组织开发的技术、专门知识、技术诀窍或设备转移给其他个人、企业或组织的程序。有效的技术贸易可以最终实现新产品或服务的商业化，或使现有产品或方法得到改进。从经济上说，“技术”作为一种非常重要且独立的生产要素，与其他生产要素的组合，可以形成独特的商业模式。技术转移最常见诸以下场景之中：许可证交易、技术咨询与服务合同、国际工程承包合同（主要为BOT项目）、补偿贸易、合作生产和研发、合资经营。[①] 可以说，技术转移遍及货物贸易、服务贸易和国际投资等领域。[②]

技术转移合同和一般的商品合同一样，其缔约双方是平等的民事主体，其标的是私人财产。转让人和受让人之间的法律关系本质上是契约关系，这意味着技术转移人同意转让，且受让人同意购买相关权利、许可或技术诀窍，当事人意思自治是达成技术转移合同的关键所在。

二、技术转移合同的“行政性”

人们往往忽略了国家和政府对技术转移协议的干预。在一般的商品合同中，各国都以尊重当事人意思自治、促进商品自由流通为要，一般不会存在像技术转移这样如此严格的合同审查制度和进出口管制措施。技术是一种非常特殊的商品。[③] 技术贸易与国家的整个产业结构和经济发展密切相关，还直接影响到国家其他方面，如国家投资政策、外汇管制和税收政策等。由于技术贸易涉及领域广泛、内容复杂，有些关系到国家宏观政策的制定，这些都需要国家和政府对其进行适当干预和引导。

这种对于技术转移的政府干预常见于各国在出口管制、反垄断等方面制定的特别法律。国家技术主义认为，一个国家的公司的技术能力就是一个国家竞争实力的体现，一个国家要提高其国际竞争力，就必须通过国家行动帮助和扶持本土公司提高其技术能力。体现在技术转移合同中，即各国为了取得技术上的优势，尽可能控制本国先进技术的流出，谋求技术上的垄断，而鼓励引进国外的先进技术。换言之，技术转移在一定程度上会涉及国家利益，因而国家会对其施加不同程度的政府干预。在中国有《技术进出口管理条例》（2019年修订）、《核两用品及相关技术出口管制条例》（2007年）、《国家税务总局关于技术转让所得减免企业所得税有关问题的公告》（2013年）等对技术转移税收和进出口管控的特殊法律。美国对于技术转移的限制通常规定在其出口管制法和反垄断的法规中，除了《出口管理法》以及《出口管理条例》对货物、技术等出口进行管制外，美国还会出于外交政策，根据《国际紧急经济权力法案》《1974年贸易法》等法律，针对某些国家、实体和个人进行相关技术管控。

三、争议内容的复杂性

首先，技术转移的标的是“技术”，技术的无形性决定了其必须依附在一定的载体上才能被学习和利用。这些技术的载体多种多样，可以是知识产权，也可以是货物或者服务。狭义上，技术转移指的是在商业条件下的知识产权转让，包括了专利、商标等工业产权，以及工艺流程、产品质量、技术方案等方面的专有技术的转让和许可。从广义上说，

---

① 白映福，黄瑞. 国际技术转让法. 武汉：武汉大学出版社，1995：66-153.

② WIPO. 技术转让合同概览. https://www.wipo.int/export/sites/www/sme/zh/docs/technology_transfer.pdf.

③ 汤传锋. 美国技术出口与中美技术贸易. 国际贸易问题，2000（12）：9-13.

技术转移还包括与科技知识结合在一起的商品和服务，相关硬件设备等货物交易，以及人员培训、维修、咨询等技术服务。因此，技术具有无形性且表现形式广泛的特点，决定了技术转移争议内容的复杂性。

其次，由于技术转移当事双方议价能力的不平等，技术转移争议常常会出现“限制性条款”纠纷。“限制性条款”，也称为限制性商业行为、限制性贸易条款等。联合国《关于控制限制性商业惯例的公平原则和规则的多边协议》将其定义为：“凡是通过滥用或谋取滥用市场力量的支配地位，对国际贸易，特别是对发展中国家的国际贸易及其经济发展造成或可能造成不利影响，或是通过企业之间正式或非正式的、书面的或非书面的协议以及其他安排造成了同样影响的一切行动或行为。”[①] 技术转移合同中，“限制性条款”包括但不限于下列条款：单方面的回授条款、对效力异议条款、独家经营条款、对研究的限制条款、对受方使用人员的限制条款、限定价格条款、对技术更改的限制、包销协定和独家代理协定、搭售条款、出口限制、供方垄断性安排、宣传的限制、工业产权期满后的付款和其他义务、在技术转移合同期满后的限制。有些限制性条款会被一个国家的法律认为是无效的，会由技术进出口管理机构进行审查。也有一些限制性条款会被认为有违公平竞争，由相关反垄断和反不正当竞争的行政机构进行调查和处理。

世界范围内的产业转型和产业升级促进了技术在全球市场上的快速流动，而技术本身作为无形财产的属性又极易引发争议。本章主要介绍诉讼和仲裁的争议解决方式。

第二节 技术转移争议解决——仲裁

一、仲裁的概念

(一) 仲裁的优势

仲裁，亦称“公断”，意指争议双方当事人在争议发生前或争议发生后达成协议，自愿将他们之间的争议提交给双方所同意的第三者进行裁决，裁决是终局的，当事人双方有义务执行裁决的一种解决争议的方法。对技术转移争议，选择仲裁方式主要有以下优点。

(1) 争议解决时间较短。仲裁实行一裁终局制，没有二审、再审等程序，对同一案件，当事人不得向法院起诉，也不得再申请仲裁。仲裁案件一般在3至6个月内结案。

(2) 保密性较强，避免其他因素对案件审理的干扰。仲裁一般不公开审理，不实行地域管辖，仲裁机构之间没有行政隶属关系，遵循独立仲裁的原则。[②]

---

① United Nations Multilaterally Equitable Principles and Rules for the Control of Restrictive Business Practices (1980) Art B (i) 1: “Restrictive business practices” means acts or behaviour of enterprises which, through an abuse or acquisition and abuse of a dominant position of market power, limit access to markets or otherwise unduly restrain competition, having or being likely to have adverse effects on international trade, particularly that of developing countries, and on the economic development of these countries, or which through formal, informal, written or unwritten agreements or arrangements among enterprises, have the same impact. https://unctad.org/en/docs/tdrbpconf10r2.en.pdf.

② 《仲裁法》第8条规定：“仲裁依法独立进行，不受行政机关、社会团体和个人的干涉。”第14条规定：“仲裁委员会独立于行政机关，与行政机关没有隶属关系。仲裁委员会之间也没有隶属关系。”

（3）当事人具有高度自治权。“当事人是仲裁的主人”，即在整个仲裁过程中，当事人具有高度的自治权，当事人仲裁协议形式不拘，仲裁协议、仲裁条款等形式均可以，而且在交易合同签订前后约定均可以。当事人既可以事先或者事后在仲裁协议中对仲裁方式、仲裁地、仲裁语言、适用法律作出约定，也可以在进入仲裁程序之后，当事人各方有权选择仲裁员，再共同选择一名仲裁员组成仲裁庭。

（二）技术转移与仲裁

在国际经济贸易争端中，仲裁是最为常见的争议解决方法。早在联合国讨论《国际技术转让行动守则》（草案）的会议上，发展中国的A集团、发达国家的B集团以及苏联领导的东欧社会主义国家组成的D集团，都主张仲裁应成为解决国际技术转让纠纷的主要方式。在《国际技术转让行动守则》（草案）的最终文本中，对于仲裁专门有三条规定：9.3款专门强调了仲裁需要当事各方一致同意；9.4款还指明“应鼓励当事各方使用国际上承认的仲裁规则[①]，例如联合国国际贸易法委会仲裁规则”；9.5款规定了各国承认和执行仲裁裁决方面的义务。虽然该守则最终并未通过，但反映了国际社会对于仲裁解决技术转让纠纷的共识。

二、仲裁方式及仲裁范围

（一）仲裁方式

仲裁方式可以分为机构仲裁（Institution Arbitration）和临时仲裁（Ad hoc Arbitration）。机构仲裁是指存在常设的专门仲裁机构，当事人遵循其仲裁规则开始仲裁程序，并且预缴仲裁费用，其后的程序即受该仲裁机构的监督与管理，因而这种仲裁也被称为“管理的仲裁”[②]。每个机构仲裁都有自己独特的仲裁规则，这种规则也被称为“管理性仲裁规则”。每个仲裁机构的管理程度不一，有的是深度介入，如中国国际贸易经济仲裁委员会（CIETAC）就属于此类；有的则是放任自由，仅仅提供行政事务的服务，大多数事务由仲裁人自行管理。

临时仲裁，也称“专案仲裁”，是相对于“机构仲裁”而言的，指的是没有常设机构的仲裁，是针对个案而设的。临时仲裁不仅其程序的适用法律规则灵活，且其实体的适用法律规则更为开放，当事人得随时调整仲裁程序，效率更高。临时仲裁的缺陷是：在遇到重大与复杂事件时，仲裁庭欠缺专业行政人员来协助处理其繁重的事务。如果当事人为不同国籍，且彼此欠缺善意时，有时难以达成合意，可能陷入僵局。

在国际技术转移争议中，通常当事人双方更青睐机构仲裁，当事人可以更好地控制仲裁过程，其裁决结构更具有说服力。当事人向仲裁机构提出仲裁申请后，受理的仲裁机构随即依照其内部规则指定相关专家与双方当事人接触，提供必要的服务。当事人在选定仲裁人时，如遇到困境，仲裁机构也得介入协助，使仲裁庭能快速组成。当事人如发现仲裁

---

① 《联合国国际技术转让行动守则》（草案）第9.3款：“在根据当事各方的有关法律对争端进行仲裁时，当事各方经一致同意，可诉诸仲裁以解决技术转让交易引起的争端。”第9.4款：“应鼓励当事各方使用国际上承认的仲裁规则，例如联合国国际贸易法委员会仲裁规则。”第9.5款：“各国应按照其本国法规和它们已加入的有关国际协定，承认和执行仲裁裁决。”

② 蓝瀛芳. 是否应承认非机构仲裁. http://www.arbitration.org.tw/file/pdt_content/files/藍瀛芳律師.pdf.

人欠缺公正独立时，得向仲裁机构申请处理，由仲裁机构的专门委员会快速介入解决，决定仲裁人的去留、代为选定替代的仲裁人等。

(二) 可仲裁性

可仲裁性是指一项争议是否可以通过仲裁的方式解决。[①] 非法律的事项并不能纳入仲裁范围，比如违反道德的事项不具有可仲裁性。[②] 可仲裁性还需要满足两项条件：第一，争议双方地位平等，企业起诉政府就不属于商事仲裁范围；第二，争议的权利具有可处分性，金钱赔偿可以仲裁，但是确认劳动关系就不得进行商事仲裁。

可仲裁性还是区分商业性争议和非商业性争议的重要标准之一。1958 年的《纽约公约》专门为此设有商事保留条款，规定缔约国对于非商业性质争议的仲裁性可做条约保留。[③] 各国对于商业性争议的定义各有不同，一般由各国法律和政策决定"可仲裁性"。中国的《仲裁法》中也对可仲裁性作了规定："平等主体的公民、法人和其他组织之间发生的合同纠纷和其他财产权益纠纷，可以仲裁。"[④] 同时，《仲裁法》还直接排除了一些事项的可仲裁性。第一类是涉及身份的事项，如婚姻、收养、监护、扶养、继承纠纷不能仲裁；第二类是涉及权力行使的事项，依法应当由行政机关处理的行政争议不能仲裁；第三类是法律有特殊规定的事项，如劳动争议和农业集体经济组织内部的农业承包合同纠纷的仲裁，其有特殊的仲裁规则。[⑤]

技术转移争议的可仲裁性非常复杂。技术转移的主体比较复杂，既涉及平等主体之间的争议，也可能涉及国家政府和相关行政机关的行为。而后者一般不具有可仲裁性。技术转移内容比较复杂，一般的技术转移涉及知识产权。知识产权既涉及人身性的权利，如技术服务合同中的劳动关系，也涉及经济性权利，如知识产权的转让；既有确认性的权利，如确认专利权无效，也有处分性的权利，如商标的转让，而且还有可能事关公共利益，如药品专利的转让关系到公共健康。需要具体问题具体对待。目前，仲裁机构受理的技术转移争议，主要是技术转移合同争议，属于契约型争议，具有可仲裁性，其他类型的技术转移争议数量很有限，立法中也存在空白，还需要进一步探索。

三、仲裁协议

仲裁体现当事人自愿，而自愿的核心体现是仲裁协议，因此仲裁协议是仲裁制度的基础，没有制裁协议，现代意义上的仲裁制度也就不再存在。

(一) 仲裁协议的内容

仲裁协议的必要内容包括请求仲裁的意思表示和仲裁事项，其他诸如仲裁地点、仲裁语言、仲裁适用法律可以由当事人选择。中国的仲裁法规定仲裁协议的法定内容包括请求仲裁的意思表示、仲裁事项、选定的仲裁委员会。

---

① 陈治东. 论我国涉外仲裁的可仲裁性问题. 法学，1997 (6)：61-65.

② 杨良宜. 关于可仲裁性 (一). 北京仲裁，2006 (1)：31-39.

③ 《纽约公约》第 51 条第 3 款："缔约国可以声明，本国只对根据本国法属于商事的法律关系，无论是否为契约关系所引起的争议，适用于本公约。"

④ 《仲裁法》第 2 条。

⑤ 《仲裁法》第 3 条、第 77 条。

仲裁的意思表示是指当事双方将他们之间业已或将来可能发生的争议交付仲裁，通常表现为书面形式的仲裁协议或者仲裁条款。

仲裁事项通常要指明何种法律请求需要提交仲裁，如“本合同所产生的一切争议”或“本合同所产生的货款争议”都属于明确的仲裁事项。

仲裁委员会是指由哪个国家或者地区的哪个机构进行仲裁。如果双方当事人同意临时仲裁的，则应该写明仲裁庭的组成方式。如果由机构仲裁，则应明确指明仲裁机构的名称。现实中通常出现仲裁委员会约定不明的情况，对其通常采取“有效解释”原则，首先应该根据文字中蕴含当事人的真实意思来推定他们的选择，然后根据实际情况看是否能够找到一个明确的、确切的可执行的仲裁机构。譬如，双方约定“合同履行过程中产生的争议，如协商不成，则由甲方住所地的仲裁委员会仲裁”，若甲方住所地只有唯一的一个仲裁委员会，则该约定应当有效；如有两个或以上，双方可再行协商明确其中的一个，而不能认为是无效约定。

（二）仲裁协议的法律效力

一般仲裁条款具有独立性，欠缺相关要素时，可能导致仲裁协议的无效。尽管仲裁条款是合同中的一个条款，或者仲裁协议只是合同中的一部分，但此条款或协议与它所从属的主合同是两个相互独立的合同。如果争议涉及主合同是否存在及其有效性问题，或者主合同无效或失效，仲裁条款作为双方当事人约定的解决合同争议的条款，仍可独立存在，并不因为主合同无效或失效而当然无效或失效。[①]

仲裁的无效可以分为相对无效和绝对无效。仲裁绝对无效通常发生在严重违背仲裁基本原则的情况下，包括：约定的仲裁事项超出法律规定的仲裁范围；无民事行为能力人或者限制民事行为能力人订立的仲裁协议；一方采取胁迫手段，迫使对方订立仲裁协议。相对无效是指仲裁协议虽有有瑕疵，但可以进行弥补。如果当事人对仲裁事项或者仲裁委员会没有约定或者约定不明确的，可以补充协议，达不成补充协议的，仲裁协议无效。

此外仲裁协议效力对当事人、法院和仲裁机构均产生约束力。对当事人的约束效力体现为约束当事人诉权的行使。当事人选择解决争议途径时，在仲裁与诉讼中只能二者取其一，也被称为“或裁或审制度”。仲裁的裁决是终局的，对双方当事人都具有约束力。对法院的约束力体现为排除了法院的司法管辖权。如果当事人约定了仲裁协议，但又向法院起诉的，只要其不声明有仲裁协议，法院可以受理；但若另一方在首次开庭前提交仲裁协议的，人民法院应当驳回起诉，除非仲裁协议无效；若另一方在首次开庭前未对人民法院受理该案提出异议，则视为放弃仲裁协议，人民法院应当继续审理。对仲裁机构的约束效力体现为：一方面，仲裁协议对仲裁机构产生授权作用。仲裁机构作为民间机构，其能够受理案件是因为双方当事人用协议把争议的解决权授权给了仲裁机构。另一方面，仲裁协议又约束仲裁机构的仲裁范围，仲裁权行使的范围一定是当事人基于仲裁协议提出的仲裁请求的范围。若没有仲裁协议，对该仲裁请求仲裁庭无权作出裁决，如果作出，则该裁决无效；如果有仲裁协议，但当事人没有提出仲裁请求，则仲裁机构无权仲裁。

---

① 赵秀文. 论仲裁条款独立原则. 法学研究，1997（4）：66－76.

四、仲裁程序

仲裁程序是指在进行仲裁审理过程中，仲裁机构、当事人及其他参与人必须遵循的规则，主要包括：仲裁申请的提出、仲裁人员和仲裁庭的组成、仲裁审理及仲裁裁决。

1. 申请仲裁

仲裁申请是指当事人双方依据仲裁协议，请求将争议交付仲裁的意思表示。当事人申请仲裁应当符合下列条件：有仲裁协议；有具体的仲裁请求和事实、理由；属于仲裁委员会的受理范围。① 如果是常设机构仲裁，申请人应将申请书提交给仲裁机构，由仲裁机构审查是否符合仲裁要求。对于符合条件的申请予以受理，仲裁机构应在规定的时限内向当事人送达仲裁规则和仲裁员名册，保障申请人和被申请人行使选择仲裁员的权利。如果争议提交的是临时仲裁，则应将仲裁申请书送达对方。

2. 选任仲裁员

仲裁员又称为公断人，一个或者数个仲裁员组成仲裁庭以审理争议、解决纠纷。大多数常设仲裁机构都会建立专家库，以备当事人选择。仲裁庭可以分为独任仲裁或多名仲裁员组成的普通仲裁。在普通仲裁中，仲裁员的人数必须是奇数，通常为3～7人。大多数仲裁裁决是按照多数决的规则作成的，在多名仲裁员意见不一致的时候，奇数仲裁庭可以避免仲裁僵局。

当事人可以约定仲裁庭的组成方式。在常设机构仲裁中，一般仲裁庭由三名仲裁员组成，设首席仲裁员，独任仲裁庭的仲裁员只有一名。仲裁员的选定通常由三种方式：当事人各自选定、委托仲裁委员会主任指定、超期则由仲裁机构指定。

3. 仲裁审理

各国仲裁机构规定的仲裁审理过程大体类似，主要涉及审理方式、确定适用法律、调查取证、保全措施等。

（1）法律适用。

国际商事仲裁的法律适用是一个比较复杂的问题，既包括仲裁程序法的适用，也涉及仲裁实体法的适用。

仲裁程序法是指用来管理仲裁过程或在当事人没有约定仲裁程序时对仲裁起补充作用的法律，其内容不仅包括仲裁规则（如国际商会的仲裁规则），而且涉及仲裁的外部标准方面的内容（如对不公正仲裁员的撤换以及因仲裁庭超越权限，或因仲裁程序不当由法院取消仲裁庭所作出的裁决等方面）。各国立法与实践普遍赋予国际商事仲裁中的双方当事人合意选择仲裁程序法的权利，但实践中仲裁当事人选择仲裁程序法的情况并不多见，主要适用的是“仲裁地法”。一方面是因为当事人可以通过约定仲裁地而间接地约定仲裁法为仲裁地法。另一方面，在当事人没有协议选择仲裁程序法或对仲裁程序法的选择达不成一致意见的情况下，各国立法规定和实践做法往往是适用仲裁机构自身的仲裁规则或仲裁地的仲裁规则，或者由仲裁人或仲裁机构来决定适用的仲裁程序规则。②

---

① 《仲裁法》第21条。

② 乔生. 国际商事仲裁程序的法律适用及其新发展. 现代法学，2003（5）：25.

仲裁实体法是指解决当事人双方实体争议的准据法。根据当事人意思自治原则，当事人可以在争议发生前后选择解决争议的实体法。当事人可以在合同中约定“双方同意适用________法/________公约作为仲裁案件所依据的实体法律”。通常，仲裁实体法的选择尊重当事人意思自治，但如果当事人未能作出约定或者双方约定不明确，通常由仲裁庭根据一定的规则确定准据法。这种准据法的确定可能会有四种情形：第一种，按照仲裁庭所在国的冲突规则确定准据法；第二种，仲裁庭依据合适的法律冲突规则选择准据法，如《国际商会仲裁规则》允许仲裁员在当事人没有约定或者约定不明之时，根据合适的法律冲突法以确定准据法；第三种，直接使用仲裁地法；第四种，适用于仲裁庭认为合适的实体法，如根据最密切联系原则确定合适的实体法。

（2）审理。

仲裁审理方式主要有两种：口头审理和书面审理。口头审理一般要求当事人在开庭之日出庭，亲自答辩或者委托代理人代为出庭答辩。书面审理，通常是由仲裁庭根据双方当事人的书面诉状、证人、专家或其他人提供的书面证据以及相关证据材料，由仲裁庭对这些书面材料进行裁决，当事双方在开庭之日不必到场。仲裁一般以不公开审理和口头审理为原则，以公开审理、书面审理为例外，各国一般允许当事人自行选择审理方式。

当事人应当对自己的主张提供证据。仲裁庭可以要求当事人提供书证、物证或者其他证据。仲裁庭也可以应当事人的请求或者自行决定举行口头听证。仲裁庭对专门性问题认为需要鉴定的，可以交由当事人约定的鉴定部门鉴定，也可以由仲裁庭指定的鉴定部门鉴定。① 总之，证据的审核和评定，应该由仲裁庭进行。

大多数国家的仲裁法都有保全措施的内容。保全措施，也被称为“临时措施”（interim measures），即作出最后裁决之前的任何时候，要求一方当事人实施或者不实施某种行为的临时性措施。仲裁保全措施具有防止对方当事人恶意转移财产、毁灭证据或避免仲裁裁决无意义等积极功能。对于仲裁庭是否有直接保全的权利，不同的国家有不同的做法。一些国家和地区，如美国、新加坡、中国香港的仲裁法律则认为适当的情况下可由仲裁庭直接保全。② 以中国为代表的《仲裁法》则认为仲裁庭无权发布任何保全措施，法院是在仲裁前和仲裁过程中采取保全措施的唯一主体，如果是国内仲裁，则保全申请提交到基层法院；如果是涉外仲裁，则提交到中级法院。③

（3）裁决。

仲裁裁决是指就当事人提交的争议所做的终局性的，对当事人具有法律约束力的书面决定。大部分国际仲裁的裁决按照“多数决”确定，即应当按照多数仲裁员的意见作出。如果仲裁庭不能形成多数意见时，裁决应当按照首席仲裁员的意见作出。我国《仲裁法》第 54 条规定了裁决书应当写明的六项内容：仲裁请求、争议事实、裁决理由、裁决结果、仲裁费用的负担和裁决日期。

---

① 《仲裁法》第 44 条。

② 张圣翠. 论我国仲裁保全措施制度的重构. 上海财经大学学报（哲学社会科学版），2016（2）：18.

③ 《仲裁法》第 46 条。

4. 仲裁裁决的承认和执行

虽然仲裁实行“一裁终局”制度，但是仲裁仅仅具有解决实体纠纷的功能，对仲裁的承认和执行仍需要向各国法院申请。必要情况下，法院会对相关仲裁裁决进行司法监督。外国仲裁裁决申请在中国执行需要满足两个前提条件：第一，在另一缔约国领土内作出的仲裁裁决；第二，依据中国国内法律属于契约性和非契约性商事法律关系所引起的争议的仲裁裁决。

一般违反公共秩序和不具有可仲裁性的仲裁（即违反《纽约公约》第5条第2款）不得申请承认和执行。根据中国最高人民法院的解释，违反公共政策包括为违反法律基本原则、侵犯国家主权、危害社会公共安全、违反善良风俗等足以危及根本社会公共利益的情形。① 不具有可仲裁性即上文提及的非平等主体之间的纠纷、非处分性内容以及不属于我国“商事保留”② 的内容。但是，如果违反《纽约公约》第5条第1款的规定（仲裁协议无效；未给予当事人适当通知或未能提出申辩；仲裁庭超越权限；仲裁庭的组成和仲裁程序不当；裁决不具有约束力或已被撤销、停止执行），必须基于当事人的请求，法院才可以拒绝承认和执行，若当事人未请求的，法院不得依职权进行审查。③

仲裁裁决的一方当事人可根据国际条约或司法互助协议在中国申请承认和执行裁决。在适当情况下，法院也可根据互惠原则决定是否予以承认和执行。承认和执行是两个独立的程序。由中级人民法院（法院）处理涉外案件的民事审判庭审理承认程序。如果法院承认一项仲裁裁决，法院将出具在中国承认该仲裁裁决的裁定。仲裁裁决得到承认后，申请人需要接下来向同一法院的执行局申请执行。一般被执行人户籍或居所所在地、主要办事机构所在地的中级人民法院对认可和执行申请具有管辖权。

对于拒绝承认和执行的外国裁决，中国法院建立了内部报告机制。凡一方当事人向人民法院申请承认和执行外国仲裁机构的裁决，人民法院在裁定拒绝承认和执行之前，必须报请本辖区所属高级人民法院进行审查；如果高级人民法院同意拒绝承认和执行，应将其审查意见报最高人民法院；待最高人民法院答复后，方可裁定拒绝承认和执行（见表8-1）。

① 最高院相关复函：《关于不予承认日本商事仲裁协会东京07—11号仲裁裁决一案的请示的复函》（〔2010〕民四他字第32号），《关于对海口中院不予承认和执行瑞典斯德哥尔摩商会仲裁院仲裁裁决请示的复函》（〔2001〕民四他字第31号）；《关于ED&F曼氏（香港）有限公司申请承认和执行伦敦糖业协会仲裁裁决案的复函》（〔2013〕民四他字第3号）；《关于香港享进粮油食品有限公司申请执行香港国际仲裁中心仲裁裁决案的复函》（〔2013〕民四他字第9号）。

② 根据我国加入该公约时所作的商事保留声明，我国仅对按照我国法律属于契约性和非契约性商事法律关系引起的争议适用该公约。具体是指由于合同、侵权或者根据有关法律规定而产生的经济上的权利义务关系，例如货物买卖、财产租赁、工程承包、加工承揽、技术转让、合资经营、合作经营、勘探开发自然资源、保险、信贷、劳务、代理、咨询服务和海上、民用航空、铁路、公路的客货运输以及产品责任、环境污染、海上事故和所有权争议等，但不包括外国投资者与东道国政府之间的争议。

③ 最高人民法院民事审判第四庭. 中国涉外商事海事审判指导：第1卷. 北京：人民法院出版社，2016：116-117. 最高人民法院在《关于保罗·赖因哈特公司向湖北省宜昌市中级人民法院申请承认和执行国际棉花协会在英国作出的仲裁裁决案给湖北省高级人民法院的复函》（〔2016〕最高法民他11号）中，亦明确指出：“人民法院对仲裁裁决是否存在《纽约公约》第5条第1款拒绝承认和执行的情形，必须依当事人的请求进行审查，当事人未请求的，人民法院不予审查；对仲裁裁决是否存在《纽约公约》第5条第2款规定的违反可仲裁性和公共政策情形，人民法院则可以依职权主动审查。本案中，被申请人湖北清河纺织股份有限公司未就《纽约公约》第5条第1款的情形提出不予承认和执行仲裁裁决的主张，你院依职权审查并拟依据《纽约公约》第5条第1款的规定不予承认和执行裁决，缺乏相应的法律依据。”

最高人民法院意在通过该项制度，严格监督各级法院拒绝承认和执行外国仲裁裁决的情形，尽可能减少拒绝承认和执行外国仲裁裁决的案例。[①]

表 8-1　仲裁裁决的承认和执行

哪些外国仲裁裁决可申请中国法院的承认和执行	1. 外国仲裁裁决申请的两项条件： (1)《纽约公约》项下的外国裁决 (2) 符合中国法律规定
	2. 不得申请承认和执行的外国仲裁： (1) 违反公共秩序和不具有可仲裁性的仲裁（即违反《纽约公约》第 5 条第 2 款）不得申请承认和执行，法院需要依职权审查 (2) 仲裁协议无效；未给予当事人适当通知或未能提出申辩；仲裁庭超越权限；仲裁庭的组成和仲裁程序不当；裁决不具有约束力或已被撤销、停止执行（即违反《纽约公约》第 5 条第 1 款）。若当事人未提出申请上述事项，法院不得依职权审查，应该承认和执行外国仲裁裁决
中国法院承认和执行的程序	1. 对于承认和执行的外国裁决： (1) 先由法院出具在中国承认该仲裁裁决的裁定 (2) 然后向申请人向同一法院的执行局申请执行
	2. 对于拒绝承认和执行的外国裁决，实施内部报告制，报请高级人民法院或者最高人民法院审查

5. 撤销仲裁与不予执行仲裁裁决

为保障仲裁裁决的公正性，法院需要对仲裁裁决进行监督和审查，主要方式有两种：撤销仲裁裁决或不予执行仲裁裁决（见表 8-2）。从性质来说，这两种方式都是仲裁程序完毕之后对仲裁裁决之不公正予以纠正的制度，既是对当事人权利的救济，也是对仲裁裁决的监督。

撤销仲裁裁决是指有管辖权的法院，根据一方当事人的申请，依据特定的事由，依法裁定否决仲裁裁决效力的司法监督活动。在中国的法律框架下，撤销国内仲裁裁决和撤销涉外仲裁裁决有些许不同。两者的不同之处在于：(1) 实体证据方面的规定有所不同。撤销国内仲裁裁决（下文称为前者）中包含证据的伪造、证据的隐瞒情形，而撤销涉外仲裁裁决（下文称为后者）不包括实体证据。(2) 是否包括仲裁员道德的违反方面有所不同。前者包括，后者不包括。(3) 在程序监督方面有所不同。后者比前者多一项对被申请人的保护。被申请人没有得到指定仲裁员或者进行仲裁程序的通知，或者由于其他不属于被申请人负责的原因未能陈述意见的，对于涉外仲裁裁决，当事人可以申请撤销，但对于国内仲裁裁决，当事人不可以申请撤销。

仲裁裁决的不予执行，是指在当事人向人民法院申请执行仲裁裁决之后，被申请人向法院证明该裁决存在着法律规定的某些情况，由人民法院裁定除去该仲裁裁决执行力的制度和程序。2017 年《民事诉讼法》修改后，仲裁的不予执行的理由和国内撤销仲裁裁决的理由统一起来了。

---

① 《最高人民法院关于仲裁司法审查案件报核问题的有关规定》(2018 年)。

表 8-2 中国撤销仲裁裁决制度与不予执行仲裁裁决制度的比较

	国内		涉外仲裁	
法律依据	撤销仲裁裁决（2017 年《仲裁法》第 58 条）	对仲裁裁决不予执行（2017 年《民事诉讼法》第 237 条）	对涉外仲裁裁决不予执行（2017 年《仲裁法》第 71 条+2017 年《民事诉讼法》第 274 条）	撤销涉外仲裁裁决（2017 年《仲裁法》第 70 条+2017 年《民事诉讼法》第 274 条）
提出请求的当事人不同	任何一方当事人	被申请人		任何一方当事人
提出请求的期限不同	应当自收到裁决书之日起 6 个月内提出	在对方当事人申请后，法院对是否不予执行裁决前		应当自收到裁决书之日起 6 个月内提出
管辖法院不同	仲裁委员会所在地的中级人民法院	被执行人住所地或者被执行财产所在地的中级人民法院		仲裁委员会所在地的中级人民法院
法定理由不同	（1）没有仲裁协议的 （2）裁决的事项不属于仲裁协议的范围或者仲裁委员会无权仲裁的 （3）仲裁庭的组成或者仲裁的程序违反法定程序的 （4）裁决所根据的证据是伪造的 （5）对方当事人隐瞒了足以影响公正裁决的证据的 （6）仲裁员在仲裁该案时有索贿受贿、徇私舞弊、枉法裁决行为的 人民法院认定执行该裁决违背社会公共利益的	（1）当事人在合同中没有订有仲裁条款或者事后没有达成书面仲裁协议的 （2）裁决的事项不属于仲裁协议的范围或者仲裁委员会无权仲裁的 （3）仲裁庭的组成或者仲裁的程序违反法定程序的 （4）裁决所根据的证据是伪造的 （5）对方当事人隐瞒了足以影响公正裁决的证据的 （6）仲裁员在仲裁该案时有索贿受贿、徇私舞弊、枉法裁决行为的 人民法院认定执行该裁决违背社会公共利益的	（1）当事人在合同中没有订有仲裁条款或者事后没有达成书面仲裁协议的 （2）被申请人没有得到指定仲裁员或者进行仲裁程序的通知，或者由于其他不属于被申请人负责的原因未能陈述意见的 （3）仲裁庭的组成或者仲裁的程序与仲裁规则不符的 （4）裁决的事项不属于仲裁协议的范围或者仲裁机构无权仲裁的 人民法院认定执行该裁决违背社会公共利益的	

五、技术转移争议的相关仲裁案例

（一）案情：技术转移协议中商标使用权侵权纠纷①

1995年9月12日，A公司和B公司签订了一份技术转移合同，双方约定：B公司同意不作价提供其已在香港注册的轻质墙板××商标的使用权，以及制造该商标项下产品的有关技术，作为其和A公司合作的条件。A公司的出口产品可以使用B公司提供的在香港地区注册的××商标，并在产品的包装上注明“中华人民共和国××有限公司制造”字样。双方在技术转移合同中还约定，因执行该合同所发生的或与该合同有关的一切争议，应通过双方友好协商解决。如协商仍未能解决，应提交中国国际经济贸易仲裁委员会，按该会仲裁程序暂行规则进行仲裁。

在上述“技术转移合同”的履行过程中，双方当事人发生争议。1997年12月15日，B公司致函A公司称：“由于贵司目前已能生产及销售产品，应该履行合约付回余款200 000.00美元正（整）。如果贵司未能在1997年12月30日前按合同付款，本公司会终止我们之技术转移合同并以后请勿用××商标，否则将侵犯我司权利”。B公司却于1998年3月14日前在香港《××日报》上刊登通告，称××万用墙板是其自产自销产品，除B公司或其特约经销商外，一切其他使用××万用墙板商标或冒牌产品，B公司会依法律途径追讨之。1998年5月12日，B公司在《××日报》上再次刊登“提防假冒”××万用墙板的通告，称自1998年5月1日起，一切××万用墙板如非由其通告中所列三家直属公司销售，则会另附上一份产品证明书，以防假冒。1998年5月5日，B公司对经销由申请人生产的使用××商标墙板的经销商××有限公司在香港高等法院提起侵权之诉。

A公司认为B公司的行为侵害了A公司对××商标所拥有的使用权，并依照合同规定提请仲裁。

（二）仲裁裁决

按照当事人双方《技术转移合同》第1章第1条的规定，B公司不作价提供其已在香港注册的轻质墙板××商标的使用权，以及制造该商标项下的产品的有关技术，作为其加入申请人经营的合作条件。该合同第4章第3条规定，申请人的出口产品使用被申请人提供的在香港地区注册的××商标，并在产品的包装上注明“中华人民共和国××有限公司制造”的字样。与此相关，在“关于B公司加入合作经营××有限公司的补充合同”中规定：“丙方（B公司）提供的合作条件为：不作价提供其轻质墙板××商标的使用权，以及制造该商标项下的产品的有关技术。”

上述合同规定不能满足A公司获取该注册商标使用权的法律条件。因为××是在香港注册的商标。依据香港《商标条例》的有关规定，注册商标权人以外的人，如欲获得某一注册商标的使用权，须和商标权人签订商标许可使用合同，并在香港依法办理注册登记，

---

① 中国国际经济贸易仲裁委员会案例，http://www.legaldaily.com.cn/Arbitration/content/2016 - 09/22/content_6820426.htm.

取得注册使用人资格。按照香港的法律，其许可使用权的获得须遵循特定的法律程序。但在本案中没有证据证明A公司已经依照香港法律获得了××注册商标使用权。B公司前述排斥申请人在香港使用××注册商标的行为，不能认为是侵犯了申请人的合法权利。因此，申请人以侵权为由而提出的仲裁请求不能成立。

(三) 案例分析

在本案中，涉及两个问题。

第一个问题为商标的地域性。商标地域性是指经一个国家或地区商标注册机关核准注册的商标，其专用权被限定在该国家或地区领域内。目前，中国商标局核准注册的商标仅在大陆范围内受到保护，在港、澳、台地区不受保护，如果需要在大陆范围外受到保护，则需另外注册。反之，在港、澳、台地区注册的商标，其专有权仅限于其注册的地区，并不延及大陆。在本案中，该商标在香港注册，商标权利人（B公司）有权禁止未经其授权的商标使用行为。

第二个问题为要式合同。要式合同是指法律、法规要求合同必须具备特定形式才能成立、生效的合同。在该案中，商标许可合同是要式合同。香港法律规定："如欲获得某一注册商标的使用权，须和商标权人签订商标许可使用合同，并在香港依法办理注册登记，取得注册使用人资格。"申请人不仅要和商标权利人签订商标使用合同，还要办理注册登记，两者缺一不可。在本案中，商标权利人B公司因为A公司违约，而终止商标许可协议，并且A公司还缺少了第二个"注册"的要件，因而不被法律认可，无法构成"商标注册使用人"。商标权利人B公司禁止此类商标使用行为是行使其商标排他权，属于行使正当权利。

第三节 国际技术转移争议解决——诉讼

一、诉讼的概念

诉讼指纠纷当事人通过向具有管辖权的法院起诉另一方当事人解决纠纷的形式。诉讼是技术转移争议的有效解决方式之一。首先，当事人无须单独订立管辖条款。商事诉讼若无特别约定，往往可以在多地中选择管辖法院。其次，诉讼的审理较为公正客观。在诉讼过程中，当事人可以依法申请法院进行调查取证，要求对方披露其不利证据，也可以要求相关证人出庭作证。在证据或者财产保全中，法院具有天然的优势。最后，救济手段多样且有强制力在执行。诉讼中不服一审可以上诉，甚至可以在特定情况下要求再审。若当事人一方不履行判决，则另一方可以要求法院强制执行。

二、技术转移争议的法院管辖

技术合同纠纷案件一般由中级以上人民法院管辖。各高级人民法院根据本辖区的实际情况并报经最高人民法院批准，可以指定若干基层人民法院管辖第一审技术合同纠纷案件。若合同中既有技术合同内容，又有其他合同内容，当事人就技术合同内容和其他合同内容均发生争议的，由具有技术合同纠纷案件管辖权的人民法院受理。[①]此处的技术合同纠纷，既包括普通的技术开发、咨询和服务合同，也包括职务技术成果完成人奖励、报酬纠纷和技术成果完成人署名权、荣誉权、奖励权纠纷以及技术进出口合同纠纷。

若技术转移中涉及不正当竞争的纠纷，如违反《反不正当竞争法》第 10 条“侵害商业秘密”的规定，此类反不正当竞争案件原则上由中级人民法院管辖，经最高人民法院批准的基层人民法院（如知识产权法院）亦可受理。[②]

若技术转移中涉及知识产权纠纷，由于目前知识产权审判改革，法院管辖范围比较复杂。北京、上海、广州的知识产权法院成立后，其管辖有关专利、植物新品种、集成电路布图设计、计算机软件和涉及驰名商标认定、技术秘密等专业技术性较强的第一审知识产权民事和行政案件。[③] 北上广知识产权法院所在市辖区内的第一审知识产权民事案件，除法律和司法解释规定应由知识产权法院管辖外，由基层人民法院管辖，不受诉讼标的额的限制。其他地区，无论技术类还是非技术类第一审知识产权民事案件，诉讼标的额在 2 亿元以上，或者诉讼标的额在 1 亿元以上且当事人一方住所地不在其辖区或者涉外、涉港澳台的，由高级人民法院管辖。[④]

有些地区，经最高人民法院批准后设立了知识产权法庭。这些知识产权法庭的管辖也比较特殊，如江苏省的南京、苏州知识产权法庭，浙江省的杭州、宁波知识产权法庭审理的是其指定跨区域管辖范围的技术类案件、垄断案件和涉及驰名商标认定案件，同时还审理所跨区域内标的大的普通知识产权案件；武汉知识产权法庭和成都知识产权法庭，仅仅取得了技术类案件、驰名商标认定、垄断纠纷等案件的省内跨地域管辖权，对于普通知识产权案件并没有取得跨地域的管辖权（见表 8-3）。

表 8-3　技术转移争议的法院管辖

序号	事项	一审法院	二审法院
1	技术合同纠纷（包括普通的技术开发、咨询和服务合同、职务技术成果完成人奖励、报酬纠纷和技术成果完成人署名权、荣誉权、奖励权纠纷以及技术进出口合同纠纷）	（1）一般由中级以上人民法院管辖 （2）经最高人民法院批准的基层人民法院也可受理	一审的上一级法院
2	技术转移争议中不正当竞争的纠纷及商业秘密纠纷	（1）原则上由中级人民法院管辖 （2）经最高人民法院批准的基层人民法院也可受理	一审的上一级法院

① 《最高人民法院关于审理技术合同纠纷案件适用法律若干问题的解释》第 43 条。
② 《最高人民法院关于审理不正当竞争民事案件应用法律若干问题的解释》（法释〔2007〕2 号）第 18 条。
③ 《全国人民代表大会常务委员会关于在北京、上海、广州设立知识产权法院的决定》第 2 条。
④ 《最高人民法院关于知识产权法院案件管辖等有关问题的通知》。

续表

序号	事项	一审法院	二审法院
3	技术转移争议中其他知识产权纠纷	(1) 北京、上海、广州的知识产权法院（管辖有关专利、植物新品种、集成电路布图设计、技术秘密等专业技术性较强的第一审知识产权民事和行政案件；著作权、商标等知识产权民事和行政判决、裁定的上诉案件） (2) 北上广知识产权法院所在市辖区内基层人民法院（除应由知识产权法院管辖外其他第一审知识产权民事案件） (3) 最高人民法院指定的具有知识产权民事案件管辖权的基层人民法院进行跨地域管辖	最高人民法院审理以下上诉案件。① (1) 知识产权法院、中级人民法院作出的专业技术性较强的知识产权民事案件第一审判决（发明和实用新型，不含外观设计） (2) 专业技术性较强的知识产权行政案件第一审判决 1) 北上广知识产权法院作出的专业技术性较强的知识产权授权确权行政案件第一审判决（专利、植物新品种、集成电路布图设计的授权确权）以及行政处罚等行政案件第一审判决 2) 知识产权法院、中级人民法院在专业技术性较强的第一审知识产权民事与行政案件中作出的管辖权异议裁定、不予受理裁定、驳回起诉裁定

三、技术转移争议的法律适用

(一) 关于技术转移争议法律适用的争论

技术转移争议的法律适用在国际上是一个颇有争议的话题。在 1985 年联合国贸易与发展会议起草《国际技术转移行动守则》（草案）的过程中，不同国家集团对国际技术转移合同适用法律问题提出不同主张。77 国集团提出，涉及受让国主权和公共秩序的合同，应当适用受让国的法律，私人交易所适用的法律应是与该交易有直接的、实际的和持久性联系的法律。例如，菲律宾《有关在工业内部建立技术转移委员会的意图和规定的规则与条例》规定："协定应规定，菲律宾法律应制约对合同的解释。"而西方国家和苏联东欧国家集团则认为，国际技术转移合同的双方当事人可以根据合同的效力、履行以及解释等方面自由地选择所适用的法律，如果当事人没有选择，仲裁庭将根据他们认为可适用的冲突规范去确定争议所适用的法律。例如，日本的法律规定，关于许可证协议的效力，适用的法律主要依据当事人的愿望，在协议没有规定时，一般依合同缔结地法，如果要约和承诺在不同国家，将适用发出要约国家的法律。德国还规定专门的冲突规范，在当事人没有选

① 毋爱斌，苟应鹏. 知识产权案件越级上诉程序构造论——《关于知识产权法庭若干问题的规定》第 2 条的法教义学分析. 知识产权，2019 (5).

择适用法律时，“对于使用收益的合同，特别是租赁合同和专利合同，适用支付方主要营业所在地法”①。

上述不同国家集团的不同观点，表面上似乎是合同当事人自己选择何种适用法律的问题，但究其实质，则是技术转移中当事人的权利和义务应由哪个国家的法律来确定的问题：是适用转让方国家的法律，还是适用受让方国家的法律？1985年《联合国国际技术转移行动守则》（草案）的第9部分“法律适用和争议解决”也并未解决这个问题，而是让当事人选择法律。它规定：“技术转移交易当事各方可经一致同意，选择适用于其合同关系的法律。”至于何为“合同关系”，迄今未有定论。

（二）当事人未选择法律时的法律适用

如果当事人由于疏忽等各种原因未能在技术转移合同中订立法律适用条款，或虽有相关条款，但由于约定不明或约定无效，而双方又难以达成合意时，如何确定合同准据法就是个颇有争议的话题。

通常，各国立法会根据最密切联系原则来确定技术转移争议的准据法。一般而言，技术转移的技术受方（通常是发展中国家）的法律与技术贸易合同有更为密切的联系。首先，受让国是技术转移合同义务的主要履行地；其次，受让国是技术受方的住所地或营业地所载国；最后，技术贸易与一般货物贸易不同，履行期限较长，少则5年，多则10年以上，这种长期合作关系对于合同目的实现具有重要意义，而合同目的一般产生于受让国境内。但具体案件还需要具体分析，技术贸易合同的主要特征、履行期限、费用支付等都会影响最密切联系原则的适用。

法院地法也经常作为准据法适用。在有的技术转移争议中，当事人约定了管辖的法院，但是没有选择适用的法律，此时可以根据“选择了法院就选择了法院地的法律”这一古法律冲突规则，应当推定当事人选择了法院所在地法律。这一做法可以视为对最密切联系原则的补充。此外，即使当事人选择了适用的法律但无法查明，根据许多国家的规定，也适用法院地法。

四、技术转移相关诉讼案例

技术转移实务中，技术合同纠纷最为普遍，主要涉及技术合同的定性、合同权利义务、合同违约以及合同解决的问题。下文具体阐述之。②

（一）合同定性问题——根据合同约定内容判定合同类型

合同定性，即判断其属何种合同，通常根据当事人间权利义务分配之特性及其最能体现交易特征的部分来判断。技术转移合同不是单一类型的合同，《民法典》合同编将技术合同细分成技术开发合同、技术转移与许可合同、技术咨询或者服务合同等类型。认定属于何种技术合同是解决纠纷的前提。

在“北京瑞华赢科技发展有限公司与江苏新世界信息科技有限公司技术咨询合同纠纷

① 王晓晔. 国际技术转让合同的适用法律问题. 现代法学，1985（2）：39-41.

② 本部分参考高景贺. 技术合同纠纷解决中技术问题——以6期最高法院再审审查案为分析样本. 文丰律师，2016（36）.

申请再审案”中，当事人瑞华赢公司主张：涉案合同内容并不包含具体的技术咨询方面的专业要求，故不是技术咨询合同。但法院并不认可该观点，认为需要根据合同约定内容判定合同类型。双方签订的《苏州轨道交通项目技术咨询服务合同》第 1 条明确约定，新世界公司和瑞华赢公司双方，利用各自领域的资源优势，合作参加苏州轨道交通项目的投标及中标后的项目推进与落实。新世界公司向瑞华赢公司或其合作单位，提供该项目中标前有关信息、技术及资源的咨询服务，并努力促成瑞华赢公司中标；瑞华赢公司或其合作单位中标后，根据瑞华赢公司的要求，新世界公司继续提供该项目有关的商务信息、资源等咨询服务。因此，涉案合同约定的内容系为特定技术项目提供信息、技术及资源的咨询服务，应认定为技术咨询合同。

(二) 权利义务问题

合同解释是确定当事人双方的合同意思的一种活动。由于技术合同的标的往往是无形性的技术成果，容易引发争议，此时就需要通过合同解释，按照合同本意，参考商业习惯，合理分配技术合同双方当事人的义务。

在“朝阳梨花王饮品有限公司与沈阳麦金利食品制造有限公司技术转移合同纠纷申请再审案”中，梨花王公司以麦金利公司没有证据证明移交过 16 份文件资料和饮料母液为由，主张麦金利公司没有依约转让技术。法院经审理后认为，根据双方签订《协议书》的当时情况以及双方交往的过程，结合《协议书》的其他相关条款以及交易习惯和通常的理解，梨花王公司签订合同的目的是掌握麦金利公司转让的 OPC、梨醋，枣醋和红薯汁四种饮料的生产技术，生产出达标产品，并以麦金利公司的品牌进行营销获利。麦金利公司所交付的技术资料应当符合梨花王公司能够生产出合格产品的约定，并非在形式上向梨花王公司移交 16 份文件资料。虽然双方《协议书》约定：“为乙方快速实现生产，甲方可为乙方供应生产饮料的母液。”但是，梨花王的厂房设计等相关的配套设施中，均没有母液的发酵车间。而且生产系争饮料不需要母液。所以，法院认定《协议书》约定的技术转移范围不包括母液生产核心技术。

可见，法院对于合同的解释不仅仅是“合同条文或所用文句的正确含义 ”，而是“全面考虑与交易有关的环境因素，包括书面文据、口头陈述、双方表现其意思的行为，以及双方缔约前的谈判活动和交易过程、履行过程或者惯例”。

(三) 提供方违约问题

技术转让履约问题不仅关涉当事人之间的权利义务之分配，而且关涉当事人对合同利益期待之实现。

在“北京福瑞康正医药技术研究所与济川药业集团股份有限公司技术转移合同纠纷再审审查案”中，福瑞研究所主张，其向济川公司转让了临床批件，并提交了全部申报临床批件的资料，即已履行完合同义务，不存在违约。但法院经审理认为：福瑞研究所并未完成合同约定的内容，存在违约。

首先，虽然双方项目名为“新药临床批件转让项目”，但该技术转移合同同时约定，福瑞研究所向济川公司提供所有相关技术资料与临床批件。济川公司作为一家药品生产企业，其通过技术转移获得药品的生产技术，并经相关部门批准后合法生产新药使企业获得效益。因此，双方签订合同的目的是取得新药批准证书与生产批件，并非仅为转让临床批件。

其次，作为技术受让方，济川公司对从福瑞研究所受让而来的技术的真实性有着合理的期待。技术转移合同约定，“因福瑞研究所技术原因，导致该新药申报失败，福瑞研究所应在责任判定后十日内全额退回已收技术转移费给济川公司”，“福瑞研究所负有保证技术内容与有关数据的真实与可靠性的义务”。因此，福瑞研究所作为新药研发的技术出让方，应当知晓其向济川公司所提供相关技术资料的用途，并应当负有保证该转让品种的技术内容与有关数据的真实性与可靠性的义务。此外，作为药品注册申请人，应当对申报资料内容的真实性负责。福瑞研究所向济川公司提供真实可靠的技术资料，不仅是双方合同的约定，也是其作为药品注册申请人的法定义务。福瑞研究所未严格依照合同约定履行其义务，向济川公司提供了不真实的技术资料，构成了违约行为。

再次，虽然福瑞研究所提供的证据证实其获得了临床批件，并授权济川公司开展二期临床研究，但根据一、二审查明的事实，国家食品药品监督管理局药品审评中心认为：申报资料中有关药物稳定性研究的资料存在真实性问题。因此，该新药未能获批准。通常，申报生产时的稳定性数据是临床申报时稳定性数据的一种延续，作为临床批件的技术出让方，其应当保证延续生产中的技术数据的稳定性。本案中，由于负有法定和约定义务的福瑞研究所所提供的药学试验资料存在真实性的问题，致使该新药的有效期、安全性和临床药效无法确定，无法确定该新药的技术是否稳定可靠，直接导致济川公司签订的技术转移合同目的落空，福瑞研究所理应承担违约责任。

可见，在技术转移中，技术转移并不仅仅只是交付相关资料和文件，而是要交付真实、准确、可实施的技术。因此，技术供方能否提供符合合同约定的技术，应当成为判定是否履约的关键。

（四）技术受方违约问题

在技术转移中，技术受方需要向技术供方支付相应的对价，技术受方是否如约付款也是技术合同争议的焦点之一。

在“天圣制药集团股份有限公司与海南国栋药物研究所有限公司、海南欣安生物制药有限公司技术转移合同纠纷再审审查案”中，法院认为：天圣公司并未完成合同中的付款义务。在签订新药技术转移合同之前，双方当事人还就其他技术项目签订有六份技术转移合同。在该六份合同中，国栋公司均为技术转移方，负有转让相关技术的义务，天圣公司均为技术受让方，负有支付技术转移费的义务。基于该六份合同，天圣公司向国栋公司共计支付技术转移费首付款 62 万元。对于上述六份合同，天圣公司发函提出将该六份合同的技术转移费首付款转用于本案技术合同转让费。天圣公司除在 2008 年 2 月 2 日向国栋公司支付了本案《技术转移合同》的第一期款（40.8 万元）外，没有证据证明天圣公司向国栋公司另外支付过有关本案技术转移合同的转让费。

国栋公司在其他六份合同中，是否对天圣公司负有返还技术转移费首付款 62 万元的债务尚未确定，该债务与本案技术转移费的债务不能构成抵销。首先，在天圣公司股东向国栋公司发函之前，双方当事人之间的上述六份技术转移合同仍然有效，并未发生变更或者解除。其次，国栋公司在其他六份合同中是否对天圣公司负有返还技术转移费首付款的债务，尚属不确定的事实，更谈不上债务到期。所以，该债务不符合法定抵销条件。此外，天圣公司亦未提供有效证据证明，国栋公司同意将基于上述六份技术转移合同取得的首付款抵作本案技术合同转让费。因此，本案中双方并未就上述债务进行抵销协商一致，没有达成合意，也不能成立合意抵销。由此可见，技术受方付款的具体情况会直接影响违约责任的认定。

（五）合同解除问题

合同既然是为了确保未来的履约而生，而未来又充满不可预测性，如何消弭条文理解分歧和填补条款漏洞自是纠纷解决之基本技能。

在上述“天圣制药集团股份有限公司与海南国栋药物研究所有限公司、海南欣安生物制药有限公司技术转移合同纠纷再审审查案”中，双方当事人对技术转移合同第 13 条第 5 项的条款性质存在不同理解。天圣公司认为，上述约定属于约定解除，国栋公司没有向天圣公司发出解除合同的通知，没有实际产生解除合同的效力，双方之间的合同关系并未解除。国栋公司认为，上述约定属于合同法中的法定解除，系争技术转移合同是附解除条件的合同，该解除条件因天圣公司的违约行为已经成就，本案技术转移合同已经解除，无须通知天圣公司。

法院认为：首先，对本案技术转移合同第 13 条第 5 项约定的性质的解释，应结合该约定的内容、该约定与整个技术转移合同的关系、约定的目的等因素进行。从约定的内容看，该项约定在天圣公司不支付约定款项的情况下，赋予了国栋公司停止向天圣公司进行技术转移的权利，并且不退还天圣公司已支付款项。这实际上是约定了在天圣公司出现违约的情况下，国栋公司享有的权利以及所产生的相应法律后果。从该约定与整个技术转移合同的关系看，该约定被规定在“违约责任”部分。显然，当事人约定该项的目的在于防范一方的违约行为，而不是简单地通过附款限制本案合同的效力。因此，该项约定应该属于《合同法》第 93 条规定的合同约定的解除条件，而不是对本案技术转移合同的效力附条件。

其次，根据法院查明的事实，2009 年 4 月天圣公司提出减少技术转移费价款的要求，但未获得国栋公司同意，双方未就合同价款的变更达成合意，天圣公司应按照本案技术转移合同原约定的付款条件支付后续技术转移费却未支付，构成违约。本案中的《技术转移合同》第 13 条第 5 项约定的合同解除条件已经成就，国栋公司因此享有合同约定的解除权。

再次，解除合同通知的目的，在于解除权人将其行使合同解除权的意思表示告知对方当事人，以期对方当事人知晓其解除合同的意思表示。只要能够实现上述效果，通知的方式可以多种多样，如专门的解除合同通知、通过起诉的方式要求解除合同、在应诉过程中表示解除合同的意思。本案中，技术转移合同第 13 条第 5 项约定的合同解除条件已经满足，国栋公司因此享有合同约定的解除权，但应向天圣公司发出解除合同的通知。在天圣公司提起本案诉讼前，本案没有证据证明国栋公司向天圣公司发出过解除合同的通知。但是，在天圣公司提起诉讼后，国栋公司在答辩状以及庭审过程中一直主张本案技术转移合同已经解除，该主张为天圣公司所知晓，应视为已经向天圣公司发出了解除合同的通知。应当说明的是，尽管解除合同的通知有多种方式，但是为保障交易安全、尽快明确双方之间的法律关系，解除权人应该及时向对方当事人发出解除合同的通知。解除权人怠于发出解除合同的通知，致使对方当事人产生合同未解除的信赖并因此遭受损失的，应当承担相应的违约责任。国栋公司没有及时向天圣公司发出解除合同的通知，且在本案技术转移合同解除前即将本案技术抵偿给案外人，违反了本案《技术转移合同》第 12 条第 5 项“未经甲方同意乙方不得生产本品，不得将本品技术转移给第三者 ”的合同约定，构成违约，应承担相应的违约责任。

【思考题】

1. 技术转移争议与一般的贸易争端有哪些不同?
2. 当事人未在技术转移的相关合同中选择适用法律，仲裁应该如何适用法律?
3. 在技术转移诉讼中，如何确定法院的管辖权?
4. 案例：

A 公司与 B 公司同日签订两份技术转让合同：第一份名为《药品技术转让合同》，第二份名为《技术转让合同》。第二份合同为上报相关政府部门的备案合同，政府部门对该合同加盖了“技术转让合同认定专用章”，并进行了备案登记。这两份合同对于技术转让的争议解决的方式规定不同：第一份合同规定，若双方技术转让发生争议，应由双方诉讼解决；而第二份用于备案的《技术转让合同》则规定由上海仲裁委员会仲裁。

问题：有关技术转让争议应该适用哪一份合同?

【经典参考文献】

1. 张乃根. 国际贸易的知识产权法. 2 版. 上海：复旦大学出版社，2007
2. 徐红菊. 国际技术转让法学. 北京：知识产权出版社，2012
3. Gehl Sampath，Padmashree and Roffe，Pedro. Unpacking the International Technology Transfer Debate：Fifty Years and Beyond. ICTSD Programme on Innovation，Technology and Intellectual Property. Working Paper. Geneva，Switzerland：International Centre for Trade and Sustainable Development，2012

结 语

本书意在通过对技术转移及其法律制度的基本分析和论证，形成一本较为系统的技术转移法律制度方面的教材，以助于人们对技术转移和创新之间的关系有一个相对明确的了解，并对中国这样的发展中大国在借鉴西方国家曾经走过的工业化道路和技术发展经验的基础上，结合我国现代化过程中的成绩与不足，通过技术转移法律制度为今后走出一条科学、健康、和谐的可持续发展之路提供思考的空间，进而对世界上其他发展中国家的发展提供参考，为这个世界整体上的可持续发展尽绵薄之力。

习近平主席指出，纵观人类发展历史，创新始终是一个国家、一个民族发展的重要力量，也始终是推动人类社会进步的重要力量。如果我们不识变、不应变、不求变，就可能陷入战略被动，错失发展机遇，甚至错过整整一个时代。实施创新驱动发展战略，是应对发展环境变化、把握发展自主权、提高核心竞争力的必然选择，是加快转变经济发展方式、破解经济发展深层次矛盾和问题的必然选择，是更好引领我国经济发展新常态、保持我国经济持续健康发展的必然选择。① 可见，创新对我们而言，是何等重要。对照反思我国改革开放 40 多年来的成就与问题，我们似乎也能得出一些结论。我们的成就是显著的，如已成为世界制造大国，GDP 每年以 6%～8%的速度增长，经济总量已占全球第二位置；目前是世界上第一号贸易大国；外汇储备数量巨大；2017 年，我们的研发投入已占 GDP 的 2.13%②；2019 年年初，有人预计 2018 年我国全社会研究与试验发展（R&D）费用支出占 GDP 比重预计为 2.15%③，接近发达国家，后来证明实际占比为 2.18%；2019 年和 2020 年研发投入占 GDP 的比重分别为 2.19%与 2.4%。但我们也必须看到问题。历史先例表明，那些技术曾经落后的国家在决定实现现代化进程后，一般均在不到 30 年的时间里便形成自己的核心技术，在创新能力和发展水平方面发生脱胎换骨的变化。其中，典型代表是美国、德国、日本和韩国，它们无不依赖技术引进、消化、吸收、再创新等模仿创新发展之路来实现技术腾飞，即通过适当的技术转让在创新能力上发生变化。我国改革开

① 习近平. 为建设世界科技强国而奋斗——在全国科技创新大会、两院院士大会、中国科协第九次全国代表大会上的讲话. 科协论坛，2016（06）：4-9.

② 陆娅楠. 去年中国研发投入超 1.76 万亿元占 GDP 2.13%创新高. 人民日报，2018-10-10.

③ 王静. 我国 2018 研发支出预计占 GDP 2.15%. 中国科学报，2019-01-11.

放的重要内容之一就是通过引进技术（技术转让的一种）来达到技术能力提升之目的。但我们的自主创新能力如何？我们拥有多少自主知识产权的核心技术和驰名世界的民族品牌？我们发展付出的代价如环境污染、能源耗费乃至员工身体健康遭受的损害等与我们的所得是否相称？这些问题提醒我们：我们面临的形势不容乐观。

有人会说，美国、德国的崛起因时代的不同而缺乏可比性；日本、韩国等国家有西方发达国家无障碍的支持，而中国一直是西方国家假想的“敌人”和竞争对手，它们意图控制、限制中国的发展，对中国转让技术采取的严格管制达到了无以复加的地步。还有，至为重要的一点是：美国主导的西方社会是在20世纪80年代后才开始在全球注重知识产权保护，而像亚洲四小龙中的其他三个成员中国香港、台湾地区和新加坡是在20世纪80年代前实现经济腾飞的，因为它们可以在国际知识产权弱保护下得到技术，走模仿发展之路。而不幸的是，中国改革开放不到两年，美国在全球兴起了知识产权强保护制度，一定程度上阻碍了中国创新能力的快速提升，继而影响中国的创新能力。所以，上述示例可借鉴性不强。

不可否认，回到美、德发展的时代已不可能，意识形态等因素支配下技术出口管制对中国技术能力的形成的确有着相当的消极作用，但我们认为这些不是中国未能在支柱产业领域里形成自己核心技术的根本原因。我们认为，在经济全球化的今天，在跨国公司日益成为全球经济主导力量的时代，利益是推动经济发展的永恒动力，市场是跨国公司永久的舞台，而跨国公司是掌握先进技术的最主要的主体。中国巨大的市场对跨国公司的吸引力在一定程度上会弱化其母国对其的影响。只要在利益驱动下的跨国公司进入中国市场，技术外溢对今天的技术后进国（如中国）而言，意义非同小可。技术外溢是任何力量阻止不了的，关键在于我们如何利用它们来为我们形成核心技术能力助一臂之力。比如，同是OEM合作方式，韩国人通过它提升了技术能力，实现了技术腾飞；而在过去的四十余年里，国内总体规模比韩国要庞大很多倍的OEM企业群体为何未能提升自己的技术能力、形成自己的核心技术？我们应当从自身出发去反思这一原因。

科学发展观、建设创新型国家和构建和谐社会三者密切相关，它们在逻辑上一脉相承。其中，科学发展观是指导思想，反映了我们在发展观念上的重大转变；建设创新型国家是我们落实科学发展观的必然追求，也是构建和谐社会的前提、基础和路径；而和谐社会之建成是创新型国家建设应有的目标。党的十九大报告在强调“加快建设创新型国家”时指出，要加强国家创新体系建设，强化战略科技力量；深化科技体制改革，建立以企业为主体、市场为导向、产学研深度融合的技术创新体系，加强对中小企业创新的支持，促进科技成果转化；倡导创新文化，强化知识产权创造、保护、运用。[①] 从这些论述中我们可以看出建设创新型国家战略之重要，而作为科技成果转化的重要内容与手段及知识产权运用主要形成的技术转移之法律制度对创新型国家的建设又意义深远。我们虽然在立法上已经有诸多有关技术转移的法律法规，但在健全、完善和丰富统一、协调的技术转移法律制度方面还需进一步努力。创新型国家建设是一个系统工程，技术转移法律制度只是服务该系统的一个组成部分，它与其他的法律制度及国家的政策和有关文化相结合，才能有助

① 习近平. 决胜全面建成小康社会 夺取新时代中国特色社会主义伟大胜利. 人民日报，2017-10-28：001.

于创新型国家这一战略目标的实现。

在一个有法律的社会里，自由仅仅是一个人能够做他应该做的事情，而不被强迫去做他不应该做的事情。自由是做法律所许可的一切事情的权利。[①] 但这个法律必须是反映特定领域规律的法律。我们希冀中国在应对气候变化、环境污染及实现可持续发展等的技术转移方面制定出这样的法律，给技术供方和受方均提供充分享有自己在转移技术方面的自由空间，及时将科技成果等转化为现实生产力，以最大限度地发挥出技术及其转让机制应有的作用，对中国也对全球公共问题的解决及中国和世界的繁荣、健康发展作出积极贡献。

① 孟德斯鸠. 论法的精神：上册. 北京：商务印书馆，1961：154.

图书在版编目（CIP）数据

技术转移法/马忠法著. --北京：中国人民大学出版社，2021.5

普通高等学校知识产权专业规划教材

ISBN 978-7-300-29021-8

Ⅰ.①技… Ⅱ.①马… Ⅲ.①技术转移-高等学校-教材 Ⅳ.①F113.2

中国版本图书馆 CIP 数据核字（2021）第 023342 号

普通高等学校知识产权专业规划教材

总主编 吴汉东

技术转移法

马忠法 著

Jishuzhuanyifa

出版发行	中国人民大学出版社		
社　　址	北京中关村大街 31 号	**邮政编码**	100080
电　　话	010－62511242（总编室）		010－62511770（质管部）
	010－82501766（邮购部）		010－62514148（门市部）
	010－62515195（发行公司）		010－62515275（盗版举报）
网　　址	http://www.crup.com.cn		
经　　销	新华书店		
印　　刷	北京宏伟双华印刷有限公司		
规　　格	185 mm×260 mm　16 开本	**版　　次**	2021 年 5 月第 1 版
印　　张	20.5　插页 1	**印　　次**	2021 年 5 月第 1 次印刷
字　　数	479 000	**定　　价**	58.00 元

《　　　　　　　》※任课教师调查问卷

为了能更好地为您提供优秀的教材及良好的服务，也为了进一步提高我社法学教材出版的质量，希望您能协助我们完成本次小问卷，完成后您可以在我社网站中选择与您教学相关的1本教材作为今后的备选教材，我们会及时为您邮寄送达！如果您不方便邮寄，也可以申请加入我社的**法学教师QQ群：83961183（申请时请注明法学教师）**，然后下载本问卷填写，并发往我们指定的邮箱（cruplaw@163.com）。

邮寄地址：北京市海淀区中关村大街31号中国人民大学出版社806室收

邮　　编：100080

再次感谢您在百忙中抽出时间为我们填写这份调查问卷，您的举手之劳，将使我们获益匪浅！

基本信息及联系方式：※

姓名：__________ 性别：__________ 课程：____________________

任教学校：____________________ 院系（所）：________________

邮寄地址：____________________ 邮编：____________________

电话（办公）：__________ 手机：__________ 电子邮件：__________

调查问卷：※

1. 您认为图书的哪类特性对您使用教材最有影响力？（　　）（可多选，按重要性排序）

A. 各级规划教材、获奖教材　　B. 知名作者教材

C. 完善的配套资源　　D. 自编教材

E. 行政命令

2. 在教材配套资源中，您最需要哪些？（　　）（可多选，按重要性排序）

A. 电子教案　　B. 教学案例

C. 教学视频　　D. 配套习题、模拟试卷

3. 您对于本书的评价如何？（　　）

A. 该书目前仍符合教学要求，表现不错将继续采用。

B. 该书的配套资源需要改进，才会继续使用。

C. 该书需要在内容或实例更新再版后才能满足我的教学，才会继续使用。

D. 该书与同类教材差距很大，不准备继续采用了。

4. 从您的教学出发，谈谈对本书的改进建议：____________________

____

____

选题征集：如果您有好的选题或出版需求，欢迎您联系我们：

联系人：宁丹丽　联系电话：010-62515536

索取样书：书名：______________________________

书号：__________________________________

备注：※ 为必填项。